Thomas Sattelberger · Die lernende Organisation

Thomas Sattelberger

DIE LERNENDE ORGANISATION

Konzepte für eine neue Qualität
der Unternehmensentwicklung

GABLER

CIP-Titelaufnahme der Deutschen Bibliothek

Die lernende Organisation : Konzepte für eine neue
Qualität der Unternehmensentwicklung /
Thomas Sattelberger. – Wiesbaden : Gabler, 1991
ISBN 3-409-19144-5
NE: Sattelberger, Thomas [Hrsg.]

Der Gabler Verlag ist ein Unternehmen der Verlagsgruppe Bertelsmann International.

© Betriebswirtschaftlicher Verlag Dr. Th. Gabler GmbH, Wiesbaden 1991
Lektorat: Ulrike M. Vetter

Das Werk einschließlich aller seiner Teile ist urheberrechtlich geschützt. Jede Verwertung außerhalb der engen Grenzen des Urheberrechtsgesetzes ist ohne Zustimmung des Verlages unzulässig und strafbar. Das gilt insbesondere für Vervielfältigungen, Übersetzungen, Mikroverfilmungen und die Einspeicherung und Verarbeitung in elektronischen Systemen.

Höchste inhaltliche und technische Qualität unserer Produkte ist unser Ziel. Bei der Produktion und Verbreitung unserer Bücher wollen wir die Umwelt schonen: Dieses Buch ist auf säurefreiem und chlorarm gebleichtem Papier gedruckt. Die Einschweißfolie besteht aus Polyäthylen und damit aus organischen Grundstoffen, die weder bei der Herstellung noch bei der Verbrennung Schadstoffe freisetzen.

Die Wiedergabe von Gebrauchsnamen, Handelsnamen, Warenbezeichnungen usw. in diesem Werk berechtigt auch ohne besondere Kennzeichnung nicht zu der Annahme, daß solche Namen im Sinne der Warenzeichen- und Markenschutz-Gesetzgebung als frei zu betrachten wären und daher von jedermann benutzt werden dürften.

Umschlaggestaltung: Schrimpf und Partner, Wiesbaden
Satz: Publishing 2000, Angela Fromm, Idstein
Druck und Bindung: Lengericher Handelsdruckerei, Lengerich/Westfalen
Printed in Germany

ISBN 3-409-19144-5

Meiner Mutter, die mir Neugierde, Sensibilität und Leidenschaft für das Lernen und Lehren mit auf den Weg gab, und meinem Vater, der mir Sehnsucht nach dem Unerreichten und Verantwortung für das Erreichte vorlebte.

Vorwort

Konzepte wie auch Realisierungsformen einer lernenden Organisation stecken in den Kinderschuhen. Klassische Beratungsgesellschaften und die wissenschaftliche Welt schenken den rationalen und strukturierten Formen des Lernens und Entwickelns von Organisationen und Individuen weit mehr Gewicht als den schwer faßbaren, vordergründig ungeordneten und natürlichen Entwicklungsprozessen. Die Welt der Pädagogen, Personalentwickler, Trainer und Planer in Unternehmen und Institutionen, die qua Profession und Funktion mit Prozessen dieser Art zu tun haben, wissen häufig um die Unstimmigkeit zwischen Theorie und Praxis, doch scheinen sie sich damit zu einem guten Teil und in unterschiedlichster Form arrangiert zu haben. Die einen beschränken sich auf Personen- oder Persönlichkeitsentwicklung, die anderen verstehen sich als reine Unternehmensentwickler. Oder externe Berater prägen die Strategie- und Strukturentwicklung, während die internen den Vollzug bzw. die kulturellen Aufräumungsarbeiten gestalten. Oder die Internen fristen ein geduldetes Dasein als Stabsbereiche am Rand der Unternehmensentwicklung.

Führungskräfte in Organisationen – häufig unbeleckt bzw. nicht (mehr) beeinflußt von Theoriekonzepten – operieren im guten Sinne eher naiv im Gang der Dinge bzw. schwimmen im Fluß der Ereignisse. Die lernende Organisation sucht diese unterschiedlichen Welten der Strategie-, Struktur- und Kulturentwicklung – Intuition und Ratio, Chaos und Ordnung, Geist und Handlung, Entwicklung und Stabilität, Personal und Persönlichkeit, Individuum und Organisation, Vision und Realität – zu überbrücken und zu verknüpfen.

Die lernende Organisation ist ein innovatives Konzept. Konzepte sind dann innovativ, wenn die potentiellen Anwender die quälende Frage stellen: „Geht das überhaupt?" Faßbar müssen diese Konzepte aber auch sein, ein erster Schritt muß als gangbar erlebt werden. Leser, die ein „How-to-do-it"-Buch erwarten, werden jedoch enttäuscht sein. Das Thema ist einerseits zu jungfräulich, andererseits zu komplex, als daß es mit Rezepturen angegangen werden könnte. Der interessierte Leser sei hier auf das von mir im gleichen Verlag herausgegebene Buch „Innovative Personalentwicklung" verwiesen, mit der Anmerkung, daß ich seit dessen Veröffentlichung einiges dazugelernt habe.

Die „Lernende Organisation" bedarf einer ersten und seriösen Erklärung und Klärung, um nicht zur Etikettenschau und zum Modebegriff der 90er Jahre im Jahrmarkt der Tagungen und Kongresse zu werden. Sie bedarf des Interesses und der Neugierde von Menschen, die dem Lernen und der Entwicklung mit dem Kopf und noch mehr mit dem Herzen verbunden sind.

Sie bedarf – und das ist das wichtigste – der gesammelten Erfahrungen aus praktischem Tun und Handeln, damit aus konkreter Utopie ein Stück robuster Wirklichkeit sichtbar wird. Dieses Buch will dazu beitragen.

THOMAS SATTELBERGER

Inhalt

Vorwort 7

Erstes Kapitel
Die lernende Organisation im Spannungsfeld
von Strategie, Struktur und Kultur 11
Thomas Sattelberger

Zweites Kapitel
Auf dem Weg zum „Lernenden Unternehmen" 57
Mike Pedler, Tom Boydell und John Burgoyne

Drittes Kapitel
Anreize und Pfade zur lernenden Organisation 67
Andrew Kakabadse und John Fricker

Viertes Kapitel
Vom Lernen in der Organisation zum Lernen der Organisation 79
Harald Geißler

Fünftes Kapitel
Kommunikation – Kern der Selbstorganisation:
Unternehmensführung im Informationszeitalter 97
Christian Lutz

Sechstes Kapitel
Chaotische Organisationen – organisiertes Chaos?
Der Beitrag des Managements zur lernenden Organisation 111
Barbara Heitger

Siebtes Kapitel
Organisationsentwicklung – von der Euphorie zu den Grenzen 125
Heijo Rieckmann

Achtes Kapitel
Unternehmerische Avantgarde und
Fortschrittsfähige Organisation 145
Hartmut Bretz

Neuntes Kapitel
Lernen von Kunden und Konkurrenz 167
Hermann Simon und Georg Tacke

Zehntes Kapitel
Führungskräfteentwicklung und organisatorisches Lernen 183
Günter Müller-Stewens und Gunnar Pautzke

Elftes Kapitel
**Personalentwicklung neuer Qualität durch Renaissance
helfender Beziehungen** 207
Thomas Sattelberger

Zwölftes Kapitel
**Von der Herausforderung, das Verlernen und
Umlernen zu organisieren** 229
Hans Peter Fischer

Dreizehntes Kapitel
**Multiplikatorenkonzepte – ein Einstieg
in die lernende Organisation?** 245
Klaus Beutel-Wedewardt

Vierzehntes Kapitel
**Strategische Planung als Lernprozeß –
„Von mir aus nennt es Körper, Geist und Seele"** 261
Rainer J. Lessing

Die Autoren 273

Erstes Kapitel

Die lernende Organisation im Spannungsfeld von Strategie, Struktur und Kultur

Thomas Sattelberger

„Wir begreifen uns als ein lernendes Unternehmen, das auf seinem Weg immer neue Erfahrungen macht und mit entsprechenden Anpassungen reagiert. Dazu gehören flexible Strukturen und Offenheit für neue Ideen, für neue Ansichten, für neue Chancen. Ein Technologiekonzern muß stets in Bewegung und darf nie fertig sein. Bilanzen und Schräubchen, Erzeugnisse und Erfindungen sind lediglich Mittel zum Zweck. Produktive Unruhe wird also auch dann ein wichtiges Leitmotiv für uns bleiben, wenn man hie und da darunter stöhnen sollte. Mitleid bekommt man geschenkt, Neid muß man sich hart erarbeiten. Dafür braucht man eine Vorstellung, was das Gute in der Welt ist, wofür sich Mühen und Anstrengungen lohnen."

Edzard Reuter, Vorstandsvorsitzender der Daimler-Benz AG

„The work of Reg Revans, still suffering the problem of being a prophet in his own land, is a key to understanding the range of work and experimentation in this area. His classic axiom – that for any organisation to survive, its rate of learning must be equal to, or greater than, the rate of change in its environment – $L \geq C$ should be the logo of any learning organisation."

Bob Garratt

1. Zum Konzept der lernenden Organisation im Spannungsfeld von Strategie, Struktur und Kultur

Wie stellen Organisationen sicher, daß sie nicht nur als umweltoffene Systeme in einer turbulenten, oft feindlichen Umwelt überleben, sondern über die Überlebensfähigkeit hinaus Fortschrittsfähigkeit unter Beweis stellen und die Fähigkeit zur Selbsttransformation aufbringen (vgl. dazu in Abbildung 1 die Positionierung des Fortschrittsmodells im Gesamtkontext organisatorischer Sinnmodelle)?

Responsiveness gegenüber den Bedürfnissen von Betroffenen (Kunden, Lieferanten, Kapitalgebern, Öffentlichkeit, Mitarbeitern, sonstigen „stakeholders") bei gleichzeitiger Zugänglichkeit der eigenen Entscheidungsarenen für Betroffene,

Lernfähigkeit im Sinne der Gewinnung von validem Wissen über sich und die Umwelt sowie

Handlungsfähigkeit zur Bedürfnisbefriedigung sind drei Schlüsselkriterien dafür (vgl. Pautzke 1989, S. 179), daß sich ein Unternehmen nicht nur anpaßt, sondern Entwicklungen gestaltet.

1.1 Lernprozesse in der lernenden Organisation

Derartige Lernprozesse sind mehr als nur „kosmetische Veredelungs- bzw. Justierungsprozesse" an der Oberfläche der Organisation. Es geht eine Ebene tiefer um Prozesse der Strategieentwicklung, der Strukturgestaltung, der (Weiter-) Entwicklung von Markt-, Kunden- und Umweltbeziehungen sowie der Gestaltung von Anreizsystemen und noch grundsätzlicher um die generellen Regelsysteme der Organisation bei Problemlösung und Entschei-

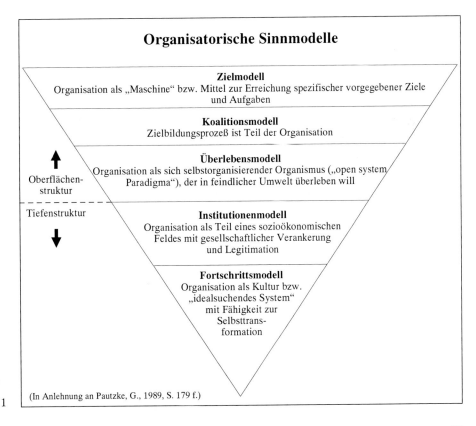

Abbildung 1 (In Anlehnung an Pautzke, G., 1989, S. 179 f.)

dung, um die „Weltbilder" bzw. „organizational maps", also um Unternehmenskultur, die implizit und meist unsichtbar Lernen und Handeln prägt, fördert bzw. blockiert.

Diese Mehrschichtigkeit von Veränderungs- bzw. Lernprozessen in Abhängigkeit von der Zielsetzung einer Organisation spiegelt Abbildung 2 wider (in Anlehnung an Lundberg 1989, S. 74).

Unternehmenstransformation als tiefgehendster Wandlungsprozeß kann als eine von Menschen getragene Weiterentwicklung der Identität eines Unternehmens verstanden werden, um für die verschiedenen Stakeholders langfristig Sinn und Nutzen zu stiften. Als die zentralen Stützpfeiler der Unternehmensidentität sehen wir dabei die Elemente Strategie, Struktur und Kultur (vgl. Godet 1987, S. 166).

Eingebettet und verzahnt mit diesem organisatorischen Transformationsprozeß ist der individuelle Lern- und Entwicklungsprozeß der Organisationsmitglieder, wobei der Begriff „Personalentwicklung" dafür zu kurz greift. Dieser Begriff erfaßt den Entwicklungsprozeß ausschließlich als fremdbestimmt und charakterisiert die von dem Entwicklungsprozeß Betroffenen nur in ihrer Funktion als Rollenträger („Personal"). Gemeint ist aber ein wechselseitiger Interaktionsprozeß, der sowohl eher fremdgesteuerte Sozialisationsaspekte umfaßt (vgl. Sattelberger 1980, S. 38 ff., sowie Scharmann 1974, S. 7) und als Prozeß der individuellen Persönlichkeitsentwicklung in einer Organisation beschrieben werden kann. In der Praxis wird dieser Prozeß aber häufig auf die Sozialisation der Human-Ressourcen reduziert und die Selbstentwicklung der „resourceful humans" übersehen. Im folgenden Beitrag verwende ich den Begriff Personalentwicklung als Bezeichnung für die entsprechende betriebliche Funktion und die Begriffe „Human Resource Development" bzw. „Managemententwicklung" als Bezeichnung für die Prozesse. Organisatorische und individuelle Entwicklungsprozesse im definierten Sinne sind Lernprozesse einer lernenden Organisation im Spannungsfeld von Strategie, Struktur und Kultur

Typen des organisatorischen Lernens

Zielsetzung der Organisation	Typ des organisatorischen Lernens	Lernstimuli	Lernergebnisse	Lernmechanismus
Regeln interner Angelegenheiten und Operationen	**Organisationsänderung** („change")	Neuartige Probleme im Sinne von „performance gaps"	*Internes Justieren* (adjustment) mit dem Ziel der Kongruenz von Verhalten mit Zielen, Standards, Quoten etc.	Reformulierung von Aktion-Resultat-Beziehungen (auf Grundlage vorhandener Fähigkeiten der Organisation)
Überleben in der Umwelt	**Organisationsentwicklung** („development")	Verwirrendes „Puzzle" im Rahmen der Unternehmen/Umwelt-Beziehung	*Anpassung* (adaptation) mit dem Ziel der Balance des Unternehmens mit der sich ändernden relevanten Umwelt	Akzeptanz neuer strategischer Annahmen (durch Umfeld-Monitoring und strategische Neuorientierung)
Vorbereitung auf eine mögliche Zukunft	**Organisationstransformation**	Schmerzhafte Anomalien	*Antizipation* (anticipation) der wahrscheinlichen Zukunft durch Änderung von Charakter bzw. Kultur der Organisation	Vision eines neuen Kulturkernes (durch Umgang mit Unbekanntem)

Abbildung 2

(vgl. Abbildung 3), da alle Ebenen der Unternehmensidentität davon betroffen sind.

Neben dem individuellen Lernen der einzelnen Organisationsmitglieder lassen sich fünf Wege des organisatorischen Lernens (Abbildung 4, Seite 16) unterscheiden (vgl. dazu Pautzke 1989, S. 104).

1. Das stellvertretende Lernen einer Elite bzw. dominierenden Koalition, zum Beispiel der Unternehmensführung, vor dem Hintergrund, daß Lernen und Macht eng zusammenhängen und das Wissen der Mächtigen die größte Chance hat, organisatorische Entscheidungsprozesse zu beeinflussen.
2. Das Lernen anderer Subkulturen, zum Beispiel Seilschaften, politische Allianzen, Funktionalbereiche, spezifische Managementebenen, Innovationsgruppierungen.
3. Die Veränderung eines von allen Organisationsmitgliedern geteilten Wissens, das auch als „organizational maps", „shared frames of reference", „community of assumptions" bezeichnet wird.
4. Die Veränderung der Organisation selbst durch Überführung von Lernerfahrungen in organisatorische Standardprozeduren, Normen, Werte, Strategien, Artefakte, Systeme, Strukturen, Programme, Regeln, die unabhängig vom Gedächtnis der Organisationsmitglieder greifen.
5. Die Nutzung, Veränderung und Fortentwicklung der organisatorischen Wissensbasis, also der Summe des Wissens, das in der Organisation prinzipiell verfügbar ist.

1.2 Zur Rolle formeller Personalentwicklung in der lernenden Organisation

Meine Tradition als PE- und Bildungsexperte nicht verleugnend, möchte ich einige Anmerkungen zur Rolle formeller Personalentwicklung auf dem Wege zur lernenden Organisation machen. Insbesondere auf dem Gebiet der Führungskräfte-

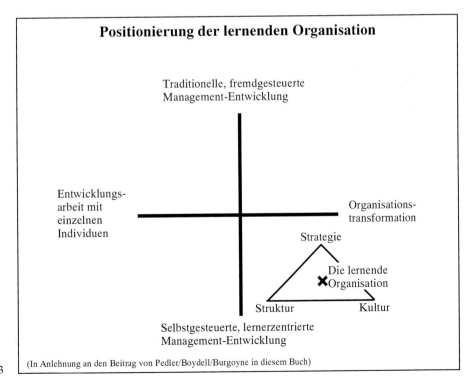

Abbildung 3 (In Anlehnung an den Beitrag von Pedler/Boydell/Burgoyne in diesem Buch)

bildung erwachsen besondere Aufgabenstellungen. „Gone are the days when executives were simply sent off to some campus for a week of lectures. And it's no longer enough to sponsor nice-to-attend seminars that are high on entertainment and low on lasting impact." (Bolt 1990, S. 83)

Anachronistisch sind nicht nur die Zeiten der Konzentration auf von der Unternehmensentwicklung losgelöste „nice to have"- bzw. „Reparaturprogramme" (vgl. Sattelberger 1989, S. 25) oder des „entertainment without development" (Greiner 1987). Vorbei sind auch die Zeiten, in denen Menschen nur als betriebliche Rollenträger und Funktionsinhaber betrachtet werden und ausschließlich zur Optimierung der Wahrnehmung dieser Rolle bzw. Funktion lernen – also Aufgaben- bzw. Personalqualifizierung ohne Persönlichkeitsentwicklung (vgl. dazu insb. Abschnitt 5 meines zweiten Beitrages „Personalentwicklung neuer Qualität durch Renaissance helfender Beziehungen" in diesem Buch).

Wie sich formelle Lern- und Entwicklungsprogramme in der lernenden Organisation positionieren, zeigt Abbildung 5, Seite 17. Feld I ist quasi individuelle Selbstentwicklung, unabhängig vom organisatorischen Kontext, Feld II ist das schon erwähnte individuelle „entertainment without development", Feld III ist das, was fortschrittliche Organisationen heute oft etwas verkürzt strategische Personalentwicklung nennen, Feld IV ist die Zukunftsmusik der lernenden Organisation, die natürlich die anderen Felder nicht ignoriert, sondern mitnutzt.

In Abbildung 6, Seite 18, wird nochmals verdeutlicht, daß lernende Organisationen individuelle mit teambezogenen und organisatorischen Lernprozessen verknüpfen und dabei Lernprozesse mit hohem Tiefenniveau anstelle von Oberflächenkosmetik realisieren, während Abbildung 7,

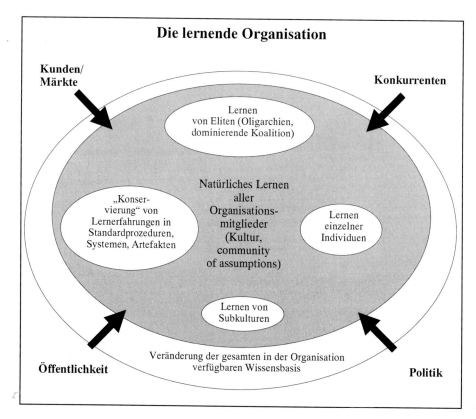

Abbildung 4

Seite 19, – ausgehend von den schon beschriebenen Typen des organisatorischen Lernens – jeweils typenspezifische Lernwege erläutert.

Neben den in meinem zweiten Beitrag beschriebenen identitäts- und persönlichkeitsorientierten Aktivitäten, Programmen und Projekten des Human Resource Development lassen sich insbesondere vier praktische Methoden, die im Trend der lernenden Organisation und insbesondere des „executive learning" liegen, identifizieren (vgl. Bolt 1990, De Geus 1990, Sattelberger 1990):

– Erfahrungslernen durch Outdoor-Programme,
– Unternehmensspiele bzw. -simulationen,
– Feedback-Prozesse,
– Lernen von und mit Kunden.

Outdoor-Programme haben es geschafft, ihre aus den 70er Jahren stammende fragwürdige Reputation als eher verantwortungslose Dschungel-, Abenteuer- und Bergsteigerprogramme (Show anstelle von Inhalt) abzuschütteln. Sie ermöglichen heute die Auseinandersetzung mit neuen, ungewohnten oder unbekannten Verhaltens- und Problemlösungsmustern des einzelnen und des Teams. Vor dem Hintergrund, daß man bei Veränderungsprozessen häufig durch eine turbulente, ungewisse Zone des Nicht-Mehr und Noch-Nicht hindurch muß, bevor wirkliche Veränderung realisiert wird, werden diese „real life"-Aktivitäten zur antizipatorischen und häufig auch sehr zeitökonomisch kondensierten Lernform für Transformationsprozesse (vgl. dazu Galagan 1987, S. 40 ff., und entsprechende Aktivitäten der Draeger Werke AG in Lübeck).

Ähnlich wie die Outdoor-Aktivitäten erleben auch *Unternehmensspiele* eine Renaissance nach einer eher mißglückten Planspieleuphorie der 70er Jahre – allerdings in neuer Qualität. Auch sie funktionieren nach dem Prinzip „learning by doing",

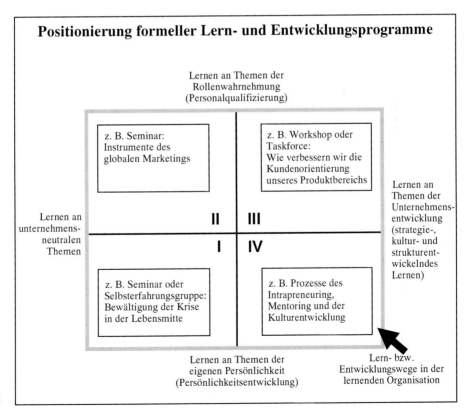

Abbildung 5

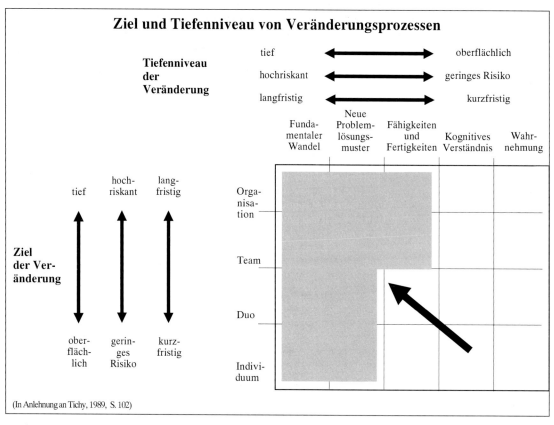

Abbildung 6

doch während in den 70er Jahren verfremdete Simulationen das Feld beherrschten, wird heute an „real cases" gelernt. De Geus (1990, S. 7 ff.) bemerkt in diesem Zusammenhang, daß Organisationen im Gegensatz zu Individuen mit gesundem Gehirn häufig nur eine Option oder eine sehr limitierte Auswahl von Optionen für ihre Zukunft ausarbeiten – *den* operativen Plan, *die* Strategie – und dies zudem unter einem äußerst kurzfristigen Zeithorizont. Er nennt dies „the corporate one track mind".

Und während keine Fluggesellschaft ihren Piloten das Fliegen einer 747 erlaubte, wenn diese nicht eine beträchtliche Zeit an einem Flugsimulator verbracht hätten, ließen Unternehmen „manager fly our companies by trial and error". Zusätzlich zur begrenzten Zahl an Optionen und dem hohen Risiko des natürlichen Versuchs-Irrtums-Lernens konstatiert er, daß natürliche Lernprozesse

– langsam sind,
– imaginative oder abenteuerliche Optionen häufig nicht zum Zug kommen lassen,
– eher zur Repetition früherer Erfolgsrezepte führen und
– eher eine Präferenz zur Bequemlichkeit als zu realem Wandel zeitigen.

Heute sind echte Unternehmensspiele mit „transitional objects" – vergleichbar den Sandkastenspielen der Generalstäbe oder dem Spiel mit einer Puppe, das einem Kind den risikoarmen Übergang von einer Lebensphase in die nächste ermöglicht

Lernwege bei den Typen des organisatorischen Lernens	
	Lernwege
Organisations- änderung	• *Training* mit dem Ziel des Testens der Validität gängiger Aktion-Resultat-Beziehungen • *Individuelle Beratung (Counseling)* mit dem Ziel der Aussortierung disfunktionaler, vereinfachender und und gewohnheitsmäßiger Reaktionsmuster sowie der Neuordnung zentraler Annahmen zu Aktion-Resultat-Beziehungen • *Teamentwicklung* durch Kreieren von „operational cause maps" mit dem Ziel effektiverer und flexiblerer Problemlösungen mit Selbstkorrektiv

**Organisations-
entwicklung**
	• Kompetenz-Training in Geschäftsstrategien, Betriebswirtschaft, Marketing, strategischer Planung
	• Beratung von Teams und Individuen:
	   – zu Umfeldmonitoring, Zukunftsevaluierung, Visioning
	   – zu Entwicklungsprojekten, die die Verknüpfung von Strategie, Struktur und Kultur widerspiegeln
	   – zu Lebenszyklen von Organisationen, Produkten und Karrieren
	   – zum Umgang mit heterogenen organisatorischen Verfassungen und locker verknüpften Systemen

**Organisations-
transformation**
	• Beratung
	   – im Ertragen von und Umgang mit Anomalitäten und unbequemen Situationen
	   – in der Visualisierung von möglichen neuen Kulturen, Schlüsselwerten sowie strategischen Glaubenssätzen und Handlungsmustern
	   – nicht nur in Diagnose und Rückmeldung von Kultur, sondern auch zur Entwicklung und geplanten Modifizierung von Kultur
	   – zur symbolischen Bedeutung von Änderung, Entwicklung und Transformation

(In Anlehnung an Lundberg, G. L., 1989, S. 77 f.)	

Abbildung 7

– möglich geworden durch die Verfügbarkeit von Hard- und Software zur Kreation von sogenannten „Microworlds" als realistischen Repräsentationen eines Unternehmens, seines Marktes, seiner Wettbewerber etc. „Like the pilot in the flight simulator they can take the company through extreme situations to find out in the process the existence of options wich they would normally have avoided in the classical boardroom-situation." (De Geus 1990, S. 13)

Unternehmensspiele eignen sich auch, um antizipativ geplante interne Strukturänderungen bzw. Reorganisationen und ihre Auswirkungen zu simulieren. Die Allianz-Versicherungs AG beispielsweise nutzte diese Form der spielerischen Auseinandersetzung mit neuer, anderer Wirklichkeit, um ein Jahr vor Inkrafttreten einer neuen Struktur Hunderte von Führungskräften durch eine Struktursimulation im Rahmen einer zweitägigen Führungskräftekonferenz mit dieser neuen Struktur vertraut zu machen und Feedback im Umgang damit zu erhalten (vgl. Leiter/Schrader 1991).

Feedbackprozesse, aber nicht im Sinne eines „hot chair", wie er als quälende Äquatorialtaufe in gruppendynamischen Sitzungen der 60er Jahre üblich war, sind ein dritter Trend. Verknüpft mit konkreten Zielen, zum Beispiel der Verbesserung der Kundenzufriedenheit, des internen Benchmarkings einer Organisationseinheit oder des individuellen „career-counseling", sind Feedback-Prozesse mit unterschiedlichen Feedback-Gebern bzw. -Empfängern ein nützliches Instrument zur Erweiterung und Vertiefung des Spektrums an Sichtweisen in Entwicklungsprozessen. Abbildung 8 zeigt eine Auswahl möglicher Feedbackpfade.

Lernen durch Integration echter Kunden aus Fleisch und Blut in Management-Development-Programme ist eine der spannendsten Weiterentwicklungen des Lernens in Organisationen. Bei Xerox diskutieren obere Führungskräfte aus Kundenorganisationen die von ihnen wahrgenommenen Stärken und Schwächen von Xerox mit dessen oberen Führungskräften im Rahmen des einwöchigen Senior-Management-Programms. Weyerhaeuser lädt Kunden regelmäßig zu viertägigen Seminaren ein, um gemeinsam die Marktorientierung des eigenen Unternehmens zu untersuchen und gemeinsame Chancen zu identifizieren. Bei United Technologies ist ein mehrtägiger Workshop mit Kunden in einen längerfristigen Prozeß des „creating customer focus" eingebunden.

Während die Programme und Aktivitäten einer formellen PE-Funktion qualitativ enger an die Unternehmens- und Persönlichkeitsentwicklung angebunden werden, werden sie auch quantitativ schmaler: einerseits durch das Abwerfen von „nice-to-have"-Ballast, andererseits durch Reintegration von Personalentwicklungsaufgaben in die Linie und durch Neudefinition der Rolle des Linienmanagers als Entwickler seines Bereiches und seiner Mannschaft (siehe Abschnitt 3 und 4 meines zweiten Beitrages in diesem Buch).

Die folgenden Fragestellungen, die dieses veränderte Verständnis von Verantwortung für die Human-Ressourcen widerspiegeln und die in ähnlicher Form Managern aus Schweizer Schlüsselunternehmen gestellt wurden (vgl. Hug 1990, S. 27 ff.), sind beispielhaft für Fragen, denen sich Linienmanager zukünftig stellen müssen:

– Welche Maßnahmen haben Sie bereits heute getroffen, damit Sie in fünf und in zehn Jahren in allen Führungsbereichen genügend „geistig junge" Leute verfügbar haben?
– Haben Sie Vorstellungen, wo sich diese dann benötigten Menschen befinden und wie sie „aussehen"?
– Was haben Sie eingeleitet, um solche Mitarbeiter und Mitarbeiterinnen zu identifizieren und zu gewinnen?

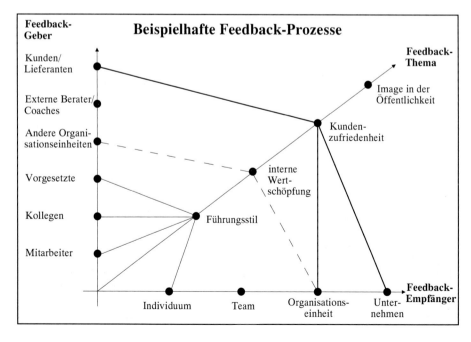

Abbildung 8

– Wie haben Sie zur Bewältigung der diskontinuierlichen Vorgänge in Wirtschaft und Gesellschaft (zum Beispiel Technologiewandel, Wertewandel, Marktdynamik) in personeller sowie in führungstechnischer Hinsicht vorgesorgt?
– Sehen Sie Probleme, die diesen erhöhten Anforderungen gewachsenen Führungspersönlichkeiten rekrutieren zu können? Haben Sie bereits Nachfolgeplanungen bzw. Nachfolgerprofile erarbeitet?
– Verfügen Sie über ein internes Strategiekonzept (nicht älter als zwei Jahre), das die Stärken Ihres Bereiches klar herausstreicht? Haben Sie Maßnahmen zum Ausbau Ihrer Stärken auch auf Führungs- und Personalebene eingeleitet? Was tun Sie, bezogen auf die Schwächen?
– Haben Sie ein Konzept, das dem Nachwuchs eine gesicherte Entwicklung und Weiterbildung und vor allem für die neuen Führungskräfte ein „Berufsabenteuer" bietet? Ermöglichen Sie auch älteren Mitarbeitern ein ständiges Hinzulernen?

Zusammenfassend kann der Beitrag formeller Personalentwicklung auf dem Weg zur lernenden Organisation durch die drei strategischen Orientierungen

– antizipative Schlüsselprogramme für Schlüsselpersonen bzw. -bereiche,
– lebenszyklusorientierte Personal- und Persönlichkeitsentwicklung sowie
– permanente Grund- und Anpassungsqualifizierung

skizziert werden (Abbildung 9).

1.3 Lernen im Kontext von Strategie, Struktur und Kultur

Im Kontext der Trilogie von Strategie, Struktur und Kultur scheint es zunehmend müßig, zu debattieren, ob die Glaubensregel „structure follows strategy" gilt, ob andererseits nicht Struktur die Strategie oft und faktisch bestimmt bzw. inwiefern nicht die Unternehmenskultur prägend auf die beiden anderen Größen einwirkt oder Strukturen

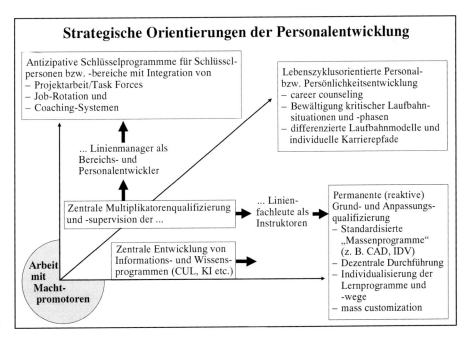

Abbildung 9

nicht gewissermaßen zeitunabhängige Gefäßsysteme und Monumente („Kathedralen"), bezogen auf den Lebenszyklus einer Organisation, sind, die über die Zeit hinweg mit unterschiedlichen Inhalten gefüllt werden. Innerhalb des magischen Dreiecks beeinflußt ein Element jeweils auch die beiden anderen, und Lern- und Veränderungsprozesse an einem Punkt greifen auf das Gesamtsystem.

Mit hoher Wahrscheinlichkeit läßt sich jedoch im Kontext der insbesondere von Mintzberg (1987, S. 75) seit vielen Jahren geführten Strategiediskussion festhalten, daß die einseitige Betonung von absichtsvoll formulierter Strategie als Ausgangspunkt jedweder Veränderung mehr der Omnipotenzphantasie auserwählter Führer bzw. ihrer unkritischen Rezensenten in der „leadership"-Literatur entspringt als einer realistisch belegten Analyse, die eher von Strategie als „pattern in a stream of actions" (Mintzberg) ausgeht. Zudem ist auch die trilogische Darstellung nur eine stark verkürzte und simplifizierte Krücke zum Verstehen komplexer Zusammenhänge. Nichtsdestoweniger scheint sie eine brauchbare Krücke zur umfassenderen Einbettung des Lernens von Organisationen und Individuen, von organisatorischer und individueller Entwicklung zu sein.

Es bedarf herausfordernder und innovativer Denk- und Handlungsansätze, die in der Organisation und Führungskultur eines Unternehmens verankert werden müssen, damit die Organisation und die darin tätigen Individuen antwort- und fortschrittsfähig mit internem und externem Wandel umgehen. In diesem Kontext ist das Lernen von und in Organisationen eine der wesentlichsten strategischen Erfolgspositionen für Unternehmen, aber auch für das Individuum.

Lernen zum Tagesgeschäft zu machen, die Förderung natürlicher Lernprozesse, die Eröffnung von Lernfeldern für Persönlichkeitsentwicklung, die Institutionalisierung von Lern- und Feedbacksystemen mit der Umwelt, die Gestaltung von Planungs-, Strategiebildungs- und Controllingprozessen als Lernprozeß für die Beteiligten, die Förderung von Kulturentwicklungsprozessen und die Reintegration von Lernen und Arbeiten bzw. Lehren und Führen sind Schlüsselwege zum Ausbau dieser Erfolgsposition.

Im folgenden werden nacheinander unter Lernaspekten Prozesse der Strategieentwicklung, der Kulturentwicklung und der Strukturentwicklung im Unternehmen beschrieben, jeweils dazu der Beitrag bzw. die Bedeutung der Human-Ressourcen-Entwicklung im weiteren Sinne bzw. der Managemententwicklung im engeren Sinne skizziert sowie insbesondere bei der Strategieentwicklung in einem dritten Schritt daraus resultierende Anforderungen an eine Unternehmensfunktion Personalentwicklung diskutiert. Dabei halte ich es mit Popper, der feststellt: „Sicheres Wissen ist uns versagt. Unser Wissen ist ein kritisches Raten: ein Netz von Hypothesen, ein Gewebe von Vermutungen."

2. Strategisches Lernen für die und in der lernenden Organisation

2.1 Strategieentwicklung und Lernprozeß

Die letzten Jahre haben die mäßige Relevanz von Konzepten strategischer Planung für die Gestaltung unternehmerischer Wirklichkeit dokumentiert.

„Ask almost anyone what strategy is, and they will define it as a plan of some sort, an explicit guide to future behavior. Then ask them, what strategy a competitor or a government or even they themselves have actually pursued. Chances are, they will describe consistency in past behavior – a pattern in action over time. Strategy, it turns out, is one of those words that people define in one way and often use in another, without realizing the difference." (Mintzberg 1987, S. 67) Für diesen Zustand gibt es verschiedene, zum Teil miteinander verwobene Begründungszusammenhänge, und zwar

– den Planungsmythos strategischer „Planung",
– die Dichotomie von Strategieformulierung und Strategieimplementierung,
– die Fokussierung auf den Inhalt, nicht auf den Prozeß und
– die vordergründige Rationalität.

Der Planungsmythos

An der McGill University untersucht Mintzberg seit fast zwei Jahrzehnten „pattern of strategy formation". Seine Forschungsergebnisse belegen, daß die Auffassung von Strategieentwicklung als einem bewußt initiierten geistigen Zukunftskonstrukt, das anschließend in die Tat umgesetzt wird, in der Praxis vielfach nicht haltbar bzw. zu einseitig ist. „My point is simple, deceptively simple: strategies can form as well as be formulated. A realized strategy can emerge in response to an evolving situation, or it can be brought about deliberately, through a process of formulation followed by implementation... We at McGill call strategies... that appear without clear intentions – or in spite of them – emergent strategies. Actions simply converge into patterns. They may become deliberate, of course, if the pattern is recognized and then legitimated by senior management. But that's after the fact" (Mintzberg 1987, S. 68f.). Dies mag zwar im Kontrast zum einseitigen Glauben an die Machbarkeit und Kontrollierbarkeit strategischer Prozesse stehen, eröffnet jedoch im Hinblick auf die lernende Organisation neue und weitgefächerte Lernpotentiale.

Denn die Beschränkung von Strategieentwicklung auf „beabsichtigte Strategie" schließt strategische Lernprozesse im Anschluß an die Strategieformulierung aus, während die Erweiterung um die Dimension „sich entfaltender" Strategie interaktive Lernprozesse durch Zyklen von Aktion – Feedback – Reflexion neue Aktionen, die sich zu einem strategischen Muster zusammenfügen, ermöglicht.

Dichotomie von Strategieformulierung und Strategieimplementierung

Die Trennung von Planung und tatsächlicher Aktion korrespondiert häufig mit dem Sachverhalt, daß Strategiekonzepte in professionellen Stäben entwickelt, von der Unternehmensleitung beschlossen, und mit ihrer Realisierung die darunter angesiedelten Leitungsebenen beauftragt werden. Dies stellt paradoxerweise Kompetenzen auf den Kopf: Diejenigen, die die letztendliche Positionsmacht der Realisierung und des Vollzuges hätten, werden auf die Formulierung von Zielen bzw. auf die Wahl strategischer Optionen eingeengt, während die „kollektive Weisheit" bzw. der analytisch schwer faßbare Erfahrungsschatz der erfahrenen Linienmanager viel zu wenig als strategische Expertise ausgebeutet und genutzt wird. „The notion, that strategy is something that should happen way up there, far removed from the details of running an organization on a daily basis, is one of the great fallacies of conventional strategic management." (Mintzberg 1987, S. 69)

Nicht selten kollidiert zudem die Sichtweise der obersten Leitung mit der von Teilen des Linienmanagements, so daß zwar Lippenbekenntnisse gegenüber der von der Unternehmensleitung formulierten Strategie abgeleistet, jedoch im Implementierungsprozeß Widerstände und Blockaden aufgebaut werden. „... dieses Vorgehen untergräbt die Wettbewerbsfähigkeit, indem es ein elitäres Verständnis von Führung fördert, mit der Tendenz, große Teile der Organisation zu entmündigen. ... Wo Strategiebestimmung zum elitären Akt wird, ist es auch schwierig, wirklich kreative Strategien hervorzubringen. Zum einen gibt es in Planungsabteilungen auf Bereichs- oder Konzernebene zu wenig fähige Köpfe und zu wenig Meinungen, um die überkommenen Weisheiten anzuzweifeln. Zum anderen gehen kreative Strategien selten aus dem jährlichen Planungsritual hervor, zumal die Strategie des kommenden Jahres fast immer auf der Strategie des laufenden Jahres basiert. Verbesserungen erfolgen nur in kleinen Schritten, man bleibt den bekannten Segmenten und Territorien treu, obwohl die wahren Chancen anderswo liegen mögen." (Hamel/Prahalad 1989, S. 101 f.)

Fokussierung auf den Inhalt, nicht auf den Prozeß

Strategische Methodik bzw. strategisches Management beschäftigt sich häufig nur mit ergebnisorientierten Fragen bzw. Aufgaben, wie zum Beispiel

– der Formulierung von Zielen,
– der Identifizierung von Stärken und Schwächen bzw. Chancen und Risiken,

– der Entscheidung für eine Strategie,
– der Festlegung von Ressourcen.

Eher prozeßorientierte Fragestellungen, wie zum Beispiel

– das Schaffen von Veränderungsenergie,
– das Beschleunigen oder Verlangsamen von Veränderungsgeschwindigkeit,
– das Gestalten von Netzwerken des Wandels,
– das Einbeziehen von Meinungsmultiplikatoren,
– das Gewinnen von Zustimmung durch das mittlere Management,
– die emotionale Verinnerlichung von Neuorientierung,
– die Belohnung strategieorientierten Verhaltens,

treten in den Hintergrund. Analyse bzw. kritisches Studium dominiert gegenüber „weichen Faktoren". Das Faktische des Messens, Zählens, Wiegens mit dem Ziel sachlich perfekter Pläne wird auf Kosten weicher qualitativer Faktoren der Erfahrung, der Emotion und Intuition ähnlich überbetont, wie schon Strategieformulierung gegenüber Strategieimplementierung. Die Muster strategischer Aktion des Linienmanagements sind – ohne dies positiv oder negativ zu werten – zum Teil gravierend andersartig als die Muster strategischen Denkens von Planungsabteilungen. „Yet the wisdom and experience that these officers of the company bring to their everyday decision-making is patently of importance to the unfolding future of the organization; strategy will develop from these imprecise and qualitative images. These may be the result of ‚bounded vision' and therefore argued to be inaccurate by the planner, but (to paraphrase Thomas & Thomas) ‚the way those with the power to act define the corporate context is real in its consequences'." (Eden/Huxham 1988, S. 890)

Vordergründige Rationalität

Insgesamt scheinen die strategischen Fragen und Methoden westlicher Unternehmen zu stark an vordergründiger Rationalität ausgerichtet zu sein. In einer vergleichenden Untersuchung zu strategischen Konzepten in Japan im Gegensatz zur westlichen Hemisphäre stellen Hamel/Prahalad (1989, S. 91) fest: „Wenige westliche Unternehmen fallen dadurch auf, daß sie die Schritte ihrer neuen globalen Konkurrenten antizipiert haben. Warum? Eine erste Erklärung liefert die Art und Weise, wie die meisten von ihnen in ihren Wettbewerbsanalysen vorgehen: Sie konzentrieren sich auf die Mittel, über die ihre aktuellen Konkurrenten gegenwärtig verfügen, auf personellem, technischem und finanziellem Bereich. Als Gefahr erkannt werden damit nur jene Gegenspieler, die genügend Mittel besitzen, um den eigenen Gewinnmargen und Marktanteilen in der folgenden Planungsperiode zuzusetzen. Unternehmerischer Einfallsreichtum oder das Tempo, mit dem andere sich neue Vorteile aufbauen, fließen selten in die Analyse ein. Damit gleicht die traditionelle Wettbewerbsanalyse eher der Momentaufnahme von einem Auto in voller Fahrt. Das Foto selbst enthält wenig an Information über Geschwindigkeit, Fahrtrichtung und etwa darüber, ob der Chauffeur nur eine Vergnügungstour macht oder sich auf den Grand Prix vorbereitet."

Planung als Lernprozeß

Abbildung 10, Seite 25, gibt eine zusammenfassende Darstellung unterschiedlicher strategischer Vorgehensweisen in Abhängigkeit einerseits vom Ausmaß der Inhalts- bzw. Prozeßorientierung des Vorgehens, andererseits vom Ausmaß der „emergent"- bzw. „deliberate"-Strategie, wobei sich strategisches Lernen in der lernenden Organisation eher in den schraffierten Feldern realisieren läßt.

Die prozeß- und entfaltungsorientierte Betrachtung von Strategie weist hohe Ähnlichkeit mit dem strategischen Planungskonzept des früheren Planungsdirektors von Shell, De Geus (1988), auf, der Planung als einen in die Unternehmensentwicklung inkorporierten, institutionellen Lernprozeß definiert. Seine Kernthesen sind folgende:

– Das Lernniveau von Managementteams liegt normalerweise beträchtlich unter dem des individuellen Managers, und die Reaktionszeit ei-

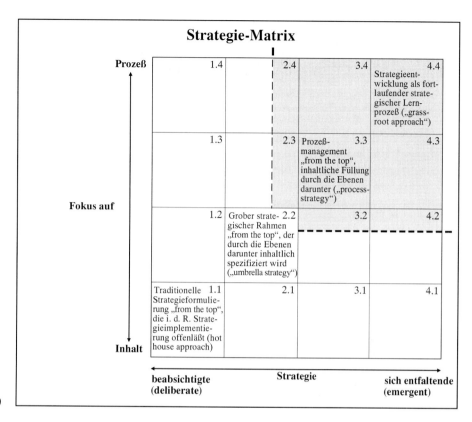

Abbildung 10

nes Unternehmens ist vergleichbar der eines Ozeanriesen. Beispielsweise existierte 1989 ein Drittel der Fortune-500-Unternehmen des Jahres 1970 nicht mehr, und auf jeden erfolgreichen „Turn-around" kommen zwei Unternehmen, die sich nicht erholen.
- Gesundes Überleben bedeutet das Erkennen von und das Reagieren auf Umweltveränderungen vor dem „Schmerz der Krise".
- Die Frage ist also nicht, ob ein Unternehmen lernt, sondern ob es frühzeitiger, schneller und besser als die Wettbewerber lernt.
- Dies erfordert ein institutionalisiertes Organisationslernen als Prozeß, in dem Managementteams ihre kollektiven mentalen Modelle über Unternehmen, Märkte und Wettbewerber verändern.
- Dies impliziert ein verändertes Verständnis von Planung. Der Zweck effektiver Planung ist nicht das Machen von Plänen, sondern das schnelle Ändern mentaler Modelle in den Köpfen der Entscheidungsteams (Planung als Lernprozeß).

In diesem Sinne ist auch der Ausspruch von Jack Welch zu verstehen: „Strategie follows people; the right person leads to the right strategy." Welchs Worte sind nicht nur Lippenbekenntnis. General Electric, früher einer der Hauptprotagonisten formalisierter strategischer Planung, hat zugunsten einer „line driven" strategischen Planung sein zentrales strategisches Planungsteam um zwei Drittel verringert, um antwortfähiger auf die dynamischen Veränderungen des Wettbewerbsumfeldes zu werden (vgl. Lorenz 1988, S. 20). Denn offensichtlich wurden in der Periode der formalisierten strategischen Planung plötzliche Veränderungen eher als Indiz für schlechte Planung anstatt als Anzeichen für die energiegeladene Lebendigkeit der realen Welt gewertet (vgl. Whipp/Rosenfeld/Pettigrew 1989, S. 96).

Strategic Intent

In der zuvor erwähnten Studie zu strategischen Vorgehensweisen westlicher und japanischer Unternehmen wird die in unseren Breiten übliche strategische Denke einer noch radikaleren Kritik unterzogen.

Ausgehend von einer Analyse japanischer Unternehmen, die zu globalen Marktführern aufstiegen, wird festgestellt, daß diese Firmen frühzeitig ihr Vorgehen auf einen „strategic intent" gründeten, was in Anbetracht ihrer anfangs vorhandenen Mittel und Fähigkeiten als völlig unrealistischer Ehrgeiz erschien: zum Beispiel „Xerox schlagen" (Canon) oder „Caterpillar einkreisen" (Komatsu), eine Vorgehensweise, die im übrigen beispielsweise auch für Coca-Cola („Coke weltweit in Reichweite jedes Konsumenten bringen"), das Apollo-Programm („Erster Mensch auf dem Mond") bzw. Steve Jobs und Stephen Wozniak („Demokratisierung des Computers") zur Grundlage von Sieg bzw. Erfolg wurde.

Doch westliche Organisationen scheinen eher an strategischer Planung als an strategischer Intention orientiert, die ja im Gegensatz zu strategischer Planung auf einem bewußten, einschneidenden Mißverhältnis zwischen Ressourcen und Ambition, zwischen Können und Wollen basiert. Das Formulieren von Zielen zur Zufriedenheit der Aktionäre scheint wichtiger, als die „Anstrengungen vieler Teams in einer ehrgeizigen strategischen Intention zusammenzuführen ... Wir kennen nur wenige Unternehmen mit hochentwickelten Planungssystemen, die eine strategische Intention zu entwickeln vermochten. Je stringenter die Anforderungen an die ‚Strategie nach Maß' werden, desto mehr schlecht vorhersehbare Ziele fallen unter den Tisch ... Obwohl strategische Planung als die Gelegenheit propagiert wird, zukunftsorientierter zu werden, müssen die meisten Manager bei nachdrücklichem Befragen einräumen, daß ihre strategischen Pläne mehr über die Schwierigkeiten von heute als die Chancen von morgen aussagen. Mit dem Bündel neuer Probleme, denen sie sich zu Beginn jeder Planungsperiode gegenübersehen, verschiebt sich der Schwerpunkt häufig von Jahr zu Jahr in erheblichem Maße. Der in den meisten Branchen immer rascher ablaufende Wandel verkürzt zudem den Horizont der Prognose. Pläne sind deshalb kaum mehr als eine Projektion der Gegenwart auf die Zukunft. Strategic intent dagegen bezweckt, die Zukunft auf die Gegenwart zu reflektieren. Die wichtigste Frage lautet dann nicht: ‚Wie wird sich das kommende Jahr von dem laufenden unterscheiden?', sondern: ‚Was müssen wir im nächsten Jahr anders machen, um unseren strategischen Fernzielen näher zu kommen?'." (Hamel/Prahalad 1989, S. 92 f.)

Die Autoren der Studie formulieren folgende Herausforderungen, die sich für Unternehmensleitung und Management ergeben, wenn sie auf das Prinzip des „strategic intent" setzen:

– Geistige Unternehmenskräfte auf Sieg trimmen
– Mitarbeiter durch Vermittlung der langfristigen Intention motivieren
– Für langen Atem und Ausdauer sorgen
– Freiräume für individuelle und Gemeinschaftsbeiträge schaffen
– Klima für chancenorientierte Neuinterpretationen gestalten
– Ressourcen konsequent gemäß der strategischen Intention allokieren
– Logik der eigenen Managementinitiative an dem Beitrag zur Erfüllung der strategischen Intention überprüfen
– Etappenziele („400-m-Spurt in einem Marathonlauf") festlegen und Fortschritte belohnen
– Klima der „Quasi-Krise" durch bewußte Verstärkung von Frühwarnsignalen schaffen (antizipatives Krisenbewußtsein)
– Durch umfassende Ausforschung der Konkurrenz persönliche Wettbewerbsorientierung für jeden Mitarbeiter schaffen
– Effizienzsteigerung durch Training in Problemlösung und Arbeitsmethodik
– Dosierten „Herausforderungsdruck" durch Nacheinander-Abarbeiten von nicht miteinander konkurrierenden Initiativen schaffen
– Spielregeln nicht imitieren, sondern verändern durch Freiräume für Einfallsreichtum und überraschende Improvisation.

Das Konzept des „strategic intent" scheint die Konzepte der „umbrella strategy" und der „process strategy" von Mintzberg miteinander zu verknüpfen. All diesen Konzepten ist gemeinsam, daß

- ein beträchtliches Maß an Strategieverantwortung „bottom-up" wahrgenommen und „top-down" an die nachgelagerten Managementebenen delegiert wird,
- Phasen der geplanten Strategieüberprüfung bzw. des Controlling sich mit Phasen sich entwickelnder strategischer Lernprozesse abwechseln,
- sie neben strukturellen und kulturellen Bedingungen, die eine solche Vorgehensweise zulassen bzw. fördern, auch neue Managementqualifikationen erfordern.

2.2 Der Beitrag der Managemententwicklung zur Strategieentwicklung

Der Gesamtkontext des strategischen Lernens hat beachtliche Konsequenzen für die strategische Entwicklung der Managementkader. Managemententwicklung im hier verwandten Sinne wird nicht als betriebliche Funktion bzw. als Aufgabenstellung des Personalwesens verstanden, sondern als Entwicklungsprozeß, der auch unabhängig vom Vorhandensein einer offiziellen Personalentwicklungsfunktion durch das Management wahrgenommen wird bzw. werden kann. Strategische Anforderungen und Aufgabenstellungen der Funktion Personalentwicklung sind in Punkt 2.3 detaillierter dargestellt.

Der Beitrag der Managemententwicklung zur Strategieentwicklung wird im folgenden auf vier Ebenen diskutiert:

- auf einer strategischen Ebene mit der Frage, wie die Managemententwicklung die bisher diskutierten Konzepte des strategischen Lernens unterstützt,
- auf der Ebene der Managementphilosophie mit der Frage, welche Art von Manager die lernende Organisation braucht,
- auf der operativen Ebene mit der Frage, welchen Beitrag die einzelnen Subsysteme des Management-Developments leisten,
- auf einer instrumentellen Ebene mit der Darstellung von drei strukturierten Formen strategischen Lernens.

Beiträge auf der strategischen Ebene

Strategieentwicklung als Lernprozeß basiert auf den drei Faktoren Kommunikation, Kohäsion und Flexibilität, zu deren Erreichung die Managementwicklung strategische Beiträge leistet (vgl. Kerr/Jackofsky 1989, S. 159 f.).

Kommunikation stellt einerseits sicher, daß alle Managementebenen und insbesondere das Top-Management die „schwachen Signale" von Chancen und Risiken frühzeitig vernehmen, und andererseits, daß die Vision „top-down", Vorschläge und neue Informationen „bottom-up" und strategische Interpretationen und Aktionsideen quer durch die Organisation kommuniziert werden. Durch Rotationsprogramme, Dialogprogramme, Training und Forcierung der helfenden Beziehungen, insbesondere des Mentoring, leistet die Managemententwicklung folgende Beiträge zur Verbesserung der Kommunikation:

- Es werden alternative Informationssysteme, Kommunikationskanäle und informelle Organisationsstrukturen erschlossen und entwickelt.
- Es entwickeln sich weitgestreute Zirkel und interne Partnerschaften als Netzwerke der persönlichen Kommunikation und Problemlösung, die gleichzeitig zur strategischen und strukturellen Integration beitragen.
- Gemeinsame Sprach- und Sozialisationsmuster werden gefördert, so daß bei veränderten Kooperationsformen keine zu großen Unterschiede in den Referenzrahmen, Zielorientierungen und Kooperationsnormen auftreten und Konflikte auch unter Beteiligung diverser Gruppierungen und Einbringung heterogener Sichtweisen einfacher gelöst werden können.
- Die Beteiligung weiter Teile des Managements an der Strategieformulierung fördert Verständnis, rasche Akzeptanz und Commitment für die Strategie.

Flexibilität ist wichtig, um im Kontext einer „emergent strategy" rasch eine hohe Bandbreite möglicher Antworten auf Diskontinuitäten zu entwickeln und zu realisieren. Durch die Schaffung eines Pools bzw. Überhangs an flexibel einsetzbaren Managementressourcen trägt Managemententwicklung auf folgenden Gebieten zu dem Ziel der Flexibilität bei:

– Geschäftsoptionen, die andernfalls mangels Verfügbarkeit von Spezialisten bzw. Generalisten nicht möglich gewesen wären bzw. deren Verfolgung knappe Talente von existierenden Geschäften abgezogen hätte, können verfolgt werden.
– Champions sind verfügbar, die Laufbahnerfahrung, Sichtbarkeit und Sponsoren bzw. Mentoren besitzen, um mit einem Minimum an Widerstand Ressourcen zur Verfolgung einer (neuen) Geschäftsidee zu bündeln.
– Es werden Manager entwickelt, die Lernen, Entwicklung und Veränderung als Normalität betrachten und der Organisation rasche Antwortfähigkeit und breite Gestaltungsfelder ermöglichen.

Kohäsion als letzter Faktor ist der „emotionale Klebstoff" im Managementteam, der dazu beiträgt, daß aus der chaotischen „evolutionären, fragmentierten und größtenteils intuitiven Versuchs-Irrtums-Phase der sich entwickelnden Strategie" (Quinn 1980, S. 15) heraus sich quasi in Form einer Koalition gemeinsames Verständnis und Konsens entwickeln. Managemententwicklung trägt auf folgenden Feldern zur Steigerung der Kohäsion bei:

– Es werden kollektive Sozialisationsprozesse in Gang gesetzt, gemeinsame Werthaltungen sowie Identifikation mit dem Ganzen geschaffen und gleichzeitig die Identifikation mit Geschäftsbereichen und Subkulturen verringert. Dies wird gefördert durch homogene Erfahrungsmuster in Trainings-, Rotations- und Orientierungsprogrammen sowie durch Mentoren, die die Managementideale der Gesamtorganisation verkörpern.

– Ein konformitätsformendes Zusammengehörigkeitsgefühl zu einer übergreifenden Einheit wird kreiert, ebenso wie eine innere Motivation, das Unternehmen und seine Strategie zum Erfolg zu führen. Gefördert wird dies durch die Gestaltung unternehmensweiter und herausfordernder Management-Entwicklungsaktivitäten.
– Weniger Skeptiker bzw. argwöhnische Kritiker insbesondere in der frühen Phase der Strategiefindung erlauben schnelleres Handeln. Fehlerfreundlichkeit, weicherer Informationsfluß, Experimentierfreude und Risikobereitschaft zur Übernahme von „Start-up"-bzw. „Turn-around"-Geschäften werden gefördert.

Beiträge auf der Ebene der Managementphilosophie

Managemententwicklung in der lernenden Organisation wird nicht nur an der Erreichung der strategischen Metaziele Kommunikation, Kohäsion und Flexibilität gemessen. Auch die praktizierte Managementphilosophie, insbesondere die Frage, wieviel General-Management-Kompetenz und wieviel Professionalismus in der lernenden Organisation benötigt werden, sind von Bedeutung. Strategisches Denken und Handeln bzw. strategisches Kontrollieren und Lernen der Linienmanager erfordern neben den allseits formulierten Fähigkeiten des „visionären Voraus-Denkens" neue, andere, zusätzliche Qualitäten. Der strategische Manager ist nach Mintzberg (vgl. 1987, S. 73 f.)

– Erkenner von Mustern (pattern recognizer),
– lernender Prozeßmanager für sich entwickelnde und beabsichtigte Strategie,
– sowohl Finder als auch Schöpfer von Strategie,
– Manager eher von Stabilität durch Implementierung als von Veränderung durch Neuplanung,
– Entdecker irregulärer und unerwarteter Diskontinuitäten in frühzeitigem Stadium,
– intimer Kenner des Geschäftes,
– Manager einer Varietät von Mustern.

Doch während der ausschließlich generalistische Ansatz der Managemententwicklung zwar dynamische, außenorientierte strategische Fähigkeiten entwickelt und breit angelegte, interfunktionelle, innovations- und flexibilitätsfördernde Kommunikationsnetzwerke schafft, liegt der Preis dieses Ansatzes in der Implementationsschwäche generalistisch angelegter Organisationen. Dazu kommen die häufig schwache funktional-professionelle Basis, der mangelnde Tiefgang des fachlichen Expertentums sowie die nicht selten nur oberflächlich entwickelten, aber für Implementierung lebenswichtigen Fähigkeiten der Menschenführung in Generalistenkulturen (vgl. Evans 1989, S. 48).

„The generalist finds satisfaction in the glamour of change ... but not in the grind of implementation. The game is to get the QM visibly in motion and then move on sideways and up ... Yet some generalists have never been long enough in a job to experience the long-term impact of their actions on others" (ebenda). Doch gerade vor dem Hintergrund der strategischen Konzepte von Mintzberg bzw. des „strategic intent" ist die richtige Mischung von Generalismus und Professionalismus wichtige Voraussetzung für die nötige Intimkenntnis des Unternehmens, für „Geschäftsweisheit" anstelle des Managements von Zahlen und Fakten-Know-how. „Das Konzept des General Managers als dem eines beliebig versetzbaren Funktionärs verschärft das Problem ... In vielen diversifizierten Unternehmen bewertet die Unternehmensleitung die Linienmanager allein an Hand von Zahlen, eine andere Dialoggrundlage existiert nicht. Als Teil ihrer Karriere werden Manager so häufig versetzt, daß sie in vielen Fällen nicht imstande sind, das von ihnen geführte Geschäft richtig zu verstehen, denn unabhängig von persönlichem Talent und Fleiß können sie schwerlich über jene vertieften Kenntnisse verfügen, die sie benötigen, um technologische Optionen, Mitbewerber-Strategien und globale Chancen zu beurteilen. Unweigerlich konzentrieren sich die Diskussionen auf ‚die Zahlen', während der Leistungsbeitrag dieser Manager sich auf das finanzielle und planerische Know-how beschränkt, das sie von Position zu Position weitertragen." (Hamel/Prahalad 1989, S. 101)

Evans (1989, S. 48 ff.) nennt einige Möglichkeiten, um eine Balance herzustellen, wobei die ersten Punkte aus seiner Sicht eher traditionelle Lösungen darstellen, während die letzte Möglichkeit sich an fortschrittliche Karrierekonzepte (Hall, 1986) anlehnt:

- Längere Verweildauer in der jeweiligen Position (mindestens vier Jahre) und damit Implementierungsverantwortung neben der Initiierung von Veränderung.
- Interfunktionale Qualifizierungs- und Trainingsprogramme.
- Matrixstrukturen mit generalistischen Produktmanagern einerseits und Funktionsmanagern andererseits.
- Duale bzw. multiple Parallel-Laufbahnen mit der damit verbundenen Problematik niedrigen Prestiges, geringerer Machtbasis, häufig nicht ausreichender Attraktivität und – was am wichtigsten scheint – der Kontraproduktivität gegenüber der Forderung nach schlankeren, hierarchieärmeren und „hungrigeren" Organisationen.
- Berufliche Entwicklung als Sequenz von Karrieren, wobei jeder „career shift" beispielsweise beginnend mit einer bzw. mehreren Funktionalkarrieren zu einer neuen, zusätzlichen Schicht („layer") an Kompetenz führt und nicht notwendigerweise mit Hierarchieebenen („ladder") verbunden ist, bis die Entwicklung in eine General-Management-Karriere oder gar – insbesondere für erfahrene Manager – in eine neue Form der Mitarbeit (als freier Mitarbeiter, Subunternehmer, Spin-off-Unternehmer) mündet (vgl. Scheevoigt 1990, S. 646). Vor dem Hintergrund deutscher Management-Development-Praxis sind diese Empfehlungen zu relativieren, da deutsche Unternehmen im Gegensatz zu denen der meisten anderen westlichen Länder, die generalistische MBA-Ausbildungen bzw. „grandes écoles" favorisieren, eher auf Expertenkulturen basieren.

Beiträge auf der operativen Ebene

Managemententwicklung in einem eher operativen Sinne wird hier verstanden als prozeßorientiertes, integriertes Förder- und Auswahlsystem mit spezifischen Subsystemen. Der Entwicklungsprozeß erhöht nicht nur den Wert eines Managers für die Organisation durch den Erwerb neuer Wissensbasis, Verhaltensweisen, Fähigkeiten, Einstellungen sowie Motivstrukturen, sondern auch den Wert der Organisation selbst durch das Vorhandensein eines sich permanent entwickelnden Humanpotentials und einer sich ständig erneuernden organisatorischen Wissensbasis. Unter dem Gesichtspunkt strategischen Lernens (vgl. dazu Kerr/Jackofsky 1989, S. 161 ff.)

- trägt die *Entwicklungsplanung* als das systematische Management von Mobilitätsmustern in einer Organisation dazu bei, Bewußtsein sowohl über funktionale und divisionale Interdependenzen als auch über die Konsequenzen eigener strategischer Entscheidungen auf andere Organisationseinheiten zu schaffen;
- erleichtern *helfende Beziehungen* und insbesondere Mentoring als langfristige strategische Beziehung einerseits das Verständnis für Mikropolitik, Sozialisationsprozesse und Funktionsweisen des Systems, andererseits erhält der jeweilige Protegé die notwendige Machtbasis und Glaubwürdigkeit, um als effektiver Strategieimplementierer die Organisation für sich und die Erreichung seiner Ziele arbeiten zu lassen (vgl. dazu auch meinen zweiten Beitrag in diesem Buch);
- werden durch unternehmensspezifische und unternehmensübergreifende *Management-Development- und Qualifizierungs-Programme* strategische und andere Managementqualifikationen bzw. -kompetenzen entwickelt und vertieft;
- fördert eine Auswahl mittels strategieorientierter *Potentialbeurteilung* nicht nur den „Fit" zwischen Talenten von Managern und strategischen Bedarfen, sondern auch die strategische und organisatorische Flexibilität durch die Erschließung von und den Zugang zu einem viel größeren internen und externen Pool an Managertalenten und damit auch die schnelle Erschließung neuer Geschäftsfelder. Verhindert wird auch die häufig zu beobachtende Tendenz, daß eher die Manager mit mäßigem bis mittlerem Potential in Management-Development-Programmen zu finden sind;
- stellt die Auswahl unter Zuhilfenahme von *Anforderungsprofilen* zumindest ein Korrektiv gegenüber der Subjektivität und Einseitigkeit mikropolitisch begründeter Auswahlentscheidungen im Rahmen von Seilschaften, politischen Allianzen und kollegialen Netzwerken dar.

Generell gesehen ist darauf hinzuweisen, daß Managemententwicklung häufig in der Sackgasse endet, wenn nicht auch die anderen Systeme des Human-Ressource-Managements, wie zum Beispiel Anreiz- und Beurteilungssysteme, entsprechend flexibel darauf reagieren, wenn beispielsweise die Rotation eines Hochleisters anfänglich durchaus zu unter dem Standard liegender Leistung in der neuen Aufgabe führt (vgl. Kerr/Jakkofsky 1989, S. 162). Ebenso sollte die Fähigkeit zu externer Rekrutierung („frisches Blut") trotz der Priorität der Beförderung aus den eigenen Reihen erhalten bleiben.

Beiträge auf einer instrumentellen Ebene

Strategisches Lernen in der lernenden Organisation ist nicht ein sich immer wiederholender, „langweiliger und ritueller Regentanz" (Eden/Huxham 1988, S. 890), der durch seine mechanischen Wiederholungen die Organisation für wirklichen Wandel desensibilisiert und nur kleinere Anpassungen fördert (vgl. Mintzberg 1987, S. 73).

Eden und Huxham (1988, S. 889 ff.) beschreiben einen von ihnen angewandten kreativen Prozeß des „action-oriented strategic management", der aus einer Serie von Workshops besteht, in der Manager unterschiedlichster Hierarchieebenen und funktionsübergreifend sich sowohl mit dem Gesamtkontext der Organisation als auch mit dem Kreieren und Evaluieren eigener strategischer Optionen und der von Wettbewerbern beschäftigen. Unter Anwendung der Methode des „cognitive mapping" wird eine Landkarte mit Beschreibungen von Vergangenheit, Gegenwart und Zukunft der Organisation erstellt. Diese Landkarte ist quasi die zusammengefaßte Welt der Annahmen und Grundüberzeugungen mit strategischer Wirkung, die Manager konstruieren und innerhalb derer sie tagtäglich operieren. Solche Landkarten können sich sowohl auf den Gesamtkontext der Organisation beziehen als auch auf Teilbereiche wie den Umgang mit dem Hauptwettbewerber oder die Beschäftigung mit einer Geschäftseinheit. Durch solche Workshops wird eine Wissensbasis zum Unternehmenskontext aufgebaut, die sich aus dem Zusammenfügen der sich oft widersprechenden Sichtweisen der einzelnen Teilnehmer ergibt und die als Feedback in die kommenden Workshops und für die Unternehmensleitung einfließt. In diesen Feedback-Sessions werden beispielsweise neue strategische Handlungsfelder definiert oder Wettbewerbsstrategien spielerisch entwickelt. Durch diesen Ideen- und Erfahrungsfluß vertikal, horizontal und diagonal durch die Organisation werden sowohl Verständnis und Identifikation geschaffen als auch kreative neue Wege gefunden, die nicht durch Organisationskonformismus, selektive Wahrnehmung und Tunnelvision geprägt sind. Gleichzeitig ermöglicht diese Vorgehensweise eine Klärung bzw. ein experimentelles Redesign eigener und fremder Rollen in neuem Licht.

Weisbord beschreibt eine andere Vorgehensweise, die sogenannte „Zukunft-Suchkonferenz", die aus den Ansätzen von Emmery/Trist in England und Ronald Lippitt, dem Gründer der National Training Laboratories (NTL), entstand. Beide versuchten in den 40er und 50er Jahren, gruppendynamisches Lernen in kleinen Gruppen auf große Organisationen, Institutionen und Gemeinden auszuweiten und zukunftsorientierte Konferenzen für riesige Netzwerke zu gestalten. Beim „futuring", wie es Lippitt nannte, lernen Menschen, „sich die Zukunft als einen Zustand vorzustellen, der bewußt aus den Werten, Visionen und dem, was technisch und sozial machbar ist, heraus zu schaffen ist. Eine solch zweckgerichtete Aktion erhöhte die Wahrscheinlichkeit wesentlich, daß die erwünschte Zukunft tatsächlich eintrat. Diesen Prozeß immer wieder mit relevanten anderen wiederholen – was Ackoff (1974) ‚interaktive Planung' nennt – kann das Lebenselixier für Unternehmensplaner sein, wenn sie das ganze System in den Raum bringen können." (Weisbord, S. 4)

Eine Suchkonferenz läuft in vier Schritten ab:

Schritt 1: *Blick zurück in die Vergangenheit*
Untersuchung der gemeinsamen Vergangenheit (Meilensteine, Höhepunkte, signifikante Ereignisse) unter drei Perspektiven – ich selbst, das Unternehmen und die Gesellschaft – möglichst über drei Jahrzehnte und mit Hilfe mitgebrachter Artefakte aus der Vergangenheit, wie zum Beispiel Anzeigen Photos, Zeitungsausschnitte, Symbole.

Schritt 2: *Die Gegenwart von außen und innen*
Einerseits Analyse der externen Ereignisse, Trends und Entwicklungen, die die Zukunft heute formen (auch mittels mitgebrachter Zeitungsausschnitte und Artikel), aus der heraus eine Landkarte der relevanten äußeren Kräfte entsteht, andererseits Analyse mit interner Perspektive anhand von Überschriften wie „Wir sind stolz über …" und „Wir bedauern, daß … " betreffend die aktuellen Vorgänge innerhalb der Organisation. Aus dieser Betrachtung entsteht ein gemeinsames Bild der Stärken, Bedürfnisse, Hoffnungen und Mängel in der Organisation.

Schritt 3: *Zukunftsbilder*
Generierung von Bildern der „bevorzugten Zukunft" mit möglichst intuitionsanregenden Arbeitsformen.

Schritt 4: *Maßnahmenplanung*
mit Vorschlägen für die eigene Person, die jeweilige Funktion und die gesamte Organisation, die gebündelt und mit Prioritäten versehen werden.

Eine dritte Möglichkeit – Benchmarking – sei ebenfalls kurz beschrieben (vgl. Pryor 1989, S. 28 f.). Hier messen Unternehmen sich und ihre strategischen Muster mit denen der „klassenbesten" Unternehmen (strategisches Benchmarking). Beim mehr operativen Benchmarking liegt der Fokus auf ausgewählten Unternehmensfunktionen bzw. -systemen, zum Beispiel Einkauf, F & E, unter den Gesichtspunkten Kosten, Preis bzw. Produktdifferenzierung. In einem dritten Ansatz – dem „business management benchmarking" – untersuchen interne Dienstleistungsfunktionen im Dialog mit internen Kunden ihre Wertschöpfung, ihre Kosten und alternative Formen der Nutzenstiftung.

Benchmarking muß nicht im Vergleich mit direkten Marktkonkurrenten stattfinden. Unternehmen aus anderen Marktsegmenten bzw. sogar branchenfremde Unternehmen können herangezogen werden, was den Prozeß der Datengewinnung (zum Beispiel durch Betriebsbesichtigungen, Interviews etc.) erheblich erleichtert.

Simon und Tacke beschreiben in ihrem Beitrag „Lernen von Kunden und Konkurrenz" in diesem Buch insbesondere in Abschnitt 4 ähnliche Formen des Lernens wie die hier geschilderten, die sogenannten Lernstrat-Workshops.

2.3 Anforderungen und Aufgabenstellung einer strategischen Personalentwicklungsfunktion

Wenn eine Personalentwicklungsfunktion

– mehr sein will als nur kompetent in ihrer *funktionalen* Rolle,
– wenn sie mehr sein will als nur Brandbekämpfer, Reparaturbetrieb und Problemlöser für geplante, häufig aber auch ungeplante bzw. unvorhergesehene *Folgen* strategischer Entscheidungen im Personalsektor,
– wenn sie mehr sein möchte als ein „Lückenfüller" zwischen vorhandener und benötigter Qualifikation („skill gap"),
– wenn sie nicht nur tangential für die Implementierung und operative Umsetzung von Strategie verantwortlich sein will,
– wenn sie nicht nur naturwüchsig vorhandene Dienstleistungsfunktion bei plötzlich auftauchendem Bedarf sein will,
– positiv ausgedrückt, wenn sie mit ihrer Arbeit hilfreich für Implementierung *und* Entwicklung von Strategie sein will,

dann muß neben das Wollen auch ein neues „Können" hinzukommen. Und dies insbesondere vor dem Hintergrund knapper Ressourcen im Unternehmen und insbesondere in der PE-Funktion.

Es gibt drei wichtige Voraussetzungen für einen kompetenten Beitrag der Personalentwicklung zu strategischen Prozessen und für eine Betrachtung der Personalentwicklung als Teil der Strategieentwicklung:

– eine intelligente und solide strategische Wissensbasis,
– eine Marketingkonzeption für die eigenen Konzepte und Ideen,
– die Umsetzung strategischen Wissens in Handeln in der Unternehmensarena.

Die erste Voraussetzung ist es, eine intelligente und solide Wissensbasis zu besitzen über

– die geschriebenen und ungeschriebenen Muster und Methodiken der Strategiefindung und -implementierung in der eigenen Organisation
– die Talente, Fähigkeiten und Lösungsmuster der Organisation bei Problemen in der Vergangenheit
– das Wettbewerbsumfeld des Unternehmens
– das strategische Rahmenkonzept und die spezifischen Wettbewerbsstrategien des Unternehmens
– die Perspektive der Technologie-Entwicklung und die Art des Technologie- und Innovationsmanagements
– die funktionalen Strategien im Unternehmen,

also das, was Mintzberg „intime Kenntnis des Geschäfts" nennt, bzw. gemäß dem Motto „You've got to know the business your company is in before you can be a strategic player". Erst dann, wenn diese Wissensbasis vorhanden ist, kommen die Fragen, mit denen wir uns natürlicherweise ansonsten beschäftigen: zum Beispiel die Fragen nach Arbeitskräftestruktur und -profil, nach Führungskräftestruktur und -profil, nach Schlüssel- und Schrittmacherqualifikationen, nach funktionalen und generalistischen Qualifizierungsprogrammen, nach Planungssystemen, nach der Alternative zwischen Eigenfertigung und Fremdbezug, die Fragen der Lernarchitekturen sowie die Frage des Bildens, Einsetzens und Optimierens der Ressourcen (Strukturen, Budget, Personal).

Als *zweite Voraussetzung* neben intelligenter strategischer Informationssammlung muß ein Marketingkonzept zur Kommunikation mit Meinungsmultiplikatoren und zur Überzeugung der Machtpromotoren treten. Manche Personalentwickler halten PE-Marketing für unethisch und unnötig:

– ihnen widerstrebt die Idee, ihre Dienstleistung „verkaufen" zu müssen,
– oder sie glauben, daß ihre Expertenkompetenz und ihre bisherigen Erfolge und Leistungen für sich selbst sprechen,
– oder sie halten Dienst am Menschen für unvereinbar mit dem Gedanken der Vermarktung.

Doch diese Fragen stellen sich für den strategischen markt- und kundenorientierten Personalentwickler nicht. Er sieht in der Regel in seinem „Markt" und bei seinen Wettbewerbern folgende Tendenzen (in Anlehnung an McDermott, 1989):

– Die Erkenntnis, daß PE strategischer Erfolgsfaktor im Wettbewerb ist, verbreitet sich.
– Die Kunden der PE erwarten zunehmend Spezialkompetenzen und „value-added" Dienstleistungen.
– Gleichzeitig wachsen Kompetenz, Anspruchsniveau und Vorsichtshaltung der PE-Kunden beim Einkauf bzw. bei Inanspruchnahme professioneller PE-Dienstleistungen.
– Zahl und Qualität der internen Wettbewerber (wie Öffentlichkeitsarbeit, interne Kommunikation, strategische Planung) und der externen Wettbewerber (wie McKinsey, Roland Berger, externe Trainingsinstitute) steigen.
– Linienmanager betreiben Konkurrenzforschung und „price-shopping", was häufig zum Übergehen interner PE-Funktionen und zur Wahl externer Anbieter führt.
– Häufig ist das PE-Geschäftsfeld „Begleitung von Strategie- und Strukturveränderungen" schon an externe Anbieter auf längere Zeit verlorengegangen.

– Das „Verkaufen" von PE-Projekten wird dramatisch zeitaufwendiger, und zunehmend mehr Entscheider müssen involviert werden.
– Die Kunden der PE erwarten mehr als nur Projektergebnisse für ihre Investition in Zeit und Geld. Sie erwarten Initiative des Beraters bezüglich persönlichem Service, Aufmerksamkeit und Begegnungs- bzw. Betreuungsqualität.
– Geschwindigkeit von Veränderungsprozessen und Komplexität des Faktors „Mensch" erfordern zeitsparende und gleichzeitig innovativ-praktische Problemlösungen.
– Flachere Pyramiden, Dezentralisierung, Reorganisationen und Umstrukturierungen verstärken den Druck auf den Personalentwickler, mehr, schneller und flexibler zu liefern.

Strategisches Marketing für Personalentwicklung kann in folgender Schrittfolge gestaltet werden:

1. Positionierung im Wettbewerbsvergleich
2. Bestimmung der Markt- bzw. Kundensegmente
3. Entwicklung der Ressourcen bzw. Kapazitäten zur Bedarfsdeckung
4. Festlegung und Realisierung der Kommunikationsstrategie (Werbung, Public Relations, Verkaufsförderung, Verkaufsgespräche und -präsentationen)
5. Management der Kundenbeziehung.

Im folgenden sind entsprechend dieser Schrittfolge Fragen formuliert, deren Beantwortung hilfreich für die Formulierung einer unternehmensspezifischen PE-Marketingstrategie sein kann (vgl. McDermott 1989, S. 65 ff.):

1. Positionierung im Wettbewerbsvergleich
– Wie können wir klarere Bilder über uns selbst (Stärken/Schwächen) und unsere internen/externen Wettbewerber erhalten (Benchmarking)?
– Wie können wir uns deutlich von der Konkurrenz unterscheiden durch professionelle Spezialisierung auf spezielle Kundenbedürfnisse und -segmente (Unique Selling Proposition)?
– Wie können wir ein Verständnis von Marketing als Problemlösung für den Kunden anstelle des

klassischen „Für-das-Produkt-einen-Markt-suchen"-Ansatzes entwickeln?

2. Bestimmung der Markt- bzw. Kundensegmente
- Wie können wir Zielmärkte/-kunden klarer definieren?
- Wie können wir uns besser auf die Entwicklung von Produkten und Dienstleistungen für spezifische Zielgruppen konzentrieren (end-user solutions)?
- Wie verschaffen wir uns ein besseres Verständnis für ureigenste Strategie, Planungen, Trends und Probleme unserer Kunden sowie der Kunden unserer Kunden (ihre Bedürfnisse, Einstellungen, Wahrnehmungen)?

3. Entwicklung der Ressourcen bzw. Kapazitäten zur Bedarfsdeckung
- Wie teilen wir unsere Zeitressourcen für die unterschiedlichen Rollen als Verkäufer (Marketing), Teamchef und Berater „vor Ort" auf?
- Wie können wir Budget und Cash-flow erhalten, während wir neue Märkte anpeilen?

4. Festlegung und Realisierung der Kommunikationsstrategie (Werbung, Public Relations, Verkaufsförderung, Verkaufsgespräche und -präsentationen)
- Wie erschließen wir uns Zugang zu Bereichen bzw. Divisions, in denen wir noch nicht präsent sind?
- Wie können wir Glaubwürdigkeit bei potentiellen Kunden herstellen?
- Wie können wir Sichtbarkeit und Bekanntheitsgrad im PE-Markt für uns herstellen?
- Wie können wir Vertrauen und Selbstsicherheit im Umgang mit Großkunden bzw. mit dem oberen/obersten Management gewinnen?
- Wie können wir strategische Allianzen und Beziehungsnetzwerke im Markt schaffen?

5. Management der Kundenbeziehung
- Wie können wir Kundenbeziehungen entwickeln, die zu neuen bzw. Follow-up-Projekten führen, die auf einer beiderseitig nutzenstiftenden Partnerschaft beruhen?

- Wie können wir den Kunden höchste Produkt- und Betreuungsqualität durch den ganzen Sales-Zyklus hindurch liefern?
- Wie können wir durch Kunden-Feedback (-Systeme) zu Kundenbedürfnissen sowie Kundenwahrnehmungen uns, unserem Image und unseren Produkten/Leistungen gegenüber unsere Marketingstrategie evaluieren und verändern?

Dritte Voraussetzung ist es, vom strategischen Wissen zum Handeln in der Unternehmensarena zu kommen. Unter den vielen Wegen, die nach Rom führen, seien einige stichwortartig genannt:

Guerilla-Taktik des „Hineinwebens" von Personalentwicklung in den „Stoff" strategischer Arbeit
- über gute „bottom line"-Resultate Schritt für Schritt in die strategische Arena hineinwachsen
- laterales, vertikales und diagonales „Netzwerkeln" mit strategierelevanten PE-Informationen und -Dienstleistungen, die für Meinungsmultiplikatoren im Unternehmen echten Mehrwert bedeuten
- Aufbau eines eigenen „weichen" strategischen Frühwarnsystems (zum Beispiel Verkäufer-Round-table), für das die PE-Funktion auf Grund ihrer Arbeit über die Unternehmensgrenzen hinweg „gute Karten" hat.

Institutionelle Einbindung in strategische Regelkommunikation
- institutionelle Einbindung der PE-Funktion in die Strategie-, Technologie- bzw. Investitionsplanung (falls vorhanden)
- Integration PE-strategischer Fragestellungen in die Fragestellungen dieser Planungsprozesse bzw. in die Fragestellungen strategischer Dialog- und Diskussionsprozesse
- Etablierung eines Berichtssystems zum Top-Management mit „weicher" Betonung nachweisbarer Erfolge der strategieorientierten Arbeit
- Institutionalisierung jährlicher Personalentwicklungs-Audits der Unternehmensleitung.

Aufbau eigener strategischer Kompetenzfelder
- Prozeßhilfe bzw. Moderationsunterstützung für strategische Planungs-, Diskussions- und Entscheidungsprozesse als Beitrag zum strategischen Prozeßmanagement
- Initiieren strategischer Lernprozesse (Suchkonferenzen, strategische Workshops)
- Integration von Strategieprojekten und strategischen Dialogen (mit dem Top-Management) in Personalentwicklungsprogramme
- Gewinnung eines strategischen Fachmanns bzw. einer strategischen Fachfrau für die Mitarbeit in der Personalentwicklungsfunktion (ggf. auf Zeit)
- Realisierung eines Strategieprozesses für die eigene PE-Funktion („sich die Medizin selbst verschreiben").

3. Kulturentwicklung als Beitrag zur lernenden Organisation

Zwischen Kultur einerseits und Strategie und Struktur andererseits gibt es vielfältige Beziehungen. Drei Aspekte sind aus meiner Sicht besonders bedeutsam:

1. Neue Strategien erfordern gerade in unserer Zeit häufig nicht nur Kulturentwicklung, sondern manchmal gar Kulturrevolution.
2. Managemententwicklung unter dem Gesichtspunkt innovations-, unternehmer- und kundenorientierter Kultur wirft mehr Herausforderungen als sichere Antworten auf.
3. Personalentwicklung als eine kulturelle Schlüsselfunktion ist bei Kulturrevolution bzw. -evolution gefordert. Sie ist wichtiger Motor der Veränderung, steht jedoch häufig den teilweise gravierenden Herausforderungen und Problemen, die strategische und damit verknüpfte kulturelle Neuorientierung für die Betroffenen schafft, äußerst hilflos gegenüber.

3.1 Neue Strategien erfordern häufig gravierende Kulturveränderung

Die Bedingungen, unter denen heute nicht nur, aber insbesondere die Zukunft *der* Unternehmen, die im Kern auf Technologie aufgebaut sind, gesichert werden muß, erfordern eine andere Unternehmenskultur. Nicht nur die Fortsetzung des Gewohnten, sondern mindestens gleichwertig der Aufbau des Neuen entscheidet über den Erfolg. Charakteristika dieses kulturellen Wandels sind (vgl. Schneevoigt 1990, S. 648):

- *die innovations- bzw. informationsorientierte Organisationskultur*, insbesondere in den „scientific businesses", die durch Wertschätzung ihrer „knowledge worker", durch Sicherung der Know-how-Schätze und durch bewußte Gestaltung der Informationsströme sowohl Technologie-Push als auch Innovationsstrom zu optimieren sucht,
- *die kunden- und marktorientierte Organisationskultur*, die durch „Kundenbesessenheit" (Peters/Waterman) in der Mentalität und durch dezentral-kundennahe, reaktionsfähige Struktur „value" für den Kunden schafft und zum Existenzgrund von Wirtschaftsorganisationen zurückführt,
- *die Unternehmerkultur*, die durch „Ermächtigung" („empowerment") der Mitarbeiter, durch ganzheitliche Arbeitsprozesse und Freiraum für unternehmerisches Risiko die Bedingungen für das Beschreiten von unternehmerischem Neuland schafft,

wobei zwischen allen drei Kulturcharakteristika ausgeprägte Interdependenzen bzw. Überlappungen bestehen.

Die innovations- bzw. informationsorientierte Unternehmenskultur

Ein zentrales „issue" für Hochtechnologie-Unternehmen – unabhängig von ihrer wissenschaftlichen Wissensbasis – ist es, daß sie unausweichlich ein hohes Ausmaß an Veränderungen erleben, nicht nur weil diese Unternehmen als Antwort oder im Vorausblick auf sich verändernde Strategien ihrer Wettbewerber operieren. Viel gravierender ist es, daß sie als Schlüsselmerkmal den rapiden und fast unvorhersagbaren Wandel in der Wissensbasis, die sie auszubeuten versuchen, bewältigen müssen. „Scientific businesses" können es sich einfach nicht erlauben, die Meisterschaft bzw. Technologie-Führerschaft sowohl auf den Wissensgebieten, die existentiell für ihr Geschäft sind, wie auch in den Anwendungstechnologien an ihre Wettbewerber abzutreten bzw. ins zweite Glied zurückzufallen (vgl. Jones 1990, S. 1).

„Das Unterscheidungsmerkmal der erfolgreichsten wissenschaftlichen Unternehmen von den weniger erfolgreichen ist nicht ihre Fähigkeit, eine bestechende neue Idee zu produzieren. Es ist ihre Fähigkeit, ein System zu managen, das die Chancen maximiert, einen Innovationsstrom zu produzieren. Dem verführerischen Charme der Breakthrough-Innovationen muß widerstanden werden, außer sie sind Teil von ausbalancierten Programmen innovatorischer Aktivität." (Jones 1990, S. 4)

Dies ist um so schwieriger, da erfolgreiche wissenschaftliche Unternehmen diese zwei Arten von Wandel unter unterschiedlichen Zeithorizonten berücksichtigen und beantworten müssen. Sie müssen sowohl Quantensprünge in wissenschaftlichem Wissen erkennen und darauf reagieren, obwohl manchmal 15 bis 20 Jahre zwischen fundamentalem Durchbruch und tatsächlich komplett neuem Produkt liegen, als sich auch in dem konstanten, fast endlosen inkrementalistischen Prozeß der Verbesserung und Optimierung im Anschluß an einen wissenschaftlichen Durchbruch engagieren (vgl. Roberts 1988, S. 16, sowie Jones 1990, S. 1).

Gerade die inkrementalen Verbesserungsprozesse scheinen, jeder für sich betrachtet, nur mäßige und enge Wellen zu schlagen. Offensichtlich, weil keine fundamentalen Änderungen der Spielregeln nötig sind und die organisatorische Mikrohierarchie ohne Mühe über die Implementierung verfügen kann. Aber gerade dieser miniaturhafte Prozeß, der bottom-up fließt und fast unbemerkt bzw. schleichend viele involviert, ist einer der strategischen Erfolgsfaktoren japanischer Unternehmen und bedarf im Gegensatz zum regelsprengenden Quantensprung, der häufig top-down implementiert wird, höchster Aufmerksamkeit im laufenden Prozeß (vgl. Grossi 1990, S. 43).

Die kunden- und marktorientierte Unternehmenskultur

Eine kunden- und marktorientierte Kultur wird insbesondere in vielen deutschen Unternehmen nach Simon (1989, S. 143) durch folgende fünf Faktoren blockiert:

Falsches Geschäftsverständnis:
Der Hersteller interessiert sich für sein Produkt mehr als für den Kunden mit dessen Wunsch nach Lösung seines Problems.

Historisch bedingte Hackordnung:
Der Engpaß der Technik in den Nachkriegs-Jahrzehnten führte zur Dominanz der technischen Funktionen und zu oft lähmenden Machtkämpfen zwischen Technik und Marketing.

Distanz zum Kunden:
Direkter Kundenkontakt und Kenntnis der Kundenbedürfnisse gehen vielen Funktionen und Managern in Großunternehmen verloren.

Wahrnehmungsdiskrepanzen:
Insbesondere Technikern fällt es schwer zu akzeptieren, daß es am Markt nur die vom Kunden subjektiv wahrgenommene Realität gibt, die oft nicht den technisch-objektiven Gegebenheiten entspricht.

Dienen fällt schwer:
Der Kunde ist faktisch oft „Störenfried", der innerbetriebliche Abläufe, Regelwerke und Prioritäten in Unordnung bringt.

In diesem Abschnitt soll unternehmenskultureller Wandel zu stärkerer Markt- und Kundenorientierung unter dem Gesichtspunkt des Informationsflusses und Lernprozesses zwischen Kunden und Unternehmen einerseits und unter dem Aspekt der innerorganisatorischen Vernetzung von Technologie- und Marktsicht andererseits betrachtet werden.

Untersuchungen belegen, daß 60 bis 80 Prozent aller erfolgreichen technischen Innovationen ihren Ursprung außerhalb der Organisation haben, also Antworten auf wahrgenommenen „market pull" sind, und der Technologie-Push eher eine zweitrangige Rolle spielt (vgl. Utterbeck 1974, und Fernelius/Waldo 1980). Eine Studie des Instituts der Deutschen Wirtschaft aus den Jahren 1985/1986 nennt – differenziert nach Produkt- und Prozeßinnovation – externe Gesprächskreise, Kunden, Lieferanten und Universitäten als die Hauptquelle für Produktinnovation und Lieferanten, mit weitem Abstand gefolgt von Kunden und Konkurrenten als Hauptquelle für Prozeßinnovation. Kunden und Lieferanten und insbesondere „lead-users at the leading egde of technology" (vgl. von Hippel 1977, 1986, und Roberts 1988) kreieren und implementieren häufig Innovation für ihren eigenen Gebrauch, später gefolgt von Anpassung dieser Innovation an ihre Produktion und ihren Vertrieb von großen Stückzahlen. So werden Schlüsselkunden zur besten Innovations- und Informationsquelle.

IBM beispielsweise beabsichtigt mit seinen „applied business centers", die es geographisch an Konzentrationspunkten von innovativen IBM-Anwendern in den USA ansiedelt, neben der Formierung gemeinsamer F + E-Teams mit Schlüsselkunden von seinen Kunden Hardware- und Softwareweiterentwicklungen kennenzulernen und diese Information in die eigenen Produktentwicklungsbereiche zurückzutransferieren, so wie es Pedler/Boydell/Burgoyne als Maxime zur lernenden Organisation in ihrem Beitrag in diesem Buch formulieren:

„Die Mitglieder des Unternehmens mit Außenkontakt handeln als Monitor im Umfeld für das Unternehmen und speisen diese Informationen wieder in das Unternehmen ein ...

Mitglieder des Unternehmens engagieren sich im gemeinsamen Lernen und im Informationsaustausch mit wichtigen Personen und Gruppen außerhalb des Unternehmens, wie beispielsweise Schlüsselkunden oder wichtige Lieferanten."

Dies kann bis zu der bei Digital Equipment praktizierten Praxis gehen, daß Schlüssellieferanten eigene Entwicklungsingenieure, Fertigungsspezialisten und Einkäufer in Produktentwicklungsteams von Digital integrieren können und Digital gleichzeitig die Kompetenz seines Personalbereichs zur Verfügung stellt, um Training und Mitarbeiterbeurteilung für seine Lieferanten, wie wenn sie Teil von Digital wären, zu realisieren (vgl. Kanter 1989, S. 86).

Ähnliches berichtet das Manager Magazin (11/1990, S. 107 f.) über das fränkische Unternehmen Suspra Compart AG, das mit eher simplen Produkten – Federelementen und Stoßdämpfern – zum Marktführer mit über 250 Millionen DM Umsatz in 1989 avancierte und dessen Erfolgsrezept weniger in der Technik, sondern in dem Finden immer neuer Einsatzideen liegt. Ingenieure und Vertreter des Unternehmens helfen den Kunden (Möbeldesignern, Waschmaschinen- und Automobilherstellern etc.) schon bei der Entwicklung ihrer Produkte und erhalten dabei selbst Ideen für neue Einsatzgebiete bei Anwendung ihrer Spezialitäten.

Im Suspra-Technikum helfen Spezialisten Kunden von der Ideenfindung bis zur Vorserienerprobung auf den Prüfständen. Jedes der Werke von Suspra arbeitet als Profitcenter, bleibt aber mit maximal 350 Mitarbeitern eine transparente Einheit mit mäßigen Overheads. Durch ein ausgefeiltes internes Ideenfindungssystem mit dem jeweiligen Vorgesetzten eines Ideenfinders als „Ideenpaten" (idea-exploiter) „blubbern die Anstöße von unten kontrolliert nach oben in die Geschäftsführung", wie es ein Vorstandsmitglied formuliert. Abbildung 11, Seite 38, zeigt die ausgefeilte Wertschöpfungskette mit konsequentem Ressourcen-Management der Suspra Compart AG (aus: Manager Magazin, 11/1990, S. 108 f.).

In einem noch weitreichenderen Konzept (vgl. Chase/Garvin 1990, S. 123 ff.) wird die Rolle der Fabrik und der Fertigungsmannschaft neu defi-

Die Wertschöpfungskette der Suspra Compart AG

	Marktbearbeitung ⇒	Problemlösung ⇒	Produktion ⇒	Vertriebsmanagement
Die funktionalen Stärken	Marktführer mit breiter Branchenkenntnis in genau definierten Segmenten Vorfeldmarketing durch Kundennähe und weltweite Niederlassungen Innovationspartnerschaften mit Kunden	Schneller Ablauf – Problemlösung – Ideenfindung – Bemusterung – Realisierung durch – kleine interdisziplinäre Teams – Entwicklung/ Erprobung für alle Sparten unter einem Dach – Lösung von Kundenproblemen am konkreten Objekt Konsequentes Ausspielen von Erfahrungs- und Lernvorteilen	Überschaubare Betriebsstätten mit unterschiedlicher Spezialisierung nach Fertigungsoperationen Hohe Fertigungskompetenz durch große Fertigungstiefe Zentrale Auftragserfassung bei dezentraler Fertigungssteuerung Eigener starker Werkzeugbau für stetige Verbesserungen der Fertigungseinrichtungen Durchgängiges Qualitätssicherungssystem	Marktnähe/ -verantwortung jedes Vorstandsmitglieds durch Sparten-/Regionalorganisation Konsequente Ausrichtung auf: – Volumengeschäfte oder – Nischengeschäfte mit hohem Deckungsbeitrag Kundenausgerichtete Planung mit Früherkennungs-Controlling Günstiger Branchen- und Kundenmix

Abbildung 11a

Das Ressourcenpotential der Suspra Compart AG

	Human Resources ⇒	Organisation ⇒	Finanzen/Cash-flow ⇒	Vertriebsmanagement
Die Ressourcen	Wirksames Veränderungsmanagement durch – Zielvereinbarungen – Top-down-/Bottom-up-Kommunikation – Coaching/ Patenschaften – Teamarbeit	Flexible Führungsorganisation durch – flache Aufbauorganisation – offene Kommunikationsstrukturen	Hoher Eigenkapitalanteil Straffes Cash-flow-Denken und -Steuern	Überschaubares Planungs-/ Controllingsystem mit effizienten/ verständlichen Instrumenten

Abbildung 11b

niert vor dem Hintergrund, daß sich der Wettbewerb weg von sich immer ähnlicher werdenden Produkteigenschaften hin auf die Qualität der Leistungen für den Kunden vor und nach dem Herstellungsprozeß verlagert (nach dem Motto: Qualitätsprodukte garantieren „membership", aber noch nicht „leadership" im Wettbewerb).

„Die Belegschaft in der Fabrik entwickelt immer umfassendere Möglichkeiten, den Verkaufsmannschaften, Kundendiensttechnikern und Abnehmern zu helfen ... Fabriken sind längst auch imstande, Abnehmern bei der Installierung, Wartung und Funktionsfehlersuche zu helfen. Die Leute, die Produkte herstellen, wissen oft mehr über deren Leistungseigenschaften, Veränderbarkeit und Instandsetzung als die Leute vom Außendienst. Darum können solche Produktexperten entscheidend zu den Verkaufs- und Marketingbestrebungen beitragen." (Chase/Garvin 1990, S. 123)

Die Fabrik wird zur kundennahen „Servicefabrik" (vgl. ebenda):

– zur Erprobungswerkstätte bzw. zum Versuchsgelände für die interne Prüfung neuer Produkte und Verfahren (vgl. auch Müller-Stewens/Bretz 1991, S. 597) wie auch zur Referenzstätte bei Bedenken bzw. Vorbehalten potentieller Kunden;
– zur Beratungsstelle, in der neben dem technischen Kundendienst oder den Projektingenieuren das Produktionspersonal als Talentreserve für die Lösung von Kundenproblemen unterschiedlichster Art (Qualitätsprobleme, Konstruktionsprobleme, Fertigungsstörungen etc.) fungiert bis hin zu dem für Kunden möglichen telefonischen Direktkontakt mit einem jeweils verantwortlichen Facharbeiter;
– zur Demonstrationsstätte für Produktionssysteme, -verfahren und -produkte, in der Facharbeiter durch Kundenführungen und Fabrikbesichtigungen Fertigungsüberlegenheit bzw. dem Kunden vor Auftragserteilung Produktqualität demonstrieren;
– zum Sofortlieferanten, wobei die Reaktionsschnelligkeit nicht nur Resultat firmenübergreifender EDV-gestützter Systeme ist, sondern insbesondere durch regelmäßige (zum Beispiel wöchentliche, monatliche) Besprechungen und Problemlösungsrunden mit Kunden hergestellt wird.

Diese kundenorientierten Arbeitsformen im Fertigungsbetrieb sind insbesondere deshalb von Bedeutung, weil dadurch kunden- und marktorientierte Einstellungen aus dem engen Kreise der Manager, Planer bzw. Strategen herausgetragen wird. „Die Fabrik braucht in zunehmendem Maß ... kenntnisreiche Facharbeiter, die zur Wertschöpfung beitragen, indem sie mehr wie Generalisten im Management denken und ihren Beitrag darin sehen, daß sie – was kein Computer vermag – das Produktionssystem als Ganzes verstehen und neue Wege zur Verbesserung von Produkten erspähen." (Chase/Garvin 1990, S. 130)

Der zweite Aspekt kunden- und marktorientierter Unternehmenskultur, die Forderung nach frühestmöglicher Interaktion zwischen Forschungslaboren und Entwicklungsabteilungen einerseits und vertriebs- und kundenorientierten Funktionen andererseits, ist eigentlich Allgemeinplatz. Die Wirklichkeit aber scheint gerade für vordergründig marktorientierte Organisationen anders auszusehen. Vertriebs- oder Verkaufsorientierung sind nicht identisch mit Marktorientierung als einem Denken und Handeln, das die gesamte Organisation durchdringt. Sogenannte marktorientierte Organisationen realisieren in der Regel ein Vier-Phasen-Muster der Produktentwicklung, fast spiegelbildlich, wie es rein technologie- bzw. produktorientierte Organisationen in technischer Hinsicht betreiben. Sie sammeln Marktinformationen, entwickeln daraus neue Produkt- bzw. Prozeßideen, bewerten diese anhand der Geschäftskriterien und lassen anschließend diese Ideen unter Technologieaspekten beurteilen. Wissend um die Einseitigkeit dieses Procedere, haben diese Unternehmen häufig ein Parallel-Procedere für die Technologie entwickelt.

Interessanterweise findet jedoch die erste „public interaction" zwischen beiden Seiten häufig erst zu einem so späten Zeitpunkt statt, daß beide Seiten sich geistig schon voll auf Produktspezifikationen festgelegt haben, in der Linearität ihres

Denkens für neue Informationen durch die andere Seite verschlossen sind und keine echte Kooperation mehr suchen, sondern in Verteidigungshaltung für das eigene Konzept verharren. (vgl. Paap 1986, S. 3)

Zu einem frühen Zeitpunkt cross-funktionale Interaktionsprozesse zu installieren bzw. zu institutionalisieren, und zwar sowohl zwischen F + E und Vertrieb als auch zwischen F + E und Produktion als einem häufig übersehenen internen Kunden, der ja auch über den Kauf oder Nicht-Kauf intern entwickelter neuer Werkstoff-Technologien, Werkzeuge bzw. Prozeßtechnologien zu entscheiden hat, ist eine zentrale Aufgabe.

Die Unternehmer-Kultur

Eine neue Kultur heißt auch und gerade in dem Konzern, aus dem der Verfasser stammt, den Übergang zu einem Unternehmen der vielen Unternehmen *und* Unternehmer zu managen. Denn die Welt der Innovationen besteht nicht nur aus Erfindungen und Entwicklungen, die von Technikern stammen. Heute geht es darum, Wege für erfolgreiche neue Produkte, Geschäftsfelder oder Unternehmen zu erarbeiten. Und hierbei ist die unternehmerische Grundeinstellung bei möglichst vielen Führungskräften die Voraussetzung für die Innovationsfähigkeit. Das allerdings ist etwas anderes als eine rein technologie- oder produktorientierte Kultur. Nötig ist eine umfassende unternehmerische innovations- und lernorientierte Kultur. Eine

\multicolumn{4}{c}{**Anreize zu Unternehmertum und Innovation**}			
Rollenträger: ⇒	**Venture-Champion**	**Strategischer Innovations-Controller**	**Machtpromotor Mentor**
Charakterisierung	Verantwortlich für die Handhabung eines Innovationsproblems; Hohe Identifikation mit dem Problem	Verantwortlich für die Steuerung, Koordination und Kontrolle von Innovationsprozessen; Hohe Identifikation mit dem Thema Innovation	Verantwortlich für die Innovationspolitik: Hohe Identifikation mit dem Unternehmen
Direkte Anreize	Entlohnung in Abhängigkeit vom Geschäftserfolg des Ventures: Gewinnbeteiligung, Wertzuwachsbeteiligung usw. Ehrungen	Entlohnung in Abhängigkeit vom Fortgang und Erfolg der Innovationsprogramme: Prämien bei Erreichen strategischer Meilensteine, Beteiligung am operativen Ergebnis der Ventures usw. Präsenz in der Fachwelt „Innovationsmanagem."	Entlohnung in Abhängigkeit vom Unternehmenserfolg: Gewinnbeteiligung, Wertzuwachsbeteiligung usw. Ansehen in Wirtschaft und Öffentlichkeit
Indirekte Anreize	– Unternehmerische Freiräume – Innovationsklima – Ermächtigung zu innovativem Handeln – Gründungsatmosphäre – Sinn	– Ruf des Unternehmens – „Familienanschluß"	– Sinnvermittlung – Transformierende Führung

Abbildung 12

solche Kultur ist nicht nur mit Appellen und anschließenden Unterrichtsprogrammen zu Intrapreneurship zu erreichen. Neben der Schaffung struktureller Voraussetzungen gehört genauso dazu, die Bewertung von Führungskräften danach auszurichten, ob sie unternehmerisch agieren. Es geht darum Anreiz- und Entgeltsysteme zu schaffen, die innovative Vorhaben und Risikofreude wirksam unterstützen. Fast noch wichtiger ist es, die Personalentwicklungsbemühungen der Linienmanager zu belohnen. Denn in einer Unternehmerkultur geht der Vorgesetzte das Risiko ein, im Nachwuchs einen Konkurrenten zu schaffen bzw. exzellente Mitarbeiter zu verlieren. Das Heranbilden von möglichen Nachfolgern und das Produzieren von Spin-offs – nämlich gut entwickelten Abgängern – muß sich positiv auf die eigene Karriere auswirken. (vgl. Bihal 1989) Es muß mit allem Nachdruck ein Klima erzeugt werden, in dem die Bereitschaft zu verantwortlichem unternehmerischem Risikoverhalten gefördert und der so Handelnde großzügig belohnt bzw. befördert wird. Dies beinhaltet einerseits die Auseinandersetzung mit qualitativ neuen Laufbahnsystemen und Karrieremodellen, wie sie auf Seite 45 ff. beschrieben werden, andererseits aber auch das Experimentieren mit unkonventionellen Formen der Unternehmerförderung. „Das ‚Normalarbeitsverhältnis' weicht in Randbereichen einer Vielfalt neuer oder bisher unüblicher Formen der Zusammenarbeit: freie Mitarbeit, Spin-offs, Management-Buy-outs, Subunternehmer, Berater, Kooperationsverhältnisse. Auf lange Sicht werden die Unternehmen immer stärker zu flexiblen ‚offenen Systemen' mit einem festen organisatorischen Kern – an Stelle von Burgen, die sich gegenüber der Umwelt abschließen." (Schneevoigt 1990, S. 648)

Zu Recht wird aber auch darauf hingewiesen (Müller-Stewens/Bretz 1991, S. 653 ff.), daß es neben direkten, monetären Anreiz- bzw. Sanktionssystemen auch der Ergänzung durch indirekte Anreize bedarf (vgl. Abbildung 12, Seite 40, aus: Müller-Stewens/Bretz 1991, S. 564), um Unternehmertum zu fördern.

Unternehmerentwicklung in Großunternehmen ist ein schwieriges Unterfangen. Organisatorische Zellteilung und Dezentralisierung vor dem Hintergrund der Profitcenter-Orientierung sind strukturell unterstützende Bedingungen, die jedoch nicht selten das synergetische Management der „core competencies" konterkarieren. Neben den bürokratischen Strukturen, die es zu beseitigen gilt, sind es vor allem bürokratisches Verhalten, eingeschränktes Innovationsverständnis bzw. Risikoaversion („Don't rock the boat"-Mentalität) sowie das Festhalten an traditionellen Management- bzw. Steuerungsformen, die die Umsetzung vorhandener kreativer Ideen behindern (vgl. Häfelfinger 1990, S. 31 ff.).

Noch gravierender wirken sich diese Faktoren auf den Faktor Zeit aus. „Kürzer werdende Innovationszyklen erfordern rapide schrumpfende Entwicklungs-, Vermarktungs- und Lieferzeiten in der Automobil-, der Pharma-, der Chemie- und der Elektronikbranche im weitesten Sinne. Der Imitationsschutz auf errungene Wettbewerbsvorteile verkürzt sich. Diejenigen Unternehmen werden sich in Zukunft an die Spitze des Wettbewerbs setzen, die durch flexible Strukturen und einen neu entfachten ‚Unternehmergeist' Vorteile im ‚management of speed' erlangen." (Müller-Stewens/Bretz 1991, S. 549)

Abbildung 13, Seite 42, (Häfelfinger 1990, S. 31 ff.) stellt die Merkmale des bürokratischen Unternehmens bzw. des traditionellen Managements denen des innovativen Unternehmens gegenüber. Ausgehend von „Intrapreneuring"-Konzepten (Delin 1981 sowie Pinchot 1985) haben etliche amerikanische und europäische Beratungsunternehmen Programme zur Förderung internen Unternehmertums und zur Vernetzung von Innovation entwickelt (vgl. Delin 1981), die unter anderem auch in der Deutschen Aerospace bei Messerschmitt-Bölkow-Blohm (MBB) implementiert wurden. Bei den Innovationen kann es sich sowohl um Einfachprodukte als auch um High-Tech-Produkte, sowohl um interne Prozeßinnovationen, schwerpunktmäßig aber eher um marktorientierte Produkt- bzw. Serviceinnovationen handeln.

Die Vorgehensweise bei der Realisierung eines Intrapreneurship-Programms umfaßt fünf Schritte:

Unternehmenskulturelle Elemente des bürokratischen und des innovativen Unternehmens

Bürokratisches Unternehmen   **Innovatives Unternehmen**

Bürokratisches Unternehmen		Innovatives Unternehmen
Wandel als Bedrohung	⇔	Wandel als Chance
Risiko-Aversion	⇔	Kontrolliertes Risiko
Innenorientierung	⇔	Kundenorientierung
Konventionen und Regeln	⇔	Vision
Infragestellen neuer Ideen	⇔	Unterstützung neuer Ideen
Gehorsam gegenüber dem Vorgesetzten	⇔	Protektion und Unterstützung durch den Vorgesetzten
Kontrolle	⇔	Gegenseitiges Vertrauen
Sinnentleerung durch Fragmentation	⇔	Sinngebung durch ganzheitlichen Ansatz
Suche nach der „großen" Innovation	⇔	Viele, auch kleine Innovationen

Abbildung 13a

Traditionelles Management im Vergleich zum Innovations-Management

Traditionnelles Management		Innovations-Management
Orientierung an Regeln und Konventionen	⇔	Regeln und Konventionen in Frage stellen
Umfassende Analyse	⇔	Experimentieren
Infragestellen neuer Ideen	⇔	Ideen aktiv suchen
Unsicherheit reduzieren	⇔	Unsicherheit tolerieren
Fehler vermeiden	⇔	Fehler tolerieren
Ordnung schaffen	⇔	Chaos tolerieren
Sicherheit durch umfassende Analyse	⇔	Sicherheit durch fähige Mitarbeiter

Abbildung 13b

1. Entscheidung über Programmrealisierung und Festlegung der Innovationsrichtung durch die Unternehmensleitung.
2. Schaffung eines innovationsfreundlichen Führungsklimas und innovationsfreundlicher Führungsrollen (zum Beispiel Coaching).
3. Selektion der Intrapreneure.
4. Schulung der Intrapreneure in Kommunikation und Erstellung eines Business-Plans.
5. Gestaltung innovationsfreundlicher Strukturen durch flache und kurze Entscheidungsstufen und Informationswege.

Verallgemeinernd kann Intrapreneuring als eine Form des New Venture Management charakterisiert werden, bei dem es im umfassenden Sinne um eine Revitalisierung der Kernunternehmung und insbesondere der Pionierstrukturen und der Gründerkultur geht. „Die Vorteile der Großunternehmung (‚economies of scale', Finanzierungsvorteile, Ressourcenzugriffsmöglichkeiten, Standardisierungsprozeduren etc.) sollen also mit den Vorteilen der innovativen Neugründung bzw. des mittelständischen (Inhaber-) Unternehmens (‚economies of scope', Flexibilität, Motivation der Eigentümer etc.) verheiratet werden." (Müller-Stewens/Bretz 1991, S. 550) In einem sich überlappenden Vier-Generationen-Verständnis von New Venture Management (ebenda sowie Roberts 1980), bei dem Unternehmen

- sich in einer ersten Phase durch Vergabe von Venture-Kapital an junge High-Tech-Unternehmen die Öffnung gegenüber bzw. den Zugang zu kritischen Innovationsprozessen sichern,
- in einer zweiten Phase eine interne Venture-Einheit bilden, um die Schnittstellen zwischen F + E, Fertigung und Vertrieb besser zu managen, mit dem Ziel, daß diese unabhängige Geschäftseinheit ein neues Produkt effizienter am Markt einführt
- in der dritten Phase mehrere (interne wie externe) Venture-Einheiten bzw. Kooperationen und Allianzen mit kleineren Unternehmen bzw. wissenschaftlichen Einrichtungen durch eine New-Venture-Division als Drehscheibe bzw. Koordinator für wechselseitigen Potentialtransfer in ein strategisches Gesamtkonzept integrieren,

geht es in der vierten Phase bzw. Generation des New-Venture-Managements um die oben beschriebene kulturelle Transformation (Müller-Stewens/Bretz 1991, S. 552).

3.2 Herausforderungen der Kulturveränderungen für das Management der Human-Ressourcen

Kommunikations- und Informationsmanagement fördern

Die Fähigkeit, sowohl Technologie-Push wie auch Market-Pull zu managen, hängt zu einem hohen Ausmaß von der Qualität der Kommunikation innerhalb der Organisation ab. „Es ist wichtig, daß die Struktur des Unternehmens laterale Informationsflüsse zwischen Abteilungen und Funktionen fördert, anstatt sich einfach nur auf das Auf und Ab von Kommunikation entlang der vertikalen hierarchischen Strukturen zu verlassen. In orthodoxen Strukturen mag es zwar klare Berichtswege geben, aber die Integration findet nur in der Nähe der Hierarchiespitze statt. Im Gegensatz dazu verlaufen in guten wissenschaftlichen Unternehmen die Informationsflüsse vorzugsweise horizontal und diagonal, und Hierarchien tendieren dazu, flacher zu sein." (Jones 1990, S. 1) Es ist von existentieller Bedeutung, daß die richtigen Wissensträger zueinander finden und daß die Kommunikation zwischen forschenden und entwickelnden Bereichen einerseits und den anwendenden Unternehmensbereichen andererseits, zwischen innenorientierten und marktorientierten Funktionen sowie zwischen Unternehmen und Kunden zur Selbstverständlichkeit wird. Dies ist aber – wie beschrieben – häufig nicht der Fall. Teilweise auch bedingt durch das Vorhandensein unterschiedlicher „Sprachen" in einer Organisation. Im Gefüge der traditionell hierarchisch bestimmten Institutionen ist Information nicht zuletzt ein Instrument zur Erlangung und Sicherung von Macht- und Verteilungsvorteilen.

Von diagonaler Kommunikation und diagonalen Informationskanälen ist aber in der Regel nur dann die Rede, wenn es um Intrigen geht. Die Bereitschaft zu einem offenen, kommunizierenden, voneinander lernenden Unternehmen anstelle des Akkumulierens von quasi totem, voneinander separiertem Wissen des einzelnen, sind quer durch die Unternehmensbereiche wichtig, insbesondere aber in den Bereichen eines Unternehmens, von denen der technische Teil der angestrebten Innovationen abhängt. Dies gilt aber auch für Funktionen, die direkt an der Nahtstelle zur Umwelt des Unternehmens agieren: Verkauf und Einkauf, Marketing, Öffentlichkeitsarbeit, interne und externe Kommunikation und Personalwesen sind einerseits quasi „Frühwarnsysteme" beim Lernen von Kunde, Konkurrenz und Öffentlichkeit, andererseits sind sie aber auch Transmissionsriemen für die Weitergabe des Gelernten in die Innenwelt der Organisation. Wer neues kombinieren will, muß Kommunikationsprozesse institutionalisieren, die Wissensdiffusion und den Austausch von Know-how sicherstellen oder zumindestens wahrscheinlich machen.

Hier setzt ein zentrales, neues, kulturelles Aufgabenfeld der Personalentwicklung an: Das Gestalten kommunikativer Gefäß-Systeme bzw. Netzwerke – unabhängig von den formellen Kommunikationsstrukturen bzw. -kanälen – um Kommunikationsbrücken („human bridges") zwischen separiert agierenden Einheiten zu schaffen und um informationspathologische Grenzen und disfunktionale Schnittstellen zu bewältigen.

Dies kann eher innenorientiert durch die Initiierung bzw. Begleitung von

– Technologiekolloquien
– Innovationsbörsen
– Erfindermessen
– Talentbörsen

realisiert werden, in denen Technologiepäpste und Ideen-Champions, aber auch die vielen Ideen-Entwickler ein Forum der internen Präsentation, Vermarktung und des Dialoges mit potentiellen internen Kunden und die Organisation eine interne Know-how-Drehscheibe erhalten,

– bzw. durch Problemlösungstreffen der jeweils Beteiligten bzw. der internen Kunden auf dem Weg von der Produktidee, über F + E, Produktion hin zum Vertrieb (vgl. Roberts 1988, S. 22)

als auch unter Einbezug von bzw. durch vernetzte Lernforen mit Kunden und Lieferanten bzw. durch „round-tables" mit „market gatekeepers", wie zum Beispiel Verkäufern, Öffentlichkeitsarbeitern, die quasi als Frühwarn- bzw. Frühlernsysteme fungieren.

Kommunikations- und Informationsmanagement besitzt neben dem bisher beschriebenen eher innerorganisatorischen Charakter auch einen ausgesprochen umfeld- und umweltorientierten Schwerpunkt. Unternehmen sind umweltoffene, zunehmend gläserne Systeme. Das closed-system-Denken und der defensive Umgang mit dem Unternehmensumfeld sind angesichts der Exponiertheit großer Wirtschaftsunternehmen, angesichts der Scheinwerfer der Informationsmedien und angesichts sowohl der gesellschaftlichen Verantwortung von Unternehmen wie auch der zunehmenden Ansprüche unterschiedlichster externer stake-holders ein Anachronismus. „Wenn es bisher primär darum ging, sich im Markt zu positionieren, so wird es in analoger Weise in Zukunft ebenfalls von Bedeutung sein, sich im gesellschaftlichen Institutionengefüge zu positionieren und eine Societal strategy zu realisieren. In Ergänzung zu den Marktbeziehungen müssen auch die außermarktlichen Beziehungen institutionalisiert werden. Dazu werden insbesondere in Amerika in zunehmendem Maß spezielle Institutionen geschaffen, so etwa Public-affairs-Abteilungen, Stabsstellen für Umweltauditing, Abteilungen für ökologisches Controlling, Stabsstellen für Public Relations und Lobbying usw. Der Zeitpunkt scheint gekommen zu sein, da sich jeder Konzern überlegen muß, ob und wie er diese Institutionalisierung vornehmen will." (Rühli 1990, S. 313)

Zu Beginn meines Beitrages habe ich ausgehend von dem Modell der fortschrittsfähigen Organisation eine Typologie organisatorischer Sinnmodelle dargestellt. Das dem Fortschrittsmodell vorangestellte und in diesem implizit aufgehende Institutionenmodell ist das Unternehmen als „gesellschaftliche Veranstaltung" (Heinz Dürr), das offen und responsiv mit den Bedürfnissen auch der externen Anspruchsgruppen umgeht. Gerade in einem Zeitalter starker Abhängigkeit der Unternehmenspolitik von öffentlicher Meinung und dem Agieren einer zum Teil gegenüber Großunternehmen extrem kritisch und distanziert eingestellten Öffentlichkeit trägt eine aktive, sich nicht verweigernde Kommunikationspolitik großen Anteil daran, wenn einer zunehmenden Entfremdung der Unternehmen entgegengewirkt werden soll. „Die ‚Entzauberer der Welt', die Ingenieure, Techniker, Manager, Politiker und Funktionäre, Wissenschaftler sollten mehr als bisher Akzeptanz gegenüber Kritik entfalten und für deren konstruktive Integration sorgen. Es gibt kaum einen besseren Weg, die Übersichtlichkeit der Vorgänge ‚draußen im Land' zu erhöhen. Die Kritik muß Fortschritte in Kompetenz und Phantasie machen, denn im Stübchen (freiwilliger) kultureller Verspätung, gegründet auf kollektives Absehen von industriegesellschaftlichen Systembedingungen, droht bloß die Marginalität. Und die ‚Entzauberer' müssen sich ihre Entzauberung gefallen lassen, denn ohne Akzeptanz des kritischen Stachels kann es keine lernfähige, ‚offene Gesellschaft' geben ... Nur Diskurs kann verhindern, daß immer neue ‚Fremdgruppen im eigenen System' entstehen und es zu gefährlichen soziokulturellen Spaltungen kommt. Mangelnde Auseinandersetzung vermindert die Fähigkeit von Systemen, sich an künftige Wandlungen anzupassen." Gleichzeitig ist dies „die konstruktive Integration von informierter Kritik im Zuge der Etablierung tauglicher Instrumente zur Selbstbeobachtung von Unternehmen und Gesellschaft" (Becker 1989, S. 20).

Diese durch Dialog initiierten selbstreflexiven Prozesse sind auf einer Metaebene „Lernen über sich selbst" und auf einer noch höheren Ebene die Vertiefung der Fähigkeit zur Metakommunikation. Die vom Arbeitskreis „Technik und Gesellschaft" bei Messerschmitt-Bölkow-Blohm regelmäßig durchgeführten Ottobrunner Gespräche sind ein solches Forum der Reflexion und Metakommunikation. Das Programm der in 1990 unter Beteiligung von Mitarbeiterinnen und Mitarbeitern aller Unternehmen der Deutschen Aerospace und unterschiedlichster gesellschaftlicher Gruppierungen durchgeführten Tagung „Identität und Feindbild in turbulenten Zeiten" zeigt die Brisanz, aber auch die Attraktivität eines diskursgesteuerten Prozesses.

Adäquate Rekrutierungs-, Führungs- und Entwicklungsphilosophien und -systeme entwickeln

Jones (1990, S. 2 ff.) und Roberts (1988, S. 20 ff.) nennen etliche auf die Human-Ressourcen bezogene Mechanismen, um kulturellen Wandel zu begleiten.

a) Wie schon bei der Strategieentwicklung ist Job-Rotation eine Möglichkeit, kommunikative Netzwerke zu etablieren und zu stärken, was aber auch bzw. was gerade in technischen Gebieten mit dem Problem verbunden ist, daß Erfolg in einer Aufgabe häufig von detailliertem, wissenschaftlichem Wissen abhängt. Andererseits zeigen empirische Forschungen in Innovationsteams, daß eine zu homogene Gruppe mit stabiler Mitgliedschaft sowohl zu Produktivitätsrückgang als auch zu Inseldasein und zum „not invented here"-Syndrom führen (Roberts 1988, S. 50).

b) Durch ausgefeilte Projektmanagementkonzepte oder Matrixstrukturen kann laterale Integration dadurch geschaffen werden, daß Mitarbeiter in zwei oder noch mehr Linien berichten, zum Beispiel in ein kundenorientiertes Projektteam, zum zweiten in ein Produktentwicklungsteam und zum dritten in einen funktionalen Berichtsweg mit dem Problem des schwierigen Managens solcher komplexer Strukturen, wobei wissenschaftliche Unternehmen ja allemal mit organisatorischer Verwobenheit und Verworrenheit („fuzziness") leben.

c) Der nötige kontinuierliche Zufluß höchstqualifizierter neuer Mitarbeiter setzt sowohl engste Kontakte mit Universitäten und Forschungseinrichtungen als den Hauptlieferanten von Nachwuchs voraus als auch Vorurteilsfreiheit im Umgang mit der oft zu theorielastig erlebten Wissenschaft. Durch Personalaustauschaktivitäten zwischen Hochschulen und Universitäten, durch Wissenschaftssponsoring und frühzeitige partnerschaftliche Kontakte („Langzeit-Personalmarketing") mit potentiellen künftigen Mitarbeitern (durch Praktika, betreute Ferienbeschäftigung, Vergabe von Diplomarbeiten und Dissertationen, durch Stipendien bis hin zu Berufsberatung und gemeinsamen Lern- und Dialogveranstaltungen von Studenten und eigenen Mitarbeitern zu fachlichen und überfachlichen Themen) wird sowohl Vorfeldqualifizierung und -sozialisierung als auch gemeinsame Kooperations- und Lernkultur gefördert.

d) Eine weitere Aufgabe ist es, sinnvolle Laufbahnstrukturen und Karrieren zu schaffen und anzubieten. Dies ist insbesondere in High-Tech-Organisationen kein leichtes Unterfangen. „Die motivationalen Charakteristika kreativer wissenschaftlicher Professionals machen es schwierig, diese in organisatorische Karrierestrukturen zu integrieren. Sie sind hochgradig leistungsorientiert, energetisch und enthusiastisch, häufig bis zum Punkt der Besessenheit. Aber sie sind mehr durch intrinsische Anreize, Werte und Motive, als durch die Anforderungen der Organisation gesteuert. Sie sind schwierig zu führen und lehnen häufig eine Entwicklung in die klassische Managerlaufbahn ab. Die Organisation steht vor einer schwierigen Entscheidung. Sie kann ‚Spezialistenmanager' rekrutieren mit dem spezifischen Ziel, ihre Wissenschaftler zu managen, oder sie kann versuchen, diese Wissenschaftler selbst zu Managern zu entwickeln. Aus beiden Ansätzen erwachsen Probleme. Der erste ist häufig gravierend beeinträchtigt durch die Unfähigkeit nichtwissenschaftlicher Manager, Legitimation bei Wissenschaftlern zu erwerben und zu etablieren. Die zweite Lösung erfordert, daß dem Prozeß des Management-Developments beträchtliche und detaillierte Aufmerksamkeit gewidmet wird. Es muß ein Element der Organisationskultur werden, daß es wünschenswert und möglich ist, beides zu sein: Ein kreativer Wissenschaftler und ein kompetenter Manager. Unter diesen Bedingungen können Karrierestrukturen entwickelt werden, die Fachkompetenz, wissenschaftliche Kompetenz und managerielle Fähigkeiten und Fertigkeiten ausbalancieren (Jones 1990, S. 2).

Ob dies durch „layering" anstelle von Parallellaufbahnen oder durch multiples „laddering" zumindest bis zu den mittleren Führungsebenen, ggf. mit einem General-Management-Layer „on the top", realisiert wird oder durch andere Formen – entscheidend ist nicht unbedingt die aktuelle Problemlösung, sondern das Wissen um diese Herausforderung und die Antwortfähigkeit darauf. An dieser Stelle sei zumindest die Antwort von jetzt in der Deutschen Aerospace AG zusammengefaßten Unternehmen der deutschen Luft- und Raumfahrtindustrie (Dornier, Messerschmitt-Bölkow-Blohm, Motoren- und Turbinenunion sowie Telefunken Systemtechnik) kurz skizziert: Für die Erreichung der Zielsetzung, „key player" und Systemführer in großen nationalen und internationalen Entwicklungsprojekten bzw. Kooperationsprogrammen der Luft- und Raumfahrtindustrie zu werden, sind Experten (Fachkräfte mit wichtiger funktionaler Verantwortung, aber ohne Personalverantwortung) für das Unternehmen ebenso wichtig wie Linienmanager (vgl. Kränzl 1990, S. K2). Sie sind, um nur einige Beispiele herauszugreifen, Träger des Know-hows für Systemmanagement und Schlüsseltechnologien, das ständig aufgebaut, gepflegt und weiterentwickelt werden muß. Ihre Beiträge zu Managemententscheidungen in Form der Beratung und Unterstützung (vor allem in großen Organisationen mit komplexen Systemen) sind von besonderem Gewicht. Als Senior-Experten (hier steht Senior für breites Wissen und Erfahrung, nicht für Alter, obwohl häufig damit verknüpft) sind sie außerdem Trainer in der fachlichen Weiterbildung, partnerschaftlicher Coach junger Teamkollegen ebenso wie Mentor für die individuelle Förderung von Nachwuchskräften.

Experten für solche Aufgaben zu gewinnen, sie darin auf Dauer zu halten und zu motivieren, war und ist entscheidender gegenwärtiger und zukünftiger Erfolgsfaktor. Die Deutsche Aerospace als ein Unternehmen mit hohem, in Teilbereichen extrem hohem Anteil qualifizierter Spezialisten („think-tank") hat in der Mehrzahl ihrer Unternehmen den Aufstieg solcher Spezialisten von Linienführungsverantwortung abgekoppelt: und dies nicht nur, um Entwicklungsmöglichkeiten für Spezialisten zu bieten, sondern auch, um der Überforderung der Linienführungskräfte zu begegnen. Diese sind in ihrer hergebrachten, traditionellen Rolle zunehmend überfordert und überlastet. Sie können nicht mehr die Technologien im Sinne von Spezialisten beherrschen, mehrere Entwicklungsprojekte gleichzeitig managen, ihnen unterstellte Mitarbeiter führen und noch durch innovative Impulse die technologische Entwicklung des Unternehmens sichern helfen. Deshalb wurden beispielsweise bei MBB neben der klassischen Führungslaufbahn drei Fachlaufbahnen gebildet, die in ihren Hierarchiestufen, Rechten und Pflichten der Führungslaufbahn entsprechen:

- der Systemintegrator, dessen zentrale Aufgabe die Synthese und Optimierung von technisch anspruchsvollen Systemen und Subsystemen ist,
- der Projektleiter, der Produkte oder Technologien quer durch die Fachbereiche zu führen und kundenorientiert zu optimieren hat,
- der Spezialist, der als effizienter Berater der Linien- und Projekthierarchie auf dem Gebiet von Schlüsseltechnologien gefordert ist.

Diese Fachlaufbahnen alleine sind nicht ausreichend, um zu Bestleistung zu motivieren. Sie sind aber ein wesentlicher, zusätzlicher Anreiz und stehen neben herausfordernden Aufgaben, kompetenter Führung und angemessener Bezahlung. Fachlaufbahnen ermöglichen es, den Beitrag dieser Mitarbeiter zum Erfolg des Unternehmens sichtbar zu machen, und sie bieten denjenigen, die ihren Berufsweg im „rein Fachlichen" sehen, Entwicklungs- und Aufstiegsmöglichkeiten. Damit werden ihre berechtigten Bedürfnisse nach Anerkennung und Aufstieg so befriedigt, daß auch die überlebensnotwendigen Interessen des Unternehmens nach Know-how-Aufbau und -Erhalt gefördert werden.

Um diese Fachlaufbahnen erstrebenswert und attraktiv zu machen, wurde für jede ein spezifisches Förderprogramm entwickelt, das über einen Zeitraum von 1½ bis 2 Jahren läuft und in Kooperation mit Hochschulen und Instituten mittels Vorlesungen, Seminaren, Projektarbeit, autonomen Lerngruppen, Planspielen, mit Maßnahmen, die mit dem Prozeß der Leistungserbringung verknüpft sind, Fachkräfte an diese Schlüsselqualifikationen heranführt. Diese Entwicklungsprogramme sind berufsbegleitend, sie erfolgen zu zwei Dritteln in der Arbeitszeit, zu einem Drittel in der Freizeit der Teilnehmer.

Qualifizierte Mitarbeiter wollen nicht verwaltet werden, sie wollen insbesondere bei Karriereentscheidungen einbezogen werden. Deshalb werden neben der Beratung durch die Vorgesetzten (vgl. Abbildung 14, die als Orientierungsmatrix ein Hilfsmittel für die Beratung durch die Führungskräfte darstellt) und das Personalwesen, Workshops zur beruflichen Standortbestimmung und Entwicklungsplanung durchgeführt, in denen die Mitarbeiter ein Klärungsforum bekommen und durch entsprechende Instrumente darin unterstützt werden, sich über ihre Berufsziele, über Neigungen und Eignung klar zu werden.

Bei Dornier gibt es neben der klassischen Linienlaufbahn eine Projektlaufbahn sowie eine aus dem spezifischen Marktkontext heraus begründete Vertriebslaufbahn, die Motoren- und Turbinenunion (MTU), ein DASA-Unternehmen nicht nur mit F + E-Prägung, sondern auch mit ausgeprägtem Fertigungscharakter, besitzt eine Spezialistenlaufbahn neben der Linienlaufbahn. So sind aus dem jeweiligen unternehmensspezifischen Kontext heraus drei bzw. vier unterschiedliche Laufbahnmuster in einem Konzern existent.

e) Unternehmerische Rollenvielfalt zulassen, fördern und pflegen ist ein weiterer Schritt. Eine

Orientierungsmatrix

	Spezialist	Systemintegrator	Projektleiter	Führungskraft
Priorität	Fachgebiet	Produkt/System	Markt	Mensch
Antriebskraft	Fachliche Neugier	Gestaltungswille	Gefordert werden	Andere beeinflussen
Interessenschwerpunkt	Tiefgehende innovative Problemtellungen	Produkt- bzw. Systemzusammenhänge und -lösungen	Betriebswirtschaftliche Problemstellungen	administrative, soziale und psychologische Fragestellungen
Wesentliche Tätigkeit	Suchen	Verknüpfen	Ergebnisse realisieren	Motivieren
Erlebnisorientierung	Neuartige Lösungen	Systemlösungen	Erfolg im Markt	Gute Personalführung
Mentalität	Einzelkämpfer	Moderator/ Kommunikator	Unternehmer	Spielführer

Abbildung 14

Unternehmenskultur, die Innovationsorientierung und Kundenbesessenheit fördert, schadet sich mit der Festlegung auf den „Typ-Manager".

Eine solche Kultur fördert und pflegt kreativste Interaktionsmuster und differenzierteste Verhaltensweisen. „Diese Kultur erfordert sowohl die Integration kreativer Mitarbeiter in die Organisation, ohne daß diese ihre Kreativität verlieren, als auch Toleranz gegenüber fachlichen Fanatikern und schöpferisch-rebellischen Einzelkämpfern." (Sattelberger 1987, S. 15) Das Wissen darum, daß Kreativität auf Nonkonformismus beruht, läßt die Kultur an diesem Punkt bewußt offen und diffus sein. „We know that from the ranks of the critics come cranks and troublemakers, but from the same ranks come the saviours and innovators." (Gardener S. 72)

Eine innovations- und kundenorientierte Kultur pflegt eine Vielfalt an unterschiedlichen Rollen im Innovationsprozeß, von der Produktidee bis zur Kommerzialisierung, das heißt der Implementierung im Markt, wenn „Innovation = Invention + Exploitation" (Roberts 1988, S. 13) verstanden wird. Kritische Innovationsrollen sind beispielsweise (in Anlehnung an Roberts 1988, S. 15 ff.)

— *der Ideenentwickler* („idea generator"), der im Spannungsfeld von Market-Pull und Technologie-Push innovative Ideen generiert,
— *der Ideenausbeuter* („idea exploiter", Produkt- oder Ideenchampion), der als Intrapreneur oder Entrepreneur Ideen kommuniziert und hoffähig macht,
— *der Programm-Manager* bzw. Projektleiter (business-innovator), der (meist in offizieller Aufgabe) die Idee oder das Konzept in einen marktfähigen Businessplan überführt,
— *der Türsteher* („gate-keeper", „bridge-scientist"), der als Kommunikator ein Informationsnetzwerk zwischen Entwicklung, Marketing und Produktion aufbaut,
— *der Sponsor* bzw. *Coach*, der als Machtpromotor im Dschungel der Organisation Ressourcen eröffnet und persönliche Unterstützung gibt,
— *der Gottvater*, der Innovation als Wert an sich fördert und eine innovationsfreundliche Unternehmenskultur forciert.

Durch Intrapreneurship-Programme und andere, das Unternehmertum fördernde New-Venture-Konzepte, durch echte Delegation in dezentralen Strukturen, die Freiheit vor der Gleichheit fördern, durch Installieren unternehmerischer Task Forces und durch das bewußte Nutzen echter Märkte und autonomer Organisationseinheiten als Lernmärkte und Lernfirmen kommt diese unternehmerische Rollenvielfalt zum Tragen (vgl. den Beitrag von Bretz zur unternehmerischen Avantgarde in diesem Buch).

3.3 Herausforderungen an die PE-Funktion als kultureller Schlüsselfunktion

Je stärker und schneller externer Wandel und interner Wandel sich vollziehen, um so mehr ist ein verbindendes, identitätsstiftendes Band als Orientierung nötig. Identitätsaufbau ist jedoch in der Regel das Ergebnis eines längerfristigen Entwicklungsprozesses. Der Wandel bei Märkten, Technologien, Werten, Kunden, Konkurrenten und in der öffentlichen Meinung vollzieht sich jedoch teilweise so schnell, daß Identitäten – kaum in Grundzügen aufgebaut – schon wieder durch neue Identitäten ersetzt und diese – kaum im Wachsen begriffen – auch schon wieder Gefahr laufen, substituiert zu werden. Die derzeit weltweit stattfindenden Fusionierungs- aber auch Entflechtungsprozesse sprechen eine deutliche Sprache. Unter strategischen Überlegungen der Erzielung „kritischer Größe" und Gewinnung neuer Märkte sind sie sicherlich richtig, wenn auch nicht immer erfolgreich. Wie sieht es unter Kulturgesichtspunkten aus?

Ist in einer Situation der Acquisitions und Mergers, der Joint Ventures und der Joint Companies, der Globalisierung der Kooperationen und der Internationalisierung von Heimat, der Entwicklung vom lokalen zum globalen Manager, ist in einer solchen Situation der Aufbau bzw. die Erhaltung von Kultur nur noch ein dosiertes, provisorisches Unterfangen? Ist dieses Unterfangen so anzulegen, daß Korrekturen in der Identität bzw. Identitätswechsel mit geringer Holprigkeit vollzogen werden können? Oder ist Kulturarbeit vielleicht sogar kontraproduktiv angesichts wechselnder strategischer Orientierungen von allemal befristeter Dauer? Müssen wir lernen, schnell wechselnde provisorische Organisationsidentitäten nicht nur zu verdauen, sondern auch diese Identitäten schnell auf- und abzubauen? Ist der globale Manager ein Mensch, der ohne zu tiefe Bindungen und Wurzeln in Familie, Freundeskreis, Sozialgefüge und Lebensraum denkt und handelt? Sind Corporate-Identity-Arbeit und Kulturentwicklung der Zukunft sozusagen nur noch „sozialtechnologischer Steinbruch", der Baumaterial liefert für allemal provisorisch gebaute Häuser und Wegwerfdomizile – nur noch begründet aus zeitlich befristeter Stabilisierungs- und Steuerungsfunktion heraus? Dies ist der organisationsbezogene Aspekt. Wie sieht es mit dem individuellen Aspekt aus? Können wir Menschen überhaupt unbegrenzt und so schnellebige Umfeld- und Identitätsänderungen verkraften? Brauchen Menschen nicht längerlebige Orientierung und Heimat?

Die Komplexität, Intensität und Rasanz von Veränderung scheint immer mehr unsere Kapazität zur Komplexitätsverarbeitung zu überfordern. Dabei geht es nicht nur um die rein intellektuelle Kapazität, sondern auch um die Fähigkeit von Menschen, emotional und körperlich angemessen mitzuhalten bzw. mit Komplexität umzugehen. Dies ist nicht nur ein Thema der Geführten, sondern auch der Führenden.

Schlagworte wie „Burning out", innere Kündigung, Workaholic, Krise in der Lebensmitte, Stagnation auf einem Entwicklungsplateau, Elend der Managerehe, Managerkrankheiten wie Herzinfarkte und Magengeschwüre, Werte-Erosion, gekippte Balance von Beruf und Privatleben sind ja nicht nur Effekthascherei und Erfindung von Beratern, die Aufträge suchen. Die Phänomene sind – zwar publizistisch überhöht – real vorhanden. Und sie sind nicht nur Symptom einer Krise des Individuums, sondern wechselseitig auch der Unternehmenskultur.

Ich bin mir bewußt, daß zu diesem Punkt mehr Fragezeichen als Antworten formuliert werden. Aber wo Licht ist, ist auch Schatten, und auch Schatten soll zu Wort kommen. Coaching, Outplacement, Career-Counselling, Life-Styling, Gesundheitsberatung, Audits und Mitarbeiterbefragungen zur Führungskultur, Corporate Health- und Fitness-Center, die Unterstützung von „dual career"-Paaren, flexible Zeit- und Karrieremodelle für alleinerziehende Elternteile – die nicht die berufliche Entfaltung und Entwicklung behindern – bzw. die in einer älter werdenden Gesellschaft die Fürsorge für ältere Familienangehörige ermöglichen, sind erste, zum Teil noch schüchterne bzw. hilflose Antworten der Personalentwicklung auf diese Phänomene. In meinem zweiten Beitrag in diesem Buch und insbesondere in der dortigen Abbildung 11 ist dargestellt, wohin die Reise einer Personalentwicklung unter diesen Gesichtspunkten führen könnte. Eines ist jedoch klar. Hier geht es nicht nur um Kurieren (Personalentwicklung als Rot-Kreuz-Schwester), sondern vor allem um Prävention, und hier geht es nicht nur um Prävention und Therapie für das einzelne Individuum, sondern auch um Prävention und Therapie für die gesamte Organisation: um eine ganzheitliche Betrachtung von Körper, Geist und Seele des Individuums und der Organisation. Hier sind die Unternehmensleitung und alle Führungskräfte in der Organisation gefordert. Aber gerade hier ist auch der Beitrag der Personalentwicklung als kultureller Schlüsselfunktion und Motor von kultureller Neuorientierung besonders gefordert. Bei allem erzwungenen oder antizipativ initiierten Wandel muß es eine Kontinuität in der „Seele" einer Organisation geben. Gerade längerfristige Konstanz in den Grundhaltungen und Kernprogrammen einer Personalentwicklung, -führung und -betreuung sind wichtig für die mentale Gesundheit einer Organisation (vgl. Schneevoigt 1990, S. 644), insbesondere in einer Ära der „Wegwerfkultur".

4. Strukturentwicklung in der lernenden Organisation

Struktur ist mehr als Organisation, ist auch Anpassungs- und Veränderungsfähigkeit, und zwar nicht nur unter betriebswirtschaftlichen Gesichtspunkten, sondern auch unter dem Aspekt humaner und individueller Arbeitsgestaltung und der strukturellen Ermöglichung von Lernprozessen (Organisation ad personam versus Organisation ad rem). Das Ausbalancieren von Kontrolle und Freiheit bzw. von Ordnung und Chaos sowie das Bewältigen des Spagats zwischen Organisation als Kathedrale und Organisation als Zelt sind Kennzeichen dieses Strukturverständnisses. Häufig wird „ein Spannungsfeld zwischen dem kreativen Prozeß einerseits und den Systemen organisatorischer Kontrolle andererseits erlebt. Es scheint, daß das wissenschaftliche Unternehmen mit dem Dilemma konfrontiert ist, sich zwischen der Notwendigkeit der Kontrolle und dem Imperativ der Kreativität zu entscheiden.

Aber dieses Spannungsfeld beruht auf einer falschen Dichotomie. Kreativität erfordert Strukturen und Kontrolle. Sie findet nicht in einem unstrukturierten Vakuum statt. Unser Fehler ist es, Struktur als Blockade zu betrachten und nicht als ein System, das gewisse erwünschte Verhaltensstrukturen ermöglicht. Sicherlich wird Kreativität durch zuviel Struktur behindert, aber ein gewisses Maß an Struktur fördert Kreativität. Das Kunststück im Management ist es, das angemessene Ausmaß an Strukturierung zu finden." (Jones 1990, S. 4)

Einige strukturelle Kerntrends lassen sich jedoch herauskristallisieren (vgl. Schneevoigt 1990, S. 650, Wipp/Rosenfeld/Pettigrew 1989, S. 96, Rühli 1990, S. 313f.):

– die stärkere Betonung problem- bzw. chancenorientierter temporärer Strukturen, die eher netzwerkartig und kunden- bzw. projektorientiert als hierarchisch orientiert sind,
– die Schaffung innovativer Freiräume bzw. organisatorischer „slacks" für innovative Reflexion,
– die Schaffung flacher, ausgedünnter, flexibler Hierarchien,
– die Reduzierung der tayloristischen Arbeitsteilung mit dem Ziel der Ganzheitlichkeit und Varietät in der Aufgabe,
– die Reintegration von Denken und Tun in die Linientätigkeit durch Reduzierung der „thinktanks" bzw. der Stabsbereiche,
– die Planung, Durchführung und Kontrolle in einer Hand anstelle fremder Planung und Fremdkontrolle,
– das „empowerment" der Mitarbeiter durch Qualifizierung, Information, entsprechende Arbeitsmittel, Delegation von Vollmacht und Beteiligung an Entscheidungen zu Arbeitsplatz und Arbeitsinhalten.

4.1 Strukturentwicklung als Beitrag zur lernenden Organisation

Strukturentwicklung soll hier unter zwei Aspekten betrachtet werden:

– unter dem Gesichtspunkt der Chancen und Grenzen klassischer Strukturierungskonzepte,
– unter dem Aspekt der strukturellen Wege der Initiierung bzw. Implementierung von Innovation und Unternehmertum.

Chancen und Grenzen von klassischen Strukturierungskonzepten

Unter dem ausschließlichen Gesichtspunkt technischer Optimierung scheint nach wie vor die funktionale, nach Spezialdisziplinen geordnete Organisation nach dem Muster der Handwerksgilden und Universitäten höchste technische Exzellenz und Maximierung des technischen Inputs bei gegebenen organisatorischen Wissensressourcen zu sichern. Wie schon erwähnt, ist jedoch die Quelle von Innovation eher außerhalb von Unternehmen zu finden. Die dementsprechende produkt-, projekt- bzw. programmorientierte Organisation dagegen maximiert unter den Kunden- und Wettbewerbsaspekten Output-Ziele mit dem Nachteil der Entfremdung der Technologie-Cracks von der natürlichen Interaktion mit den Kollegen ihrer Disziplin und – insbesondere bei langer Projektdauer – einer gewissen Erosion der sich schnell wandelnden technologischen Wissensbasis. Diese organisatorischen Dilemmata führten zur Entwicklung der Matrixstruktur mit dem Spannungsfeld zwischen funktionaler Exzellenz einerseits und output-orientierter Integration gemäß den Projektplan-Erfordernissen andererseits und dementsprechend der Balance zwischen zwei Berichtslinien (vgl. Roberts 1988, S. 19 ff.). Doch jede Lösung schafft neue Probleme. „Die Gefahr ist permanent, daß kreative wissenschaftliche Expertise in funktionalen Schlüsselaktivitäten durch laterale Integrationsproceduren ‚geschluckt' wird. Typischerweise haben wichtige Organisationsmitglieder das Gefühl, daß ihre Zeit in zu vielen Sitzungen vergeudet wird. Zum zweiten gibt es ‚issues' im Zusammenhang mit kritischer Größe und Wachstum. Solange eine Organisation relativ klein ist, ist es für sie einfacher, die Art organischer Strukturen zu erhalten, die nötig sind für das Managen von Veränderung. Aber einige wissenschaftliche Unternehmen benötigen eine beträchtliche Größe, um erfolgreich im Markt zu sein und zu bleiben. Einerseits führt Wachstum unausweichlich und notwendig zu Bürokratisierung. Andererseits blockiert Bürokratisierung die Kreativität, die existentiell wichtig ist für kontinuierlichen Erfolg." (Jones 1990, S. 2)

Die Antworten sind genauso komplex wie das Problem. Nur durch integrierte Strategie-, Kultur- und Strukturarbeit, die zu neuen Formen des Kommunikationsmanagements, zu Wachstum und Pflege des Humanpotentials, zu Anpassungsfähigkeit an Geschäftscharakteristika, Umfeldanforderungen und Kundenbedürfnisse sowie zu innovativer Rollenvielfalt beiträgt, kann diesen organisatorischen Dilemmata begegnet werden.

Abbildung 15 zeigt eine solche integrierte Betrachtung in Abhängigkeit vom Charakter der Unternehmensumwelt. Abgesehen davon ist auch Größe allein kein Argument „… if it is true that an elephant cannot fly, that does not necessarily imply that cows, or dogs, or cats can fly either. On the other hand, who said that elephants need to fly to prosper and survive? While it is still to be proved that butterflies are happier than elephants, it is certain that their life is much shorter. Furthermore a talent for flying did not preserve pterodactyles from exstinction." (Grosse 1990, S. 41)

Unternehmensumwelt und Führungsphilosophie			
	Unternehmensumwelt	
stabil	**Führungsphilosophie**	**dynamisch/innovativ**
Innenwelt der Organisation (Produkt/Technologie)	Fokus	Außenwelt der Organisation (Markt/Kunde/Wettbewerb)
Kirchturmpolitik/ Bereichsegoismus	geistige Ausrichtung	Helicopterview, Unternehmersicht
kurzfristig, taktisch	Zeithorizont	langfristig, strategisch
zentralisiert	Organisation/Struktur	dezentral, delegativ
durch die Spitze (hierarchisch)	Risikoübernahme	durch den jeweiligen Verantwortlichen
Regelwerke, Vorschriften	Managementsystem	autonomieorientiert, unternehmerisch
Konformität	Verhalten	initiativ, nonkonformistisch
direkt, vertikal	Kommunikation	partizipativ, horizontal, lateral

Abbildung 15

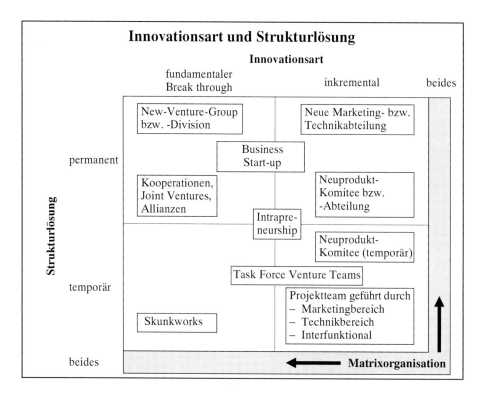

Abbildung 16

Strukturelle Wege zur Förderung von Innovation und Unternehmertum

New-Venture-Aktivitäten als Teil der Strategien zur Sicherung und Intensivierung der technologischen Wissensbasis durch Potentialtransfer wurden bereits unter Kulturgesichtspunkten diskutiert. Unter strukturellen Gesichtspunkten lassen sich folgende Formen des New-Venture-Managements unterscheiden (vgl. Müller-Stewens/Bretz 1991, S. 552 ff.):

Externes Venturing
– unabhängige Corporate-Venture-Gesellschaften zur Vergabe von Venture-Capital
– Corporate-Venture-Gesellschaften als Gründungen von Großunternehmen bzw. direkte Beteiligung von Großunternehmungen an Venture-Capital-Fonds und damit indirekt an den gesponserten jungen Unternehmen (letztendlich häufig mit dem Ziel der Spezialistenabwerbung verknüpft)
– Venture-Nurturing, das neben der Kapitalvergabe auch eine aktive Betreuung des New Ventures impliziert
– Spin-off-Unternehmen mit dem Ziel, Innovationen, die in-house keinen unternehmerischen Raum finden, durch organisatorische Zellteilung in Form einer Neugründung mit wirtschaftlicher und rechtlicher Unabhängigkeit zu unterstützen
– New Style Joint Ventures als vertrags- und kapitalmäßig abgesicherte Koalition zwischen großen und jungen Unternehmen unter Beibehaltung der rechtlichen und wirtschaftlichen Unabhängigkeit
– Akquisition eines Unternehmens mit dem Ziel des „spin-in"

Internes New Venturing
– Intrapreneure
– „skunk-works", die gegen die herrschenden Normen mit hohem persönlichem Einsatz herausragende Lösungen vorantreiben

- Task-Forces, die jedoch häufig keine oder wenig Weisungsbefugnis bei der Implementierung besitzen
- Interne Venture-Groups bzw. Venture-Divisions als autonome, verantwortliche Organisationseinheiten
- Business Start-ups als systematische Zellteilung in kleine Geschäfte unter dem Dach des Großunternehmens.

Im Abschnitt „Die innovations- bzw. informationsorientierte Unternehmenskultur" wurden unterschiedliche Innovationsformen – fundamentale Innovation (break through) und inkrementale Innovation – diskutiert. Abbildung 16, Seite 52, verknüpft diese Formen mit unterschiedlichen Wegen (permanenten und provisorischen/temporären) der Strukturierung. Generell scheint sich hier ein Trend zu Mischformen zwischen internen und externen New Ventures in Form von Kooperationen, Allianzen, Joint Ventures anzudeuten, da einzelne Unternehmen immer weniger in der Lage sind, das gesamte Know-how zu garantieren und das gesamte wissenschaftliche bzw. finanzielle Risiko – insbesondere bei großen Projekten – alleine zu tragen. Dieser Trend zu einer kollektiven Innovationsstrategie könnte sich dadurch ausdrücken, daß „das eigene Unternehmen sich primär auf die Know-how-Entwicklung der Schlüsseltechnologien oder der Schlüsselbauteile des eigenen Produktes konzentrieren (wird) und die übrigen Know-how-Sektoren durch virtuose Kooperationen und professionelles Projektmanagement abdecken wird" (Rühli 1990, S. 313).

4.2 Der Beitrag des Human Resource Development zur Strukturentwicklung

Der Beitrag des Human Resource Development auf dem Gebiet der Struktur sei hier nur kurz skizziert. Strategische Kooperationen, Joint bzw. New Ventures und Fusionen, die Bildung marktorientierter Profit-Center, die divisionalen, strategischen Geschäftseinheiten, dezentrale Diversifikationsaktivitäten, die Zunahme horizontal netzwerkartiger Projektorganisation bzw. Matrixstrukturen und die Bildung experimenteller Einheiten *einerseits*, die Tendenz zur Zelt- anstelle der Palastorganisation, zu flachen Pyramiden, Abspeckkuren von Unternehmen, das Ausdünnen von Ebenen, Gemeinkostenanalysen zur Beschneidung der Strukturorganisation *andererseits* fordern die Personalentwicklung nicht nur in der personenorientierten Hilfe zur Bewältigung von Veränderungen, sondern ebenso in der Hilfe für Organisationseinheiten bei der Definition und dem Management von Schnittstellen, bei dem Schaffen innovations-, synergie- und kooperationsfreundlicher Strukturen mit oft cross-kulturellem Charakter, bei der Definition von Spielregeln des Zusammenwirkens und der Konfliktlösung, bei dem Aufschließen und Aufbrechen von Strukturen, bei der Entwicklung eines Verständnisses von Reorganisation und organisatorischer Erneuerung als Daueraufgabe und nicht als einmaligem Akt und bei interkultureller Verständigung, aber auch bei Leitbildentwicklung in neuen Strukturen.

Hier scheint sich eine Renaissance des Konzeptes der Organisationentwicklung anzubahnen, innerhalb derer die klassische Stärke von OE – nämlich die Verknüpfung von Struktur, Abläufen und menschlicher Interaktion – neu und wieder gefragt ist.

Literatur

BECKER, TH., Anmerkungen zur Individualisierungsdebatte. Modernisierung der Menschen oder Krise der Gemeinschaft?, in: Neue Zürcher Zeitung, 30./31. Dezember 1989.

BIEHAL, F., Herausforderung an die Personalentwicklung in den 90er Jahren. Eine Nachlese zum Symposium in vier Thesen, in: PE-Verwicklungen und Entwicklungen, Veröffentlichung des Lehrstuhls für Wirtschaftspädagogik (Prof. Dr. Laske), Universität Innsbruck, 1989.

BOLT, J. F., How Executives Learn: The Move from Glitz to Gritz, in: Training and Development Journal, May 1990.

CHASE, R. B., GARVIN, D. A., Die Fabrik der Zukunft – ein Dienstleister, in: Harvard manager, 1/1990.

DE GEUS, A. P., Stockton Lecture an der London Business School, Unveröffentlichtes Vortragsmanuskript, 03. Mai 1990.

DE GEUS, A. P., Planning as Learning, in: Harvard Business Review, Vol. 66, 1988.

DELIN, G., Intrapreneurship: An Opportunity for Business Development in Large Corporations, The Fore Sight Group 1981.

EDEN, C., HUXHAM, C., Action – Oriented Strategic Management, in: Journal of the Operational Research Society, Vol. 39, Nr. 10, 1988.

EVANS, P., International Management Development and the Balance between Generalism and Professionalism, in: Personnel Management, December 1990.

EVANS, P., DOZ, Y., LAURENT, A. (Hrsg.), Human Resource Management in International Firms: Change, Globalisation, Innovation, Macmillan 1989.

FERNELIUS, W. C., WALDO, W. H., Role of Basic Research in Industrial Innovation, in: Research Management, July 1980.

GALAGAN, P., Between Two Trapezes, in: Training and Development Journal, March 1987.

GARDNER, J. W., Self-Renewal. The Individual and the Innovative Society, New York.

GODET, M., Scenarios and Strategic Management, London 1987.

GREINER, L., Artikel veröffentlicht in: New Management, Winter 1987, zitiert in: BOLT, J. F., 1990, S. 83.

GROSSI, G., Promoting Innovation in a Big Business, in: Long Range Planning, Vol. 23, No. 1, 1990.

HÄFELFINGER, K., Intrapreneurship: Innovationskraft steigern, in: io Management Zeitschrift, 59 (1990), Nr. 12.

HALL, D. T., Careers in Organizations, Glenview 1976.

HALL, D. T., GOODALE, J. G., Human Resource Management, Strategy, Design, Implementation, Glenview/London 1986.

HAMEL, G., PRAHALAD, C. K., „Strategic Intent" – aber jetzt gegen die Japaner, in: Harvard manager, 4/1989.

HIPPEL, E. A. VON, Lead Users: A Source of Novel Product Concepts, in: Management Science, July 1986.

HIPPEL, E. A. VON, Has a Customer Already Developed Your Next Product?, in: Sloan Management Review, Vol. 18, Nr. 2, Winter 1977.

HUG, W., Führung 2000 ... Nachwuchs will Nachwuchs fördern, in: io Management Zeitschrift, 59/1990, Nr. 1.

JONES, G., The „Scientific" Enterprise, in: Agenda. Management Perspectives from London Business School, Sommer 1990 (Übersetzung durch den Herausgeber dieses Buches).

KANTER, R. M., The New Managerial Work, in: Harvard Business Review, November/Dezember 1989.

KERR, J. L., JACKOFSKY, E. F., Aligning Managers with Strategies: Management Development versus Selection, in: Strategic Management Journal, Vol. 10, 1989.

KRÄNZL, O., Karrierechancen für Experten in High-Tech-Unternehmen, in: Wirtschaftswoche, Freitag, 04.05.1990, Beilage „Karriere" Nr. 19.

LEITER, R., SCHRADER, E:, Simulation als Instrument der Personal- und Organisationsentwicklung am Beispiel des Allianz-Kolloquiums 1990, in: Dokumentation der Expertentagung „Systemische Personal- und Organisationsentwicklung" des Hernstein International Management Institutes, Schloß Hernstein, 02./03. November 1990, veröffentlicht April 1991.

LUNDBERG, C. C., On Organizational Learning: Implications and Opportunities for Expanding Organizational Development, in: Research in Organizational Change and Development, Vol. 3, 1989.

MANAGER MAGAZIN, Erfolgsrezepte unbekannter Marktführer. Kombi-Strategen, 11/1990.

MC DERMOTT, L. C., Strategic Marketing for HRD, in: Training and Development Journal, June 1989, S. 65 ff.

MINTZBERG, H., Patterns of Strategy Formation in: Management Science 1978.

MINTZBERG, H., WATERS, J. A., On Strategies, Deliberate and Emergent, in: Strategic Management Journal, 6(3), 1985.

MINTZBERG, H., Crafting Strategy, in: Harvard Business Review, July/August 1987.

MÜLLER-STEWENS, G., BRETZ, H., Stimulierung unternehmerischer Tugenden durch New Venture Management, in: Schanz, G. (Hrsg.): Handbuch Anreizsysteme, Stuttgart 1991.

PAAP, J. E., zitiert *in: Managing Innovation*, in: InsideR&D, June 11, 1986.

PAUTZKE, G., Die Evolution der organisatorischen Wissensbasis, München 1989.

PEARSON, G. J., Promoting Entrepreneurship in Large Companies, in: Long Range Planning, Vol. 22, Nr. 3, 1989.

PINCHOT, C., Intrapreneuring, New York 1985.

PRYOR, L. S., Benchmarking: A Self-Improvement Strategy, in: The Journal of Business Strategy, November/Dezember 1989.

QUINN, J. B., Strategies for Change: Logical Incrementalism. Richard, D. Irwin, Roberts Homewood 1980.

ROBERTS, E. B., What We've Learned. Managing Invention and Innovation, in: Research. Technology Management, Vol. 31, Nr. 1, January/February 1988.

RÜHLI, E., Zeitgemäße Konzernführung und -gestaltung. Anforderungen aus der Trilogie Strategie-Struktur-Kultur, in: ZfO Zeitschrift für Organisation, 5/1990.

SATTELBERGER, TH., Sozialisation, Ausbildung und Organisationsentwicklung, in: Kurtz, H. J., Sattelberger, Th. (Hrsg.), Organisationsentwicklung in der betrieblichen Ausbildung, München 1980.

SATTELBERGER, TH., Innerbetriebliche Bildung und Unternehmenskultur, in: Agogik, 1/1987.

SATTELBERGER, TH., Personalentwicklung als strategischer Erfolgsfaktor, in: Sattelberger, Th., (Hrsg): Innovative Personalentwicklung, Wiesbaden 1989.

SATTELBERGER, TH., Kulturarbeit und Personalentwicklung, Versuch einer integrativen Verknüpfung, in: Sattelberger, Th. (Hrsg.), Innovative Personalentwicklung, Wiesbaden 1989.

SATTELBERGER, TH., Mit Visionen und dem Gespür für Grenzen sind auch ehrgeizige Sprünge möglich, in: Congress und Seminar, 6/1990.

SATTELBERGER, TH., Personalentwicklung im Spannungsfeld von Strategie, Struktur und Kultur. Unveröffentlichte Vortragsunterlagen für die Tagung „Innovative Personalentwicklung" des Zentrums für Unternehmensführung, Zürich 1990.

SCHARMANN, TH., Beiträge zur Theorie und Empirie der sozial-indivuellen Integration. Versuch einer ersten Zusammenfassung, in: Scharmann, Th. (Hrsg.), Schule und Beruf als Sozialisationsfaktoren, Stuttgart 1974.

SCHNEEVOIGT, I., Zukünftige Schwerpunkte der Personalarbeit, in: Personalführung, 10/1990.

SIMON, H., Der Störenfried, in: Manager Magazin, 6/1989.

TICHY, N. M., GE's Crotonville, A Staging Ground for Corporate Revolution, in: Academy of Management Executive, 1989, Vol III, Nr. 2.

UTTERBACK, J. M., Innovation and the Diffusion of Technology, in: Science, Vol. 183, Nr. 4125, 1974.

WEISBORD, M. R., Die Zukunft erfinden. Suchstrategien für die Verbesserung ganzer Systeme (Kapitel 14), in: Produktive Arbeitsplätze, 1987, übersetztes und unveröffentlichtes Arbeitspapier des Hernstein International Management Institutes (Übersetzung Othmar Sutrich).

WHIPP, R., ROSENFELD, R., PETTIGREW, A., Managing Strategic Change in a Mature Business, in: Long Range Planning, Vol. 22, Nr. 6, 1989.

Zweites Kapitel

Auf dem Weg zum „Lernenden Unternehmen"*

Mike Pedler, Tom Boydell und John Burgoyne

---

* Der Beitrag erschien erstmalig unter dem Titel „Towards the Learning Company" in der Zeitschrift „Management Education and Development", Volume 20, Part 1, 1989, pp. 1–8, und wurde mit freundlicher Genehmigung der Herausgeber und Autoren (Mike Pedler, CSML, Lancaster University; Tom Boydell, Transform U. K. Ltd.; John Burgoyne, CSML, Lancaster University) vom Herausgeber dieses Buches übersetzt.

Das Konzept „Lernendes Unternehmen" stößt bei Wissenschaftlern und Praktikern, die sich mit der Entwicklung von Menschen in Organisationen befassen, auf zunehmendes Interesse. Das Thema wurde insbesondere durch die in dem Buch „In Search of Excellence" (Peters/Waterman 1982) erschienenen Rezepte zu Aktion und Innovation in Organisationen initiiert und wird Manager in den nächsten Jahren sehr wahrscheinlich vordringlich beschäftigen. Obwohl der gedankliche Rahmen des Konzeptes noch keineswegs durchgängig definiert und ausgeleuchtet ist, liegt es bereits voll im Trend. So wird der Begriff „Lernende Organisation" beispielsweise in These sechs des neuen „Code of Practice" der Charter Group Initiative (FME/CBI/BIM 1987, S. 5) verwandt wie auch in einem Untersuchungsbericht des Ashridge Management College, in dem die in Organisationen zukünftig anstehende Phase des Lernens und der Entwicklung mit diesem Begriff charakterisiert wird (Barham et al 1988, S. 49 ff.). Das lernende Unternehmen ist das neue „Grenzland", aus dem Pfadfinder ihre ersten Berichte zurückbringen.

Obwohl viele viel darüber sprechen, hat bisher niemand ein funktionierendes Arbeitsmodell für die lernende Organisation aufgestellt. Die Faszination des Konzeptes und die damit verbundenen Potentiale laufen parallel mit der Unklarheit über die Ausgestaltung der Realität. Kurz und bündig: Auf dem Weg von der Vision zur Wirklichkeit stehen wir noch davor, die Vision mit Leben zu füllen.

Im Oktober 1987 starteten die Verfasser dieses Beitrages mit finanzieller Unterstützung der Manpower Services Commission ein sechsmonatiges Pilotprojekt unter dem Titel „Entwicklung des lernenden Unternehmens". In diesem Projekt sollte die Realisierbarkeit des Konzepts als angemessener strategischer Ansatz zur Unternehmensentwicklung und zur Entwicklung der Human-Ressourcen in den 90er Jahren definiert und untersucht werden. In diesem Zusammenhang

– wurde die relevante Literatur gesichtet und aktuell vorhandene Informationen zusammengestellt,
– wurden Schlüsselpersonen aus einer Stichprobe derjenigen Firmen befragt, die Strategien in Richtung „Lernendes Unternehmen" verfolgen,
– wurde ein Workshop für beteiligte Organisationen entwickelt,
– wurden die Organisationen identifiziert, die an weiterführender Arbeit, das heißt an der Erarbeitung von Strategien, um die Transformation zum lernenden Unternehmen zu bewältigen, interessiert waren.

Im Zuge des Literaturstudiums stießen die Verfasser auf umfangreiches Material, das weit zurück bis zur Blütezeit der Organisationsentwicklung in den 60er Jahren reicht, obwohl der Begriff „Lernendes Unternehmen" oder treffender „Lernende Organisation" viel jüngeren Datums ist.

Schlüsselpersonen auf Direktoren- bzw. stellvertretender Direktorenebene in sieben Organisationen wurden befragt: Thorn EMI, British Airways, Jaguar, Mid-Essex Health Authority, Bradford Metropolitan Council, Landrover und Ilford Ltd. Darüber hinaus stießen die Autoren auf großes Interesse seitens weiterer Organisationen, vor allem auf eine Anzeige in der Zeitschrift „Personnel Management" hin.

Im Laufe der Analyse trafen sich die drei Autoren zu sechs gemeinsamen Arbeitstagungen, um Informationen auszutauschen und Ideen zu entwickeln.

Im April 1988 schlußendlich wurde ein zweitägiger Workshop mit 15 Teilnehmern aus unterschiedlichsten Organisationen durchgeführt. Die Ergebnisse der Untersuchung sollten rückgekoppelt und Teilnehmern die Möglichkeit gegeben werden, Ansichten auszutauschen und zu reflektieren, wie das Konzept in ihren Organisationen umgesetzt werden könnte. In diesem Kurzbeitrag sind die Ergebnisse dieser Arbeit unter fünf Gesichtspunkten zusammengefaßt:

1. Definition eines lernenden Unternehmens
2. Ein theoretisches Bild
3. Warum ist die Idee des lernenden Unternehmens heute besonders relevant?
4. Das lernende Unternehmen als Wettbewerbsvorteil
5. Einige Empfehlungen

1. Definition eines lernenden Unternehmens

Die Kurzdefinition eines lernenden Unternehmens könnte lauten: Eine Organisation, die das Lernen sämtlicher Organisationsmitglieder ermöglicht und die sich kontinuierlich selbst transformiert.

Die zwei Aspekte dieser Definition sind insofern wichtig, als sie die fälschliche Auffassung korrigieren, daß ein Unternehmen mit großem Trainingsaufwand auch schon ein lernendes Unternehmen sei. Zu dieser irrigen Annahme bemerkte einer der Interviewpartner, Nick Georgiades von British Airways:

„... Schulung wirkt wie ein Hemmschuh, wenn man schnell und flexibel reagieren muß. Was taugt die Schulung von gestern, wenn heute schon wieder etwas anderes gefordert ist? Dem Neuen stellt man sich aber nicht, weil man auf das fixiert ist, was einem gestern im Training eingebleut wurde."

Etliche Befragte äußerten sich ähnlich, daß das lernende Unternehmen zwar auch ein gewisses Maß an Schulung durchführe, der Kern jedoch nicht in Schulung, sondern in der Selbstentwicklung von Individuum und Organisation liege. Ein weiterer Interviewpartner, Paul Morton von Jaguar, betonte:

„... zunächst denkt man dabei an ein Unternehmen, das eine Menge Schulung durchführt. Stattdessen handelt es sich aber um eine Firma, die vorrangig ihre gesamten Human-Ressourcen entwickelt, das gesamte Fähigkeitsspektrum fördert ..., sich aber damit nicht zufrieden gibt ..., sondern auch von den Menschen lernen will, wie das Unternehmen verbessert werden kann ... daraus entsteht dann ein Zyklus ..."

Zur Zeit wissen wir zwar einiges über das Ermöglichen individuellen Lernens, wenn auch eher im „Schulungs-" und nicht im „Entwicklungsmodus", aber unser Wissen darüber, wie man die Früchte all dieser individuellen Lernvorgänge insgesamt einbringt, um – wie es einer der Interviewpartner nannte – die „generische Problemlösungsfähigkeit" einer Organisation zu erweitern, ist noch rudimentär. Die große Herausforderung für das lernende Unternehmen besteht darin, zu lernen, wie das bewerkstelligt werden kann.

2. Ein theoretisches Bild

Eine mögliche Form der Darstellung eines lernenden Unternehmens wird von der Interviewpartnerin, Margaret Attwood, vorgeschlagen, die mit verschiedenen Kollegen bei der Gesundheitsbehörde Mid-Essex an diesem Konzept arbeitet. Dabei wird das lernende Unternehmen als ein Lernansatz positioniert, bei dem lernerzentrierte Formen der Managemententwicklung mit der Arbeit auf der Organisationsebene verbunden werden (siehe Abbildung 1, Seite 61).

Aus dieser Positionierung des lernenden Unternehmens als Anwendung des Selbstentwicklungsansatzes beim individuellen Lernprozeß kombiniert mit dem Ziel der Organisationstransformation ergeben sich einige eindeutige Konsequenzen. Ein lernendes Unternehmen

- weist ein Klima auf, in dem die einzelnen Mitglieder ermutigt werden, zu lernen und ihr volles Potential zu entfalten; sie leisten über ihren formalen Zuständigkeitsbereich hinaus, ergreifen dabei selbst die Initiative, nutzen und entwickeln ihre Intelligenz und finden Identität in ihrer Arbeit;
- erweitert diese Lernkultur – wo immer möglich – auf Kunden, Lieferanten und andere wichtige „Stakeholder". Einige Total-Quality-Management-Programme beinhalten zum Beispiel Einkäufer-/Lieferanten-Workshops bzw. die Einladung von Kunden zur Teilnahme an innerbetrieblichen Schulungs- und Entwicklungsprogrammen;
- macht die Human Resource Development-Strategie zu einem zentralen Anliegen der Geschäftspolitik, so daß Prozesse des individuellen und organisatorischen Lernens zu einer wesentlichen Geschäftsaktivität werden. Bei IBM wird beispielsweise dem Vorstandsvorsitzenden die Bemerkung zugeschrieben: „Unser Geschäft heißt Lernen, und was wir verkaufen, sind die Nebenprodukte dieses Lernens.";
- unterliegt einer kontinuierlichen Organisationstransformation, bei der die Ergebnisse des individuellen Lernens zusammengefaßt werden, um grundlegende Änderungen in Annahmen, Ziel-

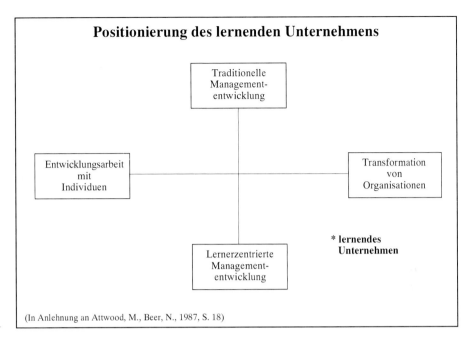

Abbildung 1 (In Anlehnung an Attwood, M., Beer, N., 1987, S. 18)

setzungen, Normen und Spielregeln zu bewirken: aus innerem Drang zur Selbstlenkung heraus und nicht lediglich als Reaktion auf äußeren Druck.

Was dies in der Praxis bedeutet, hängt – unterschiedlich von Organisation zu Organisation – von der jeweils spezifischen Komplexität historischer, kultureller, technologischer, geographischer und sonstiger Faktoren dieser Organisation ab. Jedes Unternehmen wird die obigen Konsequenzen nach eigenem Ermessen entsprechend seinen Entwicklungsbedürfnissen interpretieren. Auf die Frage „Was ist ein lernendes Unternehmen?" gibt es keine standardisierte „Blaupausen"-Antwort.

Der Begriff „Organisationstransformation" ist ein Schlüsselelement dieser neuen Sprache. Er unterscheidet sich von „Organisationsentwicklung" – einem Begriff der späten 60er und 70er Jahre – durch die Betonung, die auf den Prozeß der sich eigenständig entwickelnden Organisation gelegt wird statt auf die Veränderung durch extern induzierte Interventionen.

3. Warum ist die Idee des lernenden Unternehmens heute besonders relevant?

In einem am 8. April 1988 in der Zeitung „The Independent" erschienenen Editorial mit der Überschrift „Jaguar tries to run faster" wird festgestellt, daß es dem Unternehmen zwar gelungen sei, die Produktivität durch die beiden gängigen Muster – Beschäftigungsabbau einerseits und Investition in neue Anlagen andererseits – zu steigern, es sich jetzt aber auf den dritten Weg besinnen müsse!

„The key to success becomes the more intelligent employment of people. Working practices ... have to undergo a more radical transformation."

Wie das Editorial des „Independent" richtig bemerkt, genügen die herkömmlichen Lösungen zur Produktivitäts- und Effektivitätssteigerung nicht mehr. Knappere bzw. schlankere Personal-Ressourcen, einfachere Strukturen, größere Nähe zum Kunden, Ermutigung zu Selbständigkeit und Unternehmertum sowie andere moderne Konzepte unternehmerischer Spitzenleistung setzen aktive Kooperation und Beteiligung der Mitarbeiter als

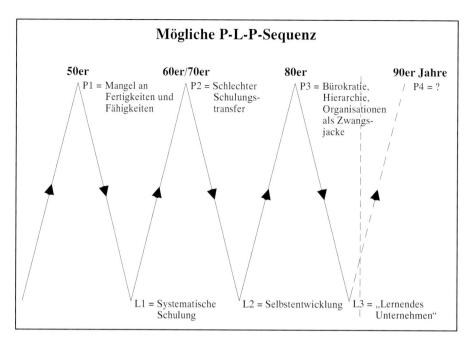

Abbildung 2

Schlüsselpotential überhaupt voraus. Mitarbeiter können nicht länger nur als „human resources" verstanden werden, sondern müssen zunehmend als „resourceful humans" (Morris/Burgoyne 1973) gesehen und behandelt werden. Um als talentierter Mensch tätig zu sein, benötigt man Chancen des Lernens und der Entwicklung, der persönlichen Entfaltung und der Verbesserung von Intelligenz und Leistungsvermögen. Bob Garratt hat in „The Learning Organisation" (1987, S. 10) festgestellt:

„Den neuen Vorstellungen – ist es überzogen, diese Vorstellungen die „Britische Schule" zu nennen? – liegt zentral die Auffassung zugrunde, daß das Lernen eine Schlüsselstellung unter den entwicklungs- und handelsfähigen Waren eines Betriebes einnimmt."

Im Gesamtkontext gesehen, scheint das lernende Unternehmen dem Zeitgeist zu entsprechen. Unter der Annahme, daß unser heutiger Wissens- und Erfahrungsstand auf vorangegangenen Entscheidungen und Wahlmöglichkeiten basiert, können wir eine Hypothese aufstellen, der eine Aufeinanderfolge von Problemen und Problemlösungen in der kurzen Geschichte organisierter Schulung und Entwicklung zugrunde liegt. In Abbildung 2 wird eine auf dieser Annahme basierende mögliche P-L-P (Problem-Lösung-Problem) – Sequenz für die Zeitspanne von 1950 bis 1990 dargestellt.

Die durch den Mangel an Fähigkeiten und Fertigkeiten der Arbeitnehmer in den 50er Jahren verursachten Probleme führten 1964 zum „Industrial Training Act" und zur Ära des systematischen Trainings.

Dieser im Bereich manueller und bürotechnischer Fähigkeiten und Fertigkeiten erfolgreiche Ansatz wurde später auch auf produktionstechnische Administrations- und auf Führungsaufgaben ausgedehnt. Gegen Ende der 60er und Anfang der 70er Jahre stellte sich dann eine Diskrepanz zwischen der Entwicklung von Fähigkeiten und Fertigkeiten im „Training off the job" einerseits und verbesserter Leistung am Arbeitsplatz andererseits heraus – das sogenannte Transferproblem der Schulung.

Zur Lösung dieses Transferproblems bot sich die Formulierung und Nutzung spezifischer tätigkeitsbezogener Aufgaben als primäre Lernform an. Ab den frühen 80er Jahren wurden Action

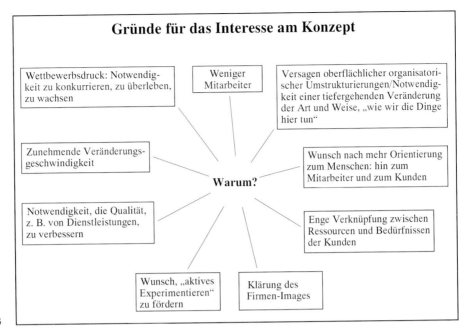

Abbildung 3

Learning, lernerzentriertes Lernen und Selbstentwicklung die häufig angewandten Methoden. Das anschließend auftauchende Problem beruhte auf der mangelhaften „inneren Verfassung" der Organisationen – in Reaktionsträgheit, extremer Bürokratie und einem Übermaß an Kontrolle –, auf Organisationen, die Zwangsjacken darstellten, die Bemühungen der einzelnen Mitarbeiter um Selbstentwicklung vereitelten und keinen Nutzen aus deren Potential zogen.

Im lernenden Unternehmen sind Lernen und Arbeiten synonym, sind Menschen Kollegen und Partner, nicht Vorgesetzte, Untergebene und Arbeiter. Im lernenden Unternehmen werden die eigene Innenwelt und die Außenwelt der Organisation laufend auf Innovation hin abgeklopft und untersucht – auf neue Ideen, neue Probleme und neue Möglichkeiten des Lernens hin.

4. Das lernende Unternehmen als Wettbewerbsvorteil

Die Interviewpartner gaben ausnahmslos den Wettbewerbsvorteil als Hauptgrund ihres Interesses an dem Konzept an. Dazu gehörten interessanterweise auch die Health Authority und die Local Authority. John Buckley von Thorn EMI kommentierte:

„… Als Organisation sind wir sicherlich mehr denn je nicht nur um unser Überleben, sondern um unser Wachstum besorgt … Das Konzept eines lernenden Unternehmens weist eine erfreulich ganzheitliche Qualität auf … Es erkennt die individuellen Lernbedürfnisse … und die tatsächlichen Gegebenheiten unseres Geschäfts an. Es besteht nach innen wie auch nach außen eine hohe Dringlichkeit der Konzeptrealisierung angesichts unseres enormen Wachstums."

Bei der Befragung wurden auf die Frage nach dem „Warum" die in Abbildung 3 gezeigten Hauptgründe genannt.

5. Einige Empfehlungen

Bei der Analyse konnte eine Reihe von für die die Entwicklung eines lernenden Unternehmens wesentlichen Themen und Kernpunkten identifiziert werden. Diese sind echte Herausforderungen für die Organisationsarbeit. Wie zum Beispiel können wir Organisationen schaffen, die einerseits chancenkreierende Strukturen besitzen, welche den Mitarbeitern Entwicklung und Wachstum ermöglichen, andererseits gleichzeitig die Implementierung „harter Systeme" sicherstellen, also den Aufbau von Disziplinar-, Beurteilungs- und vor allem auch Budget- und Belohnungssystemen, die die Werte des lernenden Unternehmens widerspiegeln?

Ein weiteres Beispiel: Was können wir unternehmen, um die Gestaltung der Firmenpolitik derart zu demokratisieren, daß alle Mitarbeiter in wichtige Fragen der Richtungsfindung einbezogen werden und lernen, mit bedeutend höherem Ausmaß an konstruktivem Konflikt umzugehen als bisher – mit packender und offener Diskussion von Meinungsverschiedenheiten, aus der sich neue Denk- und Handlungsoptionen ergeben können?

Innerhalb der Beschränkungen dieses kurzen Beitrages erscheint es am sinnvollsten, die Kernpunkte zu einem Satz von Empfehlungen als Ausgangspunkt weiterführender Arbeit zusammenzufassen. Diese Empfehlungen sind quasi derzeitige Arbeitsdefinitionen, die bei intensiverer Analyse sicherlich schnell weiterentwickelt werden.

Ausgehend davon muß eine Organisation, die ein lernendes Unternehmen werden will, folgende Bedingungen erfüllen:

1. Die Gestaltung von Organisationspolitik und -strategie sowie deren Durchführung, Bewertung und Verbesserung sind bewußt als Lernprozeß strukturiert.
2. Die Mitarbeiter der Organisation nehmen auf breiter Basis an der Diskussion über Organisationspolitik und -strategie teil und identifizieren sich damit. Diskussion bedeutet dabei die Anerkennung unterschiedlicher Standpunkte, das Vortragen abweichender Meinungen sowie die Duldung und Bearbeitung von Konflikten mit dem Ziel der Entscheidungsfindung.
3. Die Kontrollsysteme der Betriebsleitung, zum Beispiel Rechnungswesen, Budgetplanung und Berichtswesen, sind so strukturiert, daß aus den Folgen von Entscheidungen der Geschäftsführung gelernt werden kann.
4. Informationssysteme werden nicht nur zur „Automatisierung", sondern auch zur „automatischen Information" verwandt. Sie ermöglichen den Mitarbeitern, aktuelle geschäftspolitische Annahmen zu hinterfragen und Auskünfte über Normen, Ziele und Aktivitäten der Organisation einzuholen, die dem individuellen und kollektiven Lernprozeß dienen.
5. Einzelpersonen, Gruppen, Abteilungen und Firmenbereiche tauschen neben Waren und Dienstleistungen auch Informationen hinsichtlich ihrer Erwartungen aus und ermöglichen die Rückkoppelung von Informationen hinsichtlich deren Erfüllung, um damit den Lernprozeß zu fördern (wie zum Beispiel in Total Quality Programmen).
6. Mitarbeiter mit Außenkontakten liefern nicht nur Waren und Dienstleistungen, sondern fungieren auch als „Umweltspäher" (environmental scanners) für die Organisation, die Informationen an andere Mitglieder der Organisation weitergeben.
7. Mitglieder der Organisation transferieren ihr Know-how und lernen gemeinsam mit „signifikanten Anderen" außerhalb der Organisation, wie Schlüsselkunden und -lieferanten.
8. Die Firmenkultur und der Führungsstil innerhalb der Organisation ermutigen Experimente sowie Lernen und Entwicklung aus Erfolgen und Fehlschlägen.
9. Ressourcen und Einrichtungen zur Selbstentwicklung stehen allen zur Verfügung.

Wer mit der Metapher „Lernendes Unternehmen" arbeitet, wird diese Kriterien modifizieren und eigene Dimensionen einbringen. Die Förderung individueller Selbstentwicklung innerhalb einer sich laufend transformierenden Organisation ist zur Zeit noch strategische Vision. Sie mag als phantasievolles Denken erscheinen, ist jedoch eine Vision von der Art, die Physiker dazu bewegt, die Existenz gewisser subatomarer Teilchen zu postulieren, noch ehe sie die Apparatur für deren Nachweis bauen können. Das lernende Unternehmen ist „design-led", wird also von seiner geistigen Auslegung her entwickelt, wie es sich in einem Informationszeitalter gehört, in dem Ideen die Antriebsmaschinen einer neuen industriellen Ordnung abgeben.

Literatur

ATTWOOD, M., BEER, N., Development of a Learning Organisation, Vortrag auf der Mead Special Conference, Lessons from Success, Januar 1988.

BARHAM, K. et al., Management for the Future, FME und Ashridge Management College, 1988.

FME, CBI, BIM, The Charter Group Initiative, London 1987.

GARRATT, J., BURGOYNE, J. G., The Learning Organization, London 1987.

MORRIS, J., BURGOYNE, J. G., Developing Resourceful Managers, London 1973.

PETERS, T. J., WATERMAN, In Search of Excellence, New York 1982.

Drittes Kapitel

Anreize und Pfade zur lernenden Organisation*

Andrew Kakabadse und John Fricker

---

* Dieser Beitrag wurde vom Herausgeber mit freundlicher Genehmigung der Verfasser übersetzt.

1. Das lernende Unternehmen: Einsichten in die Tat umsetzen

Leben kann sich nur dann sinnvoll entwickeln, wenn Menschen bereit sind zu lernen, ihre Leistungen und Einstellungen anzupassen, um sich nach vorne zu bewegen.

Dieser Gedanke trifft insbesondere auf Unternehmen zu, die sich in immer komplexer werdenden Märkten im direkten Wettbewerb gegenüberstehen. Er ist seit geraumer Zeit in verschiedensten Ausprägungen von seiten sowohl der Wissenschaft als auch der Praxis aufgegriffen worden. In neueren Arbeiten wie „Lessons of Experience" (McCall/Lombardo/Morrison 1988), „Peak Performers" (Garfield 1986) sowie in anderen Beiträgen über die vielfältigen Bedarfsfelder der Managementausbildung (Kakabadse/Mukhi 1984; Kakabadse/Brovetto/Holzer 1988) werden Lösungs- ansätze für die beste Form des Managements identifiziert bzw. zumindest die zu untersuchenden Schlüsselfelder und Problemkreise benannt.

Was jedoch noch nicht in adäquater Weise behandelt worden ist, ist die Frage, wie sich ein Lernprozeß vollziehen muß, um Veränderung und Verbesserung sichtbar und fühlbar zu machen. Ein breites Feld für weiterführende Forschungsarbeit liegt darin, Managern dabei zu helfen, relevante Problemsymptome zu erkennen und adäquat darauf zu reagieren.

Dieser Beitrag befaßt sich deshalb schwerpunktmäßig mit der Identifizierung von Symptomen und „Issues", auf deren Grundlage Individuen die nötige Einsicht in ihre Lage erhalten können, und mit den Prozessen und Wegen, mittels derer solche Einsichten wirksam in Aktion umgesetzt werden können. Generell ist zu betonen, daß Einsicht bzw. das Verstehen der eigenen Lage allein kein ausreichendes Motiv für Veränderungen darstellt. Gleichzeitig muß betrachtet werden, auf welche Weise Einsicht zur Handlung wird, damit sichtbare Ergebnisse gefördert werden.

Aus drei voneinander unabhängigen Untersuchungen und einer ganzen Reihe von in den letzten Jahren realisierten Veränderungsinterventionen haben sich drei Schlüsselfaktoren als Schlüsselstimuli des Lernens herauskristallisiert (Margerison/Kakabadse 1984; Kakabadse/Dainty 1988, Kakabadse 1988).

1.1 Einflüsse aus der Unternehmensumwelt als Lernstimulus

Durch unternehmensexterne Einflüsse verursachte Veränderungen der Marktbedürfnisse und Marktkräfte, das Verhalten der Konkurrenten, marktliche Deregulation und das Eindringen in bisher verschlossene Märkte sowie veränderte Kundenbedürfnisse fordern zweifelsohne die Unternehmen zu Antworten und Wandel.

Unternehmen unterscheiden sich im allgemeinen in ihren Reaktionsmustern und Reaktionszeiten. Unternehmen, die überwiegend in einem turbulenten Umfeld tätig sind, tendieren zu rascher Reaktion, indem sie frühzeitig den Charakter der Veränderungen analysieren und angemessene Anpassungsmuster explizieren und debattieren.

Unternehmen, die an Agieren in schnell wechselnden Märkten weniger gewohnt sind, analysieren Veränderungen eventuell erst dann, wenn eine Neubeurteilung bisheriger Gepflogenheiten aufgrund aller akkumulierter Daten dringend angezeigt ist.

Unabhängig von der Reaktionszeit begegnet man veränderten äußeren Einflüssen in den meisten Organisationen wohl dadurch, daß man zunächst in einen Datensammlungsprozeß eintritt, entweder unter Nutzung interner Ressourcen oder mit Hilfe externer Agenturen, zum Beispiel Berater. Ein solcher datenorientierter Prozeß basiert überwiegend auf rationalen, wissenschaftlich abgesicherten Prinzipien und wird daher vom Management kaum als bedrohlich empfunden. Interessanterweise werden die aus der Datensammlung resultierenden Empfehlungen keineswegs immer umgesetzt bzw. weiterverfolgt. Im Gegenteil: Berater werden häufig kritisiert, daß sie die spezifischen Gegebenheiten ihrer Klienten nicht richtig einschätzen bzw. berücksichtigen. Dies ist ohne Zweifel teilweise berechtigt, jedoch kann sich hinter dieser Kritik ebenso der Widerwille des Klienten verbergen, Strategien zu verfolgen, die mit unerwünschten und unbequemen Veränderungen verbunden sind.

1.2 Eine als antiquiert wahrgenommene Unternehmensstruktur als Lernstimulus

Organisationsstrukturen sind Mittel zum Zweck. Sie sind das Mittel, mit dem Ressourcen sowie Aufmerksamkeit und Aktivität der Menschen auf die Realisierung bestimmter Zielsetzungen gerichtet werden. Obwohl Mittel zum Zweck, bildet die Struktur gleichzeitig auch den Mechanismus, der Mitarbeitern und dem gesamten Unternehmen Identität verleiht. Das Individuum erhält seine Identität über die Rollen, die es innehat, über die Autorität und Verantwortung, die mit diesen Rollen verknüpft sind, sowie über den tatsächlichen bzw. wahrgenommenen Status, der diesen Rollen zugeschrieben ist.

In Abhängigkeit vom Charakter des Geschäftes und der grundlegenden Strukturkonfiguration werden die Verhaltensmuster der Organisationsmitglieder von diesen beiden Faktoren gleichermaßen stark beeinflußt. Je länger eine bestimmte Strukturkonfiguration bewahrt wird, desto stärker wächst der Druck auf die Menschen, nach einem bestimmten Grundmuster zu interagieren. Je ausgeprägter und intensiver ein Verhaltensmuster mit der Zeit wird, desto wahrscheinlicher ist die Formierung eines spezifischen Normensets: die Unternehmenskultur. Wird die Struktur als veraltet bzw. als nicht förderlich für die Aufgabenbewältigung empfunden, ergeben sich ernsthafte Probleme, die zu nicht vertretbaren, alarmierenden Verhaltensmustern bei den Mitarbeitern führen können.

Die folgenden Symptome werden als Indikatoren für Probleme, die durch strukturelle Einflüsse verursacht werden, identifiziert.

Verhalten der Unternehmensleitung

– Zeigen Verhalten und Handlungsweisen der Unternehmensleitung (des Topmanagements), daß sie die Unternehmensorientierung und -ziele unterstützt?
– Verhalten sich die Mitglieder der Unternehmensleitung so, daß man von einer gegenseitigen Unterstützung sprechen kann?
– Hat das nachgeordnete Management genügend Vertrauen in eine effektive und richtungsweisende Führung durch die Unternehmensleitung?
– Führt die Unternehmensleitung einmal vereinbarte Strategien und Handlungspläne konsequent und konsistent aus?
– Läßt sich aus ihren Verhaltensweisen und Gesprächen schließen, daß sich die Mitglieder der Unternehmensleitung der Probleme ihrer Kollegen bewußt sind, denen sich diese bei der Leitung *ihres* Ressorts gegenübersehen?
– Ist die Unternehmensleitung ausreichend diszipliniert, um als Team konsequent ein positives, in sich schlüssiges Bild der Unternehmenszukunft zu repräsentieren?
– Ist die Unternehmensleitung ausreichend diszipliniert, um interne Differenzen und Meinungsverschiedenheiten in den Hintergrund zu stellen, um das nach außen hin geschlossene Bild als Mechanismus zur Aufrechterhaltung bzw. zur Verbesserung der Moral der Belegschaft einzusetzen?
– Geht die Unternehmensleitung eingegangenen Verpflichtungen konsequent nach?
– Spiegeln sich in der Unternehmensleitung die angestrebten positiven Grundwerte, die das Unternehmen für seine Weiterentwicklung benötigt, wider?

Je häufiger diese Fragen verneint werden, desto eher liegen Strukturprobleme grundlegender Art vor. Manager in oberen und höchsten Führungsebenen sind aufgrund ihrer wahrgenommenen Rolle verwundbar, sie sind verwundbar durch Kritik. Sie werden zur Verantwortung gezogen oder im Extremfall ihres Amtes enthoben für Aktivitäten und Ereignisse, die sie unter Umständen nicht einmal direkt zu vertreten haben.

Wenn sie in ihrem Versuch, sowohl spezifische Strategien bzw. Zielsetzungen umzusetzen, als auch den effizienten Ablauf in ihren jeweiligen Unternehmensbereichen sicherzustellen und gleichzeitig der für sie relevanten ressortübergreifenden „Issues" bewußt zu sein, sich als Gruppe dysfunktional zu verhalten scheinen, dann ist es unwahrscheinlich, daß nur ein menschliches Problem vorliegt. Wenn sich ein oder zwei Mitglieder der Unternehmensleitung unberechenbar verhalten, ist dies symptomatisch für ein menschliches Problem. Tun dies die meisten die meiste Zeit, so ist dies symptomatisch für ein strukturelles Problem. Die Mitglieder der Unternehmensleitung könnten bei dem Versuch, ihre jeweilige Funktion optimal zu repräsentieren und nutzbar zu machen, in eine kontraproduktive, konfliktorientierte Beziehung zueinander geraten, wenn die bestehende Struktur nicht auf die Förderung produktiver und kooperativer interner Geschäftsbeziehungen, die das eigentliche Geschäft unterstützen, ausgerichtet ist.

Duplizierung von Aktivitäten

- Scheint das Unternehmen unter dem Aspekt der Auslastung personell überbesetzt zu sein?
- Sind vergleichbare Positionen in unterschiedlichen Funktionsbereichen innerhalb dieser Struktur mehrfach vorhanden?
- Werden strukturelle Anpassungen bei Veränderung der Geschäftstätigkeit in einem Bereich in reaktiver Weise vorgenommen, anstatt die längerfristigen strategischen Implikationen zu berücksichtigen, bevor strukturelle Veränderungen ins Auge gefaßt werden?
- Besteht im mittleren und unteren Management Verunsicherung bzw. Unklarheit über die bestehende strukturelle Konfiguration, das heißt, wie die Organisation gemanaged wird und in welche Richtung das Geschäft geht?

Wenn diese Fragen überwiegend bejaht werden, ist wieder von der Existenz struktureller Probleme auszugehen.

Möglicherweise praktiziert der Vorsitzende der Unternehmensleitung schwache Führung oder er ist nicht imstande, unter dieser Führungsmannschaft ein ausgeprägtes Gefühl für Unternehmensidentität zu wecken. Dies kann wiederum dazu führen, daß unterschiedliche Richtungen eingeschlagen werden und man zu einer funktions- bzw. standortorientierten anstatt einer unternehmensorientierten Organisationsstruktur gelangt. Daraus ergeben sich Doppelaktivitäten, da zusätzlich die Bedarfe einzelner Funktionen oder Standorte abzudecken sind. Treten jedoch auch nach einem Führungswechsel noch Probleme dieser Art auf, dann dürften strukturelle Gründe für mangelnde Leistungsfähigkeit verantwortlich sein, da die Struktur eine gemeinsame Nutzung der Ressourcen und effizientes Kostenmanagement verhindert.

Negative Unternehmenskultur

- Ist die Mehrheit der Mitarbeiter mit dem Unternehmen und dem Management unzufrieden?
- Sind mangelnde Kooperation und/oder interne Konflikte eher die Regel als die Ausnahme?
- Sind die meisten Mitarbeiter der Ansicht, daß sie ihre Arbeit *trotz* der Verwaltung, der Organisation und des Managements erledigen können?
- Gibt es eine hohe Mitarbeiterfluktuation?
- Fühlen sich die Mitarbeiter bei der Erledigung ihrer Aufgaben eher eingeengt als unterstützt?

Werden diese Fragen ebenfalls überwiegend mit Ja beantwortet, sind dies weitere Anzeichen für strukturelle Probleme.

Eine veraltete Struktur führt meistens zu Demotivation, Feindseligkeiten untereinander und hoher Personalfluktuation aufgrund der bei den Mitarbeitern herrschenden Unzufriedenheit.

Beschränken sich die auftretenden Symptome jedoch ausschließlich auf die Unternehmenskultur, ohne daß nennenswerte Doppelaktivitäten oder ein permanentes Negativverhalten in der Unternehmensleitung vorliegt, kann das Problem auf den Führungsstil und/oder den Reifegrad der im Unternehmen tätigen Führungskräfte zurückzuführen sein. Das mittlere und untere Management ist möglicherweise nicht genügend ausgebildet bzw. unkundig. Oder es wurde mit ungeeigneten Rollenmodellen konfrontiert, was in der Praxis zu unangemessenem Führungsstil führt. Ein unangemessener Führungsstil sowie ein unreifes, unkundiges Management in Schlüsselpositionen innerhalb einer etwas komplizierteren Matrixstruktur stechen besonders hervor.

Umsatz statt Rentabilität

– Arbeiten die Mitarbeiter hart, aber ziehen offensichtlich in verschiedene Richtungen?
– Wird hart gearbeitet, und zwar auch in die gleiche Richtung und mit individuellen Beiträgen, aber scheint das Gesamtergebnis dennoch kaum eine Wertschöpfung für das Unternehmen zu bedeuten?
– Scheint es wenig Disziplin und Orientierung beim Umgang mit Kunden und den internen Kosten zu geben?
– Scheint das Unternehmen ständig neues Personal einzustellen und neu eingestellte Mitarbeiter oder andere Mitarbeiter kurz darauf wieder zu entlassen?
– Denken obere Führungskräfte kaum ernsthaft über ihren Beitrag zur Wertschöpfung nach, sondern achten sie eher auf einen reibungslosen Ablauf in ihrem Verantwortungsbereich, um möglichst wenig Anlaß zur Kritik zu geben?
– Hat es den Anschein, daß ständig externe Berater Aufträge erhalten, sich aber insgesamt gesehen kaum Ergebnisse einstellen, obwohl die Berater ihre Aufgabe gut erfüllt haben?

Wenn die Fragen bejaht werden, dann sind dies wiederum Indikatoren für eine problematische Unternehmensstruktur, in der die oberen Führungsebenen anstelle einer „full contribution"-Haltung eine „break even"-Philosophie verfolgen. Aus den zahlreichen an der Cranfield School of Management durchgeführten Studien läßt sich ableiten, daß solche Einstellungen und Verhaltensweisen auf Führungskräfte hinweisen, die kontinuierlich in veralteten *Funktions-* oder *Produkt*strukturen tätig sind. Diese Führungskräfte haben sich möglicherweise zu sehr mit dem Status und den Aufgabenverantwortlichkeiten in ihrer Rolle oder zu sehr mit der übergreifenden Identität und Kultur des Unternehmens insgesamt identifiziert. Andererseits ist es möglich, daß sich solche Führungskräfte fast ausschließlich auf die Befriedigung der Kundenbedürfnisse konzentrieren und zu wenig Respekt vor der internen Verwaltung, die sie als bürokratisch bezeichnen, haben. In beiden Fällen ist sich das Management in den höheren Führungsebenen der bestehenden strukturellen Spannungen nicht bewußt, insbesondere im Hinblick darauf, wie sich die Unternehmensstruktur auf die Unternehmensleistung auswirkt. Daraus ergeben sich Mythen, bezogen auf das Leistungsverhalten der Organisation, wie zum Beispiel:

– Wir befinden uns in einem schwierigen Markt.
– Wir können keine guten Mitarbeiter finden.
– Die Leute mögen ja stöhnen, aber so ist das eben in unserem Geschäft.
– Wir sind immer so gewesen, also können wir gar nicht so schlecht sein.

Im wesentlichen liegt der Schwerpunkt dieser Mythen auf der Erhaltung des Status quo. Befriedigung wird aus dem Überleben und nicht unbedingt aus dem Erfolg heraus gewonnen. Unter solchen Umständen ist mit Unzufriedenheit bei den Mitarbeitern bzw. mit hoher Personalfluktuation zu rechnen.

1.3 Persönliche Frustration als Lernstimulus

Als Resultat von Belastungen und Frustrationen, die der einzelne erlebt, setzt er unausweichlich seine Emotionen frei, was wiederum den nötigen Lern- und Veränderungsanreiz erzeugt. Unzufriedenheit eines Individuums kann auf Veränderungen seiner Funktion bzw. Rolle, das heißt der von ihm geforderten Tätigkeiten, oder auf geänderte Anforderungen und Tätigkeitsprofile zurückzuführen sein. Es fühlt sich möglicherweise für neue Tätigkeiten oder Aufgaben schlecht vorbereitet und beklagt sich über mangelnde Personalentwicklung „on" oder „off the job". Die Unzufriedenheit beruht vielleicht gar nicht auf dem Mangel entsprechender Fähigkeiten, sondern vielmehr auf der Wahrnehmung bzw. dem Standpunkt, daß die Veränderungen subjektiv nicht tragbar sind. Der emotionale Kontrakt zwischen dem einzelnen Organisationsmitglied und der Organisation wird als unannehmbar empfunden, so daß der Betroffene das Unternehmen verläßt oder sich massiv dafür engagiert, daß der Veränderungsprozeß in einem für ihn akzeptablen Maß wirkt.

Negative Emotionen können auch durch Arbeit in einer unangemessenen Struktur entstehen, obwohl die Tätigkeit selbst als akzeptabel betrachtet wird. Die Qualität der Beziehungen zwischen oberen und obersten Führungskräften, die durch strukturelle Einflüsse gravierend beeinflußt wird, ist Kernursache für Zufriedenheit oder Unzufriedenheit. Die Situation, daß man von Vorgesetzten, Kollegen oder Mitarbeitern (die, ihrem Verhalten nach zu schließen, kein Verständnis für die zur Realisierung einer funktionierenden Struktur an sie gestellten Anforderungen haben) abgeblockt, ausmanövriert oder schlicht und einfach nicht unterstützt wird, ist häufig anzutreffen. Häufig werden solche negativen Interaktionsmuster unter den Managern der mittleren und höheren Führungsebenen durch veraltete Funktions- und/oder Produktstrukturen gefördert.

Zusätzlich kann das Management einer komplexen Matrixstruktur mit ihren Wechselbeziehungen zwischen „straight lines" und „dotted lines" für die betroffenen Führungskräfte frustrierend sein. Jede in eine solche Matrix eingebettete Führungskraft kann zu dem Ergebnis kommen, daß sie eigentlich miteinander inkompatible Anforderungen, die sich aus zentralen, regionalen oder funktionalen Gegebenheiten ergeben, ausbalancieren soll. Je nach den unterschiedlichen Interessen, die im Spiel sind, sowie dem Reifegrad der jeweiligen Führungskräfte in der Matrixstruktur, können sich entweder qualitativ hochwertige Diskussionen zum Geschäft oder negative Beziehungen zwischen den Führungskräften ergeben. Viele Manager haben sich im Rahmen von Interviews und Workshops über die Frustrationen und Belastungen beklagt, mit denen sie in der Matrixstruktur konfrontiert werden, insbesondere, wenn sie mit schlecht ausgebildeten Kollegen zusammenarbeiten müssen bzw. mit Kollegen, die kein Wissen und keine Erfahrung haben, wie man in einer Matrix effizient zusammenarbeitet. Solche Frustrationen und Spannungen führen entweder zu einem Veränderungsbedürfnis oder zur Demotivation der im Unternehmen tätigen Führungskräfte.

2. Lernpfade

Ob nun unternehmensexterne Einflüsse, Reaktionen auf die bestehende Unternehmensstruktur oder persönliche Spannungen Triebfeder des Lernens sind, das Resultat ist wahrscheinlich die Infragestellung bestehender Handlungsmuster, Gegebenheiten und Werte. Entscheidend ist dabei, daß diese Energie so aktiviert und genutzt wird, daß Mitarbeiter des Unternehmens aus ihren Erfahrungen lernen und in einer für sie bedeutungsvollen Art ihre Belange thematisieren. Zwei grundlegende Ansätze lassen sich identifizieren.

2.1 Feedback

Information ist sozusagen das Herzblut jedes Unternehmens. Daten, die auf spezifische Weise erfaßt, aufbereitet und dargestellt werden, bilden die Wissensbasis, die man benötigt, um Aufgaben zu erledigen, vorgeschriebene Standards zu erfüllen und zu verstehen, wer die Autorität zum Auslösen und Lenken von Handlung besitzt. Da Information und Informationsaustausch wesentlich zum „Betrieb" eines Unternehmens beitragen, sowohl die Erfassung und Verarbeitung neuer Informationen wie auch eine Rückmeldung an unterschiedlichste Menschen, wie effektiv Systeme und Menschen arbeiten, ein leistungsfähiges Instrument für Anpassungen und Veränderungen. (Nadler 1977; 1981)

Um in einem Unternehmen Veränderungen zu initiieren, muß bekannt sein, welche Informationen weshalb und von wem zu erfassen sind. Eine ebenso wichtige Rolle spielen Verfahrensfragen, das heißt, wie Informationen zu erfassen sind und auf welche Weise die Informationsrückmeldung erfolgen soll. Die Steuerung des Informationsgewinnungsprozesses ist zwar ein Schlüsselthema, jedoch nicht schlußendliche Determinante für den Erfolg von Änderungsvorhaben.

Zu wissen, wie man mit den am Änderungsvorhaben beteiligten Parteien umzugehen hat, ist ebenso wichtig wie das Wissen um die einzusetzenden Methoden der quantitativen Datenanalyse (Kakabadse 1984). Bei jedem Informationsgewinnungsprozeß sind Emotionen und Einstellungen der Beteiligten zu berücksichtigen, um sicherzustellen, daß die richtigen Informationen präzise erfaßt werden. Der Informationsgewinnung muß eine sorgfältige Planung der Feedback-Strategie folgen. Entsprechende Forschungsarbeiten lassen zunehmend den Schluß zu, daß „sanftere/humanistischere" Führungsqualitäten sowohl auf Unternehmens- als auch auf individueller Ebene entscheidenden Einfluß auf erfolgreiche oder weniger erfolgreiche Handlungsergebnisse besitzen. Da der Umgang mit Menschen in dieser Frage einer der kritischsten Punkte ist, kommt der Einschätzung darüber, welche Rückmeldungen, in welchem Umfang und wie erforderlich sind, um besondere, positive Reaktionen zu induzieren, große Bedeutung zu. Man sagt nicht einfach die Wahrheit. Dies muß ggf. in mehreren Schritten erfolgen, und zwar so, daß sich die Betroffenen als Eigentümer der gesammelten Daten empfinden können.

2.2 Strategische Personalentwicklung

Im lernenden Unternehmen haben Training und Weiterbildung natürlicherweise einen Platz. Das eigentliche Kunststück liegt jedoch nicht in Training und Weiterbildung, sondern in der integrierten Entwicklung des Individuums und des Unternehmens. Dies bedeutet, die Humanpotentiale der Organisation zu entwickeln, indem man ihre Fähigkeits- und Qualifikationsbasis steigert und sie gleichzeitig befähigt, die Unternehmensentwicklung als konstanten und sich selbsttragenden Prozeß weiterzuführen.

Wir wissen heute eine Menge über das Trainieren von Gruppen und das Fördern individueller Lernprozesse; und wir wissen sogar viel über das Initiieren und Bereichern von Selbstentwicklungsprozessen durch „Action Learning" und ähnliches. Wir wissen jedoch noch zu wenig, wie eine Synthese all dieser Ausbildungs- und Lernergebnisse bewerkstelligt werden kann, um Effektivität, Effizienz und Wachstum der Organisation zu erhöhen. Die Lösung dieses Problems wäre für das lernende Unternehmen der große Durchbruch.

Die von Pedler, Boydell und Burgoyne (1989) stammende Definition des lernenden Unternehmens verbindet individuelles Lernen mit organisatorischer Transformation. Bei näherer Betrachtung werden die Implikationen dieses Konzeptes deutlicher, vor allem hinsichtlich des Unternehmensklimas, der Kultur, der Strategie der Human-Ressourcen-Entwicklung und der organisatorischen Transformation:

Das Unternehmensklima ermutigt und befähigt, zu lernen und das eigene Potential zu entwickeln, was sich auf alle Aspekte der Arbeit und auf das Unternehmen als Ganzes auswirkt.

Dies wiederum erzeugt bzw. nährt eine Kultur, die sich zusehends nach außen in Richtung Markt orientiert und alle Hauptakteure (stakeholders) einbezieht.

Die Personalentwicklungsstrategie, innerhalb derer Training und Weiterbildung nur eine von mehreren Komponenten ist, wird somit zu einem zentralen Thema der Geschäftspolitik. Die für Personalentwicklung verantwortlichen Manager müssen das Geschäft ebenso gut und bodenständig kennen wie ihre Kollegen im Linienmanagement, um die Personalentwicklungs-Strategie so auslegen zu können, daß sie das Geschäft produktiv fördert. Dazu muß die PE-Funktion genausoviel Zeit auf die Analyse der Unternehmensbedürfnisse verwenden wie auf die Lieferung ihrer „Produkte".

Herzstück eines solchen Prozesses ist die kämpferische Herausforderung des Status quo durch Menschen, die zwar über das erforderliche Repertoire an Fähigkeiten verfügen, die aber vielleicht nie wirklichen rangmäßigen Status in der Organisation genossen haben. Dies ist zwar zweifelsohne ein sehr heikler politischer Prozeß, der eine hohe beraterische Leistung erfordert, mit hohen Risiken behaftet und bei Mißerfolg mit einem hohen Preis zu bezahlen ist. Im Erfolgsfall jedoch wird die PE-Strategie ein zentraler Teil der Unternehmenspolitik, und individuelles und organisatorisches Lernen sind in das Herzstück der Geschäftsaktivität integriert.

Höhepunkt allerdings ist der kontinuierliche Prozeß organisatorischer Transformation, innerhalb derer die drei bereits identifizierten Schlüsselfaktoren folgendermaßen in einen integrierten Ansatz übergeführt werden:

– *Geeignete Antworten auf Einflüsse aus der Unternehmensumwelt*. Keine blindlings über das Knie gebrochenen Reaktionen auf Druck von außen.
– *Geeignete Antworten auf veraltete Organisationsstrukturen*. Vermeidung von irrationalem Verhalten, widersprüchlichen Botschaften, konfusen Aktivitäten und negativ ausgeprägter Unternehmenskultur.
– *Geeignete individuelle Selbstentwicklung*. Vermeidung unklarer Rollen, schlecht definierter Aufgaben, emotionalen Stresses und dysfunktionaler und unreifer Beziehungen.

Diese sogenannte „organisatorische Transformation" ist der Schlüssel zur Unternehmenszukunft. Sie unterscheidet sich von traditioneller Organisationsentwicklung dadurch, daß sie unmittelbar mit dem Prozeß zu tun hat, durch den sich das Unternehmen bewußt selbst entwickelt, anstatt sich durch zufällige und unbeeinflußbare Kräfte von außen verändern zu lassen. Dadurch nähert sich das Unternehmen der Möglichkeit, die Früchte aller individuellen Lern- und Selbstentwicklungsprozesse zu ernten, um damit das Unternehmenspotential und die Unternehmensentwicklung zu stimulieren.

Begründung für alle diese Überlegungen ist es, Wettbewerbsvorteile zu erzielen. Es geht um wesentlich mehr als nur um das bloße Überleben des Unternehmens. Dies umfaßt eine ganze Reihe aktueller Herausforderungen:

– Unkontrollierbarkeit und Dynamik der Märkte.
– Massive Konkurrenz aus nichttraditionellen Bereichen.
– Zunehmende Veränderungsgeschwindigkeit.
– Kundenorientierung und Komplexität der Kundenstrukturen.
– Endlichkeit der Ressourcen jeglicher Art, insbesondere auch der Human-Ressourcen.
– Qualität der Produkte und der Dienstleistungen als wesentlicher „Unterschied" im Wettbewerb.

Wenn es Faktoren gibt, die Unternehmen dazu zwingen, lernende Unternehmen zu werden, so gibt es auch Kriterien, nach denen sich ein solches, zu dieser Lernqualität strebendes Unternehmen beurteilen läßt – wie offen es ist, wie sehr es Teilhabe fördert, wie sehr es Fragen stellt, wie sehr es Partizipation gestaltet, wie austauschorientiert es handelt, wie reich und fündig es an Ressourcen ist und insbesondere, ob es ein sinnvolles Feedback in beiden Richtungen fördert, damit sich echtes Lernen aus Experimentieren, Entwicklung, Versuch und Irrtum bzw. Fehlschlag ergibt.

Diese Liste ist bei weitem unvollständig und mit vielen weiteren Beispielen zu versehen, je nach Standort und Zielsetzung. Welche Parameter man auch betrachtet, das Endergebnis steht wohl außer Frage – aus der Vision muß Realität werden, aber der Preis für Mißerfolg ist so hoch, daß man ihn nicht einmal in Betracht ziehen mag. In diesem Zusammenhang sei nur auf den „HRD Code of Practice" verwiesen, den das Institute of Training and Development (UK) anläßlich der Konferenz der International Federation of Training and Development Organisations in London im Juli 1990 erstellt hat. Dieser Kodex stellt insbesondere auf zwei Bereiche ab: die Veränderung von Einstellungen und das kontinuierliche Lernen.

Veränderung von Einstellungen

Personalentwickler müssen gleichermaßen den Menschen als auch der Organisation dabei helfen, ihre Einstellung gegenüber der Human-Ressourcen-Entwicklung in vielerlei Hinsicht zu ändern. Wir sprechen hier die Führungseinstellung der Linienmanager und generell der Arbeitgeber an. Die erforderliche Einstellungsänderung betrifft Ausmaß und Intensität der Verantwortung, die Linienmanager für die Personalentwicklung allgemein und die Entwicklung ihrer Mitarbeiter im besonderen verspüren.

Aber auch die Einstellung der Mitarbeiter selbst wird sich ändern müssen. Als „lebenslange Lerner" tagaus, tagein müssen alle Mitarbeiter unabhängig von ihrer hierarchischen Stellung ihren Teil der Verantwortung für ihre Selbstentwicklung übernehmen. Durch diese Ausrichtung der Personalentwicklung als Joint Venture von Individuum und Organisation wird fast unausweichlich die Entwicklung des lernenden Unternehmens forciert.

Kontinuierliches Lernen

Menschen benötigen das Selbstvertrauen, Lernbedürfnisse in ihrem ganzen Arbeitsleben und auch darüber hinaus zu erkennen und darauf zu antworten. Nur so können sie sich permanent entwickeln. „Lernen, wie man lernt", ist der gängige Begriff für die Fähigkeit, die es Menschen ermöglicht, über ihre gegenwärtigen Fähigkeiten hinaus zu transzendieren. Indem sie ihr volles Potential ausschöpfen, leisten sie nicht nur einen Beitrag für ihre Abteilung, ihren Bereich oder ihr Unternehmen, sondern auch für die Gesellschaft insgesamt. Dies ist im weitesten Sinne der eigentliche Lohn für die Investition in die Entwicklung von Menschen.

Personalentwicklung heißt immer Lernen. Kontinuierliches Lernen manifestiert sich auf viele Arten und reicht von der Lösung realer Probleme hin zur Formulierung neuer Fragestellungen, von der Suche nach Hilfe für sich selbst hin zur Hilfe für andere bei der effizienteren und effektiveren Bewältigung von Herausforderungen. Personalentwicklung – als strategisches Lernen aus akkumulierten täglichen Erfahrungen zur Auseinandersetzung mit dem Unbekannten – gilt für jeden im Geschäft und im gesamten Unternehmen.

Die Zukunft

Strategien für lebenslanges Lernen sind im Hinblick auf die 90er Jahre gerechtfertigt. Sie helfen uns dabei, der ständigen Herausforderung besser zu begegnen, die sich durch unablässigen Wandel technologischer und geopolitischer Art sowie durch staatliche und demographische Verlagerungen ergibt. Ein Kodex der Personalentwicklung der Wirtschaft kann dazu beitragen, einen Großteil des lebenslangen Lernens arbeitsbezogen, aktiv und zielgerichtet zu gestalten. Er kann dabei mitwirken, ein Unternehmensklima zu schaffen, das die Auswirkungen systematischen und zufälligen Lernens gleichermaßen maximiert.

Human-Ressourcen-Entwicklung im weitesten und besten Sinne muß zwei Ergebnisse erzielen: Sie muß eine dauerhafte Einstellung gegenüber Veränderung bewirken und die richtige positive Bandbreite sowie den Anreiz für kontinuierliches Lernen sicherstellen. Indem der Unternehmenserfolg durch Investitionen in die Personalentwicklung gesteigert wird, wird die Human-Ressourcen-Entwicklung gleichzeitig auch zu einer integrierten, strategischen Geschäftsfunktion innerhalb des Unternehmens – das dann auch wirklich als lernendes Unternehmen bezeichnet werden kann.

Literatur

GARFIELD, C., Peak Performers: The New Heroes of Business, London, Hutchinson Business 1987

KAKABADSE, A. P., Training for Change: The Value of Data Feedback, in: Kakabadse, A. P., Muhki, S., The Future of Management Education, Gower 1984.

KAKABADSE, A. P., MUKHI, S., The Future of Management Education, Gower Press 1984.

KAKABADSE, A. P., BROVETTO, P. R., HOLZER, R., Management Development and the Public Sector: A European Perspective, Avebury, Aldershot 1988.

KAKABADSE, A. P., DAINTY, P., Police Chief Officers: A Management Development Survey, in: Journal of Managerial Psychology, Vol. 3, Nr. 3, Monograph 1988.

MARGERISON, C. M., KAKABADSE, A. P., How American Chief Executives Succeed: Implications for Developing High-Potential Employees. An American Management Association Survey Report, 1984.

MCCALL, M. W. JR, LOMBARDO, M. M., MORRISION, A. M., The Lessons of Experience: How Successful Executives Develop on the Job, Lexington Books, Massachusetts/Toronto 1988.

NADLER, D. A., Feedback and Organisation Development: Using Data Feedback Methods, Addison-Wesley 1977.

NADLER, D. A., Managing Organisational Change: An Integrating Perspective, in: Journal of Applied Behavioural Science, 1981, Vol. 17, S. 191–211.

PEDLER, M. J., BOYDELL, T., BURGOYNE, J. G., Towards the Learning Company, in: Journal of Management Education and Development, 1989, Vol. 20, 1. Teil, S. 1–8.

Viertes Kapitel

Vom Lernen in der Organisation zum Lernen der Organisation

Harald Geißler

Mehr als zwei Jahrzehnte Theorie und Praxis Personalentwicklung und Organisationsentwicklung und die in diesem Zusammenhang immer deutlicher herausgestrichene Erkenntnis, daß das eine nicht ohne das andere zu denken und zu praktizieren ist und beides in eine übergreifende Konzeption betrieblicher Bildung zu integrieren sei (so zum Beispiel Hölterhoff/Becker 1986), lassen die Vorannahme berechtigt erscheinen, daß die Frage, wie in Organisationen gelernt wird bzw. wie Organisationen lernen und wie beides zusammenhängt, hinreichend geklärt sei. Schaut man jedoch in die vorliegende Literatur und – mehr noch – in die Praxis der Personalentwicklung, wird man schnell feststellen, daß es in der Regel im wesentlichen nur allein um das Lernen des einzelnen Organisationsmitglieds geht, bei dem mehr oder weniger konsequent die Rahmenbedingungen der umgebenden Organisation mitberücksichtigt werden.

Nicht gesehen wird dabei jedoch, daß es sich bei der Beziehung zwischen Organisation und Organisationsmitglied um eine – wie im folgenden zu zeigen sein wird – Interaktion zwischen zwei (grundverschiedenen!) Lern-Subjekten handelt. Ein ganz ähnliches Defizit kennzeichnet auch die Theorie und vor allem die Praxis der Organisationsentwicklung. Denn es ist üblich, die Organisation und ihre Entwicklung in einer Richtung, die die Organisationsleitung für wünschenswert hält, als Objekt von Interventions- und Steuerungsprozessen zu betrachten. Nicht thematisiert jedoch wird, wie die Organisation als ganze zum Subjekt ihres eigenen Organisations-Lernens wird bzw. werden kann.

Die damit eingeschlossenen Behauptungen, erstens, daß bisher zwar häufig vom Lernen einer Organisation gesprochen werde, aber fast immer nur in einem metaphorischen Sinne, der unklar läßt, was Organisations-Lernen denn eigentlich ganz genau bedeutet, und zweitens, daß wegen dieser „Unschärfe" im Grunde auch die Konzeptionen zum Lernen in Organisationen „auf tönernen Füßen stehen", weil sie nicht in eine tragfähige Konzeption des Organisations-Lernens integriert sind –, diese beiden Behauptungen müssen natürlich detailliert belegt werden. Eine solche Diskussion wäre ein sehr sinnvolles Thema für diesen Beitrag. Der Nachteil jedoch wäre: Eine solche kritische Betrachtung würde zwar eine Reihe vorliegender Defizite aufdecken, nicht jedoch konstruktiv den Weg weisen können für die Entwicklung einer aussichtsreichen Theorie und Praxis des Organisations-Lernens. Angesichts dieser Alternative haben wir uns in diesem Beitrag für den „konstruktiven" Weg entschieden, zumal erst kürzlich eine sehr gründlich angelegte Arbeit über organisatorisches Lernen erschienen ist (Pautzke 1989), in der die wichtigsten Ansätze zum Lernen in der Organisation und zum Organisations-Lernen diskutiert werden.

Im Sinne jenes „konstruktiven Interesses" wird im folgenden versucht, eine Art „Rohentwurf" für eine aussichtsreiche Konzeption des Organisations-Lernens und in diesem Rahmen des Lernens in Organisationen zu umreißen. Es wäre sinnvoll, diesen „Rohentwurf" in der Diskussion mit den wichtigsten vorliegenden Theorien zum Organisations-Lernen auf seine Tragfähigkeit zu überprüfen.

Aber auch dieses eigentlich unerläßliche Anliegen würde den Rahmen dieses Beitrags bei weitem sprengen und muß an anderer Stelle später nachgereicht werden. Es kann im folgenden also nicht mehr geleistet werden als die Präsentation einer Argumentationslinie, die die Grundlage bildet für eine Konzeption des Organisations-Lernens, die theoretisch erklärungsstark erscheint und im Hinblick auf die Praxis die berechtigte Hoffnung begründet, daß mit ihrer Hilfe die sich dort stellenden Aufgaben und Probleme wirkungsvoll und verantwortungsbewußt in Angriff genommen werden können.

Diese Argumentationslinie läßt sich in einer Kurzfassung folgendermaßen umreißen:

– Lernen ist zunächst einmal eine Sache des einzelnen Individuums. Es vollzieht sich in ihm – in seiner Psyche bzw. in seinem Gehirn –, indem neues Wissen und Können hinzukommen oder indem neue Regeln und Verfahren erworben werden, die vorhandenen Wissens- und Könnensbestände neuartig zu verknüpfen. Diesen Zusammenhang kann man mit dem Begriff des

Steuerungspotentials beschreiben, das das Individuum bezüglich seines Umgangs mit seiner Umwelt und so zum Beispiel auch mit der Organisation, in der es arbeitet, hat. Lernprozesse des Individuums können in diesem Sinne als Veränderungen seines Steuerungspotentials bezeichnet werden.

– Lernen vollzieht sich aber nicht nur innerhalb des Individuums, sondern auch in seiner äußeren Praxis, die es erlebt und die es mit seinem Handeln mitgestaltet. Erleben, Handeln und Lernen bilden also eine Einheit. Für ein Konzept individuellen Lernens in Organisationen ist deshalb die Arbeits- und Kommunikationspraxis des einzelnen Organisationsmitglieds von großer Bedeutung. Sie läßt sich als ein soziales System darstellen, in dessen Mittelpunkt das jeweilige Individuum steht. Dieses System wird als organisatorisches Elementarsystem bezeichnet, denn die sozialen Grundelemente einer jeden Organisation sind ihre Mitglieder. Man kann deshalb sagen: Wenn ein Individuum in der Organisation lernt, lernt eines seiner organisatorischen Elementarsysteme.

– Wird individuelles Lernen in Organisationen in diesem Sinne als eine Veränderung der sozialen Organisationspraxis begriffen, steht der Weg frei, das Lernen informeller Organisationsgruppen zu verstehen, und zwar als Veränderung ihrer gruppeninternen Praxis: Sie wird inhaltlich bestimmt durch das Steuerungspotential der Gruppe im Umgang mit ihren gruppeninternen und -externen Aufgaben und Problemen. Wenn die Gruppe lernt, heißt das also, daß sie sich neue Möglichkeiten erschließt, mit internen und externen Aufgaben und Problemen umzugehen. Bezogen auf das einzelne Individuum, ist diese Praxis identisch mit dem gruppeninternen Kontext für sein individuelles Handeln und Lernen.

– Nach dem Gruppen-Lernen ist der Weg vorbereitet, sich schließlich dem Organisations-Lernen zuzuwenden. Es wird wesentlich durch die Gruppendynamik innerhalb der Organisation und durch die Organisationsdynamik zwischen den Gruppen bestimmt. In der Praxis letztlich ausschlaggebend für das Steuerungspotential einer Organisation bezüglich ihres Umgangs mit internen und externen Aufgaben und Problemen aber ist ihre Organisationsstruktur. Sie konkretisiert sich in den verschiedenen Organisationsinstrumenten. Werden diese verändert oder der Umgang mit ihnen, verändert sich auch das Steuerungspotential der Organisation, was gleichbedeutend ist mit der Aussage: Die Organisation lernt.

Das Ziel dieses Beitrags – das wird dieser Abriß bereits verdeutlichen – besteht im wesentlichen darin, zur begrifflich-konzeptionellen Klärung beizutragen, was einerseits individuelles Lernen in Organisationen und andererseits Organisations-Lernen meint und wie beides zusammenhängt. Eine solche Klärung erscheint sinnvoll, um nicht länger gezwungen zu sein, in einem eher metaphorischen Sinne vom Organisations-Lernen zu sprechen und dabei von der ungeprüften Annahme auszugehen, daß Organisationen im Grunde genauso lernen wie Individuen. Diese Annahme erweist sich nämlich als nicht begründet, denn – so das Schlußergebnis dieses Beitrags – Organisations-Lernen und individuelles Lernen in Organisationen bilden einen komplexen Zusammenhang, der mit folgenden Merkmalen charakterisiert werden kann:

– Organisations-Lernen, verstanden als Änderung des Steuerungspotentials, das eine Organisation bezüglich ihres Umgangs mit internen und externen Aufgaben und Problemen hat, ist einerseits das Resultat individueller Lernprozesse in der Regel keineswegs aller, sondern nur einiger weniger Organisationsmitglieder. Andererseits ist das Organisations-Lernen hingegen auch ein Anlaß für individuelle Lernprozesse derjenigen Organisationsmitglieder, die in das Organisations-Lernen bisher noch nicht involviert waren.

– Organisations-Lernen fordert individuelle Lernanstrengungen. Aber nicht alle individuellen Lernanstrengungen, Organisations-Lernen zu initiieren oder zu verbessern, sind erfolgreich. Häufig ist es so, daß recht großen Lernanstrengungen von seiten einzelner Organisati-

onsmitglieder oder auch Organisationsgruppen nur sehr geringe oder auch gar keine Lernerfolge der Organisation gegenüberstehen.
- Aber auch das Umgekehrte ist möglich, daß nämlich bereits minimale Lernanstrengungen einiger weniger Organisationsmitglieder ausreichen, um das Steuerungspotential der Organisation außerordentlich stark zu erhöhen. Eine solche „glückliche" Konstellation liegt vor, wenn sehr fähige Organisationsmitglieder an denjenigen strategischen Positionen sitzen, die für Organisations-Lernen besonders wichtig sind, und wenn diese Personen Instrumente und Maßnahmen entwickeln, die erstens für das Organisations-Lernen eine strategisch extrem große Bedeutung haben, die zweitens bei allen Organisationsmitgliedern auf eine hohe Akzeptanz stoßen, weil sie drittens geringe Realisierungsprobleme aufwerfen und deshalb minimale Lernprozesse von den Organisationsmitgliedern verlangen.
- Diese „glückliche" Konstellation ist allerdings selten zu finden. Denn in der Regel muß man davon ausgehen, daß erstens an den für Organisations-Lernen strategischen Positionen nicht optimal qualifizierte Personen sitzen und zweitens keineswegs nur ein bis zwei strategische Instrumente zu entwickeln und zu implementieren sind, sondern daß sehr umfangreiche grundlegende Veränderungen der Organisationspraxis notwendig sind. Treffen diese Praxisbedingungen zu, muß es gelingen, eine „größere Masse" an Organisationsmitgliedern zu finden und zu entwickeln, die zum Promotor und Träger des Organisations-Lernens werden, indem sie auf dieses Organisations-Lernen hin ihr eigenes individuelles Lernen in der Organisation zentrieren.

1. Individuelles Lernen in Organisationen als Veränderung des Steuerungspotentials des Individuums im Umgang mit seinem organisationsspezifischen Kontext

Beobachtet man das Verhalten von Individuen, wird man Regelmäßigkeiten feststellen können, die in bestimmten Zusammenhängen mit dem jeweiligen Kontext stehen, der das Individuum umgibt. Diese Regelmäßigkeiten machen das Verhalten des Individuums erwartbar und sind deshalb eine wichtige Voraussetzung für seine Integration in soziale Gruppierungen. Das heißt, eine Gruppe oder auch die Gesellschaft insgesamt erwartet bestimmte Regelhaftigkeiten des Individuums bezüglich seines Verhaltens in bestimmten Kontexten. Diese Regelhaftigkeiten beziehen sich sowohl auf die Interaktion mit anderen Menschen bzw. mit Institutionen als auch auf den Umgang mit Sachaufgaben. Hinter diesen Regelhaftigkeiten lassen sich entsprechende Fähigkeiten des Individuums vermuten, den Kontakt mit seiner sachlichen und sozialen Umwelt systematisch steuern zu können. Es ist dabei davon auszugehen, daß diese Steuerungsfähigkeit sich nicht nur auf den Bereich des regelhaften, sondern auch auf denjenigen des regelabweichenden Verhaltens bezieht. Denn sonst würde jede Form von Kreativität und Spontaneität ausgeblendet. Es ist deshalb anzunehmen, daß die Steuerungsfähigkeit eines Individuums bezüglich seines Umgangs mit seiner Realität deutlich mehr umfaßt als nur das, was sich in seinem beobachtbaren Verhalten und den entsprechend rekonstruierbaren Regelhaftigkeiten seines Verhaltens ausdrückt. Dieses „Mehr" allerdings ganz genau zu fassen, ist letztlich nicht möglich, weil nicht sicher entscheidbar ist, inwieweit nicht-regelhaftes Verhalten auf bestimmte vorliegende Fähigkeiten des Individuums oder aber auf zufallsbedingte Kontexteinflüsse zurückgeführt werden muß.

Wenn sich diese Steuerungsfähigkeit, die man auch als Steuerungspotential bezeichnen kann, anhaltend ändert, kann man sagen, daß das Individuum lernt. *Individuelles Lernen in Organisationen wird damit definiert als eine nicht-momentane, das heißt anhaltende Änderung des Steuerungspotentials, über das das Individuum bezüglich seines Verhaltens in denjenigen organisationsspezifischen Kontexten, in die es involviert ist, verfügt.* Das angesprochene Steuerungspotential besteht dabei aus einem Pool von kognitivem Wissen, praktischem Können, motivationalem Wollen sowie aus einem komplexem Regelsystem, das diese verschiedenen Elemente untereinander in Beziehung setzt und so dem Steuerungspotential eine *identitätsstiftende Einheitlichkeit* gibt (vgl. Weidenmann 1989).

Eine Veränderung des Steuerungspotentials erfolgt in der Regel nicht schlagartig, sondern benötigt eine bestimmte Entwicklungszeit. Es lassen sich bezüglich individuellen Lernens in Organisationen zwei Phasen unterscheiden:

– Die erste ist die Phase des *organisationskontextuell inkubativen Lernens*. Es deckt nur denjenigen Lernbereich ab, der nicht durch besondere Anforderungen des jeweils vorliegenden Organisationskontextes bestimmt wird. Das Resultat dieses Lernens ist eine Veränderung des Steuerungspotentials des Individuums im Umgang mit seiner Umwelt, ohne daß dabei die Besonderheiten des organisationsspezifischen Kontextes bereits berücksichtigt werden. Insofern geht es hier um ein Lernen, das organisationskontextuell noch nicht hinreichend entfaltet ist.
– Dem gegenüber steht die Phase des *organisationskontextuellen Lernens*, das den Bedingungen des organisationsspezifischen Kontextes hinreichend Rechnung trägt.

Beide Phasen bilden ein Kontinuum, das sich zwischen den Extremen eines einerseits organisationskontextuell minimal und andererseits voll entfalteten Lernens erstreckt. Diese Unterscheidung ist für das Verstehen individuellen Lernens in Organisationen hilfreich. Denn ein Großteil betrieblicher Bildungsmaßnahmen kann zunächst nur inkubatives Lernen bewirken, – gerade dann, wenn off-the-job gelernt wird. Hierzu ein Beispiel: Im Seminar werden einige Regelhaftigkeiten zwischenmenschlichen Verhaltens erklärt und auf dieser Grundlage bestimmte Verhaltensweisen mittels Videotraining erlernt und geübt. Dieser Vorgang ist zweifellos als Lernprozeß einzuschätzen, weil das Individuum sein Steuerungspotential im Umgang mit anderen Menschen ändert. Andererseits hingegen handelt es sich bei diesen Übungen noch nicht um organisationsspezifische Echtsituationen. Man muß deshalb konstatieren: Der im Seminar vollzogene Lernprozeß ist noch unvollendet und insofern inkubativ, weil die anschließende Lernphase noch fehlt, in der das Individuum on-the-job lernen muß, das im Seminar Gelernte anzuwenden. Erst dann liegt im Sinne unserer Definition ein organisationskontextuell voll entfaltetes individuelles Lernen in Organisationen vor.

2. Betriebliche Weiterbildung als Umgestaltung der individualpsychischen „Abbildung" des organisationsspezifischen Kontextes

Wenn ein Individuum in eine Organisation eintritt, lernt es nach und nach alle organisationsspezifischen Kontexte kennen, mit denen es normalerweise im Rahmen seiner Arbeit zu tun hat. Dieses Kennenlernen ist verbunden mit dem Prozeß, den „richtigen" Umgang mit diesen Kontexten zu erlernen. An diese Phase des Erlernens muß sich ggf. die Phase des Weiterlernens oder Umlernens anschließen, – und zwar immer dann,

– wenn sich die organisationsspezifischen Kontexte, mit denen das Individuum zu tun hat, quantitativ erweitern, das heißt, wenn das Individuum einen erweiterten Interaktionskreis bekommt,
– wenn sich die Kontexte, mit denen das Individuum zu tun hat, qualitativ ändern, so daß ein entsprechendes Anpassungslernen notwendig wird, oder
– wenn sich die Kontexte im Zuge einer ins Auge gefaßten Organisationsentwicklung demnächst ändern sollen, – und zwar initiiert und getragen von konkreten einzelnen Organisationsmitgliedern selbst.

Ein derartiges Weiterlernen und vor allem das Umlernen des Umgangs mit organisationsspezifischen Kontexten macht in der Regel große Schwierigkeiten. Denn das einmal aufgebaute Steuerungspotential, das das Individuum bezüglich des Umgangs mit seiner Organisation besitzt, weist in der Regel eine nicht unerhebliche Resistenz gegen Veränderungen auf. Denn während seiner sozialisatorischen Eingewöhnungsphase in die Organisation rekonstruiert das Individuum eine individualpsychische „Abbildung" aller relevanten organisationsspezifischen Kontexte. Diese psychische Abbildung des äußeren Organisationskontextes werden wir im folgenden als den „*inneren*" Kontext der Organisation bezeichnen. Er hat die Funktion einer „inneren Landkarte" (map), die dem Individuum den Weg weist, wie es sich in der Organisation sinnvoll bewegen kann (vgl. dazu Argyris/Schön 1978, S. 16 ff.). Es ist verständlich, daß diese „innere Landkarte" für das Individuum extrem wichtig ist und daß es nicht so schnell bereit ist, hier Revisionen vorzunehmen. Deshalb kommt es nicht selten vor, daß Organisationsmitglieder „völlig überalterte innere Landkarten" ihrer Organisation im Kopf haben. Diese behindern sie natürlich, die Realität richtig wahrzunehmen und sich angemessen in ihr zu bewegen. Jene „inneren Landkarten" werden damit zu einem Restriktionsfaktor, der äquivalent zu demjenigen des „äußeren" Organisationskontextes ist. Aus diesem Grunde sprechen wir hier also vom „inneren" Kontext.

Dieser „innere" Kontext ist für das individuelle Lernen in Organisationen von größter Wichtigkeit. Denn erst, wenn er mit allen seinen Verzweigungen konsequent in den Lernprozeß des Individuums aufgenommen wird und sich im Zuge dieses Lernprozesses mitverändert, liegt ein organisationskontextuell voll entfaltetes Lernen vor. Was damit gemeint ist, soll wiederum das bereits angeführte Beispiel eines betrieblichen Kommunikationstrainings verdeutlichen: Das Individuum lernt im Seminar – so hatten wir gesagt – neue zwischenmenschliche Verhaltensweisen zunächst theoretisch kennen und dann auch praktisch anzuwenden. Diese neuen Elemente in seinem Steuerungspotential sind zunächst noch, so hatten wir betont, gänzlich unverbunden mit der organisationsspezifischen Alltagspraxis und ihrer individualpsychischen „Abbildung" in dem betreffenden Individuum. Jene neuen Wissens- und Könnenselemente sind also noch nicht in seinen „inneren" Kontext der Organisation integriert. Mit anderen Worten: Das Individuum befindet sich noch in der inkubativen Lernphase. Es muß ihm nun anschließend gelingen, on-the-job jene Integration aufzubauen. Das erfordert weitere Lernprozesse und in diesem Zusammenhang eine entsprechende Veränderung seines „inneren" Kontextes. Aus diesem zunächst inkubativen Lernen muß also ein organisationskontextuell sich voll entfaltendes Lernen werden. Das setzt allerdings voraus, daß die vorliegenden Wissens- und Könnensbestände, die im Zuge der inkubativen Lernphase aufgenommen worden sind, noch einmal zur Disposition gestellt und vor ihrer Integration in den nun veränderten „inneren" Kontext kritisch überprüft werden. Aus diesem Grunde muß eine produktive Auseinandersetzung stattfinden zwischen dem „alten inneren" Kontext und den neuen zunächst noch nicht integrierten Wissens- und Könnenselementen.

3. Erfahrung und individuelles Lernen in der Organisation

Wenn das Lernen des Individuums in der Organisation als voll entfaltete Veränderung seines Steuerungspotentials im Umgang mit der Organisation verstanden wird, ist zu fragen, wie bzw. wodurch eine solche Veränderung bewirkt werden kann. Die Antwort wurde bereits angedeutet: Es sind konkrete Praxiserfahrungen, die das Individuum in der Organisation oder auch außerhalb macht bzw. gemacht hat und die es in besonderer Weise „berührt" und „betroffen gemacht" haben und damit die Energie für einen bestimmten zunächst inkubativen und anschließend ggf. auch organisationskontextuell sich entfaltenden Lernprozeß geliefert haben. Damit es zu einem individuellen Lernen in der Organisation kommen kann, ist also ein Mindestmaß an *Sensibilität und Lernoffenheit* notwendig, um konkrete Praxiserfahrungen als Lernimpulse aufnehmen zu können. Diese Sensibilität und Lernoffenheit kann sich auf vier Bereiche beziehen, nämlich

- auf *begrifflich-konzeptionelle Operationen*, die eine semantische (bedeutungsmäßige) Ordnung herstellen einerseits zwischen der Wirklichkeit und der Sprache und andererseits innerhalb der Sprache zwischen den verschiedenen Unter- und Oberbegriffen, mit deren Hilfe das Individuum seine Welt versteht und seine Erfahrungen im Gedächtnis speichert;
- auf *funktionale Wirkungszusammenhänge sachbezogener Arbeitsvorgänge und sozialen Kooperations- und Führungsverhaltens*. Diese Wirkungszusammenhänge sind durch Ursache-Wirkungs-Hypothesen bestimmt und bilden einen funktionalen Ordnungsrahmen, in den das Individuum die verschiedenen Fakten und Phänomene stellen kann;
- auf *normative bzw. ethische Verantwortungszusammenhänge*, die sich ebenfalls sowohl auf sachbezogene Arbeitsvorgänge wie auch auf soziales Kooperations- und Führungsverhalten beziehen und hierfür einen Ordnungsrahmen anbieten, der Kriterien sozialer und gesellschaftlicher Legitimität, das heißt konsentierte Vorstellungen einer wünschenswerten Sozialordnung, beinhaltet; und schließlich
- auf die *existentiell-sinnhafte Selbstdefinition* des Individuums, die sich durch eine identitätsspezifische Stimmigkeit im Umgang mit begrifflich-konzeptionellen Operationen, funktionalen Wirkungszusammenhängen und normativen bzw. ethischen Verantwortungszusammenhängen ausdrückt.

Bezüglich dieser vier Bereiche kann das Individuum Erfahrungen machen, die bestimmte Lernprozesse auslösen. Aber nicht jede Erfahrung führt automatisch zu Lernprozessen. Denn es gibt Erfahrungen, die zwar jene Bereiche berühren, aber keinerlei Lernimpulse auslösen, weil sie alte Erfahrungen bestätigen und so das vorliegende Steuerungspotential des Individuums verfestigen. Andererseits gibt es hingegen Erfahrungen, die erhebliche Lernprozesse im Prinzip initiieren könnten, daran aber faktisch gehindert werden, weil sich das Individuum aufgrund seines „inneren Kontextes" von ihnen nicht „berühren" läßt.

Als Beispiel kann man hier wieder betriebliche Schulungen zur Verbesserung des Kooperations- und Führungsverhaltens anführen, die sich als weitgehend ineffizient herausstellen, wenn die Teilnehmer den Sinn und Nutzen dieser Schulungen nicht für ihren normalen Arbeitsalltag einsehen bzw. annehmen können. Erst wenn es gelingt, daß das Individuum sich von dem im Seminar neu erworbenen Wissen und Können nicht nur als Privatperson, sondern auch als Organisationsmitglied „berühren" läßt, besteht eine gute Aussicht, daß das Individuum seine alte „innere Landkarte" der Organisation in Frage stellt und sich öffnet für ein organisationskontextuell voll sich entfaltendes Lernen in der Organisation.

Erfahrung und Lernen hängen also in recht komplizierter Weise zusammen. Man kann diesen Zusammenhang als einen ständigen *Prüfprozeß* beschreiben (vgl. dazu auch das Modell des „Lernzirkels" von March/Olsen 1976, S. 54 ff.). Denn das vorgängig gelernte Steuerungspotential des Individuums bezüglich seines Umgangs mit der Organisation, also sein „innerer" Kontext der Organisation, kann jederzeit durch Praxiserfahrungen und durch das so im Zuge zunächst inkubativer Lernprozesse in das Individuum einströmende neue Wissen, Können und Wollen mehr oder weniger weitreichend in Frage gestellt werden. Das setzt allerdings, wie schon gesagt, voraus, daß das Individuum sich bezüglich seines „inneren Abbilds" der Organisation in zumindest einem der vier oben ausgewiesenen Bereiche von jenen Erfahrungen „berühren" läßt.

Als Zwischenergebnis können wir festhalten: Die organisationsspezifischen Kontexte, mit denen das Individuum im Umgang mit der Organisation zu tun hat, werden als „innerer" Kontext individualpsychisch in dem Steuerungspotential, das das Individuum bezüglich seines Umgangs mit der Organisation besitzt, widergespiegelt. Der „innere" Kontext ist dabei zugleich ein wichtiger Bedingungsfaktor individuellen Lernens in Organisationen wie gleichermaßen auch ein Resultat vorgängiger Lernprozesse des Individuums.

4. Individuelles Lernen in der Organisation als Praxisveränderung eines ihrer organisatorischen Elementarsysteme

Wir haben darauf hingewiesen, daß der Lernprozeß des Individuums ein ständiger Testprozeß ist, weil der „innere" Kontext, den das Individuum sich als Abbild seiner äußeren organisationsspezifischen Kontexte aufgebaut hat, durch immer wieder neu einströmende Erfahrungen ständig auf seine Funktionsfähigkeit überprüft wird. Dieser Vorgang vollzieht sich nicht nur im Rahmen kognitiver Operationen, sondern gleichermaßen auch im konkreten Handeln. Denn die jeweils vorliegende Handlungspraxis ist eine im Prinzip nie versiegende Quelle für Lernimpulse.

Lernen hängt also nicht nur mit Erleben, sondern auch mit Handeln zusammen. Und Erleben und Handeln sind Aktivitäten des Individuums, die es nicht absolut alleine für sich vollziehen kann. Es handelt immer in konkreten Kontexten mit anderen und erlebt diese Kontexte zusammen mit anderen. Individuelles Lernen in Organisationen ist deshalb keineswegs ein Prozeß, der sich ausschließlich nur innerhalb des Individuums vollzieht. Denn das Lernen des Individuums ist notwendigerweise immer auch an die Interaktion mit denjenigen Organisationsmitgliedern gebunden, mit denen das Individuum in der Organisation zu tun hat. Dieses soziale System, in dessen Mittelpunkt das je einzelne Individuum steht, wollen wir hier als *organisatorisches Elementarsystem* bezeichnen. Denn die sozialen Grundelemente einer jeden Organisation sind immer seine einzelnen Organisationsmitglieder. Ein organisatorisches Elementarsystem ist also ein System mehrerer Organisationsmitglieder, deren Zusammenhang subjektiv durch dasjenige Individuum dieses Systems definiert wird, das „mental" im Mittelpunkt dieses Systems steht, indem es dieses geistig zuallererst konstituiert – und zwar mittels seiner „geistigen Landkarte" der Organisation. (Vgl. bezüglich dieses soziologisch-systemischen Zugriffs auf „Lernen" auch die zusammenfassende Darstellung zur Selbstorganisation sozialer Systeme bei Probst 1987, S. 68 ff.)

Das Lernen des Individuums in der Organisation vollzieht sich also immer in der Praxis der Organisation, in der das Individuum arbeitet, – und diese Praxis ist eines der organisatorischen Elementarsysteme, die die Organisation als ganze konstituieren. Die Systemgrenzen und inhaltlichen Qualitäten dieses organisatorischen Elementarsystems werden einerseits durch die „geistige Landkarte", die das Individuum von dem organisatorischen Kontext hat, in den es involviert ist, definiert, also durch seinen „inneren" Kontext, andererseits hingegen aber auch durch die äußeren Kontextbedingungen, die die Interaktionspartner jenes Individuums bestimmen und ihm damit einen verbindlichen Rahmen für seine Handlungspraxis vorgeben. Zwischen dem organisatorischen Elementarsystem und dem Steuerungspotential des betreffenden Individuums besteht deshalb ein zirkulärer Zusammenhang:

- Der „innere" Kontext des Individuums konstituiert und reguliert die Praxis seines organisatorischen Elementarsystems, also das konkrete Verhalten des Individuums in all denjenigen organisationsspezifischen Kontexten, mit denen es zu tun hat.
- Andererseits hingegen sind die organisationsspezifischen Kontexte die Bedingungsfaktoren für den „inneren" Kontext des Individuums, also für die „geistige Landkarte", die das Individuum von seiner Organisation hat.

Das bedeutet: Wenn der Lernprozeß des Individuums in einer Organisation als Veränderung seines Steuerungspotentials im Umgang mit denjenigen organisationsspezifischen Kontexten zu verstehen ist, mit denen das Individuum zu tun hat, dann ist unter Hinzuziehung des Konzepts des organisatorischen Elementarsystems dieser Lernprozeß identisch mit der Veränderung des handlungspraktischen Steuerungspotentials des betreffenden organisatorischen Elementarsystems. Aus diesem Grunde ist individuelles Lernen in Organisationen immer ein doppelter Testprozeß:

- Zum einen testet das organisatorische Elementarsystem, also die Handlungspraxis derjenigen

Organisationsmitglieder, die die Interaktionspartner des im Mittelpunkt dieses Systems stehenden Individuums sind, ständig dessen „inneren" Kontext und initiiert damit gegebenenfalls unterschiedlich konsequent entfaltete Lernprozesse des Individuums.
– Zum anderen hingegen klopft das Individuum mit Hilfe seines „inneren" Kontextes und mittels seines korrespondierenden handlungspraktischen Steuerungspotentials die jeweils vorliegende Praxis des organisatorischen Elementarsystems daraufhin ab, welche konkreten Handlungs- und Steuerungsmöglichkeiten es ihm gewährt. Dieser Überprüfungsprozeß kann ggf. dazu führen, daß sich die bisherige Praxis des organisatorischen Elementarsystems verändert. Das gelingt aber nur bei voll entfalteten individuellen Lernprozessen, also bei Lernprozessen, bei denen sich der „innere" Kontext des Individuums verändert.

Dieser vielleicht relativ kompliziert ausgedrückte Zusammenhang läßt sich – konzeptionell zwar etwas verkürzt – mit einfacheren Worten ausdrücken:

– Der „innere" Kontext des Individuums und die Praxis seines organisatorischen Elementarsystems sind zwei Seiten ein und derselben Münze.
– Deshalb ist der Lernprozeß des Individuums in der Organisation als Veränderung seines Steuerungspotentials identisch mit der Veränderung des Steuerungspotentials seiner individuellen Organisationspraxis – und diese Praxis ist eines der sozialen Elementarsysteme, die die Organisation bestimmen.

5. Vom Lernen eines organisatorischen Elementarsystems zum Lernen einer informellen Organisationsgruppe

Der gerade ausgeführte Gedankengang hat deutlich gemacht, daß man das Verhalten und das Lernen eines Individuums von zwei Seiten aus betrachten kann,

– nämlich sozusagen aus dem Inneren des Individuums heraus, – dann rückt der „innere" Kontext des Subjekts als Abbildung seiner äußeren organisationsspezifischen Kontexte in den Mittelpunkt, so daß die Praxis des organisatorischen Elementarsystems als davon abhängige Variable erscheint.
– Oder man bezieht einen von außen kommenden Betrachtungsstandpunkt, der sozusagen im Rahmen der konkreten Handlungszusammenhänge des organisatorischen Elementarsystems liegt, so daß dann die individualpsychische Abbildung dieses Systems in Gestalt einer „geistigen Landkarte" die abhängige Variable ist.

Beide Sichtweisen sind komplementär und beliebig austauschbar bzw. implizieren sich bezüglich ihrer Erkenntnisse gegenseitig. Diesen Zusammenhang sollte man sich vergegenwärtigen, wenn wir im folgenden versuchen, im Anschluß an das Konzept des organisatorischen Elementarsystems den Begriff der informellen Organisationsgruppe zu entwickeln und dabei zu klären, wie man sich den Lernprozeß einer informellen Organisationsgruppe vorstellen kann.

Unter einer informellen Organisationsgruppe wird ein Sozialgebilde verstanden, dessen Mitglieder ausschließlich auch Mitglieder einer bestimmten Organisation sind, ohne daß dabei allerdings ein nennenswerter Einfluß der Organisation auf diese Gruppe besteht. Informelle Organisationsgruppen sind deshalb niemals in „Reinkultur" praktisch beobachtbar, weil sie immer durchsetzt und überformt sind:

- durch die Organisationsstruktur, in die sie als Teil der Organisation notwendigerweise eingebettet sind,
- und durch die Organisationsdynamik, also durch den Prozeß, der aus dem Beziehungs- und Wirkungsgefüge aller informellen Organisationsgruppen resultiert.

Seine Identität und damit die Systemgrenzen der informellen Organisationsgruppe gegenüber anderen informellen Organisationsgruppen definiert die Gruppe mittels ihrer spezifischen Gruppenkultur (vgl. dazu Schein 1985, S. 185 ff.). Sie wird inhaltlich bestimmt durch

- ein Mindestmaß an *Einheitlichkeit bezüglich derjenigen Normen und Werte*, die der Handlungspraxis aller Gruppenmitglieder zugrundeliegen und die dabei ihrerseits auf in der Regel unbewußte Basisvorannahmen („basic assumptions") zurückgeführt werden können;
- eine *„gemeinsame" Sprache*, die es ermöglicht, daß innerhalb der Gruppe jeder weiß, was „man" mit einem bestimmten Begriff meint, worauf „man" mit einer bestimmten Redewendung anspielt und was „man" mit einer bestimmten Äußerung ausdrücken oder bewirken will;
- eine *Rollendifferenzierung und Arbeitsteilung*, die als „ungeschriebenes Gesetz" fortwährend gilt oder aber abhängig ist von den jeweiligen Kontextbedingungen der Gruppe und die das Verhalten der einzelnen Gruppenmitglieder komplementär aufeinander abstimmt; und
- eine gewisse *Stimmigkeit*, die auf die spezifische Konstellation der praktizierten Einheitlichkeit und Unterschiedlichkeit der Gruppenmitglieder bezüglich ihrer Normen und Werte, ihrer Sprache und ihrer funktionalen Rollenzuweisung abhebt und diese Konstellation im Medium einer für diese Gruppe charakteristischen *gruppendynamischen Ästhetik* wahrnehmbar und gestaltbar macht.

Mit Bezug auf diese vier identitätsbestimmenden Merkmale einer informellen Organisationsgruppe läßt sich ihr *Synergiegrad* bestimmen:

- Je einheitlicher die begrifflichen und konzeptionellen Vorstellungen aller Gruppenmitglieder sind,
- je einheitlicher ihre Normen und Werte sind,
- je besser es gelingt, das komplementär angelegte Kooperations- und Führungsverhalten möglichst funktional aufeinander abzustimmen,
- und vor allem, je intensiver eine Gruppe ihre eigene gruppendynamische Ästhetik wahrnimmt und je stärker sie sie in ihrem Handeln entfaltet und damit eine entsprechend starke Gruppenidentität ausbildet,
- desto größer ist der Synergiegrad einer informellen Organisationsgruppe.

Für das Steuerungspotential dieser Gruppe bedeutet das:

- Je höher ihr Synergiegrad, desto größer sind die Chancen für ein hohes Steuerungspotential.
- Diese sich anbietenden Chancen müssen aber durch die Mitglieder der Gruppe konkret genutzt werden, indem sie ihr individuelles Steuerungspotential aktivieren und praktisch folgenreich in die Gruppe einbringen.

Die zentrale Bedeutung, die dem Synergiegrad für das Steuerungspotential einer informellen Organisationsgruppe zukommt, ist die Ursache dafür, daß auch der Lernprozeß einer informellen Organisationsgruppe nicht ohne Bezug auf den Synergiegrad auskommen kann. Es sind dabei mehrere Möglichkeiten denkbar:

(1) Eine informelle Organisationsgruppe kann ihr Steuerungspotential durch *fachliche Lernprozesse* erhöhen, ohne daß es dabei gleichzeitig auch zu einer Erhöhung des Synergiegrades kommt. Das ist immer der Fall, wenn es sich um fachliche Lernprozesse handelt,
- die die von allen Gruppenmitgliedern geteilten begrifflichen und konzeptionellen Vorstellungen nicht in Zweifel ziehen,
- die das Kooperations- und Führungsgefüge der Gruppe nicht berühren
- und die auch die Konstellation der verschiedenen individuellen und gruppenspezifischen In-

teressen bzw. Normen und Werte unverändert lassen.

(2) Umgekehrt hingegen ist aber auch vorstellbar, daß in der Gruppe keinerlei fachliches Lernen sich vollzieht, dafür aber in denjenigen Bereichen positive Lernergebnisse gelingen, die für den *Synergiegrad* der Gruppe verantwortlich sind. Am wichtigsten ist dabei die Verbesserung des Kooperations- und Führungsverhaltens. Es bewirkt, daß sich das Steuerungspotential der Gruppe erhöht und die Gruppe in diesem Sinne lernt. Wenn sich darüber hinaus auch das Interessengleichgewicht zugunsten der Gruppeninteressen verschiebt und die Gruppe schließlich auch noch lernt, eine „gemeinsamere" Sprache zu sprechen, wird sich das Steuerungspotential der Gruppe bezüglich gruppeninterner und -externer Aufgaben und Probleme noch weiter erhöhen.

(3) Der dritte Fall schließlich bezieht sich auf eine Kombination aus den beiden ersten, wobei ein *Lernmaximum der Gruppe* erreicht werden kann, wenn es ihr gelingt,
– sowohl einen möglichst hohen Synergiegrad aufzubauen
– als auch ein Höchstmaß fachlicher Lernprozesse zu realisieren.
Hierbei entsteht eine klare Prioritätendifferenz, denn die Erhöhung des Synergiegrades ist für die Verbesserung des Gruppensteuerungspotentials in der Regel bei weitem wirkungsvoller als alle fachlichen Lernprozesse.

Diese Überlegungen machen deutlich, daß das Lernen einer informellen Organisationsgruppe und das individuelle Lernen ihrer Mitglieder in vielfältiger Weise zusammenhängen. Es ist davon auszugehen, daß in den meisten Fällen *Lernprozesse der Gruppe von individuellen Lernprozessen vorbereitet werden müssen*, wobei das Individuum allerdings keineswegs sicher sein kann, daß sein Lernen ein entsprechendes Lernen der gesamten Gruppe initiiert, – auch wenn das Individuum seinen Lernprozeß auf die für den Synergiegrad der Gruppe sensiblen Bereiche konzentriert. Wenn derartige Anstrengungen nämlich nicht kooperativ von den anderen Gruppenmitgliedern aufgenommen und weitergetragen werden, werden die Lerninitiativen des einzelnen Individuums auf den Bereich inkubativen Lernens zurückgedrängt, was auf längere Zeit zur Folge hat, daß jene Lerninitiativen „verfallen". Die Unsicherheit bezüglich dessen, was ein Individuum gegenüber einer Gruppe bewirken kann, führt häufig dazu, daß das Individuum aufgrund negativer Vorerfahrungen von vornherein auf entsprechende Lernprozesse verzichtet und damit von sich aus eine Erhöhung des Synergiegrades der Gruppe erschwert oder gar blockiert.

Einem solchermaßen recht ungünstigen Wirkungszusammenhang steht aber auch eine positive Alternative gegenüber, die allerdings – das lehrt leider die Praxis – recht selten ist: Es ist nämlich möglich, daß der *Synergiegrad der Gruppe durch Ereignisse erhöht wird, die nicht das Resultat individueller Lernprozesse sind, sondern von außen in die Gruppe hineingetragen werden*. Wenn zum Beispiel der Synergiegrad der Gruppe ganz entscheidend durch nur ein einziges Gruppenmitglied deutlich gemindert wird und wenn dieses Individuum aufgrund gruppenextern veranlaßter Verursachungen aus der Gruppe ausscheidet, dann wird sich mit dem Weggang dieser Person der Synergiegrad der Gruppe erhöhen, ohne daß dieser Effekt in irgendeiner Weise durch individuelles Lernen der Gruppenmitglieder vorbereitet war. Konsequenterweise wird man also auch in diesem Fall sagen müssen: Die Gruppe hat gelernt, denn sie hat anhaltend ihr Steuerungspotential erhöht.

Diese Überlegung macht deutlich, daß das Steuerungspotential einer informellen Organisationsgruppe von den Merkmalen ihres *gruppeninternen Kontextes* abhängt, der seinerseits der entscheidende Bedingungsfaktor ist für die organisationskontextuelle Entfaltung des individuellen Steuerungspotentials der Gruppenmitglieder. *Das Lernen einer informellen Organisationsgruppe wird deshalb faßbar als*

– *Veränderung des gruppeninternen Kontextes*
– *in Verbindung mit einer Veränderung der individuellen Steuerungspotentiale aller Gruppenmitglieder.*

Dabei besteht folgender Zusammenhang:

– Eine Veränderung des gruppeninternen Kontextes kann das Resultat individueller Lernprozesse der einzelnen Organisationsmitglieder sein.
– Andererseits hingegen kann aber auch der so erzeugte gruppeninterne Kontext als ganzer seinerseits einen eigenständigen Lernimpuls für das einzelne Gruppenmitglied darstellen.

Das Lernen der einzelnen Gruppenmitglieder und der informellen Organisationsgruppe als ganzer konstituiert sich also durch komplexe Wirkungs- und Rückkoppelungsprozesse zwischen den einzelnen Mitgliedern unter sich und zwischen ihnen und dem Gruppenganzen. Zu diesen gruppeninternen Prozessen können, wie oben am Beispiel gezeigt, schließlich auch noch gruppenexterne Einwirkungen auf den gruppeninternen Kontext hinzukommen und auf diese Weise ein spezifisches Lernen der Gruppe veranlassen.

6. Organisations-Lernen als Veränderung der Organisationsinstrumente bzw. des Umgangs mit ihnen

Der gerade entwickelte Gedankengang kann als vorbereitende Einleitung zum Organisations-Lernen verstanden werden. Denn gruppenexterne Veränderungen des gruppeninternen Kontextes werden in der Organisationspraxis zu einem Großteil durch Prozesse der Organisationsdynamik oder durch Veränderungen in der Organisationsstruktur bedingt. Damit haben wir den Rahmen der informellen Organisationsgruppe nun verlassen und beginnen, alle diejenigen Bedingungsfaktoren mit zu berücksichtigen, die für konkrete Organisationskontexte charakteristisch sind.

Genauso wie bei einer informellen Organisationsgruppe wird auch bei der gesamten Organisation das Steuerungspotential ganz entscheidend durch ihren *Synergiegrad* bestimmt. Im Gegensatz zur informellen Organisationsgruppe kann die Organisation jedoch nicht darauf setzen, daß die notwendige Einheitlichkeit, die eine Organisation bezüglich einer gemeinsamen Sprache sowie ihrer Normen und Werte benötigt, sich im Rahmen einer sozusagen „großgruppendynamischen", das heißt im Rahmen eines organisationsdynamischen Prozesses quasi automatisch einstellt. Das gleiche gilt für den Aufbau einer funktional-komplementären Rollendifferenzierung und Arbeitsteilung wie schließlich auch für die ästhetische Stimmigkeit, die der Organisation im Medium ästhetischer Selbstwahrnehmung und Selbstdarstellung ihre spezifische Identität gibt. Zwar stellt sich die Synergie einer Organisation letztlich immer im Zuge ihrer Organisationsdynamik ein; – im Gegensatz zur informellen Organisationsgruppe ist die Organisation dabei jedoch aufgrund ihrer Größe und Komplexität auf den Einsatz spezifischer Hilfsmittel angewiesen. Es sind die „*Instrumente*" der *Mitarbeiter- und Unternehmensführung*:

– So wirkt zum Beispiel das Entlohnungssystem auf die Normen und Werte der einzelnen Organisationsmitglieder ein und stellt sie in einen Ordnungsrahmen, der durch die Organisation als ganze konstituiert und definiert wird.
– Ganz ähnlich wirkt das System der Leistungsmessung, indem es dasjenige Verhalten, das die Organisation mit Bezug auf bestimmte Normen und Werte als leistungsrelevant betrachtet, positiv herausstreicht.
– Im Zuge einer solchen Leistungsbewertung wird dabei implizit auch eine „gemeinsamere" Sprache eingeübt, indem nur das als Leistung bezeichnet wird, was die Organisation als Leistung anerkennt.
– Denkt man weiterhin an das System der Stellen- und Aufgabenbeschreibungen der Organisation und an das Organigramm, das jedem seinen Platz in der horizontal und vertikal gegliederten Organisationsstruktur zuweist, wird erkennbar, daß sich auch in diesen Instrumenten implizit bestimmte Normen und Werte ausdrücken. Explizit jedoch dienen sie zunächst einmal im wesentlichen der Regelung zum Teil komplementär und zum Teil parallel angelegter Funktionalitäten des Kooperations- und Führungsgefüges der Organisation.

– Zu einer ganz ähnlichen Einschätzung kommt man schließlich auch, wenn man einen Blick auf die Steuerung der Organisation im Umgang mit ihrer externen Umwelt wirft und in diesem Zusammenhang die verschiedenen Instrumente der Marktanalyse und -beeinflussung betrachtet.

Alle diese Instrumente, die hier im einzelnen nicht aufgeführt werden können, bieten bestimmte Möglichkeiten zur Erhöhung des Synergiegrades der Organisation. Sie dienen der Gestaltung und ggf. Veränderung des organisationsinternen Kontextes. Denn er ist der entscheidende Bedingungsfaktor für das Steuerungspotential der gesamten Organisation im Umgang mit ihren internen und externen Aufgaben und Problemen (vgl. dazu auch den Ansatz von Jelinek 1979, S. 131 ff.). *Das Lernen einer Organisation wird damit ganz ähnlich konzipierbar wie das Lernen einer informellen Organisationsgruppe, denn es besteht*

– *in einer Veränderung des organisationsinternen Kontextes als dem zentralen Bedingungsfaktor für die organisationskontextuelle Entfaltung individueller Lernprozesse*
– *in Verbindung mit einer Veränderung der individuellen Steuerungspotentiale der einzelnen, aber nicht unbedingt aller Organisationsmitglieder.*

Beide Seiten stehen dabei in einem engen Wirkungszusammenhang, der, wie schon gesagt, entscheidend durch die vorliegenden Organisationsinstrumente und durch den praktischen Umgang mit ihnen determiniert ist. Im Mittelpunkt des Organisations-Lernens stehen deshalb die beiden Fragen:

– Wie kann es gelingen, daß eine Organisation ihre vorhandenen Instrumente verbessert bzw. neue einführt und damit ihre Struktur verändert?
– Und wie kann es gelingen, daß die Organisationsmitglieder im Umgang mit diesen Instrumenten bzw. mit der Organisationsstruktur alle Möglichkeiten für eine Verbesserung des Steuerungspotentials der Organisation möglichst weitgehend ausschöpfen? (Siehe dazu zum Beispiel den Überblick bei Sattelberger 1989.)

7. Inkubatives und organisationskontextuell sich voll entfaltendes Lernen der Organisation

Die Bedingungen für eine Veränderung der Organisationsstruktur sind im Einzelfall sehr unterschiedlich. So gibt es kleine und mittlere Betriebe, die sehr weitgehend von ihrem Inhaber geführt werden, während andere in einer sehr viel komplexeren Weise von mehreren Personen geleitet werden. Es kann sich dabei entweder um eine einzige oder um mehrere ggf. auch miteinander rivalisierende Führungsgruppen handeln. Sie können als informelle Organisationsgruppe oder auch als formale Organisationseinheit in Erscheinung treten (vgl. die folgenden Ausführungen mit der Typologie des Organisations-Lernens von Shrivastova 1983). Wird die Organisation von einer einzigen Person dominiert, verläuft der Lernprozeß der Organisation idealtypisch in folgenden Phasen ab:

Die organisatorisch dominierende Person macht innerhalb oder außerhalb ihrer Organisation Erfahrungen, die ihren „inneren" Kontext berühren und zunächst *inkubativ-individuelle Lernprozesse* auslösen. Das heißt zum Beispiel: der Unternehmensinhaber macht bestimmte Erfahrungen, die ihn zu der Erkenntnis führen, daß bestimmte Probleme seines Unternehmens

– entweder durch die Organisationsstruktur an sich bedingt sind, das heißt durch das Fehlen bestimmter Organisationsinstrumente oder durch ihre Qualität, oder durch die Art ihres interinstrumentellen Zusammenspiels,
– oder durch den Umgang der Organisationsmitglieder mit den vorliegenden Organisationsinstrumenten verursacht wird.

Diese Erkenntnis mündet in den Entschluß, bestimmte Verbesserungsmaßnahmen zu ergreifen. – An dieser Stelle endet der inkubative Lernprozeß des Individuums.

Soll der begonnene Lernprozeß der Organisation weitergeführt werden, muß die Phase eines *organisationskontextuell sich zunehmend entfaltenden individuellen Lernens* folgen. Es müßte darin bestehen, daß erste Schritte unternommen werden, die zunächst nur geplanten Maßnahmen in der Organisation praktisch zu realisieren und damit den organisationsinternen Kontext zu verändern.

Für die Organisation als ganze bedeutet die Durchführung dieser Maßnahmen ein *inkubatives Organisations-Lernen*:

— Denn wenn neue Organisationsinstrumente eingeführt, alte verändert oder die Regeln ihres Zusammenspiels revidiert werden, impliziert das immer eine gewisse Veränderung des organisationsinternen Kontextes, auch wenn die Organisationsmitglieder bezüglich ihres individuellen Steuerungspotentials mit dieser Veränderung noch gar nicht oder noch nicht gut genug umgehen können.
— Aber auch wenn Maßnahmen zum verbesserten Umgang mit den bereits eingeführten Organisationsinstrumenten ergriffen werden und zum Beispiel bestimmte Schulungen durchgeführt oder bestimmte Informationsunterlagen verfaßt, gedruckt und verteilt werden, – auch dann muß zunächst von einem inkubativen Lernen der Organisation gesprochen werden, weil die Organisation zunächst lernen muß, jene Maßnahmen an sich durchzusetzen, ganz unabhängig davon, zu welchen Effekten diese führen.

Inkubatives Lernen einer Organisation liegt also immer dann vor, wenn sich der organisationsinterne Kontext durch organisationsstrukturell relevante Maßnahmen ändert, ohne daß diese Veränderung bereits so weitgehend entfaltet ist, daß sie auch das individuelle Steuerungspotential aller davon tangierten Organisationsmitglieder voll miterfaßt.

Damit ist eigentlich schon beschrieben, was schließlich unter einem *organisationskontextuell sich voll entfaltenden Lernen einer Organisation* zu verstehen ist: Die im Zuge inkubativer Lernprozesse der Organisation vollzogenen Veränderungen des organisationsinternen Kontextes sind Lernimpulse für das einzelne von dem bisherigen Lernprozeß der Organisation noch nicht berührte Organisationsmitglied, seinen „inneren" Kontext entsprechend anzupassen. Das Ziel muß es dabei sein, ein organisationskontextuell voll entfaltetes Lernen des einzelnen Organisationsmitglieds zu erreichen, das sich auf diese Weise qualifiziert, alle Chancen auszuschöpfen, die sich aufgrund der Veränderung des organisationsinternen Kontextes ergeben.

Diese drei Phasen des Organisations-Lernens, also

– das organisationskontextuell inkubative Lernen einzelner Organisationsmitglieder,
– das inkubative Lernen der Organisation als ganzer
– und schließlich das organisationskontextuell sich voll entfaltende Lernen der Organisation

lassen sich auch bei Organisationen finden, die von einer Führungsgruppe geleitet werden. Auch hier hat in der Regel jede Veränderung des organisationsinternen Kontextes ihren letztlichen Ursprung immer in individuellen Problemerkenntnissen und -lösungen. Ob sie allerdings auch zu praktischen Konsequenzen führen, hängt von sehr vielen Einzelfaktoren ab. Besonders wichtig ist dabei, daß das einzelne Individuum möglichst viele und möglichst einflußreiche Gleichgesinnte findet und sich so eine informelle Organisationsgruppe bildet, die den Lernprozeß der gesamten Organisation initiiert, stimuliert und moderiert. Die Wirkkraft einer solchen Gruppe, die im folgenden als „primäre OE-Gruppe" (Organisationsentwicklungs-Gruppe) bezeichnet werden soll, hängt vor allem von drei Bedingungsfaktoren ab, nämlich

– von der Macht ihrer Mitglieder,
– vom Synergiegrad der Gruppe
– und von den fachlichen Qualifikationen ihrer Mitglieder.

(Vgl. dazu auch das „Erkenntnis-Macht-Konsens"-Modell von Kirsch 1990, S. 136 ff.)

Wie bereits im letzten Abschnitt ausgeführt, laufen in dieser Gruppe vielfältige komplexe Lernprozesse der Gruppe und ihrer Mitglieder ab.

Zunächst einmal vom Standpunkt der Organisation aus betrachtet, hat das *Lernen der primären OE-Gruppe* dabei den Stellenwert eines *inkubativen Organisations-Lernens*. Denn im Rahmen dieser Gruppe werden Analysen und Planungen erarbeitet, die Veränderungen der Organisation vorbereiten sollen, dabei aber noch vor der Phase ihrer flächendeckenden Implementation stehen.

Innerhalb der Phase des inkubativen Organisations-Lernens lassen sich unterschiedliche Entfaltungsgrade identifizieren, je nachdem, wie effektiv die Gruppe arbeitet und wie intensiv ihre Ergebnisse als didaktische Impulse entwicklungsbedürftige und entwicklungsfähige Punkte und Zonen des organisationsinternen Kontextes „berühren".

Wie schon im letzten Abschnitt ausgeführt, ist beim inkubativen Organisations-Lernen in der Regel davon auszugehen, daß von seiten der einzelnen Individuen, die sich zu einer entsprechenden Gruppe zusammenfinden bzw. in ihr arbeiten, eine *individuell relativ große Lern-Energie* aufzubringen ist, um relativ kleine Lernerfolge der Gruppe, das heißt *relativ kleine Schritte bezüglich des inkubativen Organisations-Lernens*, zu bewirken. Bildhaft gesprochen: Eine Organisation ist wie ein großes Schiff, dessen Kurs oder Geschwindigkeit nur geändert werden kann, wenn dafür sehr viel Kraft eingesetzt wird. Wieder bezogen auf das Organisations-Lernen heißt das: Diese Kraft ist letztlich immer von konkreten Individuen aufzubringen. Wie erfolgreich ihr Krafteinsatz ist, hängt dabei vor allem ab

– vom gruppeninternen Synergiegrad,
– von den fachlichen Qualifikationen der Gruppenmitglieder,
– von ihren Macht- und Einflußmöglichkeiten innerhalb der Organisation
– sowie vom „Leidensdruck" der Organisation, also von den organisationsinternen und -externen Kontextbedingungen, die von der Organisation als problematisch oder vielleicht sogar als kaum noch ertragbar angesehen werden.

Die so erarbeiteten Ergebnisse der primären OE-Gruppe sind zunächst „nur" geistiger Natur. Sie bestehen

– in inhaltlich begründeten Vorschlägen zur Verbesserung der Steuerungsfähigkeit der Organisation,
– in einem intellektuellen Konsens und einem motivationalen Engagement aller Gruppenmitglieder bezüglich jener Vorschläge
– und in der Willenserklärung der Organisation, das heißt der für die Organisationspolitik diesbezüglich verantwortlichen Organisationsmitglieder, diese Vorschläge auch in einer bestimmten Weise zu realisieren.

Mit diesem Ergebnis endet die inkubative Phase des Organisations-Lernens und muß sich, will sich die Organisation weiterentwickeln, die Phase des *organisationskontextuell sich entfaltenden Organisations-Lernens* anschließen. In einem ersten Schritt heißt das:

Die von der primären OE-Gruppe erarbeiteten Vorschläge müssen mit Unterstützung der Organisation in konkrete Maßnahmen umgesetzt werden. In vielen Fällen, wie zum Beispiel bei einer Änderung des Entlohnungssystems oder bei der Änderung der Eintrittsvoraussetzungen in die Organisation lassen sich diese Maßnahmen sozusagen mit einem Federstrich realisieren, – zumindest ansatzweise. In anderen Fällen jedoch ist eine längerwierige Entwicklungsarbeit notwendig. So oder so aber ändert sich mit Beginn der Maßnahmenrealisierung der organisationsinterne Kontext, wenn auch nicht unbedingt in allen Bereichen der Organisation und ggf. zunächst auch nur relativ marginal (siehe dazu die skeptische Einschätzung zum Beispiel von Hellstern 1988).

Die so vollzogene Änderung des organisationsinternen Kontextes bedeutet: Die Organisation hat begonnen zu lernen, indem sie ihr Steuerungspotential bezüglich der Bearbeitung und Lösung organisationsinterner und -externer Aufgaben und Probleme zu verändern beginnt. Eine solche Änderung des organisationsinternen Kontextes hat ihrerseits vielerlei Rückwirkungen auf die einzelnen Organisationsmitglieder:

- Einige Organisationsmitglieder werden von der Veränderung ggf. überhaupt nicht berührt; – ihr Verhalten und ihr Steuerungspotential ändern sich deshalb auch nicht.
- Andere Organisationsmitglieder hingegen erleben die Veränderung des organisationsinternen Kontextes als motivationale Verbesserung oder unter Umständen auch als Verschlechterung ihrer Arbeitsbedingungen, so daß sich ihr Arbeitsverhalten entsprechend ändert. In diesem Zusammenhang können sich ggf., aber nicht notwendigerweise anschließende individuelle Lernprozesse ergeben.
- Wiederum andere Organisationsmitglieder sehen in der Veränderung des organisationsinternen Kontextes nicht nur einen positiven bzw. negativen Motivationsfaktor für ihr konkretes Arbeitsverhalten, sondern nehmen sie als eine persönliche Lernherausforderung auf, ohne sich dabei allerdings weitergehend für das Lernen der gesamten Organisation zu engagieren, – also für eine bestimmte Veränderung desjenigen organisationsinternen Kontextes, den sie von sich aus gestalten könnten.
- Und schließlich kann es auch Organisationsmitglieder geben, die sich für letzteres engagieren, das heißt, die die ihnen vorgegebenen organisationsinternen Veränderungen zum Anlaß nehmen, von sich aus diesen Prozeß des Organisations-Lernens mitzutragen und voranzutreiben, – und zwar im Zuge eines organisationskontextuell sich voll entfaltenden Lernprozesses dieser Individuen. (Siehe dazu zum Beispiel einen entsprechenden Praxisbericht bei Geißler 1991.)

Dieser Aufriß zur Beziehung von Organisations-Lernen und individuellem Lernen in der Organisation mündet in die vier Thesen ein, die bereits in der Einleitung dieses Beitrages vorwegreifend vorgetragen worden sind:

- Organisations-Lernen, verstanden als Änderung des Steuerungspotentials, das eine Organisation bezüglich ihres Umgangs mit internen und externen Aufgaben und Problemen hat, ist einerseits das Resultat individueller Lernprozesse in der Regel keineswegs aller, sondern nur einiger weniger Organisationsmitglieder. Andererseits ist das Organisations-Lernen hingegen auch ein Anlaß für individuelle Lernprozesse derjenigen Organisationsmitglieder, die in das Organisations-Lernen bisher noch nicht involviert waren.
- Organisations-Lernen fordert individuelle Lernanstrengungen. Aber nicht alle individuellen Lernanstrengungen, Organisations-Lernen zu initiieren oder zu verbessern, sind erfolgreich. Häufig ist es so, daß recht großen Lernanstrengungen von seiten einzelner Organisationsmitglieder oder auch Organisationsgruppen nur sehr geringe oder auch gar keine Lernerfolge der Organisation gegenüberstehen.
- Aber auch das Umgekehrte ist möglich, daß bereits minimale Lernanstrengungen einiger weniger Organisationsmitglieder ausreichen, um das Steuerungspotential der Organisation außerordentlich stark zu erhöhen. Eine solche „glückliche" Konstellation liegt vor, wenn sehr fähige Mitglieder an denjenigen strategischen Positionen sitzen, die für Organisations-Lernen besonders wichtig sind, und wenn diese Personen Instrumente und Maßnahmen entwickeln, die erstens für das Organisations-Lernen eine strategisch extrem große Bedeutung haben, die zweitens bei allen Organisationsmitgliedern auf eine hohe Akzeptanz stoßen, weil sie drittens geringe Realisierungsprobleme aufwerfen und deshalb minimale Lernprozesse von den Organisationsmitgliedern verlangen.
- Diese „glückliche" Konstellation ist selten zu finden. In der Regel muß man davon ausgehen, daß erstens an den für Organisations-Lernen strategischen Positionen nicht optimal qualifizierte Personen sitzen und daß zweitens keineswegs nur ein bis zwei strategische Instrumente zu entwickeln und zu implementieren sind, sondern sehr umfangreiche grundlegende Veränderungen der Organisationspraxis notwendig werden. Treffen diese Praxisbedingungen zu, muß es gelingen, eine „größere Masse" an Organisationsmitgliedern zu finden und zu entwickeln, die zum Promotor und Träger des Organisations-Lernens werden, indem sie auf dieses Organisations-Lernen hin ihr eigenes individuelles Lernen in der Organisation zentrieren.

Literatur

ARGYRIS, CHR./SCHÖN, D.A., Organizational Learning: A Theory of Action. Perspective, Reading (Mass.).

GEISSLER, H., Positive Fallbeispiele und Mentaltraining als Medien für die Entwicklung einer Unternehmensvision – Erste praktische Erfahrungen, in: Geißler, H. (Hrsg.), Unternehmenskultur und -vision, Frankfurt a. M. u. a. 1991, S. 267 ff.

HELLSTERN, G.-M, Können Institutionen lernen? Frankfurt a. M. u. a. 1988.

HÖLTERHOFF, H./BECKER, M., Aufgaben und Organisation der betrieblichen Weiterbildung, München/Wien 1986.

JELINEK, M., Institutionalizing Innovations, New York 1979.

KIRSCH, W., Unternehmenspolitik und strategische Unternehmensführung, München 1990.

MARCH, H.G./OLSEN, J.G., Ambiguity and Choice in Organizations, Bergen/Oslo/Tromsö 1976.

PAUTZKE, G., Die Evolution der organisatorischen Wissensbasis, München 1989.

PROBST, G., Selbstorganisation. Berlin/Hamburg 1987.

SATTELBERGER, TH. (Hrsg.), Innovative Personalentwicklung, Wiesbaden 1989.

SCHEIN, E., Organizational Culture and Leadership, San Francisco/London 1986.

SCHRIVASTOVA, P., A Typology of Organizational Learning Systems, in: Journal of Managements Studies 20 1983, S. 7 ff.

WEIDENMANN, B., Lernen – Lerntheorie, in: Lenzen, D. (Hrsg.), Pädagogische Grundbegriffe, Reinbek 1989, S. 996 ff.

Fünftes Kapitel

Kommunikation – Kern der Selbstorganisation: Unternehmensführung im Informationszeitalter

Christian Lutz

Wenn wir uns überlegen, welcher Teil der menschlichen Tätigkeiten noch aus dem eigenhändigen Verändern und Bewegen von Materie besteht, erkennen wir, wie tief wir schon ins Informationszeitalter eingedrungen sind: Der gesamte Rest entfällt nämlich auf verschiedene Formen der Informationsverarbeitung. Dementsprechend können wir Organisationen nur noch als Informationsverarbeitungssysteme wirklich verstehen und gestalten: Wie der Umgang mit Informationen organisiert ist, entscheidet über Effizienz und Lebensqualität. Darüber wurde bisher recht wenig reflektiert. Unsere Gesellschaft ist ziemlich unbedarft ins Informationszeitalter hineingestolpert, hat sich überwiegend gefreut über die mit der Informationstechnologie alle fünf Jahre verbundene Verzehnfachung der Informationsverarbeitungskapazitäten und hat diese zunächst einmal dazu benützt, alterprobte Organisationsmodelle effizienter zu gestalten.

1. Die traditionelle mechanistische Organisation

1.1 Das Wirklichkeitsmodell der Einweginformation

Was ist deren zentrales Kennzeichen unter dem Gesichtspunkt der Organisation von Informationsverarbeitung? Es ist das Grundmuster der Einweginformation. Dieses ergibt sich ganz unmittelbar aus dem Wirklichkeitsmodell, das unsere Industriegesellschaft prägt. Es besteht aus einer Newtonschen Objektwelt, die messbar, erklärbar und berechenbar ist und dementsprechend auch in Form von Maschinen und Organisationen nachgebildet werden kann, sowie aus einem Descarteschen Menschen, der aus nichts als seinem analytischen Verstand besteht und die Objektwelt dementsprechend als souveränes Subjekt beherrscht.

Der tiefe Glaube an die Machbarkeit alles dessen, was gemäß einer simplen eindimensionalen Kausalität rational erscheint, sowie an die Prognostizierbarkeit und Planbarkeit aller Wirkungen menschlichen Handelns und damit an kontrollierbaren Fortschritt und an die Rationalität von Führungsentscheidungen – in diesem Wirklichkeitsmodell ist er verwurzelt. Denen, die in ihm leben, ist er verständlicherweise lieb und teuer, besonders in einer von wachsenden Turbulenzen geschüttelten Zeit, und für jene, die sich mächtig oder souverän fühlen, wäre der Abschied von ihm eine narzißtische Kränkung, die niemand freiwillig auf sich nimmt. Deshalb wird die Informationstechnologie mit großer Dankbarkeit und beachtlichem Geschick genutzt, um die Grenzen des Machbaren immer weiter hinauszuschieben.

Daß die Welt der Beherrschung des Objekts durch das rationale und souveräne Subjekt eine Welt der unilateralen Beziehungen ist, leuchtet unmittelbar ein: Die Beziehung zwischen dem Forscher und seinem Gegenstand, der Lehrer, der dem Schüler den zuvor wohldefinierten Stoff eintrichtert, der Vorgesetzte, der dem Untergebenen Anweisungen erteilt, das Massenmedium, das dem Konsumenten Werbebotschaften ins Haus bringt – das ist die Welt der Einweginformation. Wir sehen schon an dieser Stelle, daß das ihr zugrundeliegende Wirklichkeitsmodell Brüche aufweist: Die so wohlkontrollierte Objektwelt enthält ebenfalls Menschen, die dem Bild des souveränen Subjekts so gar nicht entsprechen, wie schon Karl Marx erkannt hat. Bei näherem Zusehen fragt man sich dann freilich auch, wie souverän in Wirklichkeit jene sind, welche die Herrschaft ausüben.

1.2 Funktionsbedingungen mechanistischer Organisationen

Andererseits ist dieses Wirklichkeitsmodell unbestreitbar die Wurzel der abendländischen Dynamik, deren technische und wirtschaftliche Erfolge die heutige Weltzivilisation prägen. So, wie die Newtonsche Physik trotz Einsteins Relativitätstheorie und Heisenbergs Unschärferelation in ihren Grenzen immer noch vorzügliche Dienste leistet, so ist die Einweginformation als Grundelement von Organisationen unter gewissen Bedingungen durchaus zukunftstauglich. Sie führt zwangsläufig zu den starren hierarchischen Organisationsstrukturen, wie wir sie aus traditionellen

Organigramme in Armeen, Bürokratien und Großunternehmen kennen. Im Informationszeitalter werden sie gestützt von Managementinformationssystemen, die genau dem Organigramm entlang auf dem Dienstweg Anweisungen und Begleitinformationen von oben nach unten transportieren, und zwar nach dem Geheimdienstprinzip: im Bestreben größtmöglicher Perfektion nicht mehr Informationen als nötig, just in time und genau auf den Benützer zugeschnitten. Nach demselben Prinzip fließen die Kontrollinformationen, die in erforderlichen Abständen den Soll-Ist-Vergleich erlauben, von unten nach oben. Wir wollen solche Organisationen mechanistisch nennen, ganz ohne Wertungsabsicht, einfach, weil sie Newtonschen Maschinen nachgebildet sind.

Mechanistische Organisationen eignen sich für die Aufgaben, die eine große Zahl gleichförmiger Leistungen beinhalten. Dieser Bereich kann organisatorisch erweitert werden, indem komplexere Tätigkeiten in genau definierbare Arbeitsvorgänge aufgespalten werden, wie das der „Taylorismus" in extremis angestrebt hat. Funktionsvoraussetzung ist, daß die Systemkonfiguration auf alle relevanten Einflüsse eingestellt ist. Überraschungen sind nicht zulässig, lediglich vorgesehene Störfälle. Unter diesen Voraussetzungen sind mechanistische Organisationsformen hocheffizient und können durch Informationstechnologie noch effizienter gestaltet werden. Sie erlauben eine perfekte Kontrolle (im angelsächsischen Sinn), eine maximale Automatisierung und damit höchste Gesamtproduktivität.

1.3 Grenzen und Gefahren des Modells

Mechanistische Organisationen haben freilich auch ihre Nachteile und Schwächen. Wohl die größte ist die totale Außenleitung der Arbeitsvorgänge, die ja genau definiert sein müssen. Damit verbunden ist das geradezu einprogrammierte Gesetz der Aussteuerung immer höher qualifizierter Arbeitskräfte: Je genauer Arbeitsvorgänge definiert sind, desto leichter sind sie automatisierbar. Das ist ja der Sinn der Sache. Da aber die Technik immer effizienter wird, lassen sich immer komplexere Vorgänge automatisieren. Damit liefern sich Mensch und Maschine einen Wettlauf, den zwangsläufig immer höher qualifizierte Menschen verlieren müssen. Hinzu kommt, daß immer effizientere Mensch-Maschinen-Systeme ständig steigende Anforderungen an das Tempo und die Präzision der darin eingebundenen Menschen bedeuten. Wir erhalten also eine gefährliche Mischung von Beschäftigungslosigkeit auch qualifizierter Arbeitskräfte einerseits, und wachsendem Streß und gleichzeitig Dequalifizierung im Sinn der Hyperspezialisierung der im Arbeitsprozeß Verbleibenden andererseits. Daraus ergeben sich in der heutigen Gesellschaft trotz Unterbeschäftigung gleichzeitig wachsende Nachwuchsprobleme.

Auch andere Grenzen mechanistischer Organisationsformen gewinnen zunehmend an Bedeutung: Sie sind grundsätzlich innovations- und kreativitätsfeindlich, denn jede Veränderung bedeutet ja eine Infragestellung und Überwindung existierender Strukturen. Sie neigen überdies dazu, Unterschiede zwischen dem ihnen zugrundeliegenden Wirklichkeitsmodell und der relevanten Wirklichkeit auszublenden, weil sie auf eine definierte, strukturierte, quantifizierbare Wirklichkeit angewiesen sind und genau deshalb in der wirklichen Wirklichkeit nur funktionieren, weil sie dem Modell nicht entsprechen, dies aber nicht wahrhaben wollen. Das bedeutet Tabuisierung der Divergenz zwischen offizieller und relevanter Wirklichkeit. Ihre Funktionalität verdeutlichen uns dann und wann Beamte, die Dienst nach Vorschrift leisten.

Die Tabuisierung vermag aber die Divergenz zwischen Modell und relevanter Wirklichkeit nur solange aufrechtzuerhalten, wie sie nicht wahrgenommen wird und kein Kind auf des Kaisers Nacktheit hinweist. Hier stoßen wir nun auf das Paradox, daß dieselbe Technik, welche diese Grenze immer weiter hinausschiebt, weil sie immer größere, komplexere, dynamischere Systeme kontrollierbar gestaltet, gleichzeitig auch diese Divergenz ständig vergrößert. Die immerfort anschwellende Informationsflut bedeutet, daß sich die von jedem einzelnen Menschen wahrgenommene Wirklichkeit immer rascher verändert, immer unentwirrbarer vernetzt und immer widersprüchlicher wird. Gleichzeitig schließt sie sich mit anderen Kräften der Individualisierung zusammen zu einer wachsenden Vielfalt der Wirklichkeitsbilder, Werterhaltungen und Lebensstile, die sich ihrerseits mit der Beschleunigung, Vernetzung und Widersprüchlichkeit der Wahrnehmungen hochschaukelt.

So können wir die Grenze, bis zu der die Divergenz zwischen Organisationsmodell und Wirklichkeitsmodell sich ausblenden läßt, hinausschieben bis hin zu unseren weltumspannenden Informationssystemen und Weltkonzernen – aber um so hilfloser stehen wir dem zunehmend turbulenten Umfeld gegenüber, wenn es dann doch über uns hereinbricht. Dann kommt es zum Beispiel zur radikalen Regression aus dem aufgeklärten „Weltmanagement" eines Schah von Iran in einen mittelalterlichen Fundamentalismus.

2. Wandlungen, die neue Wege prämieren

Dies alles darf nicht mißverstanden werden als Feldzug gegen mechanistische Organisationen. Diese behalten genauso wie die Newtonsche Physik ihre Funktionalität, sofern wir ihre Grenzen beachten. Aber was sich außerhalb dieser Grenzen abspielt, wird unbestreitbar immer wichtiger. Die Gründe dafür sind in der bisherigen Analyse schon enthalten:

2.1 Neues wissenschaftliches Welt- und Menschenbild

Das Wirklichkeitsmodell der Aufklärung ist überholt. Anstelle der unilateralen Beziehungen zwischen Beobachter und seinem Objekt tritt die Heisenbergsche Unschärferelation, die besagt, daß die Antworten, die der Forschungsgegenstand erteilt, von den Fragen abhängen, und daß diese selbst auf den Forschungsgegenstand verändernd einwirken können. Das bedeutet eine dialogische Beziehung zwischen Forscher und Forschungsgegenstand, die natürlich in noch viel offensichtlicherem Maße in den Sozialwissenschaften besteht, derer sich die Organisationslehre hauptsächlich bedienen müßte.

Gleichzeitig haben wir aus der Biochemie und der biologischen Evolutionslehre gelernt, daß die für lebende Systeme relevanten Zusammenhänge sich nicht in jenen umkehrbaren gleichgewichtsnahen Sphären abspielen, mit denen sich die Newtonsche Physik befaßt, sondern in Form irreversibler Prozesse, die eine Dynamik der Gestalterhaltung und -anreicherung fern vom thermodynamischen Gleichgewicht aufrechterhalten, indem sie Impulse aus dem Umfeld in „Negentropie" umwandeln, sich dabei auch gegenseitig hochschaukeln können und Abfälle – Entropie – dieses Umwandlungsprozesses zurücklassen. Das heißt: erneut ein dialogisches Verhältnis zwischen verschiedenen Systemen bzw. zwischen einem System und seinem Umfeld.

Schließlich haben wir in der Wissenschaft auch den Descartesschen Menschen ersetzt durch eine prozeßhafte Gestalt, die sich aufgrund der vom Evolutionsprozeß erzeugten Erbinformationen im Lauf des Lebens ausbildet aus vielfältigsten Interaktionen zwischen verschiedenen Teilen des menschlichen Gehirns, anderen Organen und zwischen diesen und einem immer vielfältiger wahrgenommenen Umfeld. Organisationsmodelle, die diesen Wirklichkeitsmodellen entsprechen sollen, müssen sich offenkundig von den vertrauten Mechanismen emanzipieren.

2.2 Die Turbulenz des Umfeldes

Zum dialogischen Wissenschaftsmodell gesellt sich die wachsende Turbulenz der wahrgenommenen Wirklichkeit – eben die Beschleunigung ihrer Veränderung, Vernetzung und Widersprüchlichkeit. Der Versuch, diese Turbulenz in die Großorganisation bis hin zum Weltmanagement gewissermaßen hineinzuholen, muß zwangsläufig irgendwann scheitern und dem Entschluß weichen, im Strom der Turbulenz mitzuschwimmen, statt ihn in eine gewisse Richtung lenken oder gar aufhalten zu wollen.

2.3 Der Wettlauf zwischen Mensch und Maschine

Der Aussteuerungsprozeß, der Wettlauf zwischen Mensch und Maschine, führt zwar dort, wo er bis zum bitteren Ende durchgezogen wird, zur Verwirklichung des Traums von der menschenleeren Fabrik, zur Entsorgung vom Störfaktor Mensch. Das zeitigt jedoch eine paradoxe Konsequenz: Im Arbeitsprozeß verbleiben jene Menschen, deren Tätigkeiten besonders schwer automatisierbar sind, weil sie nicht definierbar sind. Es sind also jene Tätigkeiten, die dem mechanistischen Modell widersprechen – ein weiterer Zusammenhang, durch den dieses sich selbst aushebelt.

2.4 Die neue Arbeitsteilung zwischen Mensch und Maschine

Was sich da von selbst herausbildet, wird aber auch durch eine rationale Umpolung in der Arbeitsteilung zwischen Mensch und Maschine beschleunigt. Es liegt auf der Hand, das Prinzip der Konkurrenz und Substitution zwischen Mensch und Maschine durch jenes der Komplementarität zu ersetzen, das sich aus dem klassischen Arbeitsteilungskriterium des komparativen Vorteils ergibt.

Wenn Mensch und Maschine sich auf das konzentrieren, was sie besser können, dann fallen dem Menschen die komplexen, prozeßhaften Aufgaben zu, die eine Verbindung zwischen immer neuen Gestaltwahrnehmungsleistungen, situativer Anpassung, komplizierten Bewegungsabläufen, Lern- und Assoziationsleistungen, sozialer Kooperation, Intuition und Kreativität erfordern, während der Maschine die wohldefinierten Aufgaben zufallen, die eine große Zahl gleichförmiger, mit hohem Tempo und hoher Präzision zu erbringender Arbeitsabläufe beinhalten – einschließlich großer Mengen von Informationsspeicher- und -abrufleistungen. Dieses Modell beseitigt das Aussteuerungsgesetz an der Wurzel. Die beschriebenen menschlichen Leistungen laufen allerdings auf eine Verlagerung unternehmerischer Funktionen an den Arbeitsplatz hinaus, was an der Spitze der Hierarchie Angst vor Kontrollverlust und an der Basis Angst vor der Verantwortung auslöst.

2.5 Die Individualisierung

In eine ganz ähnliche Richtung wie die bisher genannten Gegenkräfte zum mechanistischen Organisationsmodell wirkt der gesellschaftliche Wandel, der unter dem Begriff „Individualisierung" zusammengefaßt werden kann. Einzige Gegenkraft dazu ist im Grunde die Tendenz zu Fundamentalismen aller Art – bis hin zum simplen Status-quo-Modell jener westlichen Inhaber politischer und wirtschaftlicher Macht, denen der Zusammenbruch des realen Sozialismus die Illusion beschert hat, nicht der utopische Sozialismus, sondern der reale Kapitalismus sei in Wahrheit das Ende aller Geschichte; es genüge deshalb, die gegebenen Verhältnisse in Form entsprechender ethischer Grundsätze, Unternehmens- und Parteikulturen festzufrieren, um alle weiteren Strukturveränderungen mit Ausnahme einer natürlich ständig wachsenden Prosperität zu unterbinden – dies um so mehr, als die Kräfte der Individualisierung sich in der dienstfertig bereitgehaltenen „Kultur" wirksam „aufheben", im dialektischen Sinn des gleichzeitigen Bewahrens, Beseitigens und Sublimierens.

Aber was verstehen wir unter „Individualisierung"? Eben jene Tendenz zur je eigenen Werthaltung und Lebensgestaltung, die sich aus der individuellen Biographie ergibt. Sie darf natürlich nicht absolut genommen werden, sondern bleibt in weiten Bereichen ein bloßes Oberflächenphänomen mit einem unreflektierten hohen Ausmaß an Außenleitung – symbolisiert etwa durch jene, die unter Freiheit die Wahlmöglichkeit zwischen Pepsi-Cola und Coca-Cola verstehen –, während bei anderen Bevölkerungsschichten die individuelle Ausdifferenzierung wirklich die Wurzeln des Sozialisierungsprozesses erreicht. Die Konsequenz für Organisationen aber ist in den beiden Fällen gar nicht so unterschiedlich, denn es reicht, daß die Menschen die Überzeugung haben, ihr Leben eigenständig zu gestalten und dies auch zu können und zu wollen.

Das macht aus ihnen andere Arbeitskräfte, Konsumenten und Staatsbürger: aufsässiger, kritischer, angstfreier, ihre Optionen bewußter abwägend, darauf bestehend, daß ihre Leistung sich in irgendeiner Form auszahlt oder daß ihren Steuerzahlungen eine adäquate Gegenleistung gegenübersteht.

Die Individualisierung ergibt sich aus dem Zusammenwirken einer Reihe von Entwicklungen, die sich auf vielfältigste Weise gegenseitig verstärken. Dem steigenden Bildungs- und Qualifikationsniveau, dem zunehmenden Informationsstand, der anwachsenden Kaufkraft, den sich vervielfältigenden Lebensgestaltungsoptionen, auch etwa in Form der Substitution zwischen Kaufkraft und Zeitautonomie, und der Erosion allgemein verbindlicher gesellschaftlicher Normen. Dies beschert unseren Unternehmen

- Mitarbeiter, die mehr Entfaltungs- und Gestaltungsmöglichkeiten fordern,
- Märkte, die sich immer mehr auffächern, bis zum Ende aller Segmentierungsbemühungen, wo die Grenze zwischen verschiedenen Lebensstilen quer durch das Individuum hindurchläuft,
- und ein zunehmend aktives, wachsames soziales Umfeld, das eine ständige Auseinandersetzung erfordert.

2.6 Die flexible Automatisierung

Schließlich werden all diese Elemente unterstützt durch die Entwicklung der Informationstechnologie: CIM – oder genauer CHIM (für „Computer and Human Integrated Manufacturing") – und die gesamte Tendenz zur flexiblen Automatisierung bewirken, daß die optimale Seriengröße ständig sinkt, unter Berücksichtigung der Lagerkosten und Durchlaufzeiten immer häufiger bis hinunter zur maßgeschneiderten Fertigung auf Abruf. Gleichzeitig erleichtern immer leistungsfähigere Kommunikationsnetze im Verbund mit immer benutzerfreundlicherer dezentraler Computer-„Intelligenz" die ortsunabhängige Schnittstellenkommunikation. Kleinbetriebliche wohnortnahe Produktionsstrukturen sind die Folge.

3. Die Antwort: Kommunikation als Organisationsprinzip

3.1 Der Begriff der Kommunikation = Selbstorganisation

All diese Entwicklungen zusammengenommen bewirken, daß die Grenzen der mechanistischen Organisation immer enger werden. Aber was tritt an ihre Stelle? Der Wandel der Wirklichkeitsmodelle zeigt es an: Das Grundelement der Einweginformation, der unilateralen Beziehung, wird abgelöst durch jenes des Dialogs, der Kommunikation. Das heißt gleichzeitig: Die Koordination durch Anweisung von oben wird abgelöst durch Selbstorganisation.

Wenn behauptet wird, Kommunikation sei gleichbedeutend mit Selbstorganisation, darf der verwendete Kommunikationsbegriff nicht verwechselt werden mit jenem der Kommunikationstechnologie, der sich mit der Frage nach den Voraussetzungen der Übertragung von Informationen zwischen einem Sender und einem Empfänger befaßt und damit im Grunde natürlich von Einweginformation spricht, auch wenn sie in beide Richtungen gehen mag. Immerhin dürfen wir diesem Modell eine Erkenntnis entnehmen, nämlich, daß Informationsübertragung eine Transformation zwischen den Systemcodes des Senders und des Empfängers erfordert. Der hier verwendete Kommunikationsbegriff geht nun einen Schritt weiter. Danach ist Kommunikation die Übertragung von Informationen zwischen Systemen, welche eben diese Informationen zur Weiterentwicklung ihrer Systemcodes benützen können. Über diese Eigenschaft verfügen alle lebenden Systeme, einschließlich sozialer Organismen (auch wenn im Zeitalter der „künstlichen Intelligenz" einzuräumen ist, daß es sich vermutlich um eine notwendige, aber nicht eine hinreichende Bedingung lebender Systeme handelt).

Mit Bewußtsein ausgestattete Lebewesen wie Menschen verfügen darüber hinaus noch über die Fähigkeit, solche Kommunikationsprozesse an sich selbst zu beobachten und darüber zu kommunizieren (Selbstreflexion, Metakommunikation), und diese Vorgänge wiederum zur Weiterentwicklung ihrer persönlichen Codes oder jener von ihnen gebildeten sozialen Systeme zu benützen.

3.2 Die Funktion der Systemcodes

Was verstehen wir in diesem Zusammenhang unter „Code"? Es ist jener Satz von Informationen, der darüber entscheidet, welchen Ausschnitt aus seinem Umfeld ein Organismus wie wahrnimmt (Wahrnehmungsfilter), wie er die aufgenommenen Informationen gewichtet und bewertet, wie weit er sie eben heranzieht zu seiner eigenen Weiterentwicklung (etwa zur Erweiterung des im Kopf gespeicherten Wirklichkeitsmodells), und was für Handlungen (Signale, physische Einwirkungen) nach außen er daraus ableitet (wobei der Code die verfügbaren Handlungs- und Ausdrucksmuster bestimmt). Diesen Satz nennen wir

– in der Biologie den genetischen Code, der sich im Lauf der Evolution aus der ständigen Interaktion zwischen den Arten und ihrem sich ausdifferenzierenden Umfeld herausbildet,
– beim menschlichen Individuum die „Persönlichkeit", also jene Gestalt, die sich im Lauf der Biographie aus der Auseinandersetzung mit einer sich verbreiternden Erfahrungswelt herauskristallisiert und in jedem Verhalten „hindurchklingt" („per-sonare"), und
– beim sozialen System dessen „Kultur", also die im Lauf seiner Geschichte entwickelte, von allen Mitgliedern geteilte Vorstellung über die besonderen Eigenschaften dieses Systems, einschließlich des Bildes seines relevanten Umfeldes und der ihm eigenen Bewertungskriterien und Handlungsweisen.

Zusammengenommen können wir sagen, der Code ist die Gesamtheit der Hypothesen

1. über die Beschaffenheit des relevanten Umfeldes,
2. über sich selbst und
3. über das im Umfeld bewährte Verhalten,

die ein lebendes System im Lauf seiner Geschichte akkumuliert hat.

3.3 Die fünf Phasen der Kommunikation

Greifen wir nun auf unseren Kommunikationsbegriff zurück, und überlegen wir uns, aus welchen Phasen sich ein Kommunikationsvorgang zusammensetzt!

– Zu Beginn steht immer die „Auseinandersetzung": Die Partner setzen sich miteinander darüber auseinander, worin die Differenzen zwischen ihnen bestehen.
– Das ist die Voraussetzung für die nachfolgende Phase der „Übersetzung": Die Kenntnis der Unterschiede zwischen Systemcodes ermöglicht uns, eine Information zu transformieren.
– Dies wiederum ist die Voraussetzung dafür, daß eine „Mitteilung" möglich ist, die dazu führt, daß der Sender die Information „mit" dem Empfänger „teilt", womit also beide über dieselbe Information verfügen.
– Damit ist aber noch nichts erreicht, wenn der Empfänger zum Beispiel gerade an etwas anderes denkt und die Mitteilung sofort wieder vergißt. Er muß sie zuerst „begreifen", das heißt, in seinem Systemcode integrieren.
– Erst die letzte Phase, eine wiederum alle fünf Phasen umfassende Kommunikation über die eben erlebte Kommunikation, also die „Rückkoppelung" in Gestalt einer „Metakommunikation", bietet Gewähr dafür, daß die Kommunikation tatsächlich vollständig war. Nebenbei bemerkt steckt hierin das Paradox, daß Kommunikation ihrer Natur nach nie vollständig sein kann, weil die nächsthöhere Stufe der Metakommunikation immer noch bevorsteht – deshalb die ewige Ungewißheit, ob man sich nun wirklich verstanden hat ...

4. Funktionen und Eigenschaften von Kommunikationsprozessen

4.1 Schaffen von Gemeinsamkeiten

Das verhindert aber natürlich nicht, daß Kommunikation etwas bewirkt. Sie schafft, wie der lateinische Wortursprung „communicare" besagt, Gemeinsamkeiten. Die Codes der Beteiligten werden angereichert mit Elementen, die sie teilen. Wenn solche Prozesse innerhalb eines sozialen Systems mit einer gewissen Kontinuität zwischen allen Beteiligten stattfinden, entsteht daraus „Kultur", im lateinischen Wortsinn so etwas wie das „gemeinsam Gepflegte".

Wir können daraus auch sogleich einen fundamentalen Unterschied zwischen den Management-Informationssystemen mechanistischer Organisationen und Selbstorganisationsprozessen ableiten: Während die ersteren nach dem Geheimdienstprinzip arbeiten müssen, sind letztere auf Redundanz angewiesen. Selbstorganisation funktioniert nur, wenn der Systemcode in allen beteiligten Zellen enthalten ist, wie dies in einem lebenden Organismus der Fall ist. Deshalb die Bedeutung der „Unternehmenskultur". Es zeigt sich aber auch, daß diese nicht von oben erlassen werden kann, sondern selbst Ergebnis der Selbstorganisation, also dialogischer Prozesse sein muß.

4.2 Koordination, zum Beispiel durch den Markt

Dabei geht es nicht nur um die Selbstorganisation im Innern eines sozialen Systems, sondern auch zwischen ihm und seinem Umfeld, aus dem sich dann auch wieder gemeinsame Kulturen und soziale Systeme entwickeln – etwa zwischen dem Händler und seinen Kunden oder seinen Lieferanten. An dieser Stelle stoßen wir plötzlich auf das Aha-Erlebnis, daß unser angeblich so mechanistisches Wirtschaftssystem seinen Erfolg seit Jahrhunderten einem Selbstorganisationsprozeß verdankt, nämlich dem Markt.

Dieser ist ja nichts anderes als ein Austausch von Informationen zwischen Anbietern und Nachfragern, die jeweils so lange ihr Verhalten und wenn nötig ihre Strukturen anpassen, bis Angebot und Nachfrage deckungsgleich sind (wobei nicht nur in der Physik allmählich erkannt wird, daß das Gleichgewicht möglicherweise nicht der interessanteste Zustand des Systems ist). Der Versuch, das mechanistische Modell bis zum Exzess zu perfektionieren, wurde nicht bei uns, sondern jenseits des Eisernen Vorhangs unternommen, mit inzwischen geläufigen Folgen. Um so seltsamer, daß man sich gleichzeitig der Häresie schuldig macht, wenn man die Frage stellt, weshalb eigentlich die Selbstorganisation vor den Toren traditioneller Unternehmungen immer noch halt macht (wofür es im einzelnen gute Gründe geben mag – schwerlich aber dafür, die Frage gar nicht zu stellen).

4.3 Anschlußfähigkeit contra Handlungsfähigkeit

Kommunikation hat noch einige weitere interessante Eigenschaften. Indem sie Gemeinsamkeiten schafft, erhöht sie zweifellos die Anschlußfähigkeit zwischen den Kommunikationspartnern. Diese hat aber auch ihren Preis: erhöhte Anschlußfähigkeit an ein immer komplexeres Umfeld bedeutet auch steigende Binnenkomplexität, was jenseits einer bestimmten, nicht generell festzulegenden Grenze abnehmende Handlungsfähigkeit bedeuten kann, denn Handeln heißt immer, alle anderen Möglichkeiten auszuschließen und damit die Komplexität wieder zu reduzieren. Will man beides miteinander vereinbaren – hohe Anschlußfähigkeit an ein immer komplexeres Umfeld und Handlungsfähigkeit –, so bleibt nur die Aufgliederung in autonome Organisationseinheiten, die sich mit einem kleinen Ausschnitt des Umfeldes befassen und die Anschlußfähigkeit untereinander wiederum durch Selbstorganisation oder aber durch verbindende mechanistische Strukturen suchen müssen.

4.4 Abschied von Prognose, Planung und Steuerung

Eine letzte Eigenschaft der Selbstorganisation, die sich aus der Analyse von Kommunikationsprozessen ableiten läßt, ist wohl jene, welche in mechanistischen Systemen groß gewordenen Menschen am meisten zu schaffen macht: Kommunikationssysteme sind ihrer Natur nach weder prognostizierbar noch planbar, noch kontrollierbar. Da jede Kommunikation die Codes der an ihr Beteiligten verändert, werden die letzteren in aller Zukunft auf denselben Impuls anders reagieren als je zuvor. Unternehmensführer, die ehrlich sind mit sich selbst, wissen es schon lange. Eigentlich können sie nie wirklich voraussagen, ob eine Intervention einen Aufschaukelungsprozeß mit unkontrollierbaren Turbulenzen auslöst, ob das System nach kurzer Irritation wieder in den alten Trott zurückfällt oder ob es zufällig reagiert wie erhofft. Das ist sicher einer der Hauptgründe, weshalb viele Manager vor Selbstorganisationselementen so lange zurückschrecken. Ein guter Grund ist es nicht, denn es ist besser, von der Realität der Unkontrollierbarkeit als von der Fiktion der Planbarkeit des Unternehmens auszugehen.

5. Konsequenzen für die Führung und Organisation von Unternehmen

5.1 Das „neue Handwerk"

Welche konkreten Konsequenzen erwachsen aus diesen Überlegungen für das Unternehmen und die Unternehmensführung der Zukunft? Die Tendenz zur Verlagerung von Unternehmerfunktionen an den Arbeitsplatz, die sich aus der Arbeitsteilung zwischen Mensch und Maschine und den andersartigen Ansprüchen der Arbeitskräfte an den Arbeitsplatz ergibt, wirkt zusammen mit dem technikbedingten Trend in Richtung Kleinserien oder Massenabfertigung auf Abruf und mit der Individualisierung der Nachfrage. Diese bedeutet auch, daß die Frage nach dem „wie" im Vergleich zu jener nachdem „wieviel" für die subjektive Lebensqualität wichtiger wird. Das Ergebnis ist die Tendenz zum „neuen Handwerk": „Handwerk" als jene Wirtschaftsweise, in der das Produkt oder die Dienstleistung im direkten Dialog zwischen Kunden und Produzenten entwickelt wird, wie es in früheren Jahrhunderten die Regel war, „neu" im Sinn der neuen Möglichkeiten, welche die Technologie für die Wirtschaftsweise eröffnet: CAD für das Abendkleid, Laptop für den Kapitalanlageplan.

5.2 Ein Prototyp künftiger Organisationsstrukturen

Die organisatorische Konsequenz ist klar. Kundennahe Kleinbetriebe, bestehend aus unternehmerisch autonomen „Intrapreneur-Teams", mit hoher vertikaler Integration, da zwischen Produktentwicklung und Verkauf nicht mehr unterschieden werden kann. Aber auch da, wo die vertikale Integration auf Grenzen stößt, steigen mit wachsender Komplexität der Märkte und Abläufe sowie zunehmenden Qualitätsanforderungen die Koordinationserfordernisse an den Schnittstellen. Überall nehmen die Kommunikationsansprüche zu.

Weiter kompliziert wird die Sachlage dadurch, daß der Trend zum neuen Handwerk einhergeht mit

- der Europäisierung und Globalisierung der Märkte,
- überproportional zunehmenden Forschungs- und Entwicklungsinvestitionen,
- den sinkenden Halbwertzeiten und dem wachsenden Produktivitätspotential in neuen Technologien und Methoden der Logistik, der Produktion und des Marketings,
- den zunehmenden Synergien zentralen Finanz- und Cash-Managements und schließlich
- mit einer wachsenden Bedeutung der Einkaufs- und Verhandlungsmacht gegenüber Lieferanten und Auftraggebern.

Daß das Gesetz der Massenproduktion in immer zahlreicheren Märkten außer Kraft gesetzt wird, bedeutet somit nicht, daß Unternehmensgröße nach wie vor viele Vorteile böte. Die Folge ist, daß wir fast modellartig am Fusionsprodukt ABB sehen können: Die Bildung eines Weltkonzerns geht einher mit der Schaffung von 3 600 autonomen Profit Centers, die ihrerseits den Markt für die ehemaligen Stabsabteilungen bilden, welche entweder ihre internen Kunden finden oder von der Bildfläche verschwinden.

Diese Doppelstrategie – kleine, autonome, vertikal hoch integrierte, kundennahe Profit Centers mit gemeinsamen zentralen Diensten – dürfte sich als Prototyp des kommunikativen Unternehmens der Zukunft herauskristallisieren. Dabei ist es unerheblich, ob dies das Ergebnis sich lockernder Konzernstrukturen oder sich gruppierender Kleinunternehmen ist oder ob die zentralen Dienstleistungen hervorgehen aus unabhängigen Dienstleistungsunternehmen oder auch aus solchen, die aus integrierten Unternehmensstrukturen ausgegliedert worden sind und sich verselbständigt haben. Es ist die Dynamik sich selbst organisierender prozeßhafter Netzwerke, die entscheidend wird. Welche formalen Strukturen dahinter stehen, wird belanglos.

5.3 Der unternehmenspolitische Dialog

Das Unternehmen als Dialogprozeß nach innen und außen schließt einerseits die Marktbeziehungen zu Lieferanten und Abnehmern ein, aber andererseits auch jene Dialogprozesse im engeren Sinn, aus denen sich die Unternehmenspolitik entwickelt und die ihren Niederschlag auch in einem sich verändernden Verständnis von Unternehmenskultur finden. Gemeint sind die Dialoge mit den inneren und äußeren Bezugsgruppen des Unternehmens – vom eigenen Management über die Mitarbeiter bis zu den Bürgern und Behörden, die von Investitionen oder Umweltproblemen betroffen sind.

Früher einmal, in mechanistischen Organisationen, hat die Unternehmensführung entschieden, während es den PR- und Human-Relations-Abteilungen überlassen blieb, die Entscheidungen zu „verkaufen" oder ihnen, wie man heute sagt, die nötige „Akzeptanz" zu sichern. Später folgte die Phase des „Issue's Management": Das Unternehmen versuchte, die Entwicklung des Problembewußtseins in seinem Umfeld frühzeitig zu erkennen und sich mit seiner Strategie darauf einzustellen, oder wenn möglich sogar das Bewußtsein mitzugestalten. Eine kurze Weile lang versuchten einzelne Unternehmungen, systematisch bezugsgruppenorientierte Ziele zu formulieren, ihre Verwirklichung in die Strategie einzuschließen und den Soll-Ist-Vergleich in Gestalt von „Sozialbilanzen" zu institutionalisieren. Immer häufiger wird heute versucht, eine eigentliche Dialogpolitik zu entwickeln, einen offenen Meinungsaustausch über Hoffnungen und Befürchtungen und ihre Hintergründe zu pflegen, um so zu einer Verständigung zu gelangen.

Aber es ist klar, daß dies alles nicht wirklich Kommunikation, nicht wirklich Selbstorganisation bedeutet, solange Unternehmenspolitik in solchen Dialogen nicht zur Disposition gestellt wird, solange sie von ihnen nicht verändert werden kann. Damit entpuppt sich das Verständnis des Unternehmens als Kommunikationsprozeß als jene entscheidende Stufe der Demokratisierung unserer Gesellschaft, vor welcher der reale Kapitalismus haltgemacht hat. Im Lauf der weiteren Auseinandersetzung über die Risiken, die in diesem demokratiefreien Raum unter Ausschluß der Öffentlichkeit eingegangen werden, dürfte sich diese Radikalisierung des Unternehmens-Kommunikationsmodells auf die Dauer als simple Überlebensnotwendigkeit entpuppen.

5.4 Unternehmensführer als Katalysatoren und Partner

Was bleibt von der Unternehmensführung übrig, wenn das Unternehmen zum Selbstentwicklungsprozeß wird? Die Verantwortung für das Gesamtunternehmen läßt sich in diesem Fall übersetzen in die Verantwortung dafür, den Prozeß zu ermöglichen und zu fördern. Das läuft hinaus auf die Funktion des Fazilitators und Katalysators. Die Verantwortung beinhaltet darüber hinaus aber auch die unumgängliche Notwendigkeit, eine Vorstellung von der künftigen Aufgabe und Gestalt des Unternehmens zu entwickeln, um nicht das arg strapazierte Wort „Vision" zu benützen, und diese als Partner im unternehmenspolitischen Dialog mit Engagement zu vertreten.

Wie gesagt – was der Unternehmensführer damit bewirkt, kann er nicht wirklich voraussehen, aber wir müssen auch wissen, daß gerade in sich selbst entwickelnden Systemen, die unter Anpassungsstreß geraten, die Präsentation einer vom System sozusagen intuitiv als entwicklungsfähig erkannten Gestalt viel radikaler die Weichen stellen kann als sogenannte harte Entscheidungen in einer mechanistischen Organisation. Andererseits ist es vermutlich eine der härtesten und schwierigsten Entscheidungen, die Verantwortung für den unternehmenspolitischen Dialog mit den verschiedenen Bezugsgruppen wirklich ernstzunehmen. Selbst wer die Notwendigkeit erkannt hat, wird schwer am Risiko knabbern, die Konsequenzen wirklich zur Disposition zu stellen.

Die Doppelfunktion des Katalysators und Dialogpartners deutet auf etwas Weiteres hin: In der Frühzeit des systemischen Denkens war es Mode gewesen, den Managern klarzumachen, ihre verdammte Pflicht und Schuldigkeit bestehe darin, *am* und nicht *im* System zu arbeiten. Seit wir die Identität zwischen Kommunikations- und Selbstorganisationsprozessen erkannt haben, können wir sagen: In der Tat, wer nur „im System" arbeitet, wird nichts bewegen, weil er Gefangener des Systems bleibt; wer sich aber konsequent außerhalb des Systems stellt, vermag genausowenig zu bewegen, denn er tritt gar nicht in Kommunikation zu ihm. Vielleicht sollte man von der „Führungs"-Semantik überhaupt wegkommen, aber wenn sie einen Sinn haben soll, dann wohl am ehesten den, daß ein Führer Mitglied des Systems sein muß, das er führt, aber gleichzeitig Standort und Ziel des Systems von außen betrachten können muß, um eine Richtung vorschlagen zu können.

5.5 Das „Humankapital" als zentrale strategische Ressource

Verlagerung von Unternehmerfunktionen an den Arbeitsplatz bedeutet, daß immer mehr Angehörige des Unternehmens sich an diesem Führungsdialog beteiligen werden – als Führer und Geführte zugleich. Unternehmensführung heißt in diesem Zusammenhang aber auch, Voraussetzungen zu schaffen für die Entwicklung und Entfaltung dieser „Intrapreneure". Dazu gehören die Überwindung der mechanistischen Organisationsvorstellungen, der Abbau der Angst vor Kontrollverlust an der Spitze und vor zusätzlicher Verantwortung an der Basis und die Entwicklung der nötigen Mitarbeiterqualifikationen, die nicht nur auf der fachlichen Ebene, sondern mehr noch auf jener der Persönlichkeitsentwicklung und der sozialen und kommunikativen Kompetenz liegen. Das nützt aber alles nichts, wenn die „Intrapreneure" nicht auch mit der entsprechenden unternehmerischen Handlungskompetenz ausgestattet werden, und diese wiederum wirkt mit Sicherheit kontraproduktiv, wenn sie nicht mit der entsprechenden Verantwortung – sprich Erfolgs- und Mißerfolgsbeteiligung – gekoppelt ist.

Dies wiederum alles zusammengenommen bedeutet, daß nicht das Sachkapital, sondern das Humankapital die zukunftsentscheidende strategische Ressource ist – also die Qualität und der Goodwill sowohl der Mitarbeiter als auch der übrigen Bezugsgruppen gegenüber dem Unternehmen sowie die Qualität ihres Zusammenwirkens. Entscheidend wird damit auch für den Unternehmensführer seine soziale, das heißt kommunikative Kompetenz, und deshalb werden Unternehmensführer in Zukunft auch immer häufiger Unternehmensführerinnen sein. Die klassischen Geschäftsleitungs-Ressorts der Vergangenheit werden durch die Sparten Personal und Organisation, Kommunikation und „Vision" in ihrer Bedeutung hart bedrängt.

5.6 Konsequenzen für das Managerprofil

Die Anforderungen an Unternehmensführer werden sich entsprechend verschieben. In der nachstehenden Abbildung 1 sind die Eigenschaften, die sie in mechanistischen Organisationen brauchten, jenen gegenübergestellt, die durch die Selbstorganisation prämiert werden.

Das neue Managerprofil	
Mechanistische Organisation	**Selbstorganisation**
Autorität	Empathie
Ziele	Vision
Ehrgeiz	Gelassenheit
Entscheidungsfreude	Dialogfähigkeit
Totale Identifizierung mit Unternehmen	Kann auch außerhalb stehen
Eiserne Konsequenz	Geschehen lassen und mitgestalten
Fachwissen	Soziale Kompetenz
Härte gegen Umfeld und sich selbst	Sensibilität für Umfeld und sich selbst
Rational-analytisch	Innere Regungen, ganzheitlich

Abbildung 1

Die größte Schwierigkeit aber besteht darin, daß es ja eben nicht darum geht, das mechanistische Modell mit Acht und Bann zu belegen und die Selbstorganisation zu verherrlichen, sondern um die Suche nach der optimalen Kombination zwischen den beiden. Es wäre masochistisch, auf die Routinisierung zu verzichten, wo wir es mit großen Mengen gleichförmiger Aufgaben zu tun haben. Nur schrumpfen diese Bereiche, zumal in ihrem Anteil an den menschlichen Tätigkeiten, zugunsten der anderen. Unternehmensführer brauchen also die rechtsstehenden Eigenschaften zusätzlich zu den linksstehenden. Das bedeutet auch, daß sie ihre eigenen Widersprüchlichkeiten annehmen und pflegen müssen. Darin liegt vielleicht das größte Potential, denn nur so können sie auch die Widersprüchlichkeiten miteinander verbinden, welche das Zusammenspiel der alten mechanistischen Modelle mit den neuen Kommunikationsprozessen beinhaltet.

Literatur

JANTSCH, E., Die Selbstorganisation des Universums, München 1979.
LAZLO, E., Evolution, die neue Synthese, Wien 1987.
LUHMANN, N., Soziale Systeme, Frankfurt a. M. 1987.
LUHMANN, N., Funktionen und Folgen formaler Organisation, Berlin.
LUTZ, C., Unternehmensführung im Zeitalter der Kommunikationskultur, in: Lutz Königswieser (Hrsg.), Das systemisch-evolutionäre Management – Neuer Horizont für Unternehmen, Wien 1990, S. 139–149
LUTZ, C., Unsere Zukunft: Die Kommunikationskultur, in: IBM-Nachrichten, Jg. 39, 1989, H. 296, S. 13–23.
LUTZ, C., Die Kommunikationsgesellschaft, Ein Leitbild für die Politik und Wirtschaft Westeuropas, Rüschlikon 1986.
LUTZ, C., Westeuropa auf dem Weg in die Informationsgesellschaft, Kritischer Überblick über Analysen, Prognosen und Optionen, Rüschlikon 1984.
NAISBITT, J., Megatrends – Ten New Directions Transforming Our Lives, New York 1982.
PIORE, M. J., SABEL, C. F., Das Ende der Massenproduktion, Berlin 1985.
PRIGOGINE, I., STENGERS, I., Dialog mit der Natur, München 1981 und 1986.

Sechstes Kapitel

Chaotische Organisationen – organisiertes Chaos?
Der Beitrag des Managements zur lernenden Organisation

Barbara Heitger

Unternehmen sind damit konfrontiert, immer schneller und kundenspezifischer auf ihre Märkte zu reagieren: Zeit (kurze Produktlebenszyklen, Innovationsdynamik) und Raum (Internationalisierung der Märkte, kommunikative Erreichbarkeit im „Weltdorf") verdichten sich immer mehr und erscheinen uns in ihrer wachsenden Komplexität oft chaotisch und kaum vorhersehbar – damit auch kaum planbar.

In dieser Situation stellt sich damit für das Management die Frage nach einem sinnvollen Konzept der Unternehmenssteuerung und -gestaltung, das solchen Marktturbulenzen gerecht wird.

Sind die gängigen Modelle von Organisation, die ja sehr stark auf Zweckrationalität und Struktur fokussieren, diesen Herausforderungen gewachsen? Unter welchen Voraussetzungen können Organisationen lernen und sich weiterentwickeln? Welche Konsequenzen hat die wachsende Marktkomplexität für Rolle und Funktion des Managements in Unternehmen?

Mit diesen Themen sind Führungskräfte in den letzten Jahren immer stärker konfrontiert - und auch wir in unserer Beratungspraxis. Die zentrale Frage lautet, wie Organisationen als Ganzes Lernen lernen, also ihre Fähigkeit zur Weiterentwicklung ausbauen, und wie das Management solche Prozesse steuern oder – vielleicht bescheidener – unterstützen, Impulse dazu geben kann.

Nicht nur die Führungspraxis, auch die Managementliteratur unternimmt in den letzten Jahren vielfältige Annäherungsversuche zu diesem Thema. Vom intuitiven Management ist die Rede, vom ganzheitlichen Führen. Manche stellen – quasi als eine Art Gegenbewegung zur Rationalität der bisherigen Konzepte der Unternehmenssteuerung – die Emotionalität in den Vordergrund. Andere proklamieren – nach dem Motto „jetzt erst recht" – das „Durchgreifen des Führenden" als geeigneten Ausweg.

Seit einiger Zeit ist auch viel die Rede vom Systemischen Management und neuerdings auch von der Chaostheorie. Auf diese beiden Ansätze möchte ich mit diesem Beitrag etwas näher eingehen.

Bieten die Chaostheorie bzw. der systemische Ansatz – übersetzt auf Managementfragen – zu dieser Steuerungsproblematik lediglich „sprachliche Innovation", also „alten Wein in neuen Schläuchen" oder praxisrelevante neue Impulse? Darum geht es in diesem Beitrag.

– Ehe ich dazu einige Ideen und erste Erfahrungen vorstelle, möchte ich Sie einladen, der Frage nachzugehen, was *Wandel in Unternehmen* auslöst (1),
– und dann zunächst quasi mit einem Scheinwerfer signifikante *Elemente der Marktdynamik* (2) zu beleuchten, mit denen Unternehmen heute konfrontiert sind.
– In einem dritten Schritt möchte ich Ihre Aufmerksamkeit auf die Annahmen lenken, die *gängigen* und (bisher jedenfalls) durchaus erfolgreichen *Management- und Organisationskonzepten* (3) zugrunde liegen – Managementkonzepte zur Gestaltung und Steuerung von Unternehmen, die quasi Antworten bereitstellen sollen, wie auf Marktturbulenzen reagiert wird. Es wird darum gehen zu eruieren, inwieweit die gängigen Steuerungskonzepte geeignet sind, die wachsende Marktdynamik adäquat zu bewältigen, wo ihre Möglichkeiten liegen und wo ihre Grenzen.
– Im vierten Abschnitt dieses Beitrags wird es darum gehen, einige wesentliche *Annahmen der System- und Chaostheorie* (4) kurz vorzustellen und im Hinblick auf ihre Brauchbarkeit für Organisations- und Managementfragen „abzuklopfen".
– Schließlich möchte ich, anhand einiger herausgegriffener Aspekte der System- und Chaostheorie und ihrer Übersetzung auf Managementpraxis überlegen, ob sich neue Perspektiven und Optionen für das Management und das Lernen von Organisationen eröffnen und wenn ja, welche. Dazu auch erste *Erfahrungen und Ideen* (5).

1. Was Wandel in Unternehmen auslöst

Die Umwelt (Kunden, Lieferanten, Mitbewerber, Partner, Arbeitsmarkt ...), auf die sich Unternehmen in vielfältiger Weise beziehen muß, wird ständig als immer unüberschaubarer, komplexer – kurz gesagt „chaotischer" – empfunden. Diese Umweltdynamik erschwert Planung und macht uns unsicher in unserer Identität:

Wenn unsere Identität kontinuierlicher Prozeß und Ergebnis dessen ist, welche Beziehungen wir wie gestalten und pflegen, dann haben wir (als Personen, aber auch als Unternehmen) grob gesagt zwei polarisierte Chancen, auf eine chaotische Umwelt zu reagieren:

- Wir halten unsere Beziehungen stabil (zu Kunden, Geschäftspartnern, Lieferanten etc.), das bedeutet allerdings, daß wir selbst uns ändern und weiterentwickeln müssen, etwa nach dem Motto: Was ist zu tun und wie, damit es so bleibt, wie es ist.
Dann gilt es wahrzunehmen und zu verstehen, wie sich Kundenbedürfnisse verändern, wie die Strategien von Geschäftspartnern oder die Technologie oder Produktion von Lieferanten, und es gilt, darauf zu reagieren, sich darauf einzustellen, wenn die Geschäftsbeziehung bewahrt werden soll.
Für Unternehmen bedeutet das, ein hohes Ausmaß an Wahrnehmungs- und Selbstorganisationsvermögen zu entwickeln („lernende Organisationen") – es bedeutet, „Chaos" (andere Kundenbedürfnisse etc.) in sich selbst hereinzunehmen und zu integrieren, um die „Außenwelt" zu verstehen, es bedeutet, die Binnenstruktur weiterzuentwickeln, um die Außenbeziehungen stabil zu halten.
- Die Alternative: Wir verändern uns nicht, nehmen aber damit in Kauf, daß wir für unsere sich entwickelnde Umwelt nicht mehr „anschlußfähig" sind. Eine Kundengruppe wechselt dann wohl zu dem Mitbewerber, bei dem sie sich eher „verstanden fühlt". Dadurch, daß wir gleichbleiben, verändern sich die Außenbeziehungen. Ein Unternehmen, das entscheidet, sich aus einem Markt zurückzuziehen, weil zu hohe Risiken und Investitionen erforderlich wären, um wettbewerbsfähig zu bleiben, entwickelt sich nicht synchron zu diesem Markt weiter – bleibt gleich und lockert bzw. beendet die Beziehungen zu diesem Markt. Unglücklicher fällt diese Reaktion auf „Chaos" natürlich dann aus, wenn eine Firma Entwicklungen übersieht und plötzlich sich selbst aus dem Markt „herauskatapultiert" hat, Kontaktverlust also „passiert" ist: Verlust von Stammkunden etc.

Alle vom Unternehmen wahrgenommenen Signale eines Wandels (Umsatzrückgang bei einer Produktgruppe, Nachfrage nach zusätzlichen Dienstleistungen wie Fachberatung ...) stellen Firmen vor die Alternative: Wollen wir uns mitentwickeln, diesen Marktimpuls aufgreifen und wenn ja, wie ... – oder: Wollen wir gleichbleiben, uns auf unsere bisherigen Strategien konzentrieren und damit die eine oder andere Außenbeziehung aufgeben.

Diese permanenten Instabilitäten „auszubalancieren", sich einmal „für", einmal „gegen" den Wandel zu entscheiden, ist nicht trivial. Jeden Marktimpuls aufzugreifen, hieße „auf tausend Hochzeiten zugleich zu tanzen" – eine Überforderung, weil soviel Komplexität nicht erfolgreich verarbeitet werden kann. Die Identität des Unternehmens würde verlorengehen. Für Mitarbeiter wie für Kunden wäre nicht mehr nachvollziehbar, wie sich das Unternehmen am Markt positioniert (zu offene Grenzen zwischen Unternehmen und seiner Umwelt).

Das andere Extrem, Marktimpulse zu ignorieren, hieße „die Grenzen dicht zu machen", sich von der Umwelt abzuschotten, sich nur noch mit sich selbst zu beschäftigen. Häufig werden zum Beispiel der öffentlichen Verwaltung solche Tendenzen zugeschrieben. Man spricht von „versteinerter Bürokratie".

2. Eine chaotische Umwelt: Elemente der Marktdynamik

Was sind nun konkrete Dimensionen dieses Wandels? In aller Kürze ein Überblick zu den wichtigsten Tendenzen:

Internationalisierung der Märkte

Technologien ermöglichen weltweite kommunikative Erreichbarkeit, wirtschaftliche Integrationsstrategien intensivieren sich (EG; südostasiatischer Raum, arabische Regionen etc.). Nationale Grenzen verlieren an Bedeutung. Neue, bisher unbekannte Mitbewerber treten auf. Internationale Großprojekte, die neben „technischer Komplexität" auch die Notwendigkeit multikultureller Kooperation umfassen, nehmen zu.

Für Unternehmen stellt sich hier die Frage, wie sie zu relevanten Informationen kommen, um sich zu positionieren (Nischenstrategie, strategische Kooperation, „Enterprise Integration", …), und wie sie diese Informationsvielfalt verarbeiten. Zugleich wird die Fähigkeit, an andere Unternehmenskulturen anknüpfen zu können, immer wichtiger – ebenso natürlich auch an nationale bzw. regionale Kulturkreise.

Reife und gesättigte Märkte

Wettbewerb produziert Chaos. Fast für alle Branchen trifft diese Beschreibung zu. Die Konsequenz: hoher Kosten- und Differenzierungsdruck und die Frage der Strategie: Wie kann sich ein Unternehmen für seine Kunden wahrnehmbar vom Mitbewerb unterscheiden?

Reine Rationalisierungsstrategien sind hier bald ausgereizt (Porter); Tom Peters' Erfolgsrezept dazu lautet: Einmaligkeit schaffen –, also in einer Angebotsdimension im Mitbewerbsvergleich „der Beste" zu sein.

Der EDV-Markt ist ein gerade aktuelles Beispiel für den Wandel zum reifen Markt. Er wurde vom Verkäufer- zum Käufermarkt, Umsatzwachstum und Gewinne gingen zurück, Innovationsdynamik und Wettbewerb nahmen zu, zugleich werden Systemarchitekturen einander ähnlicher, Kompatibilitätspotentiale größer. Die Entwicklung dieser Branche zeigt auch deutlich das Phänomen, daß der EDV-Markt wie ein Circulus vitiosus seine eigene Dynamik erhöht. Das Rad der Innovation dreht sich immer schneller, die Lebenszyklen von Produkten sind inzwischen auf ein Jahr geschrumpft. Wettbewerb produziert Chaos. Manchmal scheint es, als ob solche Branchen von ihrer eigenen Geschwindigkeit überrollt werden.

Wahrnehmungs- und Gestaltungsvielfalt

Früher selbstverständliche bzw. „allgemein verbindliche" Wahrnehmungs- und Handlungsmuster, die Orientierung und Sicherheit spendeten, lösen sich auf bzw. werden viel differenzierter. Sie müssen häufig auch erst mehr oder minder mühsam „ausgehandelt" werden. (Familie, Arbeitsaufteilung Mann/Frau, Hierarchie etc.)

Ideologien und Großinstitutionen verlieren ihre Glaubwürdigkeit, können ihre Ansprüche nicht mehr einlösen. Das Angebot an widerstreitenden Weltbildern, Wertorientierungen und Lebenskonzepten wächst. Polyzentrismus (das heißt weniger gemeinsame „vergesellschaftete" Orientierungen) und „die neue Unübersichtlichkeit" (Habermas) sind die Schlagworte, die auch Trends in der Wirtschaft thematisieren. Man spricht von der „postmodernen Gesellschaft".

Für Unternehmen wird das zum einen in der Beziehung zu (bestehenden und potentiellen) Mitarbeitern deutlich: Was häufig etwas oberflächlich unter Wertewandel beschrieben wird, meint eigentlich die Frage, was – über den rechtlichen Arbeitsvertrag hinaus – macht das Spezifische am – wenn Sie so wollen – psychologischen Vertrag zwischen Unternehmen und Mitarbeitern aus.

Und dieser Vertrag ist sozusagen täglich zu erneuern, weil ein gewisser Wohlstand, der knappe Arbeitsmarkt und der Polyzentrismus der Gesellschaft (man hat mehr als früher die Wahl, an welchen Werten und Vorstellungen man sich orientieren möchte) dem Individuum mehr Gestaltungsspielraum ermöglichen.

Zum anderen entwickeln auch die Kunden differenzierte Ansprüche an Produkte: Der Nutzen von Produkten wird jeweils vielfältiger – ist nicht mehr so selbstverständlich annehmbar wie früher (zum Beispiel ein Brot zum Essen kaufen oder ein Vollkornbrot, um die Zugehörigkeit zur Gruppe der Gesundheitsbewußten zu dokumentieren). Die Wahrnehmungsvielfalt von Produktnutzen und anspruchsvolle Kundenbedürfnisse nach integrierten Gesamtlösungen (zum Beispiel im EDV-Bereich; Produkte und Dienstleistungen *kundenspezifisch*) führen zur dauernden Veränderung von Produktphilosophien und stellen insbesondere produktorientierte Unternehmen vor große Herausforderungen, geht es doch darum, für heterogene Kundengruppen die potentielle Funktionalität und den spezifischen Nutzen eines Produktes zu erfassen und zu entwickeln (von der Produkt- zur Nutzenorientierung).

Rasante Technologieentwicklung

Die Innovations- und Produktlebenszyklen verkürzen sich immer mehr. Zeit und Raum unternehmerischen Handelns verdichten sich zunehmend, Entscheidungen sind schneller zu treffen, Strategien und Projekte effektiver zu realisieren – sonst ist die „Marktchance" vorbei. Was früher sequentiell planbar war und entwickelt wurde – von der Entwicklung eines Produkts über die Serienproduktion bis hin zu Vertriebs- und Servicekonzepten –, läuft heute vielfach schon gleichzeitig und erfordert daher ein großes Ausmaß an Integration von Spezialisten-Know-how (Technik, Controlling, Vertrieb & Marketing etc.). Diese Zeit-Raum-Komprimierung verlangt auch, aufgrund unzureichender Information zu verbindlichen und trotzdem „fehlerfreundlich gestalteten" Entscheidungen zu kommen. „Time to market", also schneller als der Mitbewerb auf dem Markt präsent zu sein, wird ein wesentlicher Erfolgsfaktor.

Auch hier sei exemplarisch die Informationstechnologie angeführt. Das Szenario von CIM (Computerintegrated manufacturing), dem papierlosen Büro, weltweiter Vernetzung durch die neuen Kommunikationstechniken – um nur einiges zu nennen – wird unsere Vorstellung von Organisation auf den Kopf stellen, bedeutet doch Organisation für uns, Arbeitsabläufe zeitlich und örtlich festzulegen und Verantwortungen und Kommunikationskanäle zu bestimmen. Wie wird sich das ändern, wenn „jeder mit jedem ‚problemlos' kommunizieren kann", im Unternehmen selbst, aber auch durch Computernetzwerke mit anderen Unternehmen (Enterprise Integration), wenn sich also Zeit- und Ortsgrenzen verflüssigen.

**Vernetzung und Abhängigkeiten
(Kleine Ursache – große Wirkung)**

Kleine Anfangsereignisse lösen auf den ersten Blick nicht vorstellbare Wirkungen aus.

Sie erinnern sich sicher: Wer hätte gedacht, daß die offene ungarische Grenze im Sommer 1989 zu einem DDR-Flüchtlingsstrom mit solchen Folgen führt?

Oder: Der eingeknickte Pfeiler der Innbrücke im Sommer 1990, der ungeahnte Konsequenzen für Sommertourismus, Verkehr und Wirtschaft hatte.

Beide Beispiele verdeutlichen das hohe Ausmaß an Abhängigkeit und Vernetzung, in dem wir uns bewegen. Die Finanzmärkte und hier insbesondere das Börsengeschehen zeigen sehr deutlich die Sensitivität wechselseitiger Interdependenz und hoher Eigendynamik.

Wenn wir diese Trends zusammenfassen, wird verständlich, warum häufig das Gefühl von Chaos entsteht, in beiden Dimensionen: der Bedrohung und der Chance für Neues und Kreativität. Entscheidungsträger äußern, daß sie noch nie über soviel Information verfügt haben wie jetzt, und zugleich, daß sie immer öfter das Gefühl haben, zu schlecht informiert zu sein, um Entscheidungen zu treffen. Tom Peters faßt zusammen: „We live in an era of unprecedented uncertainty".

Was sind nun die Signale dieser „chaotischen Umwelt", was zieht sich durch, was ist der rote Faden?

– Die Vorhersehbarkeit von Marktentwicklungen ist – wenn überhaupt – nur kurzfristig möglich

(vgl. Wettervorhersage). Das hat natürlich deutliche Auswirkungen auf unternehmerische Planungsprozesse;
- die Konzentration von Information auf verdichtete Zeit-Raum-Relationen erzeugt „Chaosgefühle". Das Umgehen mit Komplexität – das „richtige" Vereinfachen – und das Zurechtkommen mit der emotionalen Dimension, die Chaos auslöst (Unsicherheit, Angst, Wünsche an das Management: „Sagt uns, wo's lang geht" etc.) sind strategische Erfolgsfaktoren für Unternehmen;
- die hochgradige Vernetzung und Interdependenz führen dazu, daß kleine Veränderungen immense Auswirkungen nach sich ziehen (vgl. Schmetterlingseffekt aus der Chaosforschung). Linear kausale Ursache-Wirkungs-Interpretationen greifen zu kurz;
- „Richtig-" und „Falsch"-Kategorien lösen sich zunehmend auf. Niemand ist mehr imstande – quasi wie ein außenstehender Beobachter mit allen Informationen ausgestattet –, das Geschehen zu interpretieren und „objektiv" zu entscheiden. Wirklichkeit also ist nicht vorgegeben, sondern Ergebnis von Wahrnehmung und Deutung: „Wirklich ist, was wirkt" – und das ist abhängig von Position und „Wahrnehmungsbrille" des jeweiligen Beobachters bzw. Unternehmens. So wird etwa der Vertrieb Produkte ganz anders wahrnehmen als die Entwicklungsingenieure, und die eine Zielgruppe wird andere Nutzen priorisieren als die andere.

Werfen wir kurz einen „Gesamtblick" auf dieses Panoptikum: Vieles erinnert doch an Elemente der System- und Chaostheorie. Der Schmetterlingseffekt der Chaostheorie etwa beschreibt die Abhängigkeiten im Wettersystem so, daß der Flügelschlag eines Schmetterlings Orkane auslösen kann. Die Systemtheorie beschäftigt sich mit der Frage, wie soziale Systeme in ihrer Beziehung zur Umwelt Komplexität verarbeiten. Genaueres dazu später im 4. Abschnitt.

3. ... und die bewährten Organisations- und Managementkonzepte?

Wie sieht es angesichts dieser zunehmenden Marktturbulenzen mit adäquaten Modellen der Unternehmensgestaltung und -steuerung aus? Welche von den bisher bewährten sind weiterhin funktional, welche fragwürdig? Die Frage lautet, ob traditionelle Konzepte der Unternehmenssteuerung (Hierarchie als Ordnungs- und Entscheidungsstruktur, rational-analytische Entscheidungs- und Kontrollinstrumente, hochspezialisierte und formal geregelte Arbeitsteilung) geeignet sind, adäquat auf die chaotische Umwelt erfolgversprechend zu antworten. Lassen Sie uns die gängigen Annahmen, die diesen Konzepten zugrunde liegen, zurückverfolgen:

1. Der Markt wird als nach rational-analytischen Merkmalen mittelfristig planbar betrachtet (strategische Planung, Management by Objectives, Etablieren von Stabsabteilungen „Strategieentwicklung").
2. Bei Unsicherheiten wird in die Hierarchie (= „heilige Ordnung") eskaliert. Es gilt: Wer weiter oben sitzt, verfügt über die gültige „Wahrheit". Das gibt zwar zunächst Sicherheit, aber die Kommunikation dauert oft lange, und wichtige Informationen können „up and down" verlorengehen.
3. Manager entscheiden inhaltlich. – Das würde bedeuten, daß es Ihnen möglich ist, sich in Kürze vollständige Informationen zu besorgen und diese zu verarbeiten – angesichts der immensen Spezialisierung ein sehr hoher, wohl kaum einlösbarer Anspruch.
4. Arbeitsteilung durch Formalisierung und Spezialisierung: Insbesondere die Aufbau-, aber auch die Ablauforganisation werden genau definiert, um organisierte Routineantworten für Marktbedürfnisse bereitzustellen. Wachsende Marktdynamik führt oft zu immer komplexeren und ausdifferenzierteren Stellenbeschreibungen und einem komplizierten Regelwerk von Prozessen und Richtlinien, die dann oft große Eigendynamik entwickeln, weil ihre Aktualisierung und Wartung immer aufwendiger

werden. Spezialisierung heißt hier Redundanz im System vermeiden, „Know-how jeweils einer Stelle zuzuordnen" und dort bei Bedarf abzurufen.

5. Das Bild von Organisation, das diese Modelle häufig leitet, ist das einer Maschine, die störungsfrei arbeitet, wenn man nur Input (Ressourcen etc.) und Output richtig definiert. Dieses Bild impliziert auch, daß Entscheider bzw. Manager quasi von außen – wie Nichtbetroffene – diese „Maschine" steuern. Übliche Formen der Organisationsgestaltung (formale Ablauf- und Aufbauorganisation) oder aber auch Managementtrainings, die Instrumente fokussieren und Selbstreflexion bzw. die Relationen zwischen Management, Markt, Unternehmen und Mitarbeitern etc. eher vernachlässigen, seien hier als Beispiele für die Grundannahme: „Organisation als Maschine, Manager als Mechaniker" angeführt. In diesem Bild bedeutet das Lernen von Organisationen, die Maschine zu vervollkommnen durch neue Bestandteile (zum Beispiel Stellen) oder raffiniertere Prozesse (Abläufe).

Organigramme oder Netzpläne veranschaulichen dieses Bild, das auf Logik, Widerspruchsfreiheit und Beherrschbarkeit aufbaut. Eigeninitiative und informelle Kommunikation oder unvorhersehbare Ereignisse haben in diesem Modell wenig Platz.

All diese Praktiken haben sich – mehr oder minder – bewährt, vor allem in relativ stabilen, einschätzbaren und übersichtlichen Märkten.

Wir alle haben aber schon oft die Erfahrung gemacht, wieviel mehr als „ein Knopfdruck" notwendig ist, um anderes/Neues in ein Unternehmen zu integrieren.

Vor allem in der Praxis unter Führungskräften, aber auch in der Literatur macht sich in den letzten Jahren eine bemerkbare Verunsicherung und Unzufriedenheit mit diesen modellhaften Steuerungsangeboten breit. Erfolgreiche Manager haben sich immer schon quasi intuitiv sehr sensibel zu ihrem Umfeld in Beziehung gesetzt; solche Erfahrungen konzeptiv und theoretisch aufzuarbeiten oder in Orientierung bietende Konzepte weiterzuentwickeln, gelingt der Literatur in Ansätzen. Zum einen ist eine Gegenbewegung zum Rational-Analytischen zu beobachten: Wohl etwas verkürzend, singen manche das Loblied auf den intuitiv-emotionalen Manager, der einfach *spürt*, was Sache ist. Andere Annäherungsversuche experimentieren damit, Elemente der System- und Chaostheorie für Fragen der Selbstorganisation von Unternehmen nutzbar zu machen. Darauf möchte ich nun etwas näher eingehen.

4. Einige Annahmen der System- und Chaostheorie

In diesem Abschnitt möchte ich Ihnen einige Thesen aus System- und Chaostheorie vorstellen, die uns in der Praxis der Unternehmensberatung sehr hilfreich sind (genauer in Königswieser, Lutz).

Einige Thesen möchte ich Ihnen – nun auf Unternehmen übersetzt – kurz vorstellen bzw. zusammenfassen.

1. Unternehmen werden als „offene soziale Systeme" betrachtet, die ihre Identität aus der ständigen Kommunikation und aus Aushandlungsprozessen mit sich und ihrer Umwelt gewinnen (Kunden, Mitbewerb, Mitarbeiter, Partner, Lieferanten, …).
2. Um zu überleben – das heißt, als Unternehmen im System Wirtschaft immer wieder die eigene Zahlungsfähigkeit zu reproduzieren (Luhmann 1988) –, müssen Unternehmen zunächst Veränderungen in dem für sie relevanten Umfeld wahrnehmen. Das ist bereits eine Entscheidung.

Ein Beispiel: Was geschieht in Ihrem Betrieb, wenn ein Vertriebsspezialist erzählt, daß der Kunde X ein riesiges Projekt vorbereitet, an dem Ihr Unternehmen mitwirken könnte, oder was wird ausgelöst, wenn ein Kunde sich beschwert? Kommt es zu einer offiziellen Besprechung, wird das Thema informell „zwischen Tür und Angel" diskutiert – und was ist jeweils das Ergebnis? Vermutlich in jedem Unternehmen ein anderes.

Es geht also darum, die – chaotisch wirkende – Vielfalt des Umweltgeschehens auf relevante verarbeitbare Information zu reduzieren und im Inneren des Unternehmens in Entscheidungen – neue Adaptionen an den Markt – umzuwandeln.

3. Dieses Umwandeln von Außenimpulsen im Innern setzt voraus, daß die Außenwelt – und damit auch ihre chaotischen Züge – intern auch abgebildet oder genauer: kommuniziert und nachvollziehbar werden und zugleich die Unternehmensidentität erhalten bleibt. – (Vergleichen Sie dazu beispielsweise das enorme Wachstum interner Projekte in Unternehmen. Projekte sind ja häufig der Versuch, mit neuen Außenimpulsen intern zurechtzukommen.)

Dieser interne Verarbeitungsprozeß funktioniert nach unternehmensspezifischen – vom Außenimpuls unabhängigen – Mustern, entsprechend der Kultur (= „Persönlichkeit") des Unternehmens. (Erlauben Sie mir hier einen Vergleich mit dem menschlichen Organismus: Sie können Unterschiedliches essen, der Verdauungsprozeß ist derselbe). In der Systemtheorie spricht man von Autopoiese bzw. operationeller Geschlossenheit/Autonomie im Hinblick auf diese „Verarbeitungsmuster". Diese Muster zu verstehen, bedarf hoher und integrierter Reflexionsleistungen und der kontinuierlichen Selbstbeobachtung – eine ganz wesentliche Voraussetzung für sich selbsterneuernde Organisationen.

Man könnte provokant formulieren: Organisationen steuern sich selbst, sie lassen sich nicht beherrschen. Wie kann das Management solche Selbstorganisationsprozesse unterstützen?

4. Um als Unternehmen zu überleben, stellen sich daher die Fragen, welche Binnenstrukturen am besten geeignet sind, adäquat „den chaotischen" Markt zu beobachten und anschlußfähige Antworten für ihn zu entwickeln, und wie die unternehmensspezifischen Verarbeitungsmuster bewußter und damit auch nutzbar werden für Adaptionsprozesse an den Markt.

5. Implizit geht aus dem Vorhergesagten hervor, daß Identität, Entwicklung und Steuerung nur durch Kommunikation (Kontakt, Beziehung) möglich sind. Das erfordert vor allem auch Integrationsprozesse zwischen Spezialisten einerseits und verschiedenen Managementebenen andererseits. Darüber hinaus geht es vor allem darum, wer diese Außenkontakte wie verwaltet bzw. gestaltet. Je intensiver und vielfältiger diese Kommunikationen sind, um so mehr Beziehungs- und Informationschancen gibt es, die Orientierung und Verbindlichkeit zu ermöglichen.

6. Unternehmen konstruieren und schaffen ihre Wirklichkeit (die über sich, die über die Umwelt und über die Beziehung zwischen sich und der Umwelt) daher selbst durch Kommunikation mit sich und ihren Umwelten. Was „wirklich" ist, ist bereits eine Entscheidung.

7. Schneller Wandel verlangt häufiger Entscheidungen, die über ein „Mehr oder Weniger" (an Investitionen, Ressourcen etc.) hinausgehen, also „Qualitätssprünge" bedeuten. In der Chaostheorie spricht man von Bifurkationen – kleine Veränderungen bewirken komplexe Auswirkungen (vgl. auch Attraktoren aus der Chaostheorie). Die Vielfalt der Möglichkeiten bzw. der Entscheidungspotentiale wächst. Zugleich wird viel deutlicher, daß eine Entscheidung andere für die Zukunft ausschließt. Wer einen Markt einmal aufgegeben hat, kann ihn später kaum mehr „zurückerobern".

8. Denkt man diese Annahmen weiter, so verändern sich Rolle und Funktion des Managements ganz massiv: Management in sich schnell wandelnden Umwelten könnte dann bedeuten:
– Fokussieren auf *indirekte Steuerungsformen*, das heißt, Impulse setzen, die *Selbstbeobachtung* fördern (zum Beispiel rollierende Planung, Wirkung von Geschäftsstrategien erforschen, „reviews" zu „management of change"-Prozessen und -Projekten) bzw. Impulse setzen, die die *Selbstorganisation* der für ein Ergebnis notwendigen Know-how-Träger unterstützen – etwa durch Vereinbarungen von operationalen Teilzielen und Ressourcen, anknüpfend an die oben zitierten typischen Handlungsmuster des Unternehmens.

Das setzt beim Management neue Fähigkeiten voraus: Die Fähigkeit, das eigene Handeln in seiner vernetzenden Wirkung und Rückwirkung abschätzen zu können, und die Fähigkeit, diese Wahrnehmung „sozial kompetent" in Handlung weiterzuführen.

- Schießlich bedarf es fachlichen *Generalisten-Know-hows* (Branchen- sowie Marketing-, Strategie- und Controlling-Know-how, Organisation und Projektmanagement), um die Gesamtsituation des Unternehmens angemessen und integrierend mitbewerten zu können.
- Zugleich wird eine immer wichtigere Aufgabe des Managements, Unternehmen in ihrer Kultur insgesamt auf die Bereitschaft, Umweltdynamik produktiv zu verarbeiten, hinzuentwickeln. Was ist damit gemeint? Genauso wie Menschen in schwierigen Lebenssituationen über sich und ihre Werte nachdenken und in Krisen eher auf altbewährte Reaktionsmuster zurückgreifen – so ähnlich geschieht es auch in Unternehmen. Das Management kann eine *„krisen- und chaosfreundliche" Kultur fördern*, das heißt Fehlertoleranz und Risikofreudigkeit ermöglichen, Außen- und Zielorientierung fokussieren, und quasi ein „big picture" des Unternehmens entstehen lassen und kommunizieren, das kontinuierlich Orientierung darüber schafft, „wer wir sind" (als Unternehmen), „was uns von anderen unterscheidet". Wichtig dabei ist, daß dieses Bild sich in verschiedenen „Umweltdynamiken" konkretisieren kann, also nicht aktualitätsgebunden ist, sondern vermitteln kann, was Sinn und Funktion des Unternehmens in seinen Beziehungen zu seinen Umwelten ist. „Nicht das Produkt ist das Produkt! Das Unternehmen ist das Produkt." (J. Markowitz) Chaos zulassende Unternehmen haben ein positives Bild von sich, ihrer Umwelt und der Zukunft. Das setzt Energien eher frei als Feindbilder, Angst oder eine defensive Grundhaltung. Es gilt, Impulse zu setzen, die ein guter Rahmen sind und anregend für Selbststeuerung in Organisationen.

5. Erste Erfahrungen und Ideen

Mit Recht werden Sie nun mit großer Wahrscheinlichkeit nach illustrierenden Beispielen und konkreten Anregungen fragen. Wie zu Beginn gesagt, sind Konzepte des Lernens von Organisationen, die chaos- und systemtheoretische Ansätze auf unternehmerisches Geschehen übersetzen, in vielversprechender Entwicklung. Praxisberichte gibt es wenige. Lassen Sie mich daher mit ein paar vorläufigen Ideen und ersten Erfahrungen – im Hinblick darauf, wie das Management zu solchen Lernprozessen Impulse geben kann – abschließen.

Fokus auf Markt- und Kundenorientierung: Selbststeuerung fördern

Sich an chaotisch wirkende Umwelten als Unternehmen ständig von neuem wieder anzukoppeln, verlangt intensive Außenorientierung, Kommunikation und rasche Steuerung. Traditionelle Organisationsformen, insbesondere die Hierarchie, verlagern diese Funktionen letztlich an die Spitze des Unternehmens. Die Grenzen dieses Modells für instabile Märkte haben wir bereits diskutiert.

Aus der Chaostheorie bieten die Fraktale hier interessante Anregungen: möglichst große Kontaktoberflächen nach außen bei möglichst geringem Volumen durch Fraktalbildung nach dem Prinzip der Selbstähnlichkeit (das heißt, die Muster wiederholen sich immer wieder).

Fraktale entstehen durch die wiederholte Anwendung von Algorithmen. Ein einfaches Beispiel aus der Chaostheorie ist die Kochsche Schneeflocke (Abbildung 1, Seite 121): Der Algorithmus lautet so, daß auf das mittlere Drittel jeder freien Seite eines gleichseitigen Dreiecks jeweils ein weiteres gleichseitiges Dreieck gesetzt wird. Sie kennen sicher die beeindruckenden Computergraphiken der Mandelbrotschen Apfelmännchen. Lebende Systeme, die für ihr Überleben auf intensiven Austausch mit ihrer Umwelt zugewiesen sind – Bäume, die Lungen etc. sind übrigens auch fraktalähnlich gestaltet. Der Ast verzweigt sich wie ein Baum, die Äderchen des Blattes zeichnen die Struktur des Baumes noch einmal nach. Intensiver

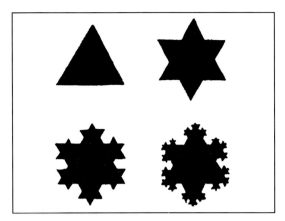

Abbildung 1: Die Kochsche Schneeflocke

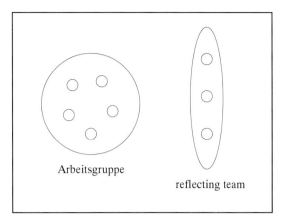

Abbildung 2: Das „reflecting team" beobachtet die Arbeitsgruppe

Austausch mit der Umwelt wird für Firmen immer wesentlicher.

Übersetzt auf Unternehmen könnte das daher heißen: Impulse zu setzen, die möglichst viele Mitarbeiter zu Außenkontakten bringen – also nicht etwa nur Vertriebsleute, so daß sich bei gleichbleibender Unternehmensgröße (Volumen) die Außenfläche, die direkten Umweltkontakte hat, vergrößert.

Beispiele dazu sind:

– Accountteams in Hightech bzw. in projektorientierten Unternehmen etablieren: handlungsfähige und mit Kompetenz ausgestattete Teams, in denen Spezialisten-Know-how integriert wird und Außenkontakte zum Kunden von mehreren wahrgenommen werden.
– Kunden zu internen Veranstaltungen einladen und sie über ihre Erfahrungen berichten lassen bzw. sie mit Mitarbeitern Ihres Unternehmens diskutieren zu lassen.
– Mit profit-center-ähnlichen, kleinen, interdisziplinären Einheiten, die sich auf Nischen bzw. bestimmte Kunden(gruppen) konzentrieren, experimentieren; dazu gehört auch, Verantwortung und Gestaltungsspielraum „nach unten" zu delegieren.

Das „Management by projects" konzentriert sich darauf, daß zu wesentlichen Fragen Projekte eingerichtet werden (Multiprojektmanagement), die jeweils adäquaten Gestaltungsspielraum erhalten statt formaler Regeln aus Projekthandbüchern (Boos/Heitger).

Damit ein Unternehmen aber nicht – vor lauter kleinen Gruppen und nicht-integrierter Unterschiedlichkeit – auseinanderfällt, kommt das Kriterium der Selbstähnlichkeit der Fraktalbildung ins Spiel, die in zweierlei Richtungen zu verstehen ist: Zunächst geht es darum, daß in kleinen Einheiten das Große abgebildet ist und umgekehrt, daß es also – wenn Sie so wollen – ein gemeinsames Bild und kontinuierlich gültige Spielregeln der Weiterentwicklung gibt, die verbindend wirken (Selbstähnlichkeit als Entwicklungsprinzip). Dazu gehört ein gemeinsam getragenes Bild über Sinn und Aufgabe des Unternehmens, über Werte, die die Kommunikation gestalten und begrenzen.

Externe und interne Kommunikationschancen zu steuern und zu gestalten, Impulse zum Entstehen informeller Netzwerke (quer zu Managementebenen und Spezialistenzirkeln) zu setzen, könnten damit wichtige Managementaktivitäten werden (Informationsmärkte zu wichtigen Projekten/-Strategien, „Kickoff-meetings" zum Beginn des Geschäftsjahres, Workshops mit Kunden ...).

Andererseits bewirkt dieses Prinzip der Selbstähnlichkeit, daß Handlungs- und Wahrnehmungsmuster und Information redundant im Unternehmen verfügbar sind – das erhöht die Chance schneller gegenseitiger Verständigung und die der Integration. Im Keim sind sozusagen, wie in einer Zelle alle Informationen potentiell vorhanden. Ganz anders das Bild der Hierarchie: Hier sammelt sich entscheidungsrelevante Information an einem Punkt: an der Spitze.

Ganz anders auch das Kommunikationskonzept: Es geht nicht mehr darum, Redundanz von Information zu vermeiden (Fokus auf reines Spezialistentum), sondern ganz im Gegenteil, sie zu forcieren (vgl. Accountteams etc.).

Eine andere Anregung: Experimentieren Sie damit, für die Einschätzung der Leistung Ihrer Mitarbeiter, Kriterien einzusetzen, die durch ihre jeweilige *Außenwirksamkeit* (Kundenzufriedenheit, etc.) bestimmt sind.

Solche Kriterien sind im Verkauf häufiger üblich als in anderen Bereichen. Ich glaube, daß solche Leistungskriterien insbesondere für Tätigkeiten, die sich an unternehmensinterne Kunden richten, bereichernd wären (Planung, Personal, Organisation etc.).

Manche Unternehmen organisieren etwa Personal- und Organisationsaufgaben bereits nach internen Zielgruppen und handeln jeweils „Verträge" über Ziele und Kooperationsweise aus. Andere Unternehmen lösen Stabstellen auf und etablieren Strategieklausuren, bei denen Linienmanager zusammen mit Vertriebsbeauftragten und anderen an der Weiterentwicklung der Strategien arbeiteten. Die Umsetzung ist dann kein Problem mehr.

Bei solchen Klausuren arbeiten wir auch mit dem sogenannten „reflecting team" (vgl. Abbildung 2, Seite 121): Während eine Gruppe inhaltlich an Strategiefragen arbeitet, beobachtet eine zweite – das „reflecting team" – diese Diskussion aus einer vorher definierten Außenperspektive (Kundengruppen; Mitarbeiter, die Strategien später umsetzen müssen, etc.).

Die Rückspiegelung der Beobachter zum Geschehen bezieht sich auf die Muster der Diskussion, auf die Bilder, die es jeweils von wichtigen Relationen gibt (Kundengruppen, Mitarbeiter etc.) und vergleicht die Ausgangssituation mit dem Ergebnis etc. Sie gibt wichtige Impulse für die Strategieklärung (Organisieren von Selbstbeobachtung).

Ein anderes Beispiel: Iacocca beschreibt in „Eine amerikanische Karriere", daß er mit seinen leitenden Angestellten in regelmäßigen Abständen Gespräche zu folgenden drei Fragen führte:

– „Welche Ziele haben Sie für die nächsten drei Monate?
– Welche Pläne und Prioritäten bzw. Hoffnungen?
– Wie wollen Sie das realisieren, was Sie vorhaben?"

Die Steuerung unterscheidet sich vom Management by objectives durch die kontinuierliche Kommunikation zwischen Ebenen einerseits und Fachbereichen andererseits, vor allem aber fördert dieses einfache Instrument Selbststeuerung bzw. koppelt Strategie- und Umsetzungsprozeß.

Chaos forcieren, um ein neues Gleichgewicht bzw. eine neue Ordnung zu ermöglichen, oder – anders formuliert – Störungen bewußt mitplanen, und zwar „kleine"

Diese Strategie mag zunächst irritierend klingen, konzentrieren sich die Erwartungen an das Management doch häufig auf das Gegenteil: Klarheit, Ordnung, Kontinuität schaffen. Lassen Sie mich daher zwei Beispiele skizzieren:

Ein sehr stark bereichs- bzw. funktionsorientiertes Unternehmen wurde von seinen Kunden zunehmend nicht als ein Unternehmen wahrgenommen, sondern als „gesplittet". Jeder Bereich quasi als eine eigene Firma. Was war die Antwort des Managements darauf?

Zunächst wurden in einem kleinen Managementkreis fünf Hauptgeschäftsstrategien (überschaubar und steuerbar!) entwickelt, die anschließend in einer breit angelegten bereichsübergreifenden Klausur, zu der über 60 „Keyplayer" (Manager, Stabsleute, Berater und vor allem Verkäufer bzw. Kundenberater) eingeladen waren, weiterverarbeitet wurden.

Das „Chaotische" daran: Die Teilnehmer reflektierten und konkretisierten diese Strategien in funktionsübergreifenden Arbeitsgruppen. Das war in der Firma – in dieser Art – neu; die Gruppenmitglieder kannten sich häufig kaum bzw. oberflächlich, näherten sich je nach ihrer organisationalen Herkunft diesen Strategien von völlig unterschiedlichen Perspektiven und hatten eher die Tendenz, sich voneinander abzugrenzen. Trotzdem war der Effekt dieses nur zweitägigen Workshops überraschend: Das Verständnis für Strategien und andere Bereiche wuchs enorm, Kontakte entstanden, die nach außen und für nachfolgende Kooperationen sehr wirksam wurden.

Wesentlich bei diesem Beispiel ist – emotional betrachtet – das Vertrauen des Managements in die Selbstorganisationskompetenz des Unternehmens – deutlich geworden durch die intensive Kommunikation in den Arbeitsgruppen. Das Management steuerte primär indirekt, organisierte Rahmen und Ressourcen für die Klausur und die zunächst neue, störende, chaotische und bereichsübergreifende Gruppenstruktur.

Ein zweites Beispiel: Auf der zweiten Ebene eines Unternehmens sollten bereichsübergreifende Managementteams (Vertrieb, Beratung, Branchenmarketing) etabliert werden, die jeweils für den Geschäftserfolg in einem definierten Marktsegment verantwortlich sein sollten.

Anstatt – wie nach traditionellen Konzepten üblich – Aufbau- und Ablauforganisation inklusive Stellenbeschreibungen genau zu planen, geschah folgendes: Die Teams wurden personell besetzt, sie wurden grob informiert über ihre Aufgabe und über die Kriterien, an denen ihre Leistung bewertet werden würde. Diese Kriterien waren zum Teil gemeinsame (Umsatz bei der Zielgruppe etc.) und zum Teil funktionsspezifische.

Darüber hinaus erhielten sie den Auftrag, quasi ein halbes Jahr lang im „Probebetrieb" zu arbeiten – parallel zur bis dahin gültigen Organisation – und während dieser Zeit für sich und ihre Mitarbeiter adäquate Spielregeln (Planung, Koordinierung, Kommunikation, ...) zu entwickeln, ihr Management anschließend darüber zu informieren und eventuell offene Fragen mit ihm zu klären. Auch hier wieder – jedenfalls auf den ersten Blick – Chaos: zwei parallel arbeitende Organisationen, eine auslaufende, eine neu beginnende und ein diffus lautender Auftrag. Das Experiment verunsicherte zunächst und gelang dann sehr schnell. Bei dem Follow-up nach einem halben Jahr waren sich die neu etablierten Managementteams einig, daß eine formalisierte Vorgehensweise keinen Erfolg gebracht hätte.

Sich auf Einfaches und „Kleines" beziehen (Kleine Ursache – große Wirkung)

Das heißt: einfache und klare Orientierungsmöglichkeiten anzubieten – und zwar sowohl den Kunden – was ist das Einmalige an diesem Unternehmen – als auch den Mitarbeitern – was unterscheidet uns von anderen Unternehmen? Wichtig dabei ist, diese Orientierung durch „alltägliche Kleinigkeiten" sichtbar zu machen.

Warum gewinnt diese Strategie an Bedeutung? Nehmen Sie den EDV-Markt als Beispiel – er ist so komplex und dynamisch, „chaotisch" – wenn Sie so wollen –, daß kaum ein Kunde sich einen differenzierten Gesamtüberblick verschaffen kann und daher erwartet, daß ihm EDV-Anbieter einen Teil dieser Orientierungsarbeit abnehmen bzw. ihm nachvollziehbare Unterscheidungskriterien im Vergleich zum Mitbewerb anbieten und diese dann auch realisieren.

Solche Kriterien lassen dem Kunden seine Kaufentscheidung auch *nach* dem Kauf noch als richtig erscheinen. Es geht also darum, das *Chaos* der Angebotsvielfalt, dem er ausgesetzt ist, für den Kunden zu *mildern,* aber ebenso auch für Mitarbeiter im Hinblick auf das Unternehmensgeschehen, indem das Management auf wichtige und erlebbare Unterscheidungsmerkmale fokussiert. Und dieses „Einmalige" eines Unternehmens darf *nicht technisch* bestimmt sein, sondern *nutzen- und funktionsorientiert.*

Kehren wir zum Schluß noch einmal zur Eingangsfrage zurück, zur gewandelten Rolle des Managements. So paradox es klingen mag, um die Selbststeuerung und die Lernprozesse von Organisationen zu unterstützen, gilt es, in einem Unternehmen beides aufrechtzuerhalten: „das organisierte Chaos" ebenso wie „die chaotische Organisation".

Literatur

Boos, F., Heitger, B., Selbstorganisation und Projektmanagement, in: Balck (Hrsg.), Systemisches Projektmanagement (erscheint 1991).

Exner, A., Königswieser, R., Titscher, S., Unternehmensberatung – systemisch, in: DBW – Die Betriebswirtschaft 3/87.

Geo Wissen 2/90, Chaos und Kreativität.

Jelinek, H., Bird Schoonhoven, C., Innovation Marathon, Lessons from High Technology Firms, 1990.

Iacocca, L., Novak, W., Iacocca, eine amerikanische Karriere, 1989.

Königswieser, R., Lutz, C. (Hrsg.), Das systemisch-evolutionäre Management, Wien 1990.

Luhmann, N., Die Wirtschaft der Gesellschaft, Frankfurt a. M. 1988.

Lutz, C., Das gezähmte Chaos, in: GDI-impuls 3/90.

Maturana, H. R., Varela, F. I., Der Baum der Erkenntnis, Bern/München 1987.

Peters, T., Kreatives Chaos, Hamburg 1989.

Porter, H., Wettbewerbsvorteile, Frankfurt a. M. 1988.

Weick, K., Der Prozeß des Organisierens, Frankfurt a. M. 1988.

Wimmer, R., Die Steuerung komplexer Organisationen, in: Sandner (Hrsg.), Politische Presse in Unternehmen 1989.

Siebtes Kapitel

Organisationsentwicklung –
von der Euphorie zu den Grenzen

Heijo Rieckmann

Im nachfolgenden Artikel möchte ich nach einer kurzen schlaglichtartigen Beschreibung der Entwicklungsgeschichte der „Organisationsentwicklung" (OE) und ihren Anfängen in den USA sowie ihrer Ausbreitung in Europa – und dann speziell im deutschsprachigen Bereich – auf die zentrale Frage eingehen, wo denn nun aus heutiger Sicht (1990) nach den euphorischen Anfängen der OE die Grenzen dieses Ansatzes liegen, wo Defizite deutlich wurden und Kritik angebracht ist, wo aber – drittens – dann auch die „Verdienste" und – unter entsprechenden Erfolgsvoraussetzungen – die konkreten Leistungsmöglichkeiten dieses Ansatzes gesehen werden können und gesehen werden müssen.

Manches wird dabei unvermeidlich aus meiner subjektiven Sicht dargestellt werden, wenngleich viele Publikationen von Kollegen ähnliche Sichtweisen zeigen. Obwohl ich jetzt 20 Jahre in diesem Gebiet tätig bin, werden einige Ausführungen nicht zu Ende durchdacht sein.

Ich glaube, daß das auf einem solchen komplexen Gebiet wie Organisation, Mensch und Entwicklung auch kaum anders möglich sein wird.

Wir verstehen m. E. die Phänomene wie „uns selbst" (vgl. Heintel 1988, S. 146 f.), sowie Organisation, Ordnung, Komplexität, Prozeß, Entwicklung, Offenheit usw. noch viel zuwenig. Vielleicht brauchen wir sie auch gar nicht zu verstehen – vielleicht nur in ihnen leben zu lernen …

Bei meinen Ausführungen werde ich auf die konkreten Inhalte, Strategien, Interventionen und Methoden der OE sowie ihre zahlreichen Definitionen kaum eingehen. Ich darf beim Leser allgemeine Kenntnisse über „OE" (im Sinne „geplanter, partizipativer, organisatorischer und kultureller Lern- und Anpassungsprozesse von Unternehmungen an sich wandelnde In- und Umweltbedingungen") voraussetzen bzw. diesbezüglich auf entsprechende „klassische" Basisliteratur verweisen, wie beispielsweise: Bennis/Benne/Chin 1969, Bennis 1972, Lippit 1974, French/Bell 1979, Sievers 1977, Bartölke 1980, Huse 1980/1985, Lauterburg 1980, Trebesch 1980b/1982, Rieckmann 1982/1983b/1985/1988a, Bekker/Langosch 1984.

Doch nun zum Thema.

1. Hoffnungsmachende Anfänge

Wenn man die Entstehungs- und Entwicklungsgeschichte dessen verfolgt, was heute unter dem Sammel- und Oberbegriff „Organisationsentwicklung" (organization development) subsumiert wird und seine Ursprünge in den USA (und Großbritannien) kurz vor und nach dem 2. Weltkrieg hatte, dann lassen sich drei (auch noch heute gültige) Anfangsentdeckungen oder Initialzündungen erkennen:

– Menschliches Verhalten kann durch Selbsterfahrung und Feedback im Kontext von „Gruppe" (Öffentlichkeit) verändert werden (Stichworte: Gruppendynamik/Sensitivity-Trainings/re-edukativer Veränderungsansatz/Personalentwicklung u. a.).
– Durch Beteiligung von Betroffenen in gemeinsamen Willensbildungs- und Lern- bzw. Erkenntnisprozessen können sich Organisationen (samt Strategie, Struktur und Kultur) mit weniger Widerstand schneller und adäquater an wandelnde Umwelt- und Inwelterfordernisse (reaktiv oder proaktiv) anpassen (Stichworte: Partizipation, Survey-feedback/Aktionsforschung, lernende Organisation – organisiertes Lernen, Redesign, self-renewing organizations, responsiveness, Flexibilität, Selbstorganisation, Transformation).
– Organisationen sind in ihrer komplexen und dynamischen Realität wesentlich adäquater erfaßbar, wenn sie durch die „Brille" eines „offenen (soziotechnischen) Systemansatzes" ganzheitlich gesehen werden (Stichworte: Tavistock Institute of Human Relations (London), joint optimization, organizational choice, teilautonome Arbeitsgruppe, System-Umwelt usw.).

Die ersten beiden Entdeckungen waren zunächst besonders energetisierend: Sozialwissenschaftlich begleitete, gestaltete und reflektierte „Begegnungsprozesse" in Institutionen oder Unternehmen, in denen man „sich selbst", als Individuum oder Organisation, in Gegenwart und Zukunft zum Thema oder zum „Lern- bzw. Erkenntnisgegenstand" machte, zeigten erstaunliche Wirksamkeit:

Über die Veränderung menschlicher Verhaltensweisen und Einstellungen hinaus konnten auch die Problemlösefähigkeit, die Flexibilität und Produktivität von Organisationen merklich verbessert sowie Reibungsverluste bei Veränderungen durch Partizipation verringert (Coch/ French 1948) werden. Führungsstile, die in „demokratischer" Kombinationsform „Mensch" und „Leistung" gleichwertig und interdependent beachteten, zeigten sich nicht selten autoritärem Führungsverhalten überlegen (zum Beispiel Lewin et al. 1939, Blake/ Mouton 1967 u. a.). Die Entdeckung, daß Probleme gemeinsam zu diskutieren und anzugehen sowohl effizient sein als auch humanisierend wirken kann und daß konstruktive (Dissonanz-)Energie zur (freiwilligen) Veränderung von Menschen und Organisationen aus Selbstdistanzierung und Selbstreflexion gewonnen zu werden vermag (persönliches Feedback, externe Beratung, Surveyfeedback, Aktionsforschung), gab freudigen Anlaß zur Hoffnung, nämlich „kranke" individuelle, gesell- schaftliche, kulturelle und wirtschaftliche Verhältnisse mit Hilfe eben solcher friedlichen, demokratischen, wissenschaftlichen Ansätze und Verfahren verbessern, humanisieren, demokratisieren, effektivieren zu können.

Und diese Hoffnung war angesichts des damaligen breiten Vormarsches von Nationalismus und Kommunismus von immenser Bedeutung: Nicht wenige sozialwissenschaftliche Forscher – vor allem Lewin – standen in den 30er Jahren unter dem schockierenden und existenzbedrohenden Erlebnis von Hitlerdeutschland und Stalins Sowjetunion samt deren „Mords-Effizienz" und dem offensichtlichen Versagen demokratischer Kräfte in Europa: menschenverachtende Kälte, antidemokratische Gesinnung, Zwangsgewalt, massenpsychologische Manipulation archaisch-archetypischer „Unterweltenergien" schienen wirksamer zu sein als aufklärende Wissenschaft und die demokratische Gemeinschaft freier (und rationaler) Menschen (zum Beispiel in den USA oder dem europäischen Bürgertum). Die Entdeckung der Wirksamkeit jenes oben beschriebenen partizipativen (= demokratischen), (sozial-)wissenschaftlichen lernorientierten und *verhaltenspraktischen* Veränderungsansatzes ließ jedoch wieder aufatmen und

neue Chancen sehen. Lewin widmete dieser Aufgabe demzufolge seinen ganzen weiteren (Lebens-)Einsatz (Marrow 1969). Ein dritter Weg schien sich also aufzutun: Faschismus, Kapitalismus, Kommunismus, Rassismus vielleicht überwindbar, durch gemeinsames Lernen, durch Partizipation, durch geplante Entwicklung, durch Gruppenarbeit? Humanität und Effizienz, Organisation und Mensch, Kapital und Arbeit, Ratio und Emotio, Selbstverwirklichung und Systementwicklung usw. schienen – im Medium des später sogenannten „organizational development" – vereinbar zu sein.

2. Von der Hoffnung zur Euphorie

Diese „OE-Aufbruchstimmung" fiel in den 50er/60er Jahren auch in Europa zum Teil auf vorbereiteten und nicht unfruchtbaren Boden.

„Fortschrittlich" orientierte und engagierte Unternehmer, Berater, Therapeuten, Studenten usw. erkannten ebenfalls rasch die vielversprechenden Möglichkeiten, mit dem OE-Ansatz gesellschaftliche Entfremdungen abzubauen, Arbeit zu humanisieren und Entscheidungsprozesse zu demokratisieren. (Nicht wenige OE-Berater der 2. Generation (1960 – 1970) haben wichtige biographische und berufliche Wurzeln in der „Studentenrevolution" um 1968.)

In Skandinavien – in Verbindung mit Job-Enrichment-Strategien (Davis 1972), dem soziotechnischen Systemansatz und der Installation von teilautonomen Arbeitergruppen (Tavistock Institute of Human Relations, London) – wurden „Joint ventures" gestartet: Arbeitgeber- und Arbeitnehmerorganisationen setzten OE-Projekte unter dem vielversprechenden Label einer „Industriedemokratisierung" in Gang (vgl. Thorsrud 1968, Emery/Thorsrud 1969, Elden 1985.)

In der Bundesrepublik Deutschland sahen vereinzelte, zum Teil sozialdemokratisch orientierte Kräfte schon, wie Humanisierungsprojekte, Basisdemokratie, Mitbestimmung und Organisationsentwicklung endlich zu einer über strukturelle Machtregulation hinausgehenden qualitativen

„Erlösung" des abhängig arbeitenden Menschen von entfremdeter Arbeit führen könnten. In den USA liefen zum Teil ähnliche Programme ab unter Begriffen wie: „open systems approach", „quality of working life", „personal growth", „organization self renewal", „healthy organizations", „personal & cultural transformation" etc.

OE war im euphorischen Aufschwung. Ein Zurück (oder ein Vorwärts) zum verlorenen Paradies schien endlich möglich, denn – um es zu wiederholen – Humanität (und damit der Mensch mit seinem Sein und Werden) war endlich wieder wichtig geworden, genauso wichtig wie Wirtschaftlichkeit und „profit". Und mehr noch sogar: Eines ging nicht mehr ohne das andere – und umgekehrt. Beide Ziele waren nun gleichrangig, unauflöslich interdependent und gleichwertig miteinander verkoppelt (vgl. GEO „Credo", 1980).

Plötzlich standen wir vor dem Ende der „bösen" Hierarchie (vgl. Lauterburg 1978) und vor dem Beginn einer Welt brüderlicher Arbeitsgemeinschaften mit gesunden Organisationen, aufgebaut auf Offenheit, Ehrlichkeit, Vertrauen und gegenseitiger Hilfe, mit hoher Fehlertoleranz und lernfähigen, entwicklungsengagierten und leistungsbefreiten Menschen, mit transparenter und funktionaler Machtverteilung, partizipativer Entscheidungsfindung, Teamwork, Selbstverwirklichung, Kreativität und Lebenssinn.

Ein Rückblick auf meine eigene euphorische Vergangenheit sei hier zu Illustrationszwecken kurz erlaubt. Wir – ein Team von ca. 20 Managern innerhalb eines amerikanischen Multis – hatten anfangs der 70er Jahre den Auftrag (und den Ehrgeiz!), in der BRD eine der „besten und fortschrittlichsten Fabriken der Welt" aufzubauen (ausführlich beschrieben bei Rieckmann 1982), und zwar nach den „neuesten" Kriterien der OE, „transpersonaler" Gruppendynamik, der Personal- und Managemententwicklung, auf der Basis eines (soziologischen) holistischen „open system"-Ansatzes (inklusive teilautonomer Gruppen und „alternativer" lern- und entwicklungsorientierter Bezahlungssysteme, inklusive job rotation und multifunktionaler Ausbildung aller Organisationsmitglieder), und dies „unter Leitung" eines partizipativen, partnerschaftlichen Führungsstils und flacher Hierarchie. Geld, Ressourcen, Lernchancen und Kontakte waren weltweit vorhanden. Unsere Euphorie erlebte ich damals wie folgt:

„Angelockt und herausgefordert von den Versprechungen des Annoncentextes und der Einstellungsgespräche, bildete sich schnell eine ‚Management-Truppe' von irgendwie sozial engagierten Leuten, mit jugendlichem Schaffensoptimismus, voller Erwartung, mitarbeiten zu dürfen an einem Aufbruch in eine ganz andere Alternative, in eine Zukunft unentfremdeter Arbeit, entbürokratisierter Hierarchien, in eine Welt problemorientierter und nicht statusorientierter Kooperation, in der sich die Mitarbeiter als sinnvolle, akzeptierte Menschen erfahren und sich zu einer erfolgreichen, lebendigen, zukunftsmachenden Organisation und produktiven Arbeitsgemeinschaft zusammenfinden würden. Das war – in sehr knappen Worten – unser Leitstern.

Und ‚living and working community' das Sprachsymbol. Unsere Arbeitszeit – ein Jahr vor Produktionsbeginn – war dementsprechend randvoll ausgefüllt mit Träumen und Hoffnungen über die ‚Organisation der Zukunft' (‚einem Mekka der OE') und mit tiefsinnigen, nächtelangen Diskussionen über das ‚Wesen des Menschen' sowie jeder Art von Fach- und ‚Sozial'-Training." (Rieckmann 1980, S. 354 f.)

Gleichzeitig drang „OE" zunehmend mehr aus der Pionierphase auch ans Licht der Öffentlichkeit. Im deutschsprachigen Bereich lassen sich ungefähr folgende Entwicklungsphasen ab 1950/60 beobachten:

– Experimente immaterieller und materieller Mitbeteiligung von Mitarbeitern an unternehmerischen Prozessen und Ergebnissen. Stichworte: Arbeitsgemeinschaft zur Förderung der Partnerschaft in der Wirtschaft (AGP), Porst-Modell, C. Backhaus Stiftung, Herz AG (Wien), NPI (NL), Schmidt & Clemens (BRD) u. a.; erste Artikel, Bücher, Fernsehsendungen mit „OE" im Titel tauchten auf ...,

- 1. Europäischer OE-Kongreß in Aachen 1978,
- Personalentwickler und Gruppendynamiker stoßen zur OE,
- Gründung einer „Gesellschaft für Organisationsentwicklung" (GOE),
- Gründung einer eigenen Fachzeitschrift für OE (ZOE),
- Entwicklung und Einführung berufsbegleitender, postgraduierter Ausbildungsmöglichkeiten in Sachen OE (Arbeitskreis OE/GDI Zürich/ Vansina, Belgien),
- zunehmende Verwendung des Begriffs „OE" im wirtschaftlichen Bildungsbereich,
- weiterhin wachsende Anzahl von Publikationen und OE-Projekten,
- international bekannte Firmen übernehmen OE bzw. OE-Ansätze in ihre Personal- und Managemententwicklungsprogramme bzw. in ihr internes Beratungsangebot auf,
- 1. OE-Lehrstuhl in der Bundesrepublik Deutschland (Universität Wuppertal 1978),
- zunehmender Einzug von OE in universitäre Lehrbereiche wie Organisations- und Arbeitspsychologie, Betriebswirtschaftslehre, Personalwirtschaft, Sozial- und Wirtschaftspädagogik, Sozialpsychologie etc.,
- 2. OE-Lehrstuhl (Universität Klagenfurt, Österreich 1985),
- Möglichkeiten, „OE" zu studieren und darin zu promovieren,
- fortschreitende Internationalisierung von OE mit Kongressen in unterschiedlichen Ländern und Kontinenten,
- wachsende Anzahl von Beratern, Trainern und Klienten, die OE-Ansätze und Methoden verwenden.

3. Aufkommende Kritik, Ernüchterungen, Grenzen

Mit der relativ raschen Expansion der „Organisationsentwicklung" wuchsen auch die Erfahrungen, die man mit diesem Ansatz in unterschiedlichsten Organisationen und Kulturen machte. Dies führte aber nicht nur zu einer Weiterentwicklung des OE-Know-hows, sondern machte – durch so manche Enttäuschungen und Mißerfolge – auch die deutlichen Grenzen und Bedingtheiten dieses Ansatzes immer sichtbarer.

Desillusionierungen mußten verarbeitet und die „realistische" Leistungsfähigkeit von OE evaluiert werden. Kritik wurde schon Mitte der 70er Jahre von zahlreichen Seiten deutlich (vgl. ausführliche Zusammenfassungen bei Pongé 1981 und Neumann 1989):

OE sei nur ein Bauchladen eklektisch zusammengewürfelter psycho-sozialer Methoden und Techniken, ohne eigene Identität, Erkenntnisinteresse, Forschungsprogramm, Leistungsnachweise etc. Scharlatane, die OE nur dem Namen nach kennen, könnten dadurch unerkannt überall mit OE Etikettenschwindel betreiben (dabei unseriöse Gewinne einstreichen) und die humanistisch-ethische Wertebasis der OE unterminieren (vgl. Trebesch 1984a, S. 316, Schein 1989 S. 3).

Es fehle eine Theorie der Veränderung sozialer Systeme, die zu allgemeingültigen Wenn-Dann-Aussagen befähige, Erklärungen und Prognosen organisatorischer Veränderungsprozesse ermögliche und die Wirksamkeit von Interventionen (als unabhängige Variablen) erkennen ließe (zum Beispiel Weisbord 1974, Burke 1978, Kubicek/ Leuck/Wächter 1979, Wimmer 1990).

Die euphorischen, harmonischen und sozialromantischen Übererwartungen bezüglich „paradiesischer" Organisationen („OE als normative Heilslehre") mit partizipativem Machtausgleich, selbstverwirklichten Mitarbeitern, kommunikativer Lernkultur, kooperativer Führung usw. seien nicht eingetroffen (vgl. Burke 1978, S. 1 f.; Trebesch 1984a S. 320 f.). Weder die Harmonie der Ziele Menschlichkeit/Wirtschaftlichkeit (Schulz-Wimmer) noch die Vereinbarkeit von personalen und organisatorischen Systemen (Individuum/Organisation) sei erzielt worden, vielmehr sei hier realistischerweise von einem Dauerkonflikt auszugehen (Sievers 1982).

Wenn überhaupt – so Kappler (1980, S. 214 f.) – nütze OE nur selektiv und bedingt, zum Beispiel dem Management bei der Bewältigung schwieriger werdender Kapitalverwertung und bei der

Schließung hierarchischer Steuerungs-, Kontroll- und Legitimationslücken; OE nütze vor allen Dingen dem Berater, unter Umständen auch dem Arbeitnehmer, allerdings genau immer nur in dem Sinne, in dem eine Verbesserung der Arbeitnehmersituation schon immer durchgeführt wurde, wenn damit die Kapitalverwertungsinteressen gefördert würden (oder diese zumindest nicht behindere). Nur wenn OE „Entwicklung" betone (und nicht „Organisation") könne sie im instrumentellen wie im kreativ-emanzipatorischen Sinne hilfreich sein.

Auch die Gewerkschaften äußerten sich im Schnitt distanziert bis sehr kritisch: OE könne zwar zur Entwicklung von Basisdemokratie beitragen, solange sie jedoch nicht institutionell-gesetzlich über „Mitbestimmung" abgesichert (und kontrolliert) sei, könne sie die Solidaritätskraft der Arbeitnehmer untergraben, die gewerkschaftliche Position schwächen und überdies Mitarbeiter in psychomanipulative Prozesse kreativer Selbstausbeutung durch überstarke Identifikation und Einbindung in den Betrieb unbewußt verstricken. Darüber hinaus müßten durch OE erzielte Rationalisierungsgewinne mitbestimmt verwendet werden können (zum Beispiel Nord 1976, Briefs 1980, Küller 1981, Comelli 1985, S. 429 f.).

Auf der Seite der Unternehmen wurde zwar deutlich die Leistungsfähigkeit des OE-Ansatzes gesehen, wenn es um Weckung verborgenen Geistkapitals (zum Beispiel Qualitätszirkel), um hierarchische Steuerungsentlastung durch mehr Selbstorganisation (Flexibilität), Eigenmotivation und Problemlösekompetenz ging, wenn es sich um die Reintegration von Arbeit und Lernen handelte sowie um die Verbesserung der Qualität von Entscheidungen, Problemlösungen und Produkten durch Partizipation und Prozeßdenken (zum Beispiel Projektmanagement, Qualitätsbewußtsein), und wenn es um den Abbau von Anpassungswiderständen durch Beteiligung der Betroffenen (Prinzip: Selbstverpflichtung) ging ... (vgl. dazu den vom „Bundesverband Junger Unternehmer" 1978 (BRD) herausgegebenen „Leitfaden der Organisations-Entwicklung" mit dem Titel: „Heute für morgen Initiative mobilisieren"). Andererseits war aber auch zu hören, daß der „softe" Ansatz der OE deren Wirksamkeit bezüglich Gewinn (und Humanisierung) objektiv nicht evaluierbar werden ließe (vgl. Neumann 1989): Es ginge über vage Zufriedenheitsgefühle von Klienten und Berater kaum hinaus. Außerdem seien solche Prozesse zu zeitaufwendig.

Darüber hinaus könnten OE-Prozesse und OE-Kultur deutliche organisatorische und existenzielle Labilisierungen mit sich bringen („unfreezing"). Ängste entstanden bei Führungskräften, daß sie die durch OE produzierten Zusatzkomplexitäten und Mehrarbeiten nicht mehr überschauen könnten, sich von Beratern total abhängig machten und unter Umständen zu entdecken hätten, selbst maßgeblicher Teil des Problems (und seiner Lösung?) zu sein (vgl. Laske/Schneider/Wolff 1984). Wurden darüber hinaus „Interessen" tangiert, Macht-, Sicherheits-, Kontroll- und Kapitalverwertungsinteressen sowie persönliche Privilegien, dann zeigte sich wieder in aller Deutlichkeit die „Hardware" von Organisationen und ihren politischen Steuerungssystemen der Willensbildung und Willensdurchsetzung: Vom Ende der Hierarchie war nichts zu sehen, höchstens von deren funktionaler Ergänzungsbedürftigkeit durch Projektteams, Quality Circles und einigen anderen partizipativen Meetings (Trebesch 1984a, S. 321 f.) zur Nutzung des Faktors „Mensch".

So sagte dann Beer (1989, S. 17 f.) ganz deutlich, daß er das Feld der OE sterben sehe, wenn es ihr nicht gelänge, sich businessmäßig auszuwirken: für die Unternehmen, die Banken, die Aktionäre, für den individuellen Mitarbeiter, die Gewerkschaft usw., und zwar im Sinne jener Moral, wo zuerst immer noch das Fressen komme ... OE sei eine Investition und müsse sich dementsprechend auch auszahlen.

Ergo – so schlossen andere –: OE ist schließlich doch nur Neo-Taylorismus auf psychologischer Ebene: Sozialtechnologie (für Manager) zur besseren Gestaltung, Lenkung und Anpassung von Organisation und Mitarbeitern an wechselnde Umwelt- (und Inwelt-)bedingungen. OE als Sozialtechnologie mache darüber hinaus auch noch die Kräfte der informellen Organisation verwertbar, was zusätzlich zu deren besserer Kontrollierbarkeit führe (woraufTannenbaum schon 1968 hinwies). OE sei somit als anti-emanzipatorisch einzustufen.

Auch das OE-Menschenbild sei zu revidieren (vgl. Pieper 1988, S. 60 und S. 84–91). Die Vorstellung des Menschen als lernwilliger und persönlichkeitsentwicklungsengagierter Mitarbeiter oder Manager (vgl. Y-Typ) ist zwar im kontrafaktischen Sinne als motivierende Orientierungsvision für OE-Ansätze durchaus sinnvoll, wird es jedoch als Forderung und „Muß" vorausgesetzt, wirkt es moralisierend und dogmatisierend oder im schlimmsten Fall (vgl. Rieckmann 1982) faschistisch: Und willst Du nicht mein Bruder sein … dann schicke ich Dich auf eine OE-Maßnahme oder in die Gruppendynamik … Damit schafft sich OE selbst ab: normativer Selbstmord. „Wirkliche" Menschen sind dagegen manchmal (oder häufig?) überhaupt nicht OE- und entwicklungsinteressiert, zum Teil voller Widersprüche, mit massiven inneren Sicherheits- und Stabilitätsinteressen und begrenzt durch deutliche existenzielle (anthropologische?) Limitationen.

Eine dieser Limitationen, die ich für eine zentrale halte, da ich immer wieder auf sie gestoßen werde, und zwar sowohl bei/in mir als auch bei meinen Mitmenschen, habe ich mir genauer angeschaut. Ich habe dann dieser Zentrallimitation – man möge mir verzeihen – einen unsympathischen Namen geben müssen, nämlich: *SchweineHund*. Mit diesem – nun ja nicht gänzlich unbekannten – Hybridtier – meine ich analytisch indes folgendes:

Uns Menschen bestimmen ja nicht nur Wünsche nach Harmonie, Verständigung und produktiver Arbeitsgemeinschaft, sondern auch Kräfte „ganz anderer Art". Sie sind, existenzialpsychologisch gesprochen, von „archaischer" Beschaffenheit und stehen den „Betriebsbedingungen" für OE wie Offenheit, Vertrauen, Ehrlichkeit, Leidens-, Lern- und Veränderungsbereitschaft usw. ziemlich konträr entgegen.

Jene „archaischen" Kräfte fließen – meiner Erfahrung nach – aus zwei sehr tiefen Quellen unseres seelischen Lebens. Die eine Quelle ist die tief in uns verwurzelte ontologische *Angst*, die Angst vor dem Tode, die Angst vor der Krankheit, Armut, Einsamkeit, die Angst vor dem Leben (vgl. Kierkegaard, Heidegger, Sartre). Die andere Quelle fließt aus einer großen inneren *Leere*, die uns fortwährend antreibt, nach Sinn und Erfüllung zu suchen (vgl. Bochenski 1951, S. 164–188).

Durch einen „irgendwie" in uns falsch ablaufenden Orientierungs-, Entscheidungs- und Steuerungsprozeß – der theologisch mit dem Fachwort *Sünde* (hamartia) bezeichnet und nur durch eine *Christus*-Intervention gelöst werden kann (vgl. Römerbrief, Kap. 1 und 8) – kommt es in der Praxis nun jedoch leider immer wieder dazu, daß das Problem *Angst* und *Leere*

– in einer Art und Weise „gemanagt" wird, die zu sozial- und naturfeindlichen sowie selbstzerstörerischen Auswirkungen führt,
– weil mit untauglichen Inhalten und Mitteln operiert wird,
– wodurch nur Scheinlösungen entstehen (vgl. Rieckmann 1978), die dazu häufig
– auch noch suchtartige Rückkoppelungsverläufe entwickeln, die der Volksmund unverhohlen und scharfsinnig dann ganz einfach als Teufelskreise bezeichnet (und zum Beispiel Sartre als „passion inutile" beschreibt).

Dazu ein kurzes Erläuterungsbeispiel:

Die innere Leere wird mit Arbeit, Geld, Sex, Macht, Alkohol und Magie „gefüllt", dadurch im Grunde jedoch nur überspielt, betäubt, verdrängt. Konsequenz II: Der Hunger wird zur Gier – nämlich getrieben von der Hoffnung, daß vielleicht doch irgendwann einmal die Leere ausgefüllt sein wird.

Diese dadurch entstehende „Freßgier" (Sucht) symbolisiert für mich das Schwein im Schweinehund (wobei Schweine Allesfresser sind, gerne Speck ansetzen und keine Angst vor Dreck haben).

Da man jedoch nicht allein lebt (zoon politikon), steht man in diesem Suchen nach „Füllung" und „Sicherheit" mit dem Nächsten in Konkurrenz. Neid, Eifersucht, die Angst, zu kurz zu kommen, überrumpelt oder ausgeschaltet zu werden, kommen dazu: Mißtrauen wächst, Lüge wird strategisch eingesetzt, Angstabwehren aufgebaut, Macht akkumuliert, Aufrüstung beschleunigt, mit der Folge, daß die Rivalitäten zunehmen und mit ihnen die Flurschäden: Verletzungen, Haß, Rache,

Mord, Schuldangst, Krieg – oder Rückzug, Isolation, Autismus andererseits (vgl. Glasl 1990). Diese aggressive, jagende und tödliche Seite symbolisiert den Hund im SchweineHund.

Da sich bei dieser Dynamik alle nur um sich selber kümmern, bleibt – wie man so schön sagt – mir sicherheitshalber leider nichts anderes übrig, als daß wenigstens ich mich um mich selber kümmere. Die Selbst-Sucht ist damit perfekt. Selbst hehrster Humanismus, „missionarisch-reine" Organisationsentwicklung oder „light age management" ist in praxi nicht frei davon. Seit Adam und Eva oder Kain und Abel hat sich – wie die Menschheitsgeschichte zeigt – daran nichts geändert. Nur die Technologien sind raffinierter geworden.

Ideale Kommunikations- und Lernsituationen, die für OE sehr förderlich wären und von Pieper (1988) beispielsweise unter dem Begriff authentisch-partizipativer und diskursiver OE mit herrschaftsfreien Dialogen (vgl. Habermas) empfohlen werden, lassen sich unter solchen Bedingungen nur sehr schwerlich und immer nur begrenzt und selektiv erreichen. Auch die besten Teamkulturen basieren immer noch auf ziemlich stark ausgeprägten – wenn auch häufig unausgesprochenen – Nichtangriffspakten. Auch unsere allerorts anzutreffende babylonische Sprachverwirrung (jeder lebt in seiner eigenen Sprachwelt) bekommt von daher immer wieder neue Nahrung.

So werden wir auch mit Organisationsentwicklung inklusive Personal- und Managemententwicklung nur kleinere Brötchen backen, auch hier werden wir nur mit Wasser kochen können.

Noch schärfer (und trostloser?) sieht Crockett (1974, S. 255 f.) die Lage: „I'm not sure that we are presently doing any more then sugar coating what's there, but that is eminently better than not doing anything at all."

Auch unter einem weiteren tiefenpsychologischen Blickwinkel sei OE problematisch – so einige andere kritische Kollegen bezüglich OE-Euphorie: Sowohl die sozialtechnologische als auch die harmonistisch-euphorische Variante der OE könnten als ein Hochzeitsversuch zwischen Liebe und Mammon interpretiert werden, und zwar mit dem Wunsch, den Tanz um das goldene Kalb zu humanisieren:

In dem Tanz um das goldene Kalb drücke sich die unendliche (und möglichst reuelose) Gier nach Glück, Genuß und Sicherheit, nach Rückkehr in den Mutterleib aus, als Ausdruck von Menschen, die materiell überfüllt, seelisch verarmt und geistig orientierungslos seien …

Verbunden durch Kommunikation, Gleichberechtigung, Partizipation, Vertrauen, Teamarbeit usw. – dem brüderlichen Element –, werde in der OE ferner die Sehnsucht nach intakter Familie bzw. Kleingruppe ausgedrückt. Dies erkläre unter anderem auch den blinden Zorn und die pauschale Abneigung vieler „Alternativer" in der OE-Szene gegen Hierarchie, indirekte Kommunikation (Großorganisation, Bürokratie etc.) und Machtfragen … – obwohl ja offensichtlich sei, daß nicht alle Probleme von und in Klein- und Kuschelgruppen gelöst werden könnten, Macht- und Entscheidungshierarchien also unumgehbar seien, und dieses „partriarchalische" Element von Realität schon seit Beginn der Menschheit in Mesopotamien, Ägypten und anderswo (vgl. auch Heintel/Krainz 1987, S. 69 ff.) von Bedeutung sei …

Und noch etwas sei zu beobachten: In letzter Zeit würde in OE-Kreisen immer mehr der Ruf laut nach einem hochflexiblen, multidimensional denkenden („OSTO-Brille"), systemisch handelnden und super-allround versierten „Hypermanager" (vgl. Rieckmann 1988b, Lauterburg 1990a), denn ein solcher „Typ" sei unbedingt vonnöten, um unsere aus den Fugen geratene turbokomplexe (Industrie-)Welt doch noch in den Griff zu kriegen. Mit dieser darin verpackten Omnipotenzphantasterei fiele man jedoch nur in ein weiteres Extrem und in eine weitere Illusion, nämlich der regressiven Sehnsucht nach einem allmächtigen Übervater und Retterheld.

Dahinter stecke ebenfalls eine unendliche und unerfüllbare Gier, nämlich die Gier nach Macht und Weltbeherrschung und last, but not least, – à la Richter (1986) – ein unverarbeiteter (westlicher) Gotteskomplex: sicut eritis deus (Genesis 3,5). Eine illusionslose Lösung sei – transaktionsanalytisch gesprochen – nur auf der Erwachsenenebene vorstell- und erzielbar. Dimensionen dieser Lösungsqualität seien stichwortartig zum Beispiel folgende:

- Konflikte, Widerstände und Probleme seien natürlich (wie Essen, sagt Weisbord 1989, S. 23) und Motor von Bewegung. Leiden und Verzicht gehörten auch dazu;
- raus aus den Ideologien, die nur unverarbeitete Vater-, Mutter- und Gotteskomplexe verdecken;
- ja sagen zu meinen Potentialen, Stärken und Schwächen, meinen Grenzen, meinen bösen und lichtvollen Seiten, ja zum Genuß, aber auch ja zum Tod;
- die Realität unserer Endlichkeit anerkennen: wir sind Teil der Welt und nicht deren Herren, zumal unser (uneingestandenes) Gott-gleich-sein-Wollen uns permanent überanstrengt: individuell, ökonomisch, ökologisch, militärisch ... Also los-lassen: neue Bescheidenheit (De-mut), frei vom Druck großer Ziele, die mich versklaven, Musik hören, feiern können ...

Doch damit noch nicht genug:
OE sei manchmal so etwas wie Magie oder self-fulfilling prophecy: Wenn man daran glaube, sei „sie" auch wirksam (vgl. Laske u. a. 1984, S. 241 f.). Evaluationskriterien und -verfahren seien sowieso Geschmackssache – konstruktivistische, relativistische, kontingente, kulturelle, situative, interessenabhängige usf.
Oder, so Gavin/Phail (1987, S. 175 f.): „Evaluative research in organisation development may not provide a complete or even accurate picture, but at least it offers food for thought."
Also Geschmackssache – und mehr noch: OE würde reifiziert oder anthropomorphisiert: Man nehme „OE", schütte sie in eine Organisation, führe sie nur richtig durch, und „alles" wende sich zum Besseren ...
So als ob „OE" als Mittel „quasi-automatisch" (wie ein Rohrreinigungsmittel) wirke ... ohne Menschen – von fast jedem gutwilligen Berater durchführbar –, nur das Verfahren an sich tue es schon. In Wirklichkeit aber ist – wie jeder weiß – die Wirklichkeit viel komplexer, undurchschaubarer, fluktuierender und mehrschichtiger. Rezeptologische Instant-Lösungen sind ausgeschlossen, und wildes Herumfuhrwerken mit allen möglichen Interventionen aus den unterschiedlichsten Sozio-Psycho-(Techno- Öko- und Marketing-) Trickkisten, und dies ohne Diagnose, Zielorientierung, Indikation, bringen kaum etwas – so die Erfahrung beratertrainierter Klienten und frustrationsgewohnter OE-Fachleute.

4. Gegenwärtige Bewegungen

Nicht wenige Kollegen der ersten Generation scheinen mittlerweile ausgewandert oder in andere Themengebiete umgezogen oder haben diversifiziert. Ich sehe folgende Bewegungen:

4.1 In die (Unternehmens-)Politik

Die anfänglich stark auf dem „Liebes-Paradigma" aufsetzende harmonistische OE-Euphorik verschiebt sich – wie Huse schon 1980 vorhersah (1980, S. 461 f.) in Richtung „Zugang und Umgang" mit Macht und politischen Steuerungssystemen. Zu oft scheiterten wohlmeinende (naive?) OE-Anstrengungen an den „hard facts" der „Headquarter" und an kurzfristigen Erfolgsorientierungen von „Hardlinern". Es liegt daher nahe, sich präventiv und frühzeitig den Zugang zu den Mächten zu verschaffen. Dies beinhaltet natürlich die Gefahr, daß der ehemals „neutrale" und partizipativ orientierte (externe) Berater und Trainer nun zu einer Art Geheimrat, Hofrat oder Chefberater mutiert (vgl. Weisbord, 1989, S. 1–24). (Vom OE-Neotaylorismus zum OE-Neomacchiavellismus?)

Vorstände werden deutlich wichtiger als partizipative Basisprozesse der klassischen OE, Ökologie, Perestroika und Glasnost die neuen Bezugsbilder und Politbüromitglied Portugalow Beraterberater (vgl. Lauterburg 1990c, S. 6–9). Die Gefahr, von den Top-Leuten neue heldenhafte übermenschliche Lösungshoffnungen zu beziehen bzw. auf sie zu projizieren, liegt dabei nahe. Das wäre dann wahrscheinlich eine neue Euphorie – nur auf einem höheren Niveau.

4.2 In die Tiefe (Tiefen-OE)

Einige sind mit hoher Priorität und mit bewußter Absicht bei der Erforschung sozialer Systeme geblieben bzw. zu ihr zurückgekehrt und versuchen – aufbauend auf psycho- und soziotherapeutischen Vorerfahrungen und in der Linie des reedukativen Zweigs der OE –, das Verständnis für bewußte und unbewußte, ausgesprochene, unausgesprochene und unaussprechbare Strukturen, Prozesse, Dynamiken und Phänomene im Wechselspiel Mensch und Organisation weiter zu vertiefen (vgl. zum Beispiel Mundo/OSTO Verein). Es wird versucht, von hier aus weitere Wege zur Reduzierung von Frustration, Leid, Ineffizienz usw. zu finden, dabei irreführende Illusionen zu desillusionieren, um eben gerade dadurch neue Chancen alternativer Lebens-, Lern- und Arbeitsmöglichkeiten zu eröffnen (vgl. Sievers 1973, 1978, 1982; Lawrence 1979a, b).

4.3 In die Esoterik

OE-Interventionen scheinen meines Erachtens auch zunehmend mehr in Kombinationen mit (allerdings noch weniger evaluierbaren) Techniken und Methoden der magisch-mystischen und esoterischen Welt aufzutreten, verbunden mit der Hoffnung, dadurch „neue" Erkenntnis- und Einflußmöglichkeiten gewinnen zu können. Hier wird ehemalige OE-Sozialromantik nun zur Himmelskomik, zu einer Selbst-Erlösungsillusion auf nunmehr transsystemischem Niveau (vgl. „OE und neue Medizinmänner", Rieckmann 1988a, S. 303 f.).

4.4 In die „Praktische OE"

Wer die Alltagspraxis in Unternehmen aus eigener Erfahrung kennt und sie auch außerhalb jeglicher OE-Brillen betrachtet, weiß, daß unter heutigen Bedingungen *ohne* bewußte, gezielte und professionelle Beachtung der Interdependenzen zwischen den „harten Fakten" (Hardware) der Business-Strategie, den Strukturen, Systemen und Verfahren einer Unternehmung einerseits und den „weichen Fakten" (Software) des Unternehmens (Führungsstil, Kultur, Qualität, Kommunikation, Motivation etc.) andererseits kaum wirklich „etwas richtig läuft" (vgl. Kropfberger 1986, S. 167 f.). Peters/Waterman (1984, S. 31 f.) geben Managern deswegen folgendes zu bedenken:

> „All das, was Sie so lange als nicht beeinflußbare, irrationale, intuitive oder informelle Elemente der Organisation abgetan haben, kann durch Führungsmaßnahmen gesteuert werden. Und diese Faktoren haben mit Sicherheit genausoviel oder noch mehr mit Erfolg (oder Mißerfolg) ihres Unternehmens zu tun als die formalen Strukturen und Strategien."

Denn: „Management ist heute *immer „duales Management"* – so einer meiner Kollegen, der hier an unserem Institut für Wirtschaftswissenschaften klassische BWL-Bereiche vertritt (Controlling, Planung, Strategie). Und das hieße, daß in diesem Sinne „OE" – wenn es nicht l'art pour l'art spiele – für das Management von Unternehmen unverzichtbar sei: Sach- und Personenebene müßten gleichermaßen gemanagt werden, wenn man heute noch erfolgreich sein will (Kropfberger 1990).

Ich fand das hochinteressant: Kam da etwa seitens eines nüchternen, zahlenorientierten BWL-Ordinarius der alte Harmoniegedanke der OE in anderen Kleidern wieder auf mich zurück? (Vgl. auch Kirsch/Trux 1979; Kirsch/Esser/Gabele 1979; Schertler 1985, S. 134–171; Kropfberger 1986, S. 154–175; Staehle 1989, S. 829–884.) Natürlich nicht: Die harmonistisch-normativen Partizipations- und Emanzipationsideale der klassischen euphorischen OE wurden hier nicht widergespiegelt. (Dafür aber die Praxis:) An erster Stelle standen das Unternehmen und der Unternehmenszweck. Aber gleich danach kam OE auf Platz 2. Nicht gleichrangig und gleichwertig, sondern nachgeordnet. Aber auf Platz 2 und nicht auf Platz 20. Fazit unserer Unterredung: „Sozialtechnologie" hin oder her – OE-Know-how wird bei der Umsetzung von Strategien in Strukturen, Kulturen und Prozesse, in Führung, Motivation und Qualifikation, in Entscheidung, Planung und Durchführung gebraucht, genauso gebraucht wie Geld, Technik, Kunden und Lieferanten ...

Und so entstand unter uns der Begriff der „praktischen Organisationsentwicklung". Will man die konkreten Leistungsmöglichkeiten einer „*Praktischen OE*" zusammenfassend darstellen (vgl. auch Comelli 1985, S. 417 f.), dann läßt sich trotz aller oben erwähnten und berechtigten Kritik – meiner Erfahrung nach – doch durchaus folgendes positiv und „handfest" anführen:

- Eine *Verbesserung der Kommunikation:* müheloser funktionierender Kommunikationskanäle auf Sach- und Beziehungsebene, genereller freierer und schnellerer Fluß von Informationen, „gemeinsamere" Sprache, weniger Papierkriege, mehr mündliche Kommunikation.
- Die *Zusammenarbeit* in und zwischen Gruppen und Hierarchieebenen wird *leichtgängiger*, adjuvativer und *leistungsfähiger.*
- *Reibungsverluste* durch persönliche Absicherungsstrategien, Intrigen und Konflikte *nehmen ab.* Der Umgang mit Konflikten geschieht graduell mit weniger Verdrängungen und Umleitungen. Das Kreativ- und Innovationspotential von Konflikten wird eher wahrgenommen und genutzt.
- Das *Betriebsklima* entspannt sich. Mehr Offenheit, Direktheit und Unkompliziertheit im Umgang miteinander (Individuen, Gruppen, ganze Organisation).
- *Führungsstile* entwickeln sich mehr in Richtung *Partizipation* und Mitarbeiterorientierung. Leistungsmotivierende Stimulanzeffizienz von Führung nimmt dabei gleichzeitig zu.
- *Bewußterer Umgang mit Zielen, Werten, Spielregeln* sowie Standards, Normen, und Verhaltenserwartungen *(Unternehmenskultur).* OE-Prozeßerfahrungen machen darüber hinaus normalerweise eher diffuse und un- bzw. vorbewußte Zusammenhänge in Organisationen und zwischen Menschen erkennbarer, sprachlich benennbarer, ansprechbarer und gezielter angehbar. Handlungskompetenz steigt.
- Die Aufgeschlossenheit für den *Nutzen von Feedback* (Lernen, Verhaltenssteuerung, Erfolg) steigt. Es wird häufiger praktiziert.

- Das Breitenverständnis für die *Vorteile „prozessualen und partnerschaftlichen Vorgehens"* (trotz scheinbaren Mehrzeitaufwandes für die vielen Diskussionen, Meetings und Gruppenarbeiten) steigt; die *Qualität der Problemwahrnehmung* und -definition, der Planung, *Entscheidungsfindung*, Zielsetzung und *Durchführung* steigt; das Wechselspiel zwischen Hierarchie und (Projekt-) Gruppenansatz entspannt sich bzw. wird zur Selbstverständlichkeit.
- Die *permanente Anpassung* von Verhalten, Qualifikationen und Einstellungen an geänderte Umfeldgegebenheiten werden spürbar erleichtert (weniger Angst und Widerstand, mehr Akzeptanz bis hin zu proaktiven Veränderungsbereitschaften und einer Veralltäglichung von Lernen und Umlernen).
- Die *Problemlösekompetenz* der Menschen und der Organisation steigt, Ressourcen werden in ihren Stärken und Schwächen bewußter und gezielter eingesetzt, entwickelt (Personalentwicklung, Managementenwicklung) und genutzt („Geistkapital Mensch").
- Die *Wahrscheinlichkeit von problem- und zielgerichteter Synergie und Selbstorganisation wächst* (bei später gleichzeitig sinkendem Managementaufwand) – allerdings nur in enger Kopplung und im Verein mit „anderen" Unternehmensaktivitäten in Bereichen wie Technologie, Marketing, Controlling, Personalwesen etc.
- Nicht selten sind Mitarbeiter, die in Veränderungs- und Eintwicklungsprozesse ihrer Arbeitsfelder und Organisationen mit einbezogen wurden (Gegenstrommodell) auch *zufriedener* und *engagierter* und *identifizieren* sich mehr mit „ihrer" Organisation als in Unternehmen mit rein autoritärer top-down Führungs- und Problemlösekultur.
- Gut laufende Prozesse dieser Art - so wird immer wieder berichtet – haben auch *positive Ausstrahlungseffekte auf andere Lebensbereiche* wie Familie, Vereine usw.

Allerdings können solche Verbesserungseffekte nachhaltig nur dann erzielt werden, wenn erfahrungsgemäß folgende Mindestvoraussetzungen bei den potentiellen Trägern solcher organisatorischer Veränderungs- und Entwicklungsprozesse vorliegen:

- Leidensdruck/Problembewußtsein/Ernsthaftigkeit (Anfangsenergie),
- Bereitschaft, die materiellen und immateriellen Kosten solcher längerfristigen und vielschichtigen Prozesse auf sich zu nehmen (Zeit, Geld, Arbeit, Nerven, Selbstbegegnung etc.),
- klarer Verzicht auf kurzfristige und sozialmanipulative Erfolgs- und Durchsetzungsabsichten (OE ist in der Regel nichts für autoritäre Führungskräfte),
- keine drückende Krisensituation,
- externe Beratung und Begleitung (Distanz und Know-how),
- OE-Ansatz muß als geeignet erscheinen (Indikation/Kontrakt!),
- explizite Diagnose/Zielsetzung (IST/SOLL) und Vision,
- Unterstützung durch die dominante Koalition des Systems („Schlüsselpersonen"/Machtpromotor),
- Systemkultur und praktiziertes Menschenbild muß kommunikativen, kooperativen, prozessualen und experimentell-lernorientierten Vorgehensweisen zumindest „gewogen" sein,
- Klarheit der ersten Vorgehensschritte,
- rollende Planung: von Schritt zu Schritt, mit eingebauter Manöverkritik/Konfliktbearbeitung (und möglicherweise wandernden Zielen und Visionen),
- strategische Einbettung der Lern- und Veränderungsprozesse in die Gesamtsystementwicklungsziele unter generalistisch-interdisziplinärer Einbeziehung ökonomischer, marktbezogener, technologischer, politischer u. a. Dimensionen (vgl. OSTO-Ansatz), um Einseitigkeiten, Holzwege, Umfeldattacken etc. zu minimieren bzw. Erfolgswahrscheinlichkeiten zu erhöhen,
- Sozialromantik, Omnipotenzphantasien, Naivität, Heldenerwartungen, l'art pour l'art und Euphorie vermeiden. Das Heil kommt woanders her. Statt dessen: Hören, sehen, reden, lernen – am Ball bleiben, durchhalten, nüchtern bleiben und arbeiten …

4.5 In einen Paradigmawechsel

Das heißt: statt OE nun das Management komplexer Probleme und Systeme. Denn: Die Entwicklung hatte ja deutlich gezeigt, daß die eindimensionale und primäre Fokussierung der OE auf psychosoziale Probleme des sozialen Systems einer Unternehmung – so wichtig sie war und ist – alleine nicht ausreiche (vgl. Zauner 1981, S. 39 f.; Beer 1989, S. 3 f.; Weisbord 1989, S. 9 f.; Rieckmann/Weissengruber 1990c u. a.). Im Vergleich zu den Gesamtproblemen eines Unternehmens kann zum Beispiel „Teamentwicklung" – wie es Beer radikal ausdrückte (1987a, S. 17) – mit dem Wasserspülen des Mundes beim Zahnarzt verglichen werden: Es ist nützlich – aber nicht die Hauptaufgabe einer Zahnbehandlung.

Mit anderen Worten: OE hat nur dann eine Zukunft, wenn sie strategisch (vgl. Benölken/Greipel 1989, S. 15 f.) systemisch, investiv und ertragsmäßig etwas zur Lösung unternehmerischer Problemstellungen aus der Sicht der Kunden beizutragen hat (vgl. auch Kropfberger 1986/1989/1990). Verbindungen mit Controlling, Marketing, Technik, Personalwirtschaft, Projektmanagement, Innovation, Rationalisierung, Strategie, Corporate Identity usw. sind daher einzugehen, Qualifikationsmuster und Anforderungen an OE-Berater dementsprechend multifunktional zu erweitern (vgl. Studium der OE im Rahmen einer generalistischen Betriebswirteausbildung, Universität Klagenfurt).

Das ist dann aber keine OE mehr im „klassischen", sprich: humanistisch-emanzipatorischen und normativen Sinne, sondern strategische Problem- und Prozeßberatung von Managern bezüglich der ganzheitlichen Gestaltung und Umgestaltung von sozio-techno-ökonomischen (offenen) Systemen in und mit ihren Wechselwirkungen ihrer jeweiligen Umwelten, ihren Selbstreferentialitäten (vgl. Luhmann 1990, S. 11 f.), ihren Energieströmen, ihren komplexen Dynamiken zwischen Ordnung und Chaos, zwischen Logik und Unverstehbarkeit usw. (vgl. dazu Beratungsansätze wie Hochschule St. Gallen; OSTO e. V., Klagenfurt; Gruppe Neuwaldeck – vgl. Exner et al. 1987; u. a.).

Organisationsentwicklung wird zur (mehrdisziplinären) Systementwicklung (und Unternehmensentwicklung). Klassisches OE-Know-how kann dabei unterstützend von großem Nutzen sein: durch Prozeßberatung, ganzheitliches Denken, Moderation, Sensibilisierung und Reflexion von Problemlöseprozessen, Initiierung und Institutionalisierung von bereichsübergreifendem Dauerlernen („Lernende Organisation") und Schaffung von Bedingungen, unter denen motiviertes und „fruchtbares" Arbeiten (eher) möglich ist (vgl. Rieckmann 1990a).

Auf dieser Abstraktions- oder Generalisierungsebene bahnt sich allerdings noch ein weiterer Mutationsschritt an: Systemberatung und -entwicklung wird auf diesem Unbestimmtheitsniveau allmählich zum Meta-Know-how, zur „Meta-OE": Prozeßwissen zur Gestaltung von Prozeßgestaltungen, Methoden, das Lernen-lernen zu lehren (Lernen III), generelle Problemlösestrategien etc. In diesem Stadium hat OE dann praktisch keine Identität mehr im alten Sinne (oder jedenfalls eine kaum noch erkennbare) und ähnelt eher einem Stück Zucker, nachdem es sich im Tee aufgelöst hat ...

In diesem Sinne sind vermutlich auch Schein und Beckhard zu verstehen (Schein 1989, S. 5), wenn sie meinen, daß „Organisationsentwicklung als Etikett obsolet werden könnte. Denn: was der Manager von morgen braucht, sind Konzepte und Werkzeuge für die Unternehmensführung in einer turbulenten, multi-kulturellen Umgebung, in der die Bezugsgröße für das Management nicht länger die einzelne Organisation sein könnte."

Komplexität, Dynamik, konstanter Wandel, Unterschiedlichkeiten (diversity), Interdependenz von Zentralisation und Dezentralisation, Globalisierung, Umwelt, Informationstechnologie, Schnittstellen, virtuelle Organisation, Heterarchien sowie viele andere unvermutbar auftauchende Probleme und Themen seien heute die zentralen Herausforderungen.

Die Aufgaben für den Berater haben sich dementsprechend zu wandeln (Schein 1989, S. 3): „Es sei ... unsere Aufgabe, unser Wissen und Expertentum für intelligentes Fragen zu verwenden ...", damit wir unserem Klienten helfen können zu verstehen, was vor sich geht ..., daß die Effektivität dieser Prozesse verbessert und dem Klientensystem geholfen wird, seine eigenen Fähigkeiten zur Verbesserung seiner Effektivität zu entwickeln." Also „Meta-OE".

5. Fazit: Der Stand heute

Die „klassische", humanistisch-emanzipatorische, und „normative OE" ist ihres uneinlösbaren Anspruches bezüglich Integration und Harmonie „überführt". OE in diesem Sinn scheint gestorben zu sein – wenn freilich in jedem von uns die geheime Sehnsucht nach erlösten Zuständen weiterlebt und auf der „säkularen" Ebene ökologischen Bewußtseins, oder in Glasnost und Perestroika, neu gestellt, sogar unausweichlich weitergestellt wird.

Die Hoffnungs- und Euphoriephase der OE war indes notwendig und immens produktiv: Sie hat unser Organisationsverständnis vertieft (vgl. Neuberger 1989, S. 13 f.), (betriebs)pädagogische Lehr- und Lernmethodik erweitert, Partizipationsoptionen verdeutlicht, psycho-soziales Knowhow im Umgang mit Arbeits-, Organisations- und Problemlöseprozessen, mit Führung, Motivation, Veränderung und Prozeßmanagement deutlich vermehrt sowie soziale Interventionen, Techniken und Instrumente gebracht, die, richtig indiziert und professionell angewendet, im Sinne „praktischer OE" von deutlichem wirtschaftlichen – und in zweiter Linie auch sichtbarem menschlichen – Nutzen sein können.

Insgesamt gesehen scheint mir die Entwicklung der OE in eine Dreiergestalt einzumünden: Sie hat sich aufgelöst

– in entmythologisierte „vernünftige" Sozialtechnologie im Sinne „Praktischer Organisationsentwicklung" einerseits,
– in allgemeines Problemlöse-Know-how im Sinne von „Meta-OE" andererseits und drittens
– in die sozioanalytische Dimension der Tiefen-OE.

Gleichzeitig führte die Entwicklung der OE auch in ein Paradox: Ihrer sozialromantischen Harmonie-Illusionen und missionarisch-normativen Dogmatismen entkleidet, wird „praktische OE" gerade dadurch mehr denn je nachgefragt. Heute beschäftigt sich fast jede namenhafte Firma mit OE: „Vor 10 Jahren – so Lauterburg (1990b, S. 81) – war die Szene noch durchsetzt mit ‚Psycho-Freaks'... und ‚Sozio-Technokraten'... Heute sind wir auf dem Wege zu einer ganzheitlichen, realistischen und effektvollen Fachdisziplin."

Die verlorengegangene kritisch-explorative, emanzipatorische und normative Dimension der „euphorischen" OE taucht übrigens auch wieder auf, wenn auch derzeitig unter anderen Etiketten und in anderen Bereichen (Human resource management, Training, Personalpolitik etc.). Denn: die komplizierter werdenden wirtschaftlichen Verwertungszwänge brauchen auch weiterhin mehr und mehr die kreativen Reservepotentiale des ganzen Menschen, seinen Geist, seine Erkenntnis, seine Verantwortung: Wo aber vom Menschen in seiner Arbeit ein „Mehr" als das bloße Instrument verlangt wird – so Heintel (1988, S. 159) –, wird der Mensch auch mehr sein wollen. Der (reine) Instrumentencharakter des Menschen und der „Praktischen OE" wird genau von hier aus in eine weitere, abermals paradoxe Widerspruchsituation geraten, was zu einer tendenziellen Aufhebung ihrer Instrumentalitäten und unter Umständen auch zu einer Renaissance der „alten" OE in neuem Gewande führen könnte (vgl. auch hierzu die Kontroverse (und Synthese) zwischen Neuberger 1989, 1990a, 1990b, und Rieckmann 1989, 1990b).

Was jedoch die praktischen Arbeitsfelder von heute anbetrifft, so scheint eine wachsende Anzahl von Kollegen meiner Generation – die euphorische und die „normative OE" hinter sich gelassen habend – zunehmend mehr im Bereich der „Meta-OE" zu arbeiten: Im Vordergrund steht dabei – wie ich oben schon erwähnte – das allgemeine Bemühen, Menschen bei der „Lösung" diffuser und komplexer Probleme zu helfen: „Das Beste, was ein Berater tun kann", so Weisbord im Zusammenhang mit „künftigen Grundlagen für Management und Beratung" (1989, S. 11), ist, „Gelegenheit für die Leute zu schaffen, damit sie entdecken und tun können, was sie ohnehin wollen ... (und) ... Menschen zu helfen, eine ganzheitliche Sicht dessen zu entdecken, was sie machen ..."

Und – so würde ich fortsetzen – dafür zu sorgen, ihre Wahrnehmungsfähigkeiten offenzuhalten, Komplexität und Dynamik auszuhalten, um – mit einer gewissen Chaoslust und -kompetenz (vgl. Doppler 1989, S. 17 f.) – Energiefelder zu sehen und neue Optionen kreativ zu nutzen.

Und so sehe auch ich derzeitig meine eigene Tätigkeit: Was ich tue, ist „nurmehr" Arbeit. Ich versuche, mit dem, was ich kann, meinen Klienten – aus welchen Organisationen, Kulturen und (inter)disziplinären Kontexten sie auch immer stammen mögen – zu helfen, sich selbst und ihre Probleme, Chancen, Risiken besser zu verstehen, effektvolle Handlungsmöglichkeiten zu entdecken und Zwischenlösungen zu erreichen. Nicht mehr – nicht weniger.

Ich mußte (und wollte) mich dabei zum Generalisten entwickeln (Rieckmann/Weissengruber 1990c). Das Know-how der „praktischen OE" ist dabei wertvoll und unerläßlich, freilich in Ergänzung mit weiteren Qualifikationen (zum Beispiel betriebswirtschaftlicher und managerieller Art) und einer erweiterten positiven Wahrnehmung für interdisziplinäre Zusammenhänge und Zusammenarbeit.

Literatur

BARTÖLKE, K., Organisationsentwicklung, in: Grochla, E. (Hrsg.), Handwörterbuch der Organisation, 2. Aufl., Stuttgart 1980.

BARTÖLKE, K., FRICKE, W., RIECKMANN, H., WÄCHTER, H., OD in the Federal Republic of Germany and Austria as a Search for Changing Employer – Employee Relationsships, Arbeitspapier Nr. 38 des Fachbereichs Wirtschaftswissenschaft der Gesamthochschule Wuppertal, 1979.

BECKER, H., LANGOSCH, I., Produktivität und Menschlichkeit. Organisationsentwicklung und ihre Anwendung in der Praxis, Stuttgart 1984.

BEER, M., Auf dem Weg zu einer Neudefinition der Organisationsentwicklung: eine Kritik des Forschungsansatzes und der Methode, in: Zeitschrift Organisationsentwicklung, (8) 3/1989, S. 11–13.

BEER, M., Die OE hat wenig Identität und Theorie und muß sich mehr den Aspekten der Wirtschaftlichkeit widmen (ZDF-Interview, Fazit eines Gesprächs K. Trebesch mit M. Beer), in: Zeitschrift Organisationsentwicklung, (8) 3/1989, S. 14–17.

BENNIS, W., Organisationsentwicklung. Ihr Wesen, ihr Ursprung, ihre Aussichten, Baden-Baden 1972.

BENNIS, W. G., BENNE, D. D., CHIN, R., The Planning of Change, 3rd ed., New York 1969 (1976).

BENÖLKEN, H., GREIPEL, P., Strategische Organisationsentwicklung. Langfristige Unternehmenssicherung durch integrierte Strategie- und Organisationsentwicklung, in: Zeitschrift Organisation, 1/1989, S. 15–26.

BLAKE, R. R., MOUTON, J. S., Grid Organization Development, in: Personnel Administration, Jan/Feb 1967

BOCHENSKI, J. M., Europäische Philosophie der Gegenwart, 2. Aufl., Bern 1951.

BRIEFS, U., „Organisationsentwicklung" im Spannungsfeld von Systembedingungen und „Humanisierungsanspruch" – Anmerkungen zur OE aus gewerkschaftlicher Sicht, in: Trebesch, K. (Hrsg.), Organisationsentwicklung in Europa, Bd. 1A, Bern 1980.

BUNDESVERBAND JUNGER UNTERNEHMER, Leitfaden Organisationsentwicklung, Wuppertal 1978.

BURKE, W. (ed.), The Cutting Edge: Current Theory and Practice in Organization Development, La Jolla, CA 1978.

COCH, L., FRENCH, J., Overcoming Resistance to Change, in: Human Relations, (1) 1948, S. 512–532.

COMELLI, G., Training als Beitrag zur Organisationsentwicklung. Handbuch der Weiterbildung für die Praxis in Wirtschaft und Verwaltung, München 1985.

CROCKETT, W. J. (1974), An Unfinished Revolution, in: Industrial Training International, (9) 10/1974, S. 294–296.

DAVIS, L. E., TAYLOR, T. C. (eds.), Design of Jobs, Harmondsworth 1972.

DOPPLER, K., Gruppendynamik und Organisationsentwicklung: Von der Bedeutung systemischen Denkens für die Professionalität von Trainern und Beratern, in: Zeitschrift Organisationsentwicklung, (8) 4/1989, S. 17–23.

DÖRNER, D., Die Logik des Mißlingens. Strategisches Denken in komplexen Situationen, Reinbek bei Hamburg 1989.

ECO, U., Der Name der Rose, München 1982.

ELDEN, M., Organization Development as Organizational Democratization?, in: Tannenbaum, R. u. a., Leadership and Organization, La Jolla 1985.

EMERY, F. E., THORSRUD, E., Form and Content in Industrial Democracy, London 1969.

EMERY, F. E., TRIST, E. L., Socio-technical Systems, in: Emery, F. E. (Hrsg.), System thinking, Harmondsworth 1969.

EVANS, M. G., Failures in OD Programs – what went wrong?, in: Business Horizons, (17) 2/1074, S. 18–22.

EXNER, A., KÖNIGSWIESER, R., TITSCHER, S., Unternehmensberatung – systemisch, in: Zeitschrift Organisationsentwicklung (7), 4/1988, S. 1–33.

FRANKLIN, J. L., Characteristics of Successfull and Unsuccessfull Organization Development, in: Journal of Applied Behavioral Science, (12) 4/1976, S. 471–492.

FRENCH, W. L., BELL, C. H., Organisationsentwicklung. Sozialwissenschaftliche Strategien zur Organisationsveränderung, 2. Aufl., Stuttgart 1982 (1979).

GAVIN, J. F., MCPHAIL, S. M., Intervention and Evaluation: A Proactive Team Approach to OD, in: Journal of Applied Behavioral Science, (14) 2/1978, S. 175–195.

GESELLSCHAFT FÜR ORGANISATIONSENTWICKLUNG (GOE) e. V., Leitbild und Grundsätze der Gesellschaft für Organisationsentwicklung („Credo"), Langenfeld (jetzt Grünwald) 1980.

GLASL, F., Wie geht Organisationsentwicklung mit Macht in Organisationen um?, in: Zeitschrift Organisationsentwicklung (2) 2/1983, S. 41–71.

GLASL, F., Konfliktmanagement: Diagnose und Behandlung von Konflikten in Organisationen, 2. Aufl., Ein Buch für Führungskräfte und Berater, Bern 1990.

GLASL, F., HOUSSAYE, L. d. I., Organisationsentwicklung. Das Modell des Instituts für Organisationsentwicklung (NPI) und seine praktische Bewährung, Bern 1975.

HEINTEL, P., Menschenbild und Arbeitsorganisation, in: Meyer-Dohm, P., Tuchtfeldt, E., Wesner, E. (Hrsg.), Der Mensch im Unternehmen, Bern 1988, S. 141–168.

HEINTEL, P., KRAINZ, E. E., Projektmanagement. Eine Antwort auf die Hierarchiekrise, Wiesbaden 1988.

HUSE, E. F., Organization Development and Change, St. Paul, Minn., 2nd ed. 1980, 3rd ed. together with Cummings, T. G. 1985.

KAPPLER, E., Wem nützt Organisationsentwicklung? Acht kritische Thesen und ihre Begründung, in: Koch, H. u. a., Organisationsentwicklung in Theorie und Praxis, Frankfurt 1980, S. 214–226.

KIRSCH, W., ESSER, W., GABELE, E., Das Management des geplanten Wandels von Organisationen, Stuttgart 1979.

KIRSCH, W., TRUX, W., Strategische Frühaufklärung und Portfolio-Analyse, in: Zeitschrift für Betriebswirtschaft-Ergänzungsheft 2, 1979, S. 47 ff.

KROPFBERGER, D., Erfolgsmanagement statt Krisenmanagement. Strategisches Management in Mittelbetrieben, Linz 1986.

KROPFBERGER, D., Erfolgreiche Unternehmensführung zur Jahrtausendwende, Typoskript, Universität Klagenfurt 1989.

KROPFBERGER, D., Controlling und Kultur der Unternehmung, Typoskript, Universität Klagenfurt 1990.

KUBICEK, H., LEUCK, H. G., WÄCHTER, H., Organisationsentwicklung: entwicklungsfähig und entwicklungsbedürftig, in: Gruppendynamik (10) 5/1979, S. 297–318.

KÜLLER, H., Organisationsentwicklung – ein neues Instrument unternehmerischer Rationalisierungspolitik, in: Agogik, Sept. 1981, S. 2–13.

LANZENBERGER, M., „Wer manipuliert wen?" – Die Rolle von Machtkonstellation in der OE-Beratung, ihr Einfluß auf den „Vertrag" zwischen Unternehmen und Beratung – Ein Fallbeispiel, in: o. O., o. J., S. 309–313.

LASKE, S., SCHNEIDER, U., WOLFF, R., Organisationsentwicklung als Alltagsentwicklung, in: Hinterhuber, H., Laske, S. (Hrsg.), Zukunftsorientierte Unternehmenspolitik, Freiburg 1984, S. 227–246.

LAUTERBURG, C., Vor dem Ende der Hierarchie. Modelle für eine bessere Arbeitswelt, Düsseldorf 1978.

LAUTERBURG, C., Organisationsentwicklung – Strategie der Evolution, in: Industrielle Organisation, (49) 1/1980, S. 1–4.

LAUTERBURG, C., Führung in den Neunzigerjahren, in: Zeitschrift Organisationsentwicklung, (8) 1/1990, S. 6–23.

LAUTERBURG, C., Was halte ich für wichtige Trends in diesem Bereich?, in: Edding, C., Lauterburg, C., Glasnost und Perestroika – ein Gespräch mit Nikolaj Portugalow, in: Zeitschrift Organisationsentwicklung, (8) 2/1990, S. 6–19.

LAWRENCE, W. G., Die Methode der offenen Systeme für das Gruppenbeziehungstraining des Tavistock Institutes, in: o. V. Die Psychologie des 20. Jahrhunderts, Band VII, Zürich 1979, S. 659–666.

LAWRENCE, W. G. (ed.), Exploring Individual and Organizational Boundaries, Chicester 1979.

LEHRNER, R., Funktionale Mitbestimmung bei „Herz Armaturen AG", in: Gruppendynamik, 1976, S. 108–119.

LEWIN, K., LIPPIT; R., WHITE, R. K., Patterns of Aggressive Behavior in Experimentally Created „Social Climates", in: Journal of Social Psychology, 10/1939, S. 271–299.

LIPPIT, R., Von der Trainingsgruppe zur Organisationsentwicklung. Interview, in: Gruppendynamik, 4/1974, S. 270–282.

LUHMANN, N., Ein Briefwechsel zum Verständnis von OE, Soziale Systeme, in: Zeitschrift Organisationsentwicklung, (8) 3/1989, S. 18–19.

LUHMANN, N., Was tut ein Manager in einem sich selbst organisierenden System?, in: gdi impuls, 1/1990, S. 11–25.

MARROW, A., Events Leading to the Establishment of the National Training Laboratories, in: Journal of Applied Behavioral Science, Jan./Febr. 1967, S. 145–150.

MARROW, A., The Practical Theorist, New York 1969

MASTENBROEK, W. F. G., Organisationsentwicklung und Umgang mit Konflikten, in: o. O., o. J., S. 323–336.

MENZIES, J. E. P., Die Angstabwehr-Funktion sozialer Systeme. Ein Fallbericht, in: Gruppendynamik, 5/1974, S. 183–216.

MIRVIS, P., BERG, D. (Hrsg.), Failures in Organization Development and Change. Cases and Essays of Learning, New York 1977.

MUNDO: Arbeitskreis zur Förderung des Lernens von Menschen und Organisationen e. V., D 5600 Wuppertal 1, Wotanstraße 10.

NEUBERGER, O. Organisationspsychologie am Beispiel der Organisationsentwicklung, Universität Augsburg, Augsburger Beiträge zur Organisationspsychologie und Personalwesen, Heft 8/1989, S. 13–37.

NEUBERGER, O., Der Mensch ist Mittelpunkt. Der Mensch ist Mittel. Punkt., in: PersonalFührung, 1/1990, S. 3–10.

NEUBERGER, O., Personalpraxis im Spannungsfeld von Objektivität, Intersubjektivität und Subjektivität, in: Zeitschrift für Personalforschung, 1/1990.

NEUMANN, R. Zur Evaluation von Organisationsentwicklungsprojekten: Ansätze, Methoden, Problemfelder, Universität Klagenfurt, Diplomarbeit 1989.

NORD, W. R., Economic and Socio-cultural Barriers to Humanizing Organizations, in: Meltzer, H. u. a. (Hrsg.), Humanizing Organizational Behavior, Springfield, Ill. 1976.

OSTO – Verein für offene Systementwicklung: Verein zur Förderung und Entwicklung systemischen Managements, p. A. Institut für Wirtschaftswissenschaften an der Universität Klagenfurt, A-9022 Klagenfurt, Universitätsstraße 65–67.

PETERS, T. J., WATERMAN, R. H. j., Auf der Suche nach Spitzenleistungen. Wie man von den bestgeführten US-Unternehmen lernen kann, Landsberg/Lech 1984.

PIEPER, R., Diskursive Organisationsentwicklung. Ansätze einer sozialen Kontrolle von Wandel, Berlin 1988.

PONGE, F., Organisationsentwicklung in Wirtschaftsunternehmen – Kritik und mögliche Problemlösungen, Universität Wuppertal, Diplomarbeit 1981.

RHUE, M., Die Welle – Bericht über einen Unterrichtsversuch, der zu weit ging, Ravensburg 1984.

RICCIARDI, A., Das Tavistock-Modell des Human Relations Trainings, in: Kutter, P. (Hrsg.), Gruppendynamik der Gegenwart, Darmstadt 1981, S. 376–392.

RICHTER, H. E., Der Gotteskomplex. Die Geburt und die Krise des Glaubens an die Allmacht des Menschen, Hamburg 1986.

RIECKMANN, H., Jesus Christ als Change Agent, Typoskript, Wuppertal 1978.

RIECKMANN, H., 5 Jahre „Internal Change Agent". Vorläufiges Fazit eines Lebens zwischen „Erweckungsbewegung" und „Sozialtechnologie", in: Trebesch, K. (Hrsg.), Organisationsentwicklung in Europa, Bd. 1B, Bern 1980, S. 351–389.

RIECKMANN, H., Auf der grünen Wiese ... Soziotechnisches Design und Offene-System-Planung, Bern 1982.

RIECKMANN, H., OE-Interventionen. Ein Systematisierungsversuch in zwei Teilen, in: Zeitschrift Organisationsentwicklung, (2) 2 und 4, 1983, S. 17–39 und 55–78.

RIECKMANN, H., Was ist Organisationsentwicklung, und wo kann sie was leisten?, in: Fortschrittliche Betriebsführung und Industrial Engineering, (32) Juni 1983, S. 151–155.

RIECKMANN, H., Gründe, woran organisatorische Veränderungsprozesse u. a. manchmal scheitern können ... (Management komplexer Systementwicklungsprozesse), Typoskript, Klagenfurt 1985.

RIECKMANN, H., Tendenzen der Organisationsentwicklung, in: Meyer-Dohm, P., Tuchtfeldt, E., Wesner, E. (Hrsg.), Der Mensch im Unternehmen, Bern 1988, S. 287–309.

RIECKMANN, H., 20 Thesen zur zukünftigen Managementwicklung in der Wirtschaft, in: Kastner, M., Gerstenberg, B. (Hrsg.), Neue Trends im Personalwesen. Personalplanung, -entwicklung und -pflege in Wirtschaft und Verwaltung, Landsberg/Lech 1988, S. 49–62.

RIECKMANN, H., Organisationsentwicklung als Element strategischer Personalpolitik und Personalentwicklung. 19 Thesen und 1 Anti-These, in: PersonalFührung, 7/1989, S. 686–693.

RIECKMANN, H., Fruchtbar arbeiten, in: Kemm, R., Hirsbrunner, D. (Hrsg.), Entwicklungspotentiale: Erkennen und Nutzen. Ein Lesebuch für die Praxis, Bern 1990, S. 125–155.

RIECKMANN, H., Sieben Thesen und ein Fazit. Eine Antwort auf acht Thesen von Neuberger, in: PersonalFührung, 1/1990, S. 12–17.

RIECKMANN, H., WEISSENGRUBER, P., Managing the unmanageable? oder ... lassen sich komplexe Systeme überhaupt noch steuern? Offenes Systemmanagement mit dem OSTO-System-Ansatz, in: Kraus, H., Kailer, N., Sandner, K. (Hrsg.), Management Development im Wandel, Wien 1990, S. 27–96.

SCHEIN, E. H., Organisationsentwicklung: Wissenschaft, Technologie oder Philosophie?, in: Zeitschrift Organisationsentwicklung, (8) 3/1989, S. 1–10.

SCHERTLER, W., Unternehmensorganisation. Lehrbuch der Organisation und strategischen Unternehmensführung, 2. Aufl., München 1985.

SCHMIDT, J., Von der Organisationsentwicklung zur Selbstorganisation: Prozeßbeschreibung und pragmatische Konsequenzen, in: Zeitschrift Organisationsentwicklung, (6) 4/1987, S. 43–61.

SCHMIDT, J., Mit einem „Sprung" in die 90er Jahre? Bemerkungen zu einer Fortbildung der 2. Generation, in: Zeitschrift Organisationsentwicklung, (8) 1/1990, S. 64–74.

SCHREYÖGG, G., Organisationsentwicklung im Zielkonflikt: Umweltanpassung versus Selbstverwirklichung, in: o. O., o. J., S. 315–322.

SCHULZ-WIMMER, H., Organisationsentwicklung, Grenzen und Möglichkeiten einer wissenschaftlichen Methode, in: HARVARDmanager, o. J., S. 32–41.

SCHWARZ, G., Organisationsentwicklung praktisch. Zur „Logik" von Organisationen. Zusammenhang zwischen Produkt und Unternehmensstruktur, in: o. O., o. J., S. 299–308.

SIEVERS, B., Autorität und Organisation. Ein Laboratorium des Tavistock-Institutes, in: Soziale Welt, 24/1973, S. 361–383.

SIEVERS, B., Organisationsentwicklung als Aktionsforschung, in: Zeitschrift Organisationsentwicklung, (47) 4/1978, S. 209–218.

SIEVERS, B., Organisationsentwicklung als Lernprozeß personaler und sozialer Systeme. Oder: Wie läßt sich Organisationsentwicklung denken, in: Zeitschrift Organisationsentwicklung, (1) 1/1982, S. 2–16.

SIEVERS, B. (Hrsg.), Organisationsentwicklung als Problem, Stuttgart 1977.

STAEHLE, W. H., Management. Eine verhaltenswissenschaftliche Perspektive, 4., neubearb. und erw. Aufl., München 1989.

TANNENBAUM, A. S., Control in Organizations, New York 1968.

THORSRUD, E., Socio-technical Approach to Job Design and Organizational Development, in: Management International Review, 1968, S. 120–136.

TREBESCH, K. (Hrsg.), Organisationsentwicklung in Europa, Band 1A: Konzeptionen; Band 1B: Fälle, Bern 1980.

TREBESCH, K., Ursprünge und Ansätze der Organisationsentwicklung, in: Industrielle Organisation, (49) Sondernummer 1/1980, S. 9–12.

TREBESCH, K., 50 Definitionen der Organisationsentwicklung – und kein Ende, in: Zeitschrift Organisationsentwicklung, (1) 2/1982, S. 37–66.

TREBESCH, K., Organisatoren und Organisationsentwicklung – Selbstverständnisse, Mißverständnisse und Perspektiven, in: Zeitschrift Organisationsentwicklung 2/1983, S. 84–89.

TREBESCH, K., Organisationsentwicklung in der Krise?, in: Hinterhuber, H., Laske, S. (Hrsg.), Zukunftsorientierte Unternehmenspolitik, Freiburg 1984, S. 312–331.

TREBESCH, K., Kann und soll man die Effizienz von OE-Prozessen messen – was biete ich an?, in: Zeitschrift Organisation, (3) 2/1984, S. 57–61.

TREBESCH, K., Ein Breifwechsel zum Verständnis von OE – Luhmann – Trebesch, in: Zeitschrift Organisationsentwicklung, (8) 3/1989, S. 18–19.

TURQUET, P. M., Bedrohung der Identität in der großen Gruppe, in: Kreeger, L. (Hrsg.), Die Großgruppe, Stuttgart 1977, S. 2–16.

VANSINA, L. S., Organisationsentwicklung – quo vadis?, in: Gruppendynamik, 7/1976, S. 82–108.

VANSINA, L. S., Berufliche Beratungs-Praxis: Wege zur Entwicklung ausgeglichener Ausbildungsprogramme, in: Zeitschrift Organisationsentwicklung, (8) 2/1989, S. 25–47.

WÄCHTER, H., Organisations-Laboratorium. Erfahrungsbericht über ein Seminar des Tavistock-Institutes und Vorschlag eines Designs für ein Organisations-Laboratorium als praxisbezogene Studienform, Universität Trier, Arbeitspapier Nr. 9 (Fachbereich IV) 1978.

WÄCHTER, H., Organisationsentwicklung. Notwendig, aber paradox, in: Zeitschrift Organisation, 2/1983, S. 61–66.

WALTON, R. E., WARWICK, D. P., The Ethics of Organization Development, in: Journal of Applied Behavioral Science, (9) 6/1973, S. 681–698.

WEISBORD, M. R., The Gap between OD Practice and Theory – and Publication, in: Journal of Applied Behavioral Science, (10) 4/1974, S. 476–484.

WEISBORD, M. R., Interview, a dean of American OD interviewed by Leonard Goodstein, in: Group & Organization Studies, (6) 2, June/1981, S. 135–160.

WEISBORD, M. R., Some Reflections on OD's Identity Crisis, in: Group & Organization Studies, (6) 2, June/1981, S. 161–175.

WEISBORD, M. R., Künftige Grundlagen für Management und Beratung, in: Zeitschrift Organisationsentwicklung, (8) 2/1989, S. 1–24.

WIMMER, R., Zur Notwendigkeit einer Weiterentwicklung des OE-Ansatzes, Universität Klagenfurt, Habilitationsschrift 1990.

WOLFF, R., Unterentwicklung der Organisationsentwicklung, in: Die Unternehmung, (38) 2/1984, S. 133–145.

ZAUNER, A., Schlagwort Organisationsentwicklung. Vom Ökonomismus zum Psychologismus in der betriebswirtschaftlichen Theoriebildung, in: Österreichische Zeitschrift für Soziologie, (6) 3/1981, S. 39–47.

Achtes Kapitel

Unternehmerische Avantgarde und Fortschrittsfähige Organisation

Dr. Hartmut Bretz

1. Vorsicht: „München wird modern"

Tafeln mit dieser Aufschrift rufen es Ende der sechziger Jahre jedem in der Hauptstadt des Freistaats zu: Im Vorfeld der Olympiade erlebt München einen enormen Modernisierungsschub. Gigantische Investitionen in Sportarenen, Unterkünften und Infrastruktur nähren das Selbstwertgefühl, den Stolz auf die Errungenschaften des Fortschritts.

Bis eines Tages ein ahnungsloser Passant – höchstwahrscheinlich einer jener Deutschen, die ihr Zuhause nördlich des Mains haben – ein „Preuße" also – den Satz nuanciert anders betont:

„München wird modern"

Die Fortschrittsparole wird zur Fäulnisparole. Wird sich München – trotz/wegen seiner Fortschrittsgläubigkeit – dereinst, in absehbarer Zeit, bald, es hat schon begonnen – in Fäulnis, Verwesung, Moder auflösen? Ist dies die Wahrheit des Fortschritts? (Vgl. Welsch 1989, S. 138 f.)

Das Palimpsest steht für den Tod der modernen Avantgarden. Antiquiert ist heute die „große Erzählung" (Lyotard 1986) von der Emanzipation aus der Spießbürgerlichkeit der Bourgeois, denn sie hat Fortschritt mit Einheitssprache, Beschränkung und Formalismus verwechselt. Die alten, mit den „Hypotheken einer usurpatorischen Herrschaftsklasse" (De Duve 1989, S. 193) belasteten Werte sollten zertrümmert werden, um an ihre Stelle ein elementares visuelles Alphabet, eine einfache Syntax zu stellen: „Weniger ist mehr!" (Mies van der Rohe)

Jedermann sollte diese Sprache sprechen, sich mit diesen einfachen, reduzierten Formen verständigen können. „Kommunikatives Handeln" (Habermas 1981) findet entsprechend seine Erfüllung im rationalen, durch festliegende Regeln gesicherten Konsens.

Der Rationalisierungswahn in unseren (Groß-)Unternehmen ist das konsequente Spiegelbild modernen Denkens: „Wissenschaftliche" Betriebsführung seit Frederick Taylor, Henri Fayol und Max Weber will den lebendigen Führungsalltag auf technische Kategorien, auf gesatzte, bürokratische Regeln reduzieren. Tote Kategorien wie Funktionalität, Kontrolle, Sachlichkeit und Effizienz sollten Führungen revolutionieren(!). Max Weber (1947, S. 203 ff.) selbst führt diese eindimensionale Fortschrittsvision wie folgt zu Ende:

„Niemand weiß noch, ... ob am Ende dieser ungeheuren Entwicklung ganz neue Propheten oder eine mächtige Wiedergeburt alter Gedanken und Ideale stehen werden, oder aber – wenn keins von beiden – mechanisierte Versteinerung, mit einer Art von krampfhaftem Sichwichtignehmen verbrämt. Dann allerdings könnte für die ‚letzten Menschen' dieser Kulturentwicklung das Wort zur Wahrheit werden: ‚Fachmenschen ohne Geist, Genußmenschen ohne Herz: Dies Nichts bildet sich ein, eine nie vorher erreichte Stufe des Menschentums erstiegen zu haben'."

„Der Mensch ist Mittel. Punkt." (Neuberger 1990) Der Mensch muß sich vor Übergriffen des Systems schützen. Der Mensch gibt seine Gefühle, sein lebendiges Menschsein am Werkstor ab, um nicht etwa unreflektiert in der organisatorischen Mausefalle zermalmt zu werden. Der Mensch reagiert auf die steigende Bürokratisierung im Management mit Entzug. Seine Orientierung verschiebt sich von der Arbeit in die Freizeit (vgl. für viele Rosenstiel/Stengel 1987); die „Berufung" verkommt zum „Job". Die Identifikation mit der Aufgabe geht gegen Null.

Die Unvollkommenheit des Faktors Mensch also als Hindernis für die Verwirklichung des modernen Fortschrittsideals? Gott sei Dank! Denn der Mensch ist Mittelpunkt, und zwar in seiner jeweils partikularen Ein*zig*artigkeit – nicht in seiner Ein*heitlich*keit. Er treibt die Veränderungsprozesse im Unternehmen – oder eben nicht; sein Selbstverständnis, sein Leben entscheidet darüber, ob eine Organisation lernfähig, ob sie fortschrittsfähig ist – oder eben verkrustet und wandlungsunfähig.

Der *Vorsicht* vor den Heilsversprechen der Moderne möchte ich vier weitere „*Sichten*" hinzufügen, die diesem Standpunkt Farbe verleihen sollen.

Da ist zunächst *Aussicht* in eine postmoderne Welt, die eine „positive Vision der Vielfalt unterschiedlicher Sprachspiele, Handlungsformen, Lebensweisen, Wissenskonzepte etc." (Welsch 1988, S. 12) entwickelt. Darauf baut die Weitsicht einer

Moderne und postmoderne Welt		
	Moderne	**Postmoderne**
Telos der Evolution	*Konvergenz* Einheitlichkeit: Synthese unter das Allgemeine Universalismus: globale Wahrheiten Kontinuität: Sicherheit und Weltbeherrschung	*Proliferation* Einzigartigkeit: Pluralität von Lebensformen Relativismus: lokale Wahrheiten Diskontinuität: Eröffnung neuer Welten
Komplexitäts-handhabungs-strategie	*Dichotomie* Zweiwertige Logik: entweder – oder Festlegen: Kategorisierung von Information Bändigung der Komplexität	*Paradoxie* Mehrwertige Logik: sowohl als auch Offenlassen: Aufspannen unendlicher Information Entfesselung der Komplexität
Weltzugang	*Vorherrschaft der Wissenschaft* Rationalität als absolutes Maß der Dinge Unterordnung unter Gesetze und Logizismen Legitimation durch übergeordnete Utopien	*Rehabilitierung des Mythos* Vielfältige Weisen der Welterzeugung Eigenwert von Ästhetik und Imagination Narratives Wissen legitimiert sich selbst
Telos der Sprache	*Konsens und Intersubjektivität* Universale Sprachkompetenz Grammatik: allgemein akzeptierte Regeln Konformität: Einhaltung von Regeln	*Paralogie: Agonistik der Sprechakte* Inkommensurabilität der Sprachspiele Heteronomie: Regeln entstehen aus dem Spiel Verfremdung: Suche nach neuen Spielzügen
Gesellschaftliche Konsequenzen	*Elitekultur* Ausdifferenzierung von spezialisierten Subsystemen Esoterik: Intellektuellenhegemonie	*Massenkultur* Öffnung und Interpenetration von Subsystemen Exoterik: Demokratisierung von Wissenschaft/Kultur

Abbildung 1

evolutionstheoretisch fundierten Organisationstheorie auf, die den Fortschrittsbegriff aus seiner Eindimensionalität löst und an der „Befriedigung der Bedürfnisse der direkt und indirekt Betroffenen" (Kirsch 1990, S. 68) festmacht. Sie macht den Weg frei für die konsequente *Absicht* jener Persönlichkeiten, die sich als Wegbereiter sehen für eine den Menschen dienende, sie inspirierende und erweiternde Organisation.

Nimmt man die Pluralität menschlicher Bedürfnislagen ernst, so erfordert diese Transformation unserer Unternehmen *Rücksicht*: Avantgarde soll Vielfalt nicht mehr überwinden, sondern innovative Wege des Austauschs zwischen den Standpunkten finden.

2. Aussicht: Wege aus der Moderne

So der Titel eines von Wolfgang Welsch (Hrsg. 1988) herausgegebenen Sammelbandes mit Schlüsseltexten der Postmoderne-Diskussion. Architekten, Literatur- und Geschichtswissenschaftler, Autoren, Künstler und Philosophen zeichnen dort das Bild einer qualitativ neuen Welt. Abbildung 1 zeichnet fünf inhaltliche Wege nach.

Von der Konvergenz zur Proliferation

Modern gefaßt zielt Evolution allgemein (oder konkret: die Entwicklung eines Unternehmens) auf Konvergenz ab: Grundsätzlich werden alle beobachteten Phänomene der „gültigen Weltsicht" untergeordnet. „Neues" und „Herausforderndes" wird im modernen Verständnis entweder nicht wahrgenommen oder im Sinne einer Weltbeherrschungsstrategie unterdrückt. Hiervon hebt sich die Proliferation als postmoderner Telos („Fluchtpunkt") schlechthin scharf ab:

„Die Bewegung verläuft von der einen und einzigen Wahrheit und einer fertig vorgefundenen Welt zum Erzeugungsprozeß einer Vielfalt von richtigen und sogar konfligierenden Versionen oder Welten." (Goodman 1984, S. 10)

Nur eine Pluralität von jeweils in sich einzigartigen Kulturen kann die postmoderne Welt mit ihren Inkonsistenzen, Brüchen und Unbestimmtheiten adäquat widerspiegeln: „Anything goes" (Feyerabend 1986).

Von der Dichotomie zur Paradoxie

„Modern" werden Lösungsansätze für komplexe Probleme anhand von dichotomen Gegensatzpaaren wie „rational/irrational", oder „fortschrittlich/reaktionär" beurteilt. Unserer modernen Computersprache entsprechend setzt dies eine Kategorisierbarkeit im Sinne von „0/1" bzw. von „gut/schlecht" voraus. Vielfalt soll gebändigt, beherrschbar werden.

Postmodernes Denken bricht aus zweiwertigem Klassifizieren aus. Paradoxien spannen Welten auf, die der jeweiligen Problemsituation in ihrer Unentscheidbarkeit schier unendliche Informationen verfügbar machen. Neben „richtig" und „falsch" kommt eine dritte Kategorie ins unbestimmte Spiel des kreativen „sowohl als auch". Der Architekt Robert Venturi (1988, S. 80 ff.) faßt die Gedanken zur Entfesselung von Komplexität und damit auch zum Verfügbarmachen einer breiten Ideenbasis für die Problemhandhabung wie folgt zusammen:

„Ich bevorzuge das ‚Beides-Zusammen' vor dem ‚Entweder-Oder', das ‚Schwarz-und-Weiß' und manchmal auch ‚Grau' vor dem ‚Schwarz-oder-Weiß'. Gute Architektur spricht viele Bedeutungsebenen an und lenkt die Aufmerksamkeit auf eine Vielzahl von Zusammenhängen: Ihr Raum und ihre Elemente sind auf mehrere Weisen gleichzeitig erfahrbar und benutzbar. Eine Architektur der Komplexität und des Widerspruchs hat aber auch eine besondere Verpflichtung für das Ganze: Ihre Wahrheit muß in ihrer Totalität – oder in ihrer Bezogenheit auf diese Totalität – liegen. Sie muß eher eine Verwirklichung der schwer erreichbaren Einheit im Mannigfachen sein als die leicht reproduzierbare Einheitlichkeit durch Elimination des Mannigfachen. Mehr ist nicht weniger! ... Weniger ist nur noch langweilig."

Nicht mehr die *reinen* Formen stehen im Mittelpunkt, sondern die *Übergänge* zwischen den Formen; das postmoderne Gebäude, die postmoderne Organisation muß mehrsprachig angelegt sein, um radikal verschiedene Erwartungshaltungen erfüllen zu können. „Polykontexturalität" und „Mehrfachkodierung" (Jencks 1988) sind Ausdrucksmittel, die eine solche produktive Spannung erzeugen.

Von der Vorherrschaft der Wissenschaft zur Rehabilitierung des Mythos

Schon in unserer *Vorsicht* haben wir das Scheitern eindimensional-formalistischer Wissenschaftlichkeit diagnostiziert.

Die „große Erzählung" (Lyotard 1986) von der wissenschaftlichen Vernunft im Dienste der Menschheit hat ausgedient. Geschichte, Ästhetik, Moral und gesunder Menschenverstand haben sich technisch-zweckrationalen Argumenten nicht mehr unterzuordnen. Historische („nicht mehr wahre") und phantastische („noch nicht wahre") Erfahrungssysteme bieten in unserer von Fiktion und Geschwindigkeit beherrschten Welt (vgl. Baudrillard 1988) einen mindest ebenso „vernünftigen" Zugang zu Welt und Wirklichkeit wie die Wissenschaft.

Die Mythos-Renaissance in Philosophie und Sozialwissenschaften lenkt unseren Blick auf die tatsächliche Praxis in den Etagen des Top-Managements; das „Erzählen" von tatsächlichen Fällen oder von Visionen für die Zukunft („kleine Geschichten", „narratives Wissen"; Lyotard 1986) und das Kultivieren einer gesunden, ganzheitlichen Intuition sind ebenso Bestandteil wirtschaft-

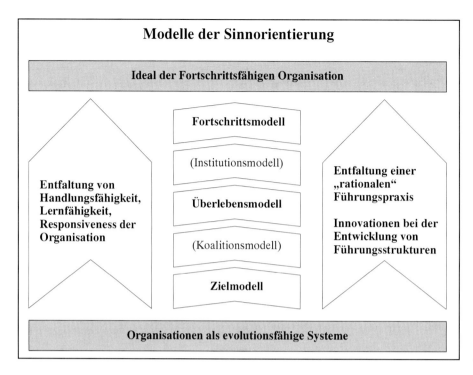

Abbildung 2

lich „vernünftigen" Handelns wie das konsequente Durchrationalisieren von Details; gesucht ist das kreative Zusammenspiel von Funktion und Fiktion, von Technik und Poesie, von Perfektion und Improvisation.

Vom Konsens zur Paralogie

Sprache und Kommunikation steuern – modern gesehen – einem Ziel entgegen: nämlich dem Herstellen von Konsens, der intersubjektiven Übereinstimmung in der Beurteilung eines Problems bzw. einer Situation durch das „bessere Argument" (Habermas 1981).

Wieder verweist ein Blick in die Alltagspraxis eher auf die postmoderne Alternative. Im Normalfall gleichen Entscheidungsarenen eher „Mülleimern": Für den Beteiligten wie für den außenstehenden Beobachter sind die einzelnen Kommunikationen (der anderen) derart verwirrend und ohne Bezug zum eigenen Denkrahmen, daß sie bestenfalls als „Müll" zu kennzeichnen sind.

An der Wurzel dieses Phänomens findet sich die Inkommensurabilität der beteiligten Sprachspiele (Lyotard 1986, Kirsch 1990), die auf unterschiedlichen Grundüberzeugungen aufbauen und damit nur sehr schwer ineinander übersetzbar sind. Jean François Lyotard (1986, S. 16) weist der Kommunikation in der postmodernen Paralogie einen neuen Sinn zu: das Erfinden neuer Spielzüge, aber auch sie begründender (neuer) Regeln durch das verfremdende Element des Widerspruchs:

„Das postmoderne Wissen ... verfeinert unsere Sensibilität für die Unterschiede und stärkt unsere Fähigkeit, das Inkommensurable zu ertragen. Es selbst findet seinen Grund nicht in der Übereinstimmung der Experten, sondern in der Paralogie der Erfinder."

Nicht eine gegebene Grammatik bestimmt das „Spiel"; Praxis selbst definiert die ihr eigenen Regeln immer wieder neu.

Von der Elitekultur zur Massenkultur

„Modern" ist auch die Ausbildung von überheblichen Intellektuellenkulturen, das verächtliche Herabschauen auf die Spießbürgerlichkeit der Unwissenden: auf den Pöbel, die Masse der „Unaufgeklärten". Strategische Pläne werden in den esoterischen Elfenbeintürmen von Stabsghettos „auf Halde" produziert. Wissenschaftliche Denkfabriken entwerfen Modelle einer Praxis, die sie nicht kennen. Wenn die „Praxis" diese Modelle nicht umsetzt, dann „ist sie eben noch nicht so weit ...". „Postmodern" ist das gegenseitige Durchdringen und damit das wechselseitige Verfremden und Befruchten unterschiedlicher Traditionen. „Intelligenz" schottet sich nicht von „Praxis" ab: Gute Praxis muß intelligent, vernünftige Intelligenz muß praktisch sein. Machen und Verwirklichen von Politik sind eng miteinander verflochten. Strategien werden nur dann im täglichen Geschäft operativ wirksam, wenn die Linienmanager auch ihren Entwurf vorantreiben.

Soweit unsere *Aussicht* in die Postmoderne. Wir werden sie einbauen in unseren Ausflug in die Organisationstheorie.

3. Weitsicht: Die Fortschrittsfähige Organisation

Seit Ende der 70er Jahre verfolgt Werner Kirsch an der Universität München einen organisationstheoretischen Ansatz, der seinen Kondensationspunkt im kontrafaktischen Ideal der „Fortschrittsfähigen Organisation" findet. Im folgenden möchte ich diesen Ansatz in seiner jüngst veröffentlichten Form (vgl. weiterhin Knyphausen 1988, Ringelstetter 1988, Pautzke 1989, Wiesmann 1989 sowie Bretz 1988). Abbildung 2, Seite 150, gibt den Leitfaden für die Ausführungen.

Organisatorische Sinnmodelle

Im Zeitalter der „Transitabilita" (vgl. Oliva 1988, S. 126) gehen wir davon aus, daß Organisationen im allgemeinen ebenso wie Unternehmen im besonderen sich im Zeitablauf verändern: Sie sind evolutionsfähige Systeme:

„Mit dem Begriff der Entwicklungsfähigkeit soll ... betont werden, daß die mangelnde Kontrollierbarkeit (der Evolution; H. B.) nicht den völligen Verzicht auf die Beeinflußbarkeit des Systems bedeutet. Jedes System kann bis zu einem gewissen Grad seine eigene Entwicklung mit-steuern. Es werden ‚Selbstbeschreibungen' angefertigt, die dann für die Entwicklung des Systems operative Wirksamkeit besitzen. Von einem Beobachter können diese Selbstbeschreibungen so weit verdichtet werden, daß man spezifische ‚Sinnmodelle' erhält, die das Handeln in der Organisation ... prägen: Sie konstituieren jene Weltbilder, auf deren Grundlage Probleme definiert, Situationen beschrieben, Lösungen gesucht werden usw. Die Evolution von Organisationen kann entsprechend in den Kategorien eines Wandels dieser Sinnmodelle beschrieben werden. In dem Maße, wie diese Sinnmodelle sich verändern, ist mit der Evolution eine Art Höherentwicklung verbunden." (Kirsch 1990, S. 471 f.)

Diese Sinnmodelle – so die erste empirische Hypothese von Kirsch – kommen in der Unternehmenspraxis vor. Sie beeinflussen als Weltbilder das Handeln im Unternehmen auf ganz entscheidende Weise. Beobachtet man diese impliziten Selbstbeschreibungen im Zeitablauf – so die zweite empirische Hypothese –, dann läßt sich eine Evolutionslogik von fünf Sinnmodellen rekonstruieren (drei Hauptmodelle und zwei Übergangsmodelle):

Zielmodell: Die Organisation ist Instrument zur Erfüllung von bestimmten, mehr oder weniger vorgegebenen Zielen, typischerweise zur Erzielung von Einkommen für die Eigenkapitalgeber.

Koalitionsmodell (Übergangsmodell): Zielbildungsprozesse stehen im Vordergrund: Wie werden aus pluralen, in Koalitionen verdichteten individuellen Zielen *für* die Organisation explizite Ziele *der* Organisation?

Überlebensmodell: Das langfristige Überleben der Organisation ist dominanter, von allen Beteiligten geteilter „Sinn" der Organisation: Das System soll seine Austauschbeziehungen so regeln,

Entfaltung der Systemfähigkeiten			
Metafähigkeiten	Moralische Fähigkeiten: Identität fortentwickeln	Metalernfähigkeiten: Invarianzen brechen	Ästhetische Fähigkeit Bedürfnisse fortentwickeln
Fortschrittsmodell	Gestaltung, Verantwortung	Reflexivität Koevolution	Aktive Partizipation
Überlebensmodell	Verteidigung	Anpassung	Passive Empfänglichkeit
Zielmodell	Gewinnmaximierung	Linear, eindimensional	Nur Eigentümer
Grundfähigkeiten	**Handlungsfähigkeit** Ressourcen sichern	**Lernfähigkeit** Wissensbasis erweitern	**Responsiveness:** Standpunkte einbeziehen

Abbildung 3

daß es angesichts wechselnder Teilnehmer und turbulenter Umwelten überlebt.

Institutionsmodell (Übergangsmodell): Die Organisation will sich (zunächst aus Überlebensgesichtspunkten) als Institution im Bewußtsein der Gesellschaft verankern. Die Verantwortung für Umwelt und Gesellschaft wird Bestandteil der Unternehmenspolitik.

Fortschrittsmodell: Die Organisation sieht ihren Sinn im Erzielen eines Fortschritts in der Befriedigung, aber auch in der authentischen Weiterentwicklung der Bedürfnisse und Interessen der direkt Betroffenen. Das bisher in seiner vollen Entfaltung empirisch kaum verwirklichte und damit kontrafaktische Ideal der Fortschrittsfähigen Organisation ist nun ein evolutionsfähiges System, „ ... das sich auf dem höchsten gegenwärtig vorstellbaren Niveau bewegt. Hier ist das ‚Fortschrittsmodell' in der Kultur voll verankert." (Kirsch 1990, S. 487)

Über die eher empirisch-deskriptive Rekonstruktion der Entwicklungslogik – die natürlich durch die Wahl des Bezugsrahmens selbst auch wertbeladen ist – hinaus steht also ein normatives Postulat im Raum: Es ist wünschenswert, daß sich Unternehmen in Richtung des beschriebenen Ideals entwickeln. Und genau hier liegt die eigentliche Aufgabe des strategischen Managements: Als Ausdruck einer evolutionären Führungskonzeption soll es Unternehmen in ihrer Höherentwicklung vorantreiben. Mit der Höherentwicklung entfalten sich die organisatorischen Fähigkeiten und die Rationalität der Führungspraxis.

Entfaltung von Systemfähigkeiten

Die Evolutionsfähigkeit einer Organisation äußert sich in der Entfaltung von drei grundlegenden Systemfähigkeiten:

Handlungsfähigkeit: Verfügt die Organisation über genügend Ressourcen, um ihren „Ongoing Process" alimentieren zu können? Können Handlungszyklen initiiert, vorangetrieben und in einer gewissen Echtzeit einem Ergebnis zugeführt werden?

Lernfähigkeit: Kann die Organisation ihre Wissensbasis – also das in organisatorischen Entscheidungsprozessen prinzipiell zugängliche Wissen – so erweitern, daß Probleme immer besser (etwa im Sinne des „Überlebens", eines „Fortschritts") gehandhabt werden können?

Responsiveness: Wie weit öffnet sich die Organisation gegenüber den pluralen Lebens- und Sprachformen, in deren Kontext die Betroffenen ihre Bedürfnisse und Interessen artikulieren?

Ich möchte in der gebotenen Kürze den Versuch unternehmen, die schon beschriebenen Sinnmodelle mit unterschiedlichen Entfaltungsniveaus der Systemfähigkeiten zu verbinden (siehe Abbildung 3, Seite 152). In der voll entfalteten Fortschrittsfähigen Organisation führt dann die Emergenz von *Meta*fähigkeiten zu einer neuen Qualität des Zusammenwirkens dieser Fähigkeiten. Es wird sich zeigen, daß die so abgeleitete Entwicklungslogik starke Ähnlichkeiten mit den in der *Aussicht* postulierten „Wegen aus der Moderne" aufweist.

Zielmodell: Typischerweise überstrahlt das Thema „Gewinnmaximierung" und damit eine eng ausgelegte Handlungsfähigkeit die anderen Fähigkeiten. Insofern bleibt auch die Lernfähigkeit eindimensional ausgerichtet: Ziele werden nicht hinterfragt. Die Responsiveness ist limitiert auf die Bedürfnisse der Kapitaleigner.

Überlebensmodell: Sicherung der Handlungsfähigkeit heißt hier Verteidigung gegen das Bedrohungspotential einer turbulenten Umwelt. Die Lernfähigkeit befreit sich aus ihrer Eindimensionalität: Die Entwicklungen einer vielschichtigen Umwelt müssen frühzeitig erkannt werden, um das Handeln, die Strukturen der Organisation anpassen zu können. Im Sinne einer passiven Empfänglichkeit werden die Bedürfnisse von externen und internen Betroffenen erforscht und – falls für das Überleben erforderlich – in die Entscheidungsfindung mit einbezogen.

Fortschrittsmodell: Die Organisation löst sich aus ihrer Umweltdeterminiertheit. Handlungsfähigkeit bedeutet die aktive (Mit-)Gestaltung der (Um-)Welt. Dies jedoch nicht im Wahn einer totalen Machbarkeit, sondern vor dem Hintergrund eines gemäßigten Voluntarismus und eingedenk der damit implizierten Verantwortung. Letztenendes mündet Handlungsfähigkeit in eine moralische Fähigkeit: in die Frage der Definition bzw. der Weiterentwicklung der eigenen Identität, im Finden des eigenen Standorts in einer sich wandelnden Gesellschaft.

Die nunmehr reflexiv gewendeten Lernprozesse basieren auf der Idee der Koevolution selbstorganisierter, vernetzter Systeme. Dies führt unweigerlich zu Paradoxien, die die Evolution in die Sackgasse treiben (etwa: Gefahren der Kernkraft vs. Treibhauseffekt durch fossile Kraftwerke; höhere Leistungsanforderungen an Führungskräfte vs. höhere Freizeitorientierung). *Meta*lernfähigkeit heißt dann, die diagnostizierten negativen Invarianzen (vgl. Galtung 1978) auf kreative Weise zu brechen, den Circulus *vitiosus* (Teufelskreis) also in einen Circulus *virtuosus* (virtuoser, kreativer Zirkel) zu überführen.

Eine Vielzahl von internen und externen Betroffenen bringen ihre Interessen über Partizipation aktiv in die Entscheidungsfindung ein und fordern damit die Responsiveness der Organisation für inkommensurable Lebens- und Sprachspiele immer wieder neu heraus.

Letztendlich hat Responsiveness aber erst dann Sinn, wenn sie in eine ästhetische Fähigkeit der Organisation mündet: wenn Beteiligte ihre Bedürfnis- und Interessenlagen in der Auseinandersetzung mit der Organisation auf authentische Weise fortentwickeln.

Je weiter sich die Fortschrittsfähige Organisation entfaltet, desto fortgeschrittener wird die Vernetzung der Systemfähigkeiten selbst sein. Vormals negative Invarianzen zwischen den Systemfähigkeiten (etwa: Gefährdung der Handlungsfähigkeit durch überzogene Responsiveness) wandeln sich zu Komplementaritäten, oft unterstützt durch die Emergenz der Metafähigkeiten (etwa: die aktive Fortentwicklung der eigenen Identität steigert die Responsiveness). Dies führt unweigerlich zu Lernprozessen höherer Ordnung: Die Organisation „lernt zu lernen". Und dies führt uns mitten in die Frage der Entfaltung einer „rationalen" Führungspraxis.

Entfaltung einer „rationalen" Führungspraxis

Die Entfaltung von Systemfähigkeiten findet ihr Pendant in der Rationalisierung der organisatorischen Lebenswelt, also in der Weiterentwicklung der von der Organisation betroffenen Lebens- und Sprachformen. Die Lebenswelt liefert gleichsam die Grammatik, das Regelwerk, welches unsere Welterschließung auf oft unbewußte Weise prägt; sie ist als Ganzes nicht problematisierbar und liefert den gemeinsamen Hintergrund für Verständigungsprozesse (vgl. etwa Habermas 1981, Bd. 2, S. 171 ff.).

Kirsch (1990, S. 513 ff.) verfolgt zwei Pfade, auf denen sich die Rationalisierung dieser Lebenswelt vollzieht: die Entfaltung der Dimensionen einer kommunikativen Rationalität und die Entfaltung einer rationalen Lebensführung im Sinne einer Einstellung zur Rationalität an sich. Die jeweiligen Rationalisierungsniveaus (R I bis R III bzw. R 1 bis R 3) sind mit unseren Sinnmodellen in Verbindung zu bringen (siehe Abbildung 4).

Wieder werden wir auch in diesem Fall feststellen, daß die Ausführungen insofern eine postmoderne Handschrift tragen, als sie sich einer „radikalen Pluralität" (Welsch 1988, S. 16) verpflichtet sehen.

Entfaltung kommunikativer Rationalität (zum Konzept vgl. Habermas 1981): Auf einer ersten Stufe *(R I)* tauchen nur kognitiv-instrumentelle Rationalisierungen auf; der Geltungsanspruch der Wahrheit bzw. Wirksamkeit steht im Vordergrund. Im Zielmodell werden entsprechend alle Handlungsbereiche auf das Ziel hin bürokratisch „durchrationalisiert".

Im Überlebensmodell *(RII)* tauchen zum ersten Mal moralische (Geltungsanspruch: normative Richtigkeit) und ästhetische (Geltungsanspruch: Wahrhaftigkeit/Authentizität) Argumentationen auf. Sie bleiben aber Mittel zum Zweck und bedürfen weiterhin der instrumentellen Legitimation (etwa: „Unser langfristiges Überleben ist gefährdet, wenn wir uns unserer Verantwortung für die Umwelt nicht bewußt stellen.").

Entfaltung der Rationalität der Führungspraxis

Entfaltung kommunikativer Rationalität \ Entfaltung rationaler Lebensführung	R 1: Reflexive, argumentativ gefilterte Lernprozesse tauchen auf	R 2: Sekundäre Lebens-, Sprachformen verfremden das System	R 3: Rationalisierung selbst wird problematisiert
R III: Umfassende kommunikative Rationalität als Legitimationsrahmen		↱	**Fortschrittsmodell**
R II: Moralische und ästhetische Argumentationen als Mittel zum Zweck	↱	**Überlebensmodell**	↗
R I: Ausschließlich kognitiv-instrumentelle Argumentationen	**Zielmodell**	↗	

Abbildung 4

Erst im Fortschrittsmodell *(R III)* gewinnen moralische und ästhetische Argumentation volle Autonomie. Eine umfassende, kognitiv-instrumentelle, moralisch-praktische und ästhetisch-expressive Argumentation beinhaltende kommunikative Rationalität wird zur Legitimationsbasis für eine organisatorische Lebenswelt, in der sich die Bedürfnisse und Interessen der Betroffenen entfalten können.

Entfaltung rationaler Lebensführung: Rationale Handlungsorientierungen tauchen in der Lebenswelt zunächst als „hypothesengesteuerte, argumentativ gefilterte Lernprozesse" auf *(R 1)*. Die Akteure beginnen, ein „reflexives Verhältnis zu sich selbst" aufzubauen (vgl. Habermas 1981, Bd. 1, S. 109 ff.). Im Zielmodell bleiben diese Lernprozesse im Sinne der Sicherung der Handlungsfähigkeit zwecks Gewinnerziehung instrumentalisiert.

Gesteigerte Responsiveness führt auf einer zweiten Stufe *(R 2)* zu einer bewußten Auseinandersetzung mit sekundären Lebens- und Sprachformen, also solchen Traditionen, die sich – zum Teil auf professioneller Basis – mit der Weiterentwicklung und Verbesserung primärer (privater oder organisatorischer) Lebens- und Sprachformen befassen. Im Überlebensmodell bindet man etwa bewußt organisationsfremde Kontexte (etwa Wissenschaftler oder Vertreter von Verbraucherverbänden) in Task Forces ein, um Bedrohungen für den Bestand der Organisation zu bewältigen.

Eine vorläufig höchste Stufe der Rationalisierung *(R 3)* ist dann gegeben, wenn man die Rationalisierung der Lebenswelt selbst problematisiert. Man sieht ein, daß eine überspannte Rationalität zu Bürokratisierung und Verkrustung, zu Paralyse durch Analyse: zum Verlust des Menschlichen führen kann. Es ist wichtig, rationale Argumentationen aus verschiedenen Sichtweisen zuende zu denken; die Einsicht in die radikale Pluralität dieser Kontexte führt dann aber zu Konzepten wie „evolutionäre Rationalität" (vgl. Kirsch 1990, S. 457 ff.) oder „Kultivierung der Intuition" (vgl. unten in „Absicht").

Es erscheint jetzt einsichtig, daß die Evolution von Sinnmodellen Innovationen auch bei der Entwicklung von Führungsstrukturen voraussetzt.

„Beyond Configuration"

Ist im Zielmodell typischerweise der Ausbau operativer, durchrationalisierter Controlling-Systeme zu beobachten, so führt das Überlebensmodell zum Aufbau eines mehr oder weniger feinschichtigen Systems der strategischen Planung, das Chancen und Gefahren der Umwelt in das Handeln der Organisation einbringt. Das Fortschrittsmodell verschreibt sich schließlich einer evolutionären Führungskonzeption: Es gilt, ein komplexes Netzwerk „zum Schwingen zu bringen". Evolutionsfähige Gesamtarchitekturen von Managementsystemen können dann als Collage verstanden werden, deren zum Teil konterkarierende bzw. komplementäre Schichten immer wieder neu „zusammengeklebt" werden (vgl. Kirsch 1990, S. 392 ff.).

Zu einer ähnlichen Schlußfolgerung kommt der Organisations- und Managementforscher Henry Mintzberg (1990) in seinem neuesten Buch, das 25 Jahre Forschung in den Bereichen „Aufgaben des Managers", „Organisationsstrukturen", „Politik in der Organisation" und „Strategieentwicklung" zusammenfaßt. Zunächst clustert er empirisch vorfindbare Organisationsstrukturen anhand von sieben „Configurations": Unternehmerorganisation, Maschinenorganisation, diversifizierte Organisation, professionelle Organisation, innovative Organisation, missionarische Organisation und politisierte Organisation. In seiner ursprünglichen Betrachtung verfolgt er ein „Lebenszyklusmodell" (siehe Abbildung 5, Seite 156), in dem die Organisation unterschiedliche Stadien durchläuft; im Kern der jeweiligen Konfiguration liegt schon der Samen zur eigenen Zerstörung (etwa die Frage der Unternehmernachfolge in der Unternehmerorganisation oder die bürokratische Erstarrung in der Maschinenorganisation).

Den entscheidenden Übergang zur „wirklich großen Organisation", den Switch vom „Thin Management" zum „Thick Management", vergleicht Mintzberg mit dem Übergang vom Auslegen vorgegebener Puzzles („Configurations") hin zum gestalterisch offenen „LEGO", das Bausteine auf immer wieder einzigartige Weise neu zusammensetzt:

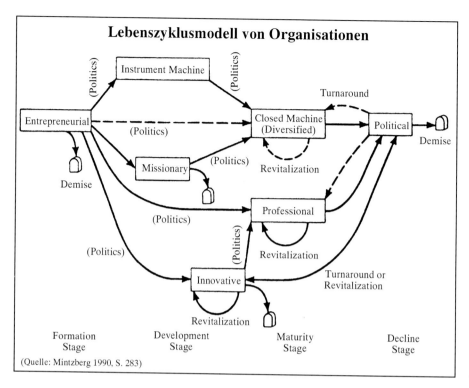

Abbildung 5

„The truly great organization transcends convergence, congruence, configuration, and contradiction, while building on them to achieve something more. It respects the *creation* hypothesis. Creativity is its forte, ‚understand your inner nature' is its motto, LEGO is its image. The most interesting organizations live at the edges, far from the logic of conventional organizations, where as Raphael has pointed out in biology, ... the richest, most varied, and most interesting forms of life can be found. These organizations invent novel approaches that solve fostering problems and so provide all of us with new ways to deal with our world of organizations. Their effectiveness depends on the two things we have sought to promote throughout this book: a rich understanding of the world of organizations and a propensity to play with that knowledge in creative ways." (Mintzberg 1990, S. 180 f.)

Die Frage nach „guten LEGO-Spielern" führt uns auf direktem Wege in die *Absicht*.

4. Absicht: Unternehmerische Avantgarde im Management

Welches sind die typischen Eigenschaften bahnbrechender Unternehmerpersönlichkeiten? Wodurch zeichnen sich vitale Unternehmenskulturen aus, die Mitarbeiter zu Unternehmern machen, zu Gestaltern ihres Unternehmens? Diesen Fragen verschreibt sich eine Tradition, die in wenigen Jahren die Bestsellerränge in den Veröffentlichungen zum Thema Management ebenso wie die Beratungspraxis im Bereich „kulturelle Transformation" erobert hat: die „unternehmerische Avantgarde im Management" (vgl. Bretz 1988). Prominente Fundstellen sind neuere Ansätze zum Entrepreneurship (etwa: „Intrapreneurship", vgl. Pinchot 1985; „Metapreneurship", vgl. Lessem 1986; „New Venture Management", vgl. Schmid 1986, Servatius 1988 sowie Müller-Stewens/Bretz 1990) und die wiederbelebte Charismadiskussion (etwa: „Charismatic Leadership", vgl. Bass 1986; „Transforming Leadership", vgl. McGregor Burns

156

1978). Unternehmerische Anvantgarde siedelt sich um die folgenden Thesen herum an:

(1) Unternehmerische Typen sind durch ein heroisches Persönlichkeitsprofil gekennzeichnet, das geradezu paradoxe Züge aufweist.
(2) Um die Paradoxien einer komplexen Welt innovativ im täglichen Handeln nutzen zu können, kultivieren Unternehmer ihre intuitiven Potentiale.
(3) Unternehmer nutzen die symbolische Kraft von Visionen, Mythen und Ritualen zur Gestaltung der Unternehmenskultur.
(4) Unternehmer sind besessen vom Dienst an den Menschen: Transformierende Führung lebt vom „Empowerment" kreativer Akteure und damit vom inneren Wachstum der beteiligten Menschen.

Paradoxe Persönlichkeiten

(1) Mit seiner Präsidentschaftskampagne läutete Ronald Reagan 1980 für die USA ein Zeitalter ein, das – bei aller Kritik am Konservatismus der „Reaganomics" – das Land aus einer tiefen politischen Vertrauenskrise herausholte. Für den einzelnen entstand ein neues, persönlichkeitsorientiertes Leitbild: Unternehmertum.

„That word comes from the root ‚enterprise'. To be enterprising is to be innovative, sensitive to new needs and opportunities, and blessed with perserverance and followthrough. ... (Entrepreneurs are, H. B.) the risk takers, the innovators, the computer pioneers, the builders of all those better ‚mousetraps'." (Reagan 1985, S. 3)

Und sein Redenschreiber George Gilder (1984, S. 19) sorgt für die ideologische Überhöhung dieses Konzepts: „It is the entrepreneurs who know the rules of the world and the laws of God. Thus they sustain the world. In their carreers, there is little of optimizing calculation, nothing of delicate balance of markets. They overthrow establishment rather than establish equilibria. They are the heroes of economic life."

Die Innovatoren, die Zerstörer und Erneuerer bürokratischer Strukturen: die „Champions" – oder treffender: die „Skunks" – unserer Tage, müssen eine gehörige Portion Eigen-, wenn nicht gar Starrsinn verkörpern: Die wahren Unternehmer schwimmen wie besessen gegen den Strom und setzen ihre Ideen gegen alle Widerstände durch.

Unternehmer sind jedoch hart *und* weich in einem: Einerseits verkörpern sie „strategische Besessenheit" („Strategic Intent"; Hamel/Prahalad 1989), andererseits können sie intuitiv Situationen erfassen und feinfühlig auf Emotionen und Energien im Unternehmen reagieren. Als komplexer Mensch prägt der Unternehmer paradoxe Persönlichkeitsmerkmale aus und praktiziert verschiedene Modi des Realitätszugangs ... je breiter das Spektrum der verwirklichten Begabungen, desto „vollständiger" die Person. So stellt etwa Gerd Gerken (1986, S. 225 f.) fest,

„... daß sich erfolgreiche Manager informationell wie ... Adler verhalten können ..., sie sehen die Wirtschaft, die Gesellschaft und auch die internationale Szene global und damit auch mehr im Sinne einer Makro-Landschaft. Und sie sind gleichzeitig in der Lage, differenzierter zu sehen, das heißt, sie können sich wie ein Adler herunterfallen lassen auf kleinste Details und zeigen dort extrem hohe intuitive und kombinatorische Fähigkeiten. Trotzdem verlieren sie sich nicht in den Niederungen der Details. Im Gegenteil: Es kann sogar gesagt werden, daß sie die Glorifizierung der ansonsten hochgelobten Praxis geradezu meiden, obwohl sie auch dort kompetent sind. Sie sind gut in der Praxis, aber sie handeln in der ‚Praxis über der Praxis'."

Der neue Unternehmer fühlt sich offensichtlich in undurchsichtigen Situationen wohl:

„Effiziente Manager scheinen in Ambiguität zu schwelgen; in komplexen, mysteriösen Systemen mit relativ wenig Ordnung." (Sprüngli 1981, S. 288)

Solche Manager suchen das Paradox, die Zwiespältigkeit, den Weg zum Neuen und erhöhen „künstlich" die Problemkomplexität; sie stecken das ganze Unternehmen an und werden zu Katalysatoren für seine kreative Weiterentwicklung. Sie vereinigen „Systems and Passion" (Peters 1987), sie sind „Cowboy and Corpocrat" zugleich (Kanter 1989).

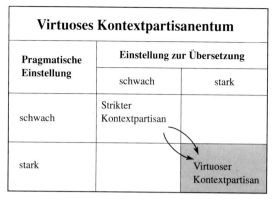

Abbildung 6

Kultivierung der Intuition

Wie können dermaßen komplexe Persönlichkeiten bei aller vordergründigen Gespaltenheit zu kreativen Entscheidungen kommen und in Kommunikation und Handlung Standpunkte vertreten und durchsetzen? Woher nehmen sie die innere Gelassenheit: die Selbstsicherheit, die Welt zu verändern? Immer mehr Monographien und Sammelbände zum Thema Führung rekurrieren diesbezüglich auf das Phänomen der Intuition (vgl. Bretz 1988, S. 275 ff.). Die Intuition – so die These – ist das einheitsstiftende Element in aller Verschiedenheit und verwirrender Komplexität: Gleich einem Schnürsenkel hält sie auseinanderklaffende Welten zusammen. Die eminente Bedeutung eines beherzten intuitiven Sprungs über die Abgründe sich widersprechender Fakten stellt Chrysler-Sanierer Lee Iacocca in seiner Autobiographie heraus:

„Obviously you're responsible for gathering as many relevant facts and projections as you possibly can. But at some point you've got to make that leap of faith. First, because even the right decision is wrong if it is too late. Second, because in most cases, there's no such case as certainty." (Iacocca/Novak 1984, S. 54)

Rar, aber aufschlußreich sind empirische Untersuchungen, die auf den Nachweis besonderer intuitiver Fähigkeiten bei Managern abzielen. Weston Agor (1984) kommt in Feldstudien mit Hilfe von über 2000 Managern jeglicher Couleur zu folgenden Ergebnissen:

- Auf *normativer* Ebene weist er nach, daß in typischen Top-Management-Situationen intuitives Handeln bei Managern notwendig ist (hohe Unsicherheit; neuartige Situationen; „Fakten" sind mehrdeutig; mehrere Alternativen sind gut begründet; Zeitdruck).
- Auf *deskriptiver* Ebene berichtet er, daß sich hochinnovative Manager zu ihren intuitiven Fähigkeiten bekennen und diese wie folgt beschreiben: „,A sense of commitment – almost euphoric'; ,growing excitement in the pit of my stomach'; … ,a feeling of total harmony'; and ,a bolt of lightning or sudden flash that this is the solution'". (Agor 1984, S. 8 ff.)
- Schließlich gibt er auf *technologisch-praktischer* Ebene Hinweise für die Entwicklung intuitiver Fähigkeiten.

Im Grunde verweist die Kultivierung von intuitiven Fähigkeiten auf die Einstellung und die Befähigung von „virtuosen Kontextpartisanen" (vgl. Abbildung 6 sowie Bretz 1988, S. 235 ff. und Kirsch 1990, S. 124 ff.). Jeder Mensch ist Kontextpartisan und muß es im Grunde bleiben. Er ist Partisan seiner „inneren Heimat", Partisan seiner Wurzel, aus der heraus er die Welt (er-)lebt. Freilich muß er diesen Kontext nicht als den einzig richtigen ansehen. Im Sinne einer „pragmatischen Philosophie" (Feyerabend 1981, S. 30) bemüht er sich aktiv, die Sichtweisen anderer kennenzulernen. Wie ein Reisender betrachtet er Länder, in denen er vorübergehend weilt. Als wahrer Virtuose bewegt er sich so sicher zwischen den Kontexten, daß er auch Übersetzungen zwischen ihnen herstellen kann: Der Unternehmer kann etwa ökonomische Problemstellungen authentisch im ökologischen Kontext artikulieren und umgekehrt. Er lebt seine privaten Überzeugungen als Führungspersönlichkeit aus und schämt sich auch zu Hause – etwa im Gespräch mit den Kindern – nicht seiner Handlungen im Unternehmen. So gesehen erweist sich das Phänomen der Intuition als konsequente Weiterentwicklung eines verengten Rationalitätsverständnisses: Es verknüpft unterschiedliche, im jeweils eigenen Selbstverständnis „rationale", aber untereinander „inkommensurable" Problemsichten. Ähnliche Plädoyers finden sich in neueren

Rationalitätskonzeptionen wie Spinners (1985) „Doppelvernunft", Kirschs (1990) „Evolutionärer Rationalität" oder Welschs (1989) „Transversaler Vernunft".

Transformation der Unternehmenskultur

Wie können unternehmerische Akteure Realitäten im Unternehmen verändern? Sind die „hinter" dem vordergründig beobachtbaren Verhalten liegenden Tiefenstrukturen eines Unternehmens überhaupt wirkungsvoll „von oben" zu beeinflussen? Letztlich geht es um die Möglichkeiten einer Transformation der Unternehmenskultur: um eine Veränderung der im allgemeinen nicht hinterfragten Selbstverständlichkeiten des Unternehmens. Dieses Verständnis von Unternehmenskultur geht auf den soziologischen Lebensweltbegriff zurück, wie wir ihn schon im *Weitblick* genutzt haben.

Meist wird die Beziehung zwischen organisatorischer Lebenswelt und individuellem Handeln nur einseitig deterministisch gesehen: Die organisatorische Lebenswelt begrenzt, ja sie ermöglicht erst Handlungen, die von allen Beteiligten (dieser Lebenswelt) verstanden werden. Vergessen wird: Als Ganzes ist die Lebenswelt zwar nicht problematisierbar, aber jede individuelle Handlung reproduziert, das heißt, sie bestätigt oder verändert ihrerseits Teilbereiche des gemeinsamen Hintergrunds (siehe Abbildung 7).

Die Revitalisierung der Unternehmenskultur ist also allenfalls auf indirektem Wege „steuerbar" – im Grunde geht es um das Paradox einer „Organisation der Selbstorganisation" der Unternehmenskultur. Zwei Möglichkeiten bieten sich an:

Arenaregelungen: Leitbilder und Grundordnungen eines Unternehmens, aber auch Gehalts- und Beförderungsvorschriften können innovatives Handeln im Unternehmen fördern, aber auch verhindern.

Symbolische Handlungen: Prominente Akteure haben selbst symbolischen (Anschluß-)Wert für alle Teilnehmer der organisatorischen Lebenswelt. Entscheidend ist es, solche symbolischen Handlungen an den Tag zu legen, die einerseits für die Mitarbeiter besonders „gute Anschlußmöglichkeiten" bieten, andererseits die gewohnten „Bindungen" herausfordern. Geschichten, die eine gesunde Mischung aus „Bestätigung" und „Erstmalig-

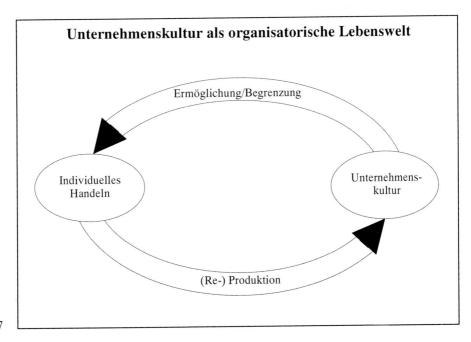

Abbildung 7

keit" (vgl. Weizsäcker 1974) verwirklichen, haben das Potential, Geschichte zu machen.

Im Informationszeitalter ist die unternehmerisch agierende Führungspersönlichkeit dramatisch inszenierender Regisseur und symbolischer Aktor zugleich im „Cinéma Vérité" ihrer Praxis. Ihre Handlungen, ihr „Vorleben" können den Reproduktionsprozeß des organisatorischen Symbolvorrats indirekt kanalisieren. Welches sind die typischen Geschichten, die man sich in der Organisation erzählt? Man stelle sich etwa die Stories vor, die über hohe Hierarchen kursieren: haben sie sich „brav hochgedient" oder haben sie als „Champions" bzw. „Skunks" den „ganzen Laden über den Haufen geworfen" und damit neue Perspektiven für das Unternehmen eröffnet? Wie erging es den Querdenkern aus den eigenen Reihen? Wer sind die Helden im Unternehmen?

„Wer wann und wofür befördert wird, ist der beste und einzig eindeutige Indikator für Prioritäten, die man setzt, und für Wertmaßstäbe, die man anlegt." (Peters/Austin 1986, S. 319)

Kursieren die „falschen" Geschichten im Unternehmen, so gilt es, neue Geschichten zu erzählen oder durch unternehmerisches Verhalten zu stimulieren und zu bestätigen: „Jede Minute beinhaltet eine symbolische Gelegenheit, die Sie entweder bewußt oder – was wahrscheinlicher ist – unbewußt ergreifen oder aber verstreichen lassen können. Worauf will der alte Knabe (oder der Boss) eigentlich hinaus? Warum redet er darüber mit Dick und nicht mit Jim? ... Noch einmal: Der Manager selbst kann eigentlich nichts von Wert und Bestand bewirken. Er kann nur durch sein Verhalten nahelegen (symbolisieren), was er für wichtig hält." (Peters/Austin 1986, S. 323 f.)

Sehr wichtig in der unternehmerischen Mythologie sind Visionen, die für die Beteiligten erstrebenswerte Zukünfte eröffnen und zu erstaunlichen Leistungen führen können. Die Kunst des Visionären besteht darin, inspirierende Weite (kreative Komponente) und kanalisierende Kraft (Handlungskomponente) zu vereinen (Abbildung 8).

Transforming Leadership

Hier sind wir an einem kritischen Punkt der Diskussion angelangt. Was passiert, wenn sogenannte charismatische Akteure ihre symbolischen Macht-

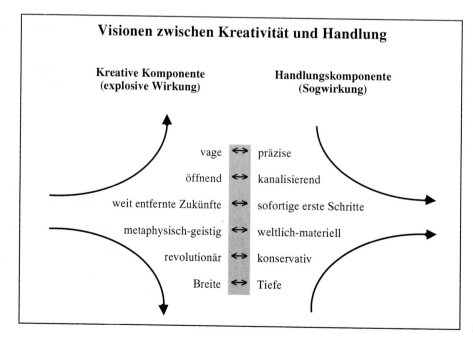

Abbildung 8

basen ohne Berücksichtigung der Bedürfnisse von Betroffenen ausnutzen und die Unternehmenskultur auf rein egoistisch motivierte Weise manipulieren? Das spezifisch deutsche Hitler-Syndrom hält die Erinnerung an die Perversion des Personenkults wach. Zumindest mittelfristig – und hier sind sich die meist selbst in der Führungs- bzw. Beratungspraxis tätigen Autoren einig – führt rein egozentrisch motiviertes, manipulierendes Verhalten zu einem Vertrauensentzug seitens der Betroffenen. Phänomene wie „innere Kündigung" und „bürokratische Verkrustung" sind die unweigerliche Folge. Verteidigung tritt dann an die Stelle von Engagement und Kreativität.

In der Charismadiskussion (vgl. ausführlich Bretz 1988, S. 56 ff.) ist der notwendige Switch in der inneren Einstellung der Führenden mit den paulinischen Prinzipien „Demut", „Dienst" und „Liebe" belegt: nicht die *Ausnutzung*, sondern das *Empowerment* (vgl. Kanter 1983, 1989) kreativer Akteure ist das Herz transformierender Führung. Treibende Kraft dieser Transformation ist für den Politikwissenschaftler James McGregor Burns (1978, S. 4 sowie S. 461) das innere Wachstum der beteiligten Individuen:

„The transforming leader recognizes and exploits an existing need or demand of a potential follower. But, beyond that, the transforming leader looks for potential motives in followers, seeks to satisfy higher needs, and engages the full person of the follower. The result of transforming leadership is a relationship of mutual stimulation and elevation that converts followers into leaders and may convert leaders into moral agents. …

The function of leadership is to *engage* followers, not merely to activate them, to commingle needs and aspirations and goals in a common enterprise, and in the process to make better citizens of both leaders and followers. … That people can be lifted into their better selves is the secret of transforming leadership and the moral and practical of this work."

Charismatische Unternehmerpersönlichkeiten in unserem Sinne machen Menschen also nicht zu willenlosen Anhängern; sie zeigen ihnen vielmehr Wege zur individuell-persönlichen Entfaltung. Genau dieses Einbinden der ganzen Persönlichkeit in den Führungsprozeß ist es, das verkrustete Organisationen wieder mit Leben erfüllen kann. Es gilt, „Sachlichkeit" und „Menschlichkeit" einer fruchtbaren Balance zuzuführen. Und wo Sachzwänge menschlicher Entfaltung entgegenstehen, ist es die Aufgabe von Führung, die Aufgabe von „unternehmerischer Avantgarde", diese Invarianzen zu brechen.

Das neue Paradigma der Unternehmensführung mißt sich nicht mehr in erster Linie an abstrakten organisatorischen Gleichgewichten; vielmehr rückt der Fortschritt in der Befriedigung und der Weiterentwicklung der Bedürfnisse der Betroffenen in den Mittelpunkt.

„Gewinnerzielung" und „langfristiges Überleben" mögen im Normalfall Voraussetzung für jenen Fortschritt sein. Sie sind jedoch nicht mehr seine treibende Kraft. Innerer Motor der Evolution einer Fortschrittsfähigen Organisation ist das Kreativ-Chaotische: das innere Wachstum seiner Persönlichkeiten.

An dieser Stelle aber ist *Rücksicht* geboten – wieder im doppelten Wortsinne.

5. Rücksicht: Die Avantgarde ist tot – es lebe die Avantgarde!

Lassen wir die Teile dieses Beitrags zunächst Revue passieren:

- Die *Vorsicht* warnte vor einer zu unkritischen Annahme von modernen Fortschrittparolen.
- Die *Aussicht* in die Postmoderne befaßte sich mit der neuen Qualität unseres Umfeldes: „Pluralität ist das gegenwärtige Paradigma" (Welsch 1988, S. 13).
- Die *Weitsicht* (re-)konstruierte unter dem Stichwort „Fortschrittsfähige Organisation" eine Evolutionslogik von Organisationen, die der neuen Qualität des Umfeldes gerecht wird.
- Die *Absicht* schließlich befaßte sich mit den prominenten Aktoren dieser Organisationen: der unternehmerischen Avantgarde. Ihr Einsatz, ihr Selbstverständnis treibt die tatsächliche Weiterentwicklung von Organisationen voran.

Sie ist damit der Kern einer Theorie der Evolutionsdynamik von Organisationen (vgl. dazu Kirsch 1990, S. 524 ff.).

Angesichts einer solchen Vision darf Avantgarde aber die Realität nicht aus den Augen verlieren, Zu tief sind die Gräben, die sich in unseren Organisationen zwischen „Führer" und „Geführte" geschoben haben. Das politische Gerangel um die jeweils eigene Karriere hat Vertrauensbasen weitgehend ausgeschöpft, ja zerstört. Die „Ent-Täuschung" von Mitarbeitern aller Hierarchiestufen spiegelt sich wider in faktischen und psychischen Schutzwällen, die Initiative und Engagement ersticken. Luziferische Prinzipien wie „Überheblichkeit, Machtstreben und Selbstsucht" liegen allenthalben weit in Führung vor unseren charismatischen „Demut, Dienst und Liebe".

Ist eine solche „Metanoia" – ein so fundamentaler Bewußtseinswandel – überhaupt denkbar? Letztendlich baut die hier vorgetragene Vision auf folgender These auf:

Wenn Führungspersönlichkeiten im Unternehmen sichtbare Zeichen setzen, wenn sich der persönliche Einsatz für das Ganze wieder lohnt, wenn Menschen wieder lernen, sich kreativ zu entfalten, dann entsteht ein Sog, der jeden einzelnen erfassen kann. Oder anders formuliert: Die inspirierende Weite persönlichen Wachstums, die Tiefe des brachliegenden, schier unendlichen Ideenreservoirs kann Führungswirklichkeit Schritt für Schritt mit neuem Leben erfüllen.

Avantgarde definiert sich angesichts dieser Bedingungen neu. Moderne Einheits- und Überlegenheitsparolen haben abgedankt – so die Botschaft der Abschnitte 1 und 2. Die neuen Avantgarden nehmen Vielfalt ernst: Nur wenn Menschen in ihrem jeweils *individuellen* Erleben Wachstumserfahrungen machen, kann das postmoderne Projekt gelingen. Die *Rücksicht* auf plurale, individuelle Bedürfnislagen ist für die neue, essentielle Funktion der Avantgarde konstitutiv, nämlich für das Auskundschaften und das Erleichtern der *Übergänge:*

– Avantgarde übersetzt zwischen nebeneinander existierenden Lebens- und Sprachspielen, zwischen partikularen Sphären der Wirklichkeit; sie versucht, Menschen zu einem Verständnis für andere Sichtweisen zu führen.
– Als „Vorhut" der Weiterentwicklung bereitet sie Organisationen auf den Übergang in ein neues Sinnmodell vor; sie „sät" virtuos Paradoxien und trägt zum Brechen der dadurch sichtbar gewordenen Invarianzen bei.

„Transavantgarde" (Oliva 1988), „Transversalität" (Welsch 1989) und „virtuoses Kontextpartisanentum" sind die neuen Attribute dieser Avantgarde. Damit denkt Avantgarde Zukunft nicht zuende; sie hält sie offen. Sie will Zukunft nicht kontrollieren; sie macht Mut für die aktive, lohnende Teilnahme auf der offenen Bühne der Selbstorganisation. Sie entscheidet nicht grundsätzlich zwischen widersprüchlichen Polen, sondern sie hält das paradoxe Spiel der Welt in Gang, um neue Welten zu schaffen: um im Schumpeterschen Sinne *neue Kombinationen* durchzusetzen (vgl. Schumpeter 1952, S. 111 ff., sowie Bretz 1988, S. 45 ff.)

Renato Poggioli beschreibt in seiner „Teoria dell'arte d'avanguardia" (1968, S. 25 ff.; im Original 1962) vier Pole, welche die Avantgarde neu aufspannen:

(1) Avantgarde ist immer eine *aktivistische* Bewegung: Sie liebt Geschwindigkeit um des Abenteuers willen. Die militärische Vorhut will aus ihrem Selbstverständnis heraus nicht den Feind besiegen, sondern Neues erkunden: sie will „vorne sein". Avantgarde ist ungeduldig; sie sucht das Risiko.
(2) Avantgarde ist eine *antagonistische* Bewegung: Sie kämpft gegen Verkrustung und verhärtete Fronten, gegen die vordergründige Dominanz der Sachzwänge. Im postmodernen Umfeld kämpft Avantgarde aber nicht „von oben herab" – aus der sterilen Distanz des Elfenbeinturms heraus. Sie mischt sich unter das Volk, lernt zu verstehen, zu schätzen und zu achten. Aber sie kämpft gegen all das, was den Pluralismus eindämmt und dem Wachstum von dynamischen Persönlichkeiten entgegensteht.

(3) Avantgarde hat *nihilistisch*-transzendente Züge: Auf der Suche nach „dritten Variablen" zieht sie sich Münchhausen gleich an den eigenen Haaren aus dem Sumpf ihrer Praxis, um fortschrittshemmende Invarianzen zu brechen (vgl. Galtung 1978). Das Schwelgen, das Leben in inkommensurablen Weltsichten fördert die Kultivierung der Intuition; aber erst das geistige Überwinden der jedem Kontext eigenen Grenzen führt zur Geburt neuer Zukünfte. Und hierfür ist das *Gehen* eines individuellen, inneren Weges konstitutiv (vgl. Jantsch 1975, S. 144 ff., sowie Bretz 1988, S. 309 ff.).

(4) Von entscheidender Bedeutung für die Avantgarde ist schließlich ihr *agonistisches* Moment: die treibende Kraft hinter ihrem Kampf gegen aktuelle Mißstände, hinter ihrem selbstlosen, aufopfernden Einsatz ist die positive Vision einer strahlenden Zukunft, eines besseren, da transformierten und erweiterten „Nachher".

Das kreativ-dynamische Wachstum, die Entfaltung von Menschen, ist die Vision, die treibende Kraft dieses Beitrags. Solange es Menschen gibt, die von dieser Vision getrieben sind, werden sie die Evolutionsdynamik unserer Organisationen in Gang halten. Die unternehmerische Avantgarde im Management geht neue Wege zur lernenden, zur Fortschrittsfähigen Organisation, die den Menschen dient und sie nicht versklavt. Das Los der Avantgarde ist hart; Grenzgänger leben außerhalb der Akzeptanz des Mainstreams, auch wenn sie ihrem Publikum weite, neue Welten erschließen wollen (Guillaume Apollinaire, zitiert nach Poggioli 1968, S. 231):

„Nous ne sommes pas vos ennemis
Nous voulons vous donner de vastes et
d'étranges domaines
Où le mystère en fleurs s'offre à qui veut
le cueillir."

(Wir sind nicht Eure Feinde
Wir wollen Euch riesige, geheimnisvolle
Welten zeigen
Wo das blumige Mysterium sich dem eröffnet,
der es pflücken möchte.)

Grenzgänger machen Fehler, begehen Sünden, tun anderen Menschen weh. Hierfür bittet der Poet um Mitgefühl und Verzeihung (Guillaume Apollinaire, zitiert nach Poggioli 1968, S. 67):

„Pitié pour nous qui combattons toujours
aux frontières
De l'illimité et de l'avenir
Pitié pour nos erreurs pitié pour nos péchés."

(Fühlt mit uns, die wir immer an den Grenzen
kämpfen
Der Unendlichkeit und der Zukunft
Verzeiht unsere Fehler, verzeiht
unsere Sünden.)

Literatur

ADAMS, J. D. (Hrsg.; 1986), Transforming Leadership. From Visions to Results, Alexandria 1986.

AGOR, W. H., Intuitive Management: Integrating Left and Right Brain Managment Skills, Englewood Cliffs 1984.

BASS, B. M., Charisma entwickeln und zielführend einsetzen, Landsberg/Lech 1986.

BAUDRILLARD, J., Die Simulation, in: Welsch (Hrsg. 1988), S. 153–162.

BRETZ, H., Unternehmertum und Fortschrittsfähige Organisation. Wege zu einer Betriebswirtschaftlichen Avantgarde, München 1988.

DE DUVE, TH., Kant nach Duchamp, in: Kunstforum, Bd. 100, April/Mai 1990, S. 186–206.

FEYERABEND, P. K., Erkenntnis für freie Menschen, Frankfurt 1981.

FEYERABEND, P. K., Wider den Methodenzwang, Frankfurt 1981.

GALTUNG, J., Methodologie und Ideologie, Frankfurt 1978.

GERKEN, G., Der neue Manager, Freiburg i. Br. 1986.

GILDER, G., The Spirit of Enterprise, New York 1984.

GOODMAN, N., Weisen der Welterzeugung, Frankfurt 1984.

HABERMAS, J., Theorie des kommunikativen Handelns. 2 Bände, Frankfurt 1981.

HAMEL, G., PRAHALAD, C. K., „Strategic Intent", in: Harvard Business Review, May/June 1989, S. 63–76.

IACOCCA, L., NOVAK, W., Iaccoca. An Autobiography, New York 1984.

JANTSCH, E., Design for Evolution. Self Organization and Planning in the Life of Human Systems, New York 1975.

JENCKS, C., Die Sprache der postmodernen Architektur, in: Welsch (Hrsg. 1988), S. 79–84.

KANTER, R. M., The Change Masters. Innovations for Productivity in the American Corporation, New York 1983.

KANTER, R. M., When Giants Learn to Dance. Mastering the Challenge of Strategy, Management, and Careers in the 1990s, New York 1989.

KIRSCH, W., Unternehmenspolitik und strategische Unternehmensführung, München 1990.

KNYPHAUSEN, D. ZU, Unternehmungen als evolutionsfähige Systeme. Überlegungen zu einem evolutionsfähigen Konzept der Organisationstheorie, München 1988.

LESSEM, R., Becoming a Metapreneur, in: Adams (Hrsg., 1986), S. 81–94.

LYOTARD, J.-F., Das postmoderne Wissen. Ein Bericht. Herausgegeben von P. Engelmann, Graz/Wien 1986.

MCGREGOR BURNS, J., Leadership, New York 1978.

MINTZBERG, H., Mintzberg on Management. Inside Our Strange World of Organizations, New York 1990.

MÜLLER-STEWENS, G., BRETZ, H., Stimulierung unternehmerischer Tugenden durch New Venture Management, in: Schanz, G., Wohland, H., Handbuch „Anreizsysteme in Wirtschaft und Verwaltung", Stuttgart 1990.

NEUBERGER, O., Der Mensch ist Mittelpunkt. Der Mensch ist Mittel. Punkt. Acht Thesen zu Personalwesen, in: Personalführung 1/90, S. 3–10.

OLIVA, A. B., Die italienische Trans-Avantgarde, in: Welsch (Hrsg. 1988), S. 121–132.

PAUTZKE, G., Die Evolution de organisatorischen Wissensbasis. Bausteine zu einer Theorie des organisatorischen Lernens, München 1989.

PETERS, T. J., Thriving on Chaos. Handbook of a Management Revolution, New York et al. 1987.

PETERS, T. J., AUSTIN, N., Leistung aus Leidenschaft. Über Management und Führung, Hamburg 1986.

PINCHOT, C., Intrapreneuring, New York 1985 (dt. Fassung: Wiesbaden 1988).

POGGIOLI, R., The Theory of the Avantgarde, Cambridge/London 1968.

REAGAN, R., Why This is an Entrepreneurial Age, in: Journal of Business Venturing, Vol. 1, Winter 1985.

RINGLSTETTER, M., Auf dem Weg zu einem evolutionären Management, München 1988.

ROSENSTIEL, L. VON, STENGEL, M., Identifikationskrise? Zum Engagement in betrieblichen Führungspositionen, Bern et al. 1987.

SCHMID, M., Revitalisierung bürokratischer Unternehmen. Möglichkeiten und Grenzen eines New Venture Managements, München 1986.

SCHUMPETER, J. A., Theorie der wirtschaftlichen Entwicklung. Eine Untersuchung über Unternehmergewinn, Kapital, Kredit, Zins und den Konjunkturzyklus. 5. Aufl., Berlin 1952.

SERVATIUS, H.-G., New Venture Management. Erfolgreiche Lösung von Innovationsproblemen für Technologieunternehmen, in Wiesbaden 1988.

SPINNER, H. F., Die Doppelvernunft, Frankfurt 1985.

SPRÜNGLI, R. K., Evolution und Management. Ansätze zu einer evolutionistischen Betrachtung sozialer Systeme, Bern/Stuttgart 1981.

VENTURI, R., Komplexität und Widerspruch in der Architektur, in: Welsch (Hrsg. 1988), S. 79–84.

WEBER, M., Gesammelte Aufsätze zur Religionssoziologie, Tübingen 1947.

WEIZSÄCKER, E. VON, Erstmaligkeit und Bestätigung als Komponenten der pragmatischen Information, in: Weizsäcker, E. von (Hrsg.), Offene Systeme I. Beiträge zur Zeitstruktur von Information, Entrophie und Evolution, Stuttgart 1974, S. 82–113.

WELSCH, W., Einleitung, in: Welsch (Hrsg. 1988), S. 1–46.

WELSCH, W., Zur Aktualität des ästhetischen Denkens, in: Kunstforum, Bd. 100, April/Mai 1990, S. 135–149.

WELSCH, W. (Hrsg.), Wege aus der Moderne. Schlüsseltexte der Postmoderne-Diskussion, Weinheim 1988.

WIESMANN, D., Management und Ästhetik, München 1989.

Neuntes Kapitel

Lernen von Kunden und Konkurrenz

Hermann Simon und Georg Tacke

1. Der Zwang zum Lernen

In vielen Märkten ist die strategische Situation heute durch folgende Merkmale gekennzeichnet:

- permanente Überkapazitäten,
- Marktsättigung bzw. geringes Wachstum auf der Nachfrageseite,
- Angleichung von Qualität und Know-how,
- Internationalisierung,
- Differenzierung der Kundenwünsche.

Diese Entwicklung hat zu einer deutlichen Verschärfung des Wettbewerbs geführt. Der „friedliche Wachstumswettbewerb", der für die Jahrzehnte des Wachstums charakteristisch war und bei dem sich Trends mit relativ hoher Sicherheit extrapolieren und prognostizieren ließen, hat sich in vielen Märkten zum „kriegerischen Verdrängungswettbewerb" gewandelt. In dieser verschärften Wettbewerbssituation wird ein kompromißlos konkurrenzbezogenes Denken zum absoluten Muß.

Als Bezugsrahmen für eine derartige Denkhaltung eignet sich in hervorragender Form das „Strategische Dreieck" (Ohmae 1992) mit den drei Eckpunkten:

- eigenes Unternehmen,
- Kunde und
- Konkurrenz.

Um in diesem Dreieck (siehe Abbildung 1) erfolgreich operieren zu können, muß ein Unternehmen alle drei „Eckpunkte" sowie die Beziehungen zwischen ihnen gleich gut kennen. Die Konzentration auf die Beziehung „Wir – Kunde" reicht heute nicht mehr aus. Denn in der Regel wird das Kundenbedürfnis von mehreren oder gar vielen Konkurrenten auf hohem Niveau befriedigt. Es genügt folglich nicht, eine im absoluten Sinne gute Leistung zu bringen, sondern es kommt entscheidend darauf an, gezielt besser zu sein als die Konkurrenz, das heißt Wettbewerbsvorteile zu schaffen und zu verteidigen. Neben die Frage: „Wie gut befriedigen wir das Bedürfnis des Kunden?" muß gleichberechtigt die Frage: „Was ist unser Wettbewerbsvorteil?" treten.

Wir sollten uns bewußt sein, daß Wettbewerbsvorteile vergänglich und permanent gefährdet

Abbildung 1

sind. Sowohl die Konkurrenten als auch die Kunden lernen ständig dazu. Marktpositionen und Wettbewerbsvorteile sind somit wenig dauerhaft. Ein Drittel der Unternehmen in der Fortune-500-Liste aus dem Jahr 1970 gehörte 1983 nicht mehr zur Gruppe der Fortune 500. Schweizer Uhrenhersteller, deutsche HiFi-Fabrikanten, englische Motorrad- oder deutsche Kamera-Produzenten sind Beispiele für den Niedergang ehemals leistungsfähiger Firmen. Märkte und Wettbewerbspositionen sind offensichtlich vergänglich. Es handelt sich nicht um Erbhöfe, sondern sie müssen immer wieder neu erkämpft und verteidigt werden.

Wie aber kann man seine Wettbewerbsposition verteidigen? Wie kann man im Wettbewerb überleben? Die Antwort lautet: nur durch permanentes Lernen. Das ökologische Gesetz des Lernens besagt, daß eine Spezies nur überleben kann, wenn ihre Lerngeschwindigkeit gleich oder größer ist als die Änderungsgeschwindigkeit ihrer Umwelt (Flik 1986). Dieses Gesetz läßt sich gut auf Unternehmen übertragen. Man muß schneller lernen als die Konkurrenz, um langfristig zu überleben. Wettbewerbsvorteile müssen ständig durch schnelleres Lernen und permanente Innovation verteidigt werden. Veränderungen im Markt müssen frühzeitig erkannt werden, so daß man sich rechtzeitig auf neue Vorteilsparameter einstellen kann, die aus Sicht der Kunden wichtiger werden.

Doch wo soll das Lernen ansetzen? Von wem soll man lernen? Auf diese Fragen gibt es eine klare Antwort: von der eigenen Kreativität, aber genauso von den „Mitspielern" im Strategischen Dreieck – also von den Kunden und Konkurrenten. Oben wurde bereits gesagt, daß man alle drei Eckpunkte des Strategischen Dreiecks gleich gut kennen muß. Das Unternehmen sollte in diesem Sinne von Kunden und Konkurrenten lernen, die gewonnenen Erkenntnisse in die eigene Wettbewerbsstrategie einbauen und in konkrete Maßnahmen umsetzen. Nur so wird man langfristig vermeiden, daß man relativ zu den Kundenanforderungen und den Konkurrenzleistungen in Rückstand gerät.

Wir werden im folgenden auf die „Lernquellen" Kunde und Konkurrenz eingehen. Im Anschluß beschäftigen wir uns mit der „Umsetzungsproblematik" beim Lernen. Wir machen konkrete Vorschläge, wie sich der Umsetzungserfolg beim Lernen von Kunden und Konkurrenten verbessern läßt.

2. Lernen von den Kunden

Kaum jemand stellt heute noch den Gedanken der Kundenorientierung als solchen in Frage. Die meisten Firmen haben gut ausgebaute Marketingabteilungen. Großzügig verleihen sich viele selbst das Prädikat „kundenorientiert". Ist das Lernen von den Kunden vor diesem Hintergrund überhaupt noch ein bedeutendes Thema? Hierzu einige Beispiele:

– Ein Softwarehaus entwickelt ein umfassendes und deshalb in der Anwendung nicht ganz einfaches Programm. Im Markt setzt sich ein „primitiveres" Produkt durch. „Das Super-Programm" scheitert. Die Software-Ingenieure sind sich einig, daß es nur an der Dummheit der Kunden liegen kann.
– Ein Unternehmen der Elektroindustrie findet in einer Marktstudie heraus, daß die Kunden der Lieferflexibilität sehr hohe, der Produktpalette dagegen nur eine geringe Bedeutung zumessen. Die Mitarbeiter sind jedoch – wie eine interne Befragung ergibt – kaum davon abzubringen, daß die Produktpalette entscheidend sei und die Lieferflexibilität nur eine untergeordnete Rolle spiele.
– F & E-Spezialisten eines Chemieunternehmens optimieren unter genau kontrollierten Bedingungen die Einsatzmenge eines neuen Pflanzenschutzmittels. Auf dieser Basis wird der Preis festgelegt. Später stellt sich heraus, daß die Landwirte nur gut die Hälfte der „Optimalmenge" einsetzen und damit auskommen. Der Umsatzausfall beträgt 50 Prozent.

Diese Liste – alle Beispiele sind real – ließe sich beliebig fortsetzen. Sie deutet darauf hin, daß es an einer wirklichen Kundenorientierung mangelt. Im Gegenteil, das Lernen von den Kunden wird unseren Erfahrungen zufolge bei fast allen Unternehmen auf drastische Weise vernachlässigt.

2.1 Was sollte man von den Kunden lernen?

Wir sehen hier vor allem drei Aspekte:

- die Anforderungen, Bedürfnisse der Kunden,
- die subjektiven Wahrnehmungen des Kunden bezüglich des eigenen Unternehmens und der Konkurrenten,
- Ideen und Anregungen für Innovationen.

Anforderungen und Bedürfnisse der Kunden

Der Kunde zahlt letztlich nie für ein Produkt als solches, sondern immer nur für die Lösung seines Problems oder die Befriedigung seines Bedürfnisses. Er ist an dem Produkt nur insoweit interessiert, als es ihm hilft, sein spezifisches Problem zu lösen. Vor dem Hintergrund dieser Überlegungen ist es für ein Unternehmen von höchster Bedeutung, die Antworten auf die folgenden Fragen zu kennen:

- Was sind die Anforderungen des Kunden?
- Was sind seine Probleme und Bedürfnisse?
- Was ist das Geschäft des Kunden?

Eine solche Analyse erfordert häufig eine Kundenbefragung. Die Wichtigkeiten einzelner Kundenbedürfnisse können mit modernen Methoden recht zuverlässig gemessen werden. Bei komplexen Produkten und Dienstleistungen haben wir gute Erfahrungen mit Computer-Interviewing gemacht. Neben den Kunden sollten zusätzlich die eigenen Mitarbeiter zu den Kundenbedürfnissen gefragt werden, wobei sie sich in die Lage der Kunden versetzen. Abbildung 2, Seite 172, zeigt, daß die beiden Ergebnisse stark voneinander abweichen können. Zwischen dem, was die Kunden wollen, und dem was die Mitarbeiter diesbezüglich glauben, treten in unserem Beispiel erhebliche Diskrepanzen zutage. Die aus Kundensicht wichtigsten Leistungsmerkmale wurden von den eigenen Mitarbeitern unterschätzt, weniger wichtige überschätzt. Hier wird ein – häufig zu beobachtendes – Wunschdenken der eigenen Mitarbeiter offensichtlich. Eine solche Fehlwahrnehmung ist schnellstmöglich zu korrigieren und das „Wunschdenken-Profil" durch das zutreffende „Kundenprofil" auszutauschen.

Hier lernt das Unternehmen vom Kunden. Kundennähe ist – wie die Abbildung 3, Seite 173, skizziert – eine „Zweibahnstraße". Vom Kunden in Richtung Unternehmen fließen Informationen zu Bedürfnissen und Problemen des Kunden. Je intensiver und je früher diese Informationen fließen, desto größer ist die Chance, aus ihnen einen Wettbewerbsvorteil aufzubauen und damit der Konkurrenz einen Schritt voraus zu sein. Wettbewerbsstrategie beginnt bei der besseren und früheren Information. Diese ist jedoch eine Holschuld. Der Informationsfluß in diese Richtung erfordert ständige Kontakte auf verschiedenen Ebenen und unterschiedlichen Funktionen sowie Zeit und Geduld, dem Kunden zuzuhören (vgl. Abbildung 3).

Besonders wichtig ist das Lernen von Kunden für Funktionen, die in ihrer normalen Tätigkeit wenig direkte Berührungspunkte mit Kunden haben, deren Arbeit aber andererseits die Problemlösung beim Kunden wesentlich beeinflußt. Hierzu gehören zum Beispiel F&E, Konstruktion, Produktion etc.

Wahrnehmung der Kunden

Entscheidend für den Erfolg im Markt ist nicht, ob ein Wettbewerbsvorteil (oder die Produktleistung) auf der technisch-objektiven Ebene existiert, sondern ob er von den Kunden subjektiv wahrgenommen wird. Nur die subjektiv wahrgenommene Leistung zählt. Es gibt zahlreiche Beispiele für das Auseinanderfallen von technisch-objektiver und subjektiv-wahrgenommener Überlegenheit. So ist das Video 2000-System von Philips/Grundig aus Sicht der Experten dem VHS-System Matsushita technisch fühlbar überlegen. Dennoch verloren die europäischen Firmen das Rennen um den Weltmarkt. Das technisch schwächere VHS-System wurde – insbesondere aufgrund der aggressiveren Lizensierungsstrategie von Matsushita – zum weltweiten Industriestandard und setzte sich am Markt durch.

Gerade technisch orientierten Unternehmen fällt es oft schwer zu akzeptieren, daß gute Pro-

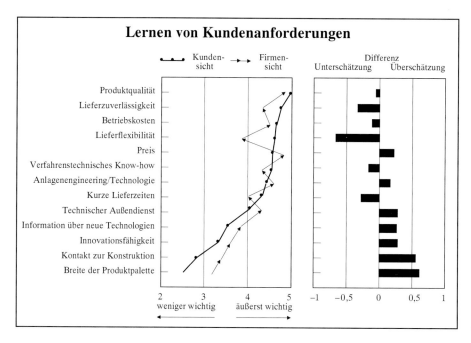

Abbildung 2

dukte sich nicht von selbst verkaufen und durchsetzen, sondern daß die technische Produktleistung dem Kunden unter Umständen mit großen Anstrengungen „rübergebracht" werden muß. Cornelis Bossers (1986) bringt das Problem auf den Nenner: „Technisch können wir Europäer fast alles. Unser Marketing muß besser werden."

Vor diesem Hintergrund ist es besonders wichtig zu erfahren, welche Wahrnehmung der Kunde vom eigenen Unternehmen bzw. den Produkten hat und wie er im Vergleich dazu die Konkurrenz einschätzt.

Je nachdem, in welcher Relation die subjektive Kundenwahrnehmung zur technisch-objektiven Produktleistung steht, ergeben sich unterschiedliche strategische Implikationen für das Verhalten des Unternehmens. Wird beispielsweise die Produktleistung von den Kunden schlechter eingeschätzt, als sie tatsächlich ist, dann liegt ein „Kommunikationsproblem" vor. Man hat seine Leistungsvorteile nicht gut genug „rübergebracht". Es muß folglich kommunikativ gegengesteuert werden.

In der Abbildung 4, Seite 174, sind die vier möglichen Konstellationen von subjektiv wahrgenommener und technisch-objektiver Produktleistung sowie die sich ergebenden Verhaltensimplikationen zusammenfassend dargestellt.

Die Wahrnehmungen lassen sich – ähnlich wie die Kundenanforderung – am besten im Rahmen von Kundenbefragungen ermitteln. Sie sollten dabei in quantitativer Form erhoben werden, so daß sich eine gute Vergleichbarkeit zur Leistung der Konkurrenz ergibt. Darüber hinaus bietet jeder einzelne Kundenkontakt die Chance, etwas über die Wahrnehmung der Kunden zu lernen. Voraussetzung für einen „Lernerfolg" ist auch hier wieder, daß man die Sicht des Kunden als die maßgebliche akzeptiert und seine eigene Meinung hintenanstellt bzw. zu korrigieren bereit ist.

Der Kunde als Innovator

Der Kunde als Ideenquelle für Innovationen – dies ist sicherlich ein besonders interessanter Aspekt, wenn man an das Lernen von den Kunden denkt. Studien des Massachusetts Institute of Technology zufolge stammen bei Industriegütern 60 Prozent aller Verbesserungsvorschläge von den Kunden. Von Hippel berichtet in seinem Buch „The Sources

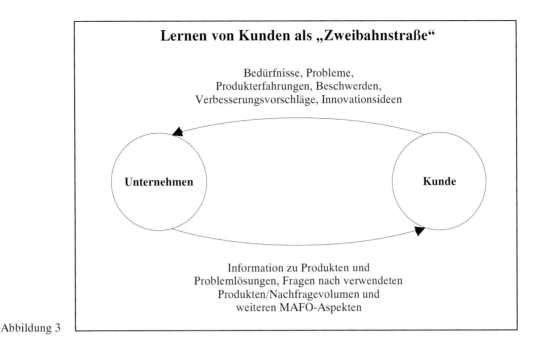

Abbildung 3

of Innovation" von Branchen, bei denen 67 Prozent bis 90 Prozent der Innovationen von den Anwendern, also von den Kunden stammen. Ein französischer Stahlstrahlmittelhersteller stellt seinen Kunden die eigene Versuchsanstalt zur Verfügung (asw 7/87). Die Kunden können ihre eigenen Verhältnisse in der Produktion simulieren. Sie müssen ihre Produktion nicht unterbrechen. Gleichzeitig erfährt das Unternehmen aus erster Hand von den Problemen der Kunden und kann entsprechende Lösungen anbieten bzw. Innovationen entwickeln. Diese Informationen deuten an, wie wichtig die optimale Nutzung des Kunden-Know-hows für den Innovationsprozeß ist.

Diese Art des Lernens von den Kunden erfordert allerdings eine besonders intensive Kundennähe. Man muß mit den Kundenproblemen bestens vertraut sein, um Verbesserungspotentiale und Innovationsansätze zu erkennen. Die eigene Organisation sollte darauf erpicht sein, neue Ideen und Ansätze beim Kunden zu erkennen, sie ohne Vorbehalte aufnehmen und daran an Lösungen arbeiten.

Der Vertrieb darf also nicht ausschließlich auf den Verkauf vorhandener Produkte fokussiert sein, sondern er sollte darüber hinaus nach ungelösten Kundenproblemen und Verbesserungspotentialen „Ausschau halten". Dem stehen allerdings häufig die Incentive-Systeme entgegen, die nur den Verkauf belohnen. In gleichem Maße sollte auch die F & E-Abteilung bereit sein, Ideen, die nicht von den eigenen Forschern stammen, aufzugreifen und voranzutreiben.

Genauso wichtig wie Innovationsideen ist eine möglichst frühe Einbeziehung der Kunden in den Entwicklungsprozeß. Auf diese Weise lassen sich Entwicklungen in die falsche Richtung frühzeitig erkennen und abstellen. Eine optimale Übereinstimmung von Kundenproblem und Problemlösung wird erreicht. So lädt ein mittelständisches Unternehmen, das Sondermaschinen für Formgebungstechniken herstellt, bereits in der Phase der Neuentwicklung die Kunden ein, um mit ihnen die beabsichtigten Änderungen zu besprechen. Aufwendige Konstruktionsveränderungen können somit sofort gestoppt werden, wenn sie an Punkten ansetzen, die aus Sicht der Kunden gar keiner Verbesserung bedürfen bzw. für deren Zusatznutzen der Kunde nicht zusätzlich zu zahlen bereit wäre. Eine solche Zusammenarbeit setzt ein hohes

	Kommunikationsvorteil/ Leistungsnachteil	Idealpositon
ja	→ Kommunikation halten (kurzfristig) → Leistung verbessern (langfristig)	→ Halten/Verteidigen
nein	Kommunikations- und Leistungsnachteil → Leistung und Kommunikation verbessern → Falls nicht möglich, Kostenmanagement und Niedrigpreisstrategie	Leistungsvorteil/ Kommunikationsnachteil → Kommunikation/ Kundenorientierung verbessern
	nein	ja

Subjektiv wahrgenommene und technisch-objektive Wettbewerbsvorteile

Subjektiv wahrgenommener Wettbewerbsvorteil (Kundensicht) — vertikale Achse

Technisch-objektiver Wettbewerbsvorteil (Firmensicht) — horizontale Achse

Abbildung 4

gegenseitiges Vertrauen voraus, da Fortschritte nur erzielt werden, wenn beide Partner die Karten voll auf den Tisch legen.

2.2 Wie kann man von den Kunden lernen?

Bisher sind wir hauptsächlich auf Lerninhalte eingegangen. Es folgen einige Vorschläge, wie sich das Lernen von Kunden realisieren oder organisieren läßt.

– Kundenbefragungen sind ein gutes Mittel, um grundlegende Informationen über Anforderungen, Bedürfnisse und Wahrnehmungen der Kunden zu erhalten.
– Regelmäßige Kundenkontakte insbesondere für die kundenfernen Funktionen sind von höchster Bedeutung. Diese lassen sich zum Beispiel realisieren durch Vorgaben für eine bestimmte Anzahl von Kundenbesuchen im Jahr, die Einrichtung formalisierter Erfahrungsaustausche mit Kunden, direkte Informationslinien mit Kunden etc. Der ehemalige IBM-Verkaufschef Rodgers (1986) sagt: „I can't think of any better way to let engineering, manufacturing and financial people know what goes on in the field than to put them out in the field with the sales person calling on customers. It's an incredible education. You'll hear comments such as: It's totally different from what I had imagined." Die Ingenieure von Honda verbringen zwei Monate pro Jahr beim Kunden, das heißt in Reparatur- und Servicewerkstätten, beim Verkauf, im Gespräch mit Endverbrauchern etc.
– Dezentralisierung und Regionalisierung sind entscheidende Wege zu größerer Kundennähe. In vielen deutschen Unternehmen führen die historisch bedingten Hierarchieordnungen zu lähmenden Machtkämpfen zwischen Technik, Produktion, Vertrieb und Marketing, die viele interne Energien absorbieren. Diese Zeit fehlt für den Kunden. Kleinere und flachere Organisationen agieren kundennäher. In einer Studie fanden wir heraus, daß die größte Stärke erfolgreicher mittlerer Firmen in der Verbindung von Kundennähe und technischer Kompetenz liegt (Simon 1990). Eine Sonderform stellt die Regionalisierung dar, die das Unternehmen räumlich und kulturell näher an den Kunden bringt.

– Besonders wichtig sind die effiziente Handhabung von Beschwerden und die systematische Analyse der Gründe für das Abspringen von Kunden bzw. für das Nichterhalten von Aufträgen. Durch eine zufriedenstellende Behandlung von Beschwerden wird die Wiederkaufwahrscheinlichkeit radikal erhöht (einer amerikanischen Studie zufolge von 19 Prozent auf 54 Prozent). Darüber hinaus enthalten Beschwerden wertvolle Informationen zur Produktverbesserung.

Ähnliches gilt, wenn man Kundenverluste analysiert. David Green, Vice President der Video-Star Connections Inc., sagt dazu in der Harvard Business Review (1989): „I came to realize, that my job ist not simply to win orders. It's also to learn everything possible from losing orders. I don't mind saying that I've learned a lot." Die amerikanische Kreditkartengesellschaft MBNA beschäftigt zum Beispiel 68 Personen, die jeden Kunden anrufen, der seinen Vertrag kündigen will. Rund die Hälfte der abwanderungswilligen Kunden wird dabei zurückgewonnen (Fortune, 4.6.1990).

3. Lernen von der Konkurrenz

Das Lernen von den Wettbewerbern hat in den letzten Jahren mehr und mehr an Bedeutung gewonnen. Ohne eine genaue Kenntnis der Konkurrenz ist faktisch ein Überleben im Markt langfristig nicht möglich.

Daß diese Einsicht nicht neu ist, beweist eine Aussage des chinesischen Militärstrategen Sun Tzu aus dem 4. Jahrhundert v. Chr.: „Know the enemy and know yourself: In a hundred battles you will never be in peril. When you are ignorant of the enemy but know yourself, your chances of winning or losing are equal. If ignorant of both your enemy and yourself, you are certain in every battle to be in peril." (zitiert nach Sammon et al. 1984, S. 19)

Beim Lernen von der Konkurrenz geht es in erster Linie um folgende Bereiche:

– zukünftige Ziele der Konkurrenten,
– gegenwärtige Strategie, Markterfolge und -mißerfolge und mögliche Reaktionen der Konkurrenten,
– Fähigkeiten, Stärken und Schwächen sowie Gefährdungspotentiale der Konkurrenten.

Wir gehen im folgenden auf die einzelnen Aspekte näher ein. Es werden Beispiele genannt und Implikationen für das eigene Unternehmen aufgezeigt. Dabei sei erwähnt, daß unseren Erfahrungen zufolge das Hauptproblem weniger in der grundsätzlichen Nicht-Verfügbarkeit relevanter Informationen als vielmehr im Fehlen einer systematischen Sammlung, Verdichtung und Umsetzung dieser Informationen liegt.

Ziele der Konkurrenten

Oft lassen sich Ziele der Wettbewerber aus Geschäftsbereichen oder aus veröffentlichten Reden/Vorträgen von Unternehmensrepräsentanten entnehmen. Einige Beispiele hierzu sind nachfolgend aufgeführt:

Ziel: Marktgewinnung

In einem Interview formulierte der Vice President Marketing von Fuji USA, Carl Chapman, das Marktanteilsziel für den amerikanischen Markt wie folgt: „I personally believe that it is reasonable for Fuji to have the same share of the U.S. market that Kodak has of the Japanese market." Dies würde einer Steigerung von 300 Prozent (!) gleichkommen.

Ziel: Eindringen in neue Marktsegmente

Dem Geschäftsbericht eines Nutzfahrzeugherstellers, der seit Jahren erhebliche Schwierigkeiten hatte, war zu entnehmen, daß man zwecks besserer Kapazitätsauslastung in ein Segment mit noch inaktiver Preisstruktur eindringen und dort interessante Marktanteile erobern wolle.

Ziel: Halten der Marktposition

In einer Rede wies der Inhaber eines amerikanischen Chemieunternehmens auf die geringen

Wachstumsraten der Branche hin und betonte die Notwendigkeit von Kostensenkungen. Er verriet gleichzeitig, daß sein Unternehmen in naher Zukunft keine Kapazitätsausweitungen plane und auf ein Halten der jetzigen Situation hinarbeite.

Mancher Leser wird sich fragen, warum Topmanager solche Informationen kundtun. Häufig lautet die Antwort: „Weil sie nicht anders können." Dieser Zwang entstammt meist nicht einem übertriebenen Hang zur Selbstdarstellung, sondern ergibt sich aus der Notwendigkeit, die Arbeitnehmer zu motivieren, die Aktionäre positiver zu stimmen, Banken zu überzeugen oder Lieferanten/Kunden bei der Stange zu halten. Manchmal sollen der Konkurrenz auch gezielte „Signale" gegeben werden, um ein bestimmtes Verhalten zu erreichen.

In jedem Fall stellen derartig Verlautbarungen von Konkurrenzunternehmen extrem wichtige Informationen für das eigene Unternehmen dar. Die Konkurrenz ist leichter auszurechnen. Die Gefahr unangenehmer Überraschungen reduziert sich. Solche Informationen sind unbedingt in die Planung einzubeziehen. Man sollte in diesem Sinne wo und wann immer möglich von der Konkurrenz lernen.

Strategien der Konkurrenten und mögliche Reaktionen

Verfolgt ein Unternehmen die Strategie, akzeptable Produktqualitäten zu möglichst niedrigen Preisen anzubieten, so wird es mit großer Wahrscheinlichkeit einen Preisbrecher oder einen preisaggressiven Newcomer durch eigene Preissenkungen zu disziplinieren versuchen. Die Abwehrmaßnahmen werden erfolgreich sein, wenn das Unternehmen über ein ausreichend hohes Polster verfügt, um eine Durststrecke zu überstehen, oder Kostenvorteile besitzt. Demgegenüber dürfte ein Anbieter, der sich als Technologie-/Qualitätsführer versteht oder sich durch höhere Leistung vom Wettbewerb differenziert, nicht von einem Billig-Anbieter herausgefordert werden, so daß er vermutlich nicht, zumindest aber weniger stark reagieren wird. Diese Beispiele belegen, daß der Analyse der Konkurrenzstrategie für die Abschätzung wahrscheinlicher Reaktionen und die Aufdeckung von Angriffsflächen entscheidende Bedeutung zukommt. Wettbewerber, die keine Strategie besitzen, sind

– als Angreifer leicht abzuwehren,
– als Verteidiger in einer schwächeren Position, also Konkurrenten, die strategisch klar positioniert sind.

Kennt man die strategischen Prioritäten der Konkurrenzunternehmen, dann lassen sich mögliche Reaktions- und Verhaltensmuster vorhersagen und potentielle Angriffspunkte identifizieren. Machen Sie für Ihr Unternehmen die Nagel-Probe, und stellen Sie sich die Frage, welche strategische Stoßrichtung Sie verfolgen. Können Sie das eigene Unternehmen nicht eindeutig zuordnen, deutet das auf ein mögliches Gefährdungspotential hin.

Fähigkeiten der Konkurrenten

Die Beurteilung von Fähigkeiten, Stärken und Schwächen ist ein weiteres Glied beim Lernen von der Konkurrenz.

Während die Identifikation der Ziele und Strategien Aufschluß darüber gibt, mit welcher Wahrscheinlichkeit in welchen Situationen wie reagiert wird, bestimmen die Fähigkeiten (Ressourcen) das Aktions- und Reaktionspotential der Konkurrenten. Die Fähigkeiten zum Wachstum, zu schnellen Reaktion, zur Anpassung an Veränderungen, zur Überwindung von Durststrecken hängen von folgenden Faktoren ab:

Finanzen
Liquiditätsreserven, Kreditlinien, Cash-Flow, Eigenkapital, Finanzmanagement, Diversifikation/Risikostreuung.

Kosten
Verhältnis von fixen zu variablen Kosten, Neuheitsgrad der Anlagen (Abschreibung), Integrationsgrad der Produktion, Betriebsgröße (Economies of Scale), Lern- und Zeitvorsprung (Erfahrungskurve).

Produktionskapazitäten
Auslastung, Modernität, Investitionsrahmen, Standort, Zugang zu Rohstoffen, vertikale Integration.

F & E, Technologie
Know-how, Brains, Patentsituation.

Distribution/Vertrieb
Niederlassungen, Servicestationen, Distributionsdichte, Vertriebsstärke/-organisation, Beziehungen zum Handel, internationale Präsenz.

Mitarbeiter-/Managementkapazitäten
Personalfluktuation, Krankheitsstand, Einfluß der Gewerkschaften, Flexibilität und Anpassungsfähigkeit, Koordinations-/Motivationsfähigkeiten des Managements, Altersstruktur, Aus- und Weiterbildung.

Da Strategien nicht von Unternehmen als solchen, sondern von Personen entwickelt und umgesetzt werden, müssen die Mitarbeiter der Konkurrenzunternehmen und hier insbesondere die Führungskräfte unbedingt einbezogen werden. Alter, Erziehung, Nationalität, Ausbildung, Karriereentwicklung und bisheriges Entscheidungsverhalten, Erfolgs-/Mißerfolgsstorys der Entscheidungsträger der Wettbewerber sind extrem wichtige Informationen. Unseres Erachtens wird die Bedeutung dieser Faktoren fast immer zu gering eingestuft.

Alle aufgezeigten Informationen ergeben ein sehr umfassendes Bild von den Konkurrenten. Man kann sich regelrecht in die einzelnen Konkurrenzunternehmen hineinversetzen und Entscheidungen nach- bzw. vorvollziehen. Das genau ist unter „Lernen von der Konkurrenz" zu verstehen. Man lernt, wie die Konkurrenz agiert, reagiert etc., und leitet daraus Schlüsse für das eigene Verhalten, für die eigene Strategie ab.

Informationsquellen: Wie lernt man von der Konkurrenz?

Der Zugang zu den Informationsquellen ist – wie bereits erwähnt wurde – nicht das Hauptproblem. Experten schätzen, daß 95 Prozent der relevanten Konkurrenzinformationen frei zugänglich sind oder sich als Wissen bereits im Unternehmen befinden (Sammon et al. 1984). Im folgenden dazu einige Beispiele:

Verkaufspersonal
Oft entdeckt der Außendienst zuerst neue Konkurrenzprodukte, erkennt neue Verkaufstaktiken oder Preisänderungen. Er kann eine Fülle von Informationen über Marktbedingungen, Kundenreaktionen oder Substitutionsprodukte liefern.

F & E-Abteilung
Ingenieure, Wissenschaftler und Techniker haben oftmals Verbindungen zu Kollegen in Konkurrenzunternehmen. Einige Unternehmen setzen sogar sehr aggressiv Techniker ein, um Konkurrenzaufklärung zu betreiben. So bot Intel Corporation bestimmten Kunden an, bei der Lösung ihrer technischen Probleme behilflich zu sein. Intel-Ingenieure arbeiteten in der Firma des Kunden und erfuhren auf diese Weise, daß der Konkurrent Motorola einen neuen Halbleiterchip auf den Markt bringen wollte. Intel Corp. verstärkte daraufhin die eigenen Anstrengungen und kam vor Motorola mit einem entsprechenden Chip auf den Markt (McKenna 1986).

Einkäufer
Da Einkäufer im ständigen Kontakt mit ihren Zulieferern stehen und diese gewohnt sind, über Konkurrenten befragt zu werden, gewinnt man hieraus Direktinformationen über Konkurrenten.

Personalabteilung
Der Personalleiter kennt die Angestellten, die schon einmal in einem Konkurrenzunternehmen tätig waren, und weiß oftmals über Einstellungspraktiken der Wettbewerber Bescheid. So wollte zum Beispiel ein Manager herausfinden, ob die Konkurrenz die Zahl der Arbeitskräfte vergrößert

hatte. Er rief im Personalbüro des Wettbewerbers an und fragte, ob es Zweck hätte, sich dort zu bewerben. Dort verneinte man dies und fügte hinzu, man hätte sogar Personal abbauen müssen.

Produktanalyse

Die genaue Untersuchung der Konkurrenzprodukte im eigenen Labor oder der Konstruktionsabteilung sollte zur Routine werden. Oftmals ergeben sich daraus neue technologische Erkenntnisse. Bei der Entwicklung des Ford Taunus, des erfolgreichsten Ford-Modells seit Jahren, wurde ein Lastenheft mit insgesamt 400(!) Einzelmerkmalen von Konkurrenzfahrzeugen erarbeitet. Alle 400 Einzelmerkmale wurden dahingehend geprüft, ob sie in das neue Modell integriert werden konnten. Schließlich wurden 360 Konkurrenzmerkmale übernommen oder verbessert in den Taunus eingebaut (Waterman 1987).

Reverse Engineering

Auf diese Weise stellte ein europäischer Automobilhersteller einen Kostennachteil von 30 Prozent gegenüber dem japanischen Wettbewerber fest. Dies war ein weiterer Anlaß, auf eine Eigenentwicklung und -produktion zu verzichten und ein Joint Venture mit dem japanischen Unternehmen einzugehen.

Testkäufe

Ein gutes Verfahren, insbesondere im Dienstleistungsbereich, ist es, die Leistungen verschiedener Konkurrenzunternehmen als Kunde zu testen. Das kann konkret bedeuten, daß man bei dem jeweiligen Unternehmen Einkäufe macht oder die Dienstleistungen in Anspruch nimmt. Auf diese Art stellte Eastern Airlines fest, daß man kaum etwas über den neuen Konkurrenten People's Express wußte. Viel zu spät entschloß man sich, Eastern-Airlines-Angestellte als Passagiere bei People's Express mitfliegen zu lassen. Diese Angestellten benahmen sich als Flitterwochen-Reisende und machten bewußt alle möglichen Schwierigkeiten. Dennoch bekamen sie eine hervorragende Bedienung bei People's Express. Dieses Erlebnis öffnete Eastern Airlines zum ersten Mal die Augen für die Konkurrenzbedrohung (Peters/Austin 1985). Genauso ist es ratsam, den eigenen Mitarbeitern Konkurrenzprodukte zum Testen zu geben. Viele Autofirmen praktizieren dies, indem sie insbesondere den Führungskräften ausgewählte Modelle der Konkurrenz zur Verfügung stellen.

Veröffentlichungen jeglicher Art

Geschäftsberichte, Lokalzeitungen, Hauszeitungen, Kataloge, Stellen- und Produktanzeigen, Artikel in Fachzeitschriften etc.

Informationen von Dritten

Kunden haben oft detaillierte Informationen über Konkurrenten. Lieferanten wissen eine Menge über Kapazitäten, Produktentwicklungsaktivitäten oder zukünftige Pläne der Konkurrenz. Auch andere Wettbewerber können mögliche Informationsquellen sein. Das sind zumeist Firmen, die mit dem Konkurrenten nicht im direkten Wettbewerb stehen. So könnten etwa ein Mikrocomputer-Hersteller und der Produzent von Diskettenlaufwerken ihre Erfahrungen über die Markteinführungsstrategien von IBM austauschen.

4. Lernen und Umsetzung

In den vorangegangenen Kapiteln haben wir uns detailliert mit Informationsinhalten und -quellen beschäftigt. Wir sind dabei hauptsächlich darauf eingegangen, was und wie einzelne Personen oder Stellen im Unternehmen von Kunden und Konkurrenten lernen können. Entscheidend ist jedoch nicht, daß einzelne Personen lernen, sondern daß das gesamte Unternehmen aus der Kenntnis über die Kunden und Konkurrenten lernt. Die auf den verschiedenen Ebenen im Unternehmen vorhandenen Informationsbruchstücke müssen gebündelt und in die Strategie des Unternehmens integriert werden. Letztlich kommt es darauf an, das Verhalten des Unternehmens nachhaltig zu beeinflussen. „Das einzig relevante Lernen", so Arie Peter De Geus 1988 in der Harvard Business Review, „ist das Lernen jener, die die Macht haben, zu entscheiden und umzusetzen, das heißt das Lernen der Linien-Manager."

Unseren Erfahrungen zufolge liegt das größte Problem bei der richtigen Bündelung der vielen Informationen und der Umsetzung, nicht jedoch bei der Informationsgewinnung durch einzelne Personen oder Stellen im Unternehmen. Institutionelles Lernen ist schwieriger und erfordert mehr Zeit als individuelles Lernen, da der Langsamste das Lerntempo bestimmt. Außerdem entspricht das Lernergebnis oft dem kleinsten gemeinsamen Nenner und hängt somit entscheidend von der Einbeziehung aller Beteiligten ab.

Vor diesem Hintergrund haben wir bei UNIC eine neue Form aktiven Lernens entwickelt, die möglichst viel Information bündelt und eine umfassende Umsetzung herbeiführt. In Workshops versuchen wir, LERNen und STRATegieentwicklung zu integrieren – wir sprechen von LERNSTRAT-Workshops. Basis eines solchen Workshops ist ein konkretes und aktuelles Problem eines Unternehmens (zum Beispiel die Verbesserung der Kunden- und Konkurrenzorientierung). Ziele sind sowohl das Erlernen von Konzepten und deren Anwendung als auch die Entwicklung von Lösungen für das konkrete Problem sowie die Umsetzung der Ergebnisse.

Das zentrale Element der LERNSTRAT-Workshops bildet die Gruppenarbeit. Die Gruppen erhalten konkrete Aufgabenstellungen und werden von externen Moderatoren betreut.

Dem Moderator fällt dabei eine dreifache Rolle zu:

– die Vermittlung von Wissen und Konzepten in meist sehr kurzen Vorträgen, wobei auf diese nur 10 bis 20 Prozent der Workshop-Zeit entfällt. Dies ist die übliche *Dozentenrolle*,
– die neutrale Evaluation und Hinterfragung der erarbeiteten Lösungen. Hier übt der Moderator die Funktion eines Advocatus diaboli und kritischen *Sparringspartners* aus, die den Erfahrungstransfer aus anderen Branchen/Unternehmen sicherstellt und der Gefahr einer zu starken Innensicht vorbeugen soll,
– die aktive Hilfe und Beratung bei der Problemlösung. Dies ist die klassische Funktion des *Beraters*.

Die dreifache Rolle als *Dozent, Sparringspartner und Berater* stellt an den Moderator sehr hohe Anforderungen. Eine intensive Vorbereitung sowie Vertrautheit mit den Kundenanforderungen und den Konkurrenzverhältnissen in der Branche sind unerläßliche Voraussetzungen für ein erfolgreiches Agieren. Je nach Möglichkeit können zu einem solchen Workshop auch Kunden eingeladen werden. So nahmen an einem Workshop für einen Flachglashersteller Mitarbeiter der zwei wichtigsten Kundengruppen, Automobil- und Bauindustrie, teil. Die Teilnehmer konnten im Lernprozeß direkt von den „Kunden" lernen.

Im Rahmen der Gruppenarbeiten kann jeder seine individuellen Kenntnisse und Erfahrungen einbringen. Es sollten möglichst viele Funktionen vertreten sein, so daß die verschiedenen Sichtweisen zum Zuge kommen. Das Procedere der Gruppenarbeiten sei an zwei Beispielen illustriert, bei denen es um Verbesserungen der Kunden- bzw. der Wettbewerbsorientierung ging.

Beispiel 1: Verbesserung der Kundenorientierung eines Lackherstellers

Nach einem kurzen Vortrag zum Thema erhielten die Gruppen folgende Aufgabenstellung:

– Was sind die wichtigsten Anforderungen der Kunden? Was sind die Bedürfnisse/Probleme der Kunden?
– Wie gut werden diese Anforderungen erfüllt (auch im Verhältnis zur Konkurrenz)? Wo gibt es Defizite?
– Welche Maßnahmen sind konkret umzusetzen (was, wer, bis wann)?

Darüber hinaus wurde zu dem Workshop ein Kunde eingeladen, der über seine Probleme und generell über sein Geschäft referierte. Er stellte sich im Plenum der Diskussion und kommentierte die Arbeitsergebnisse, was zu wertvollen Einsichten für die Workshop-Teilnehmer führte.

Beispiel 2: Verbesserung und Schärfung der Konkurrenzorientierung

Die Gruppen nahmen hier die Position von verschiedenen Hauptwettbewerbern ein – wir bezeichnen sie hier als Unternehmen A, B und C – und sollten eine Angriffsstrategie gegen das eigene Unternehmen (Unternehmen X) entwickeln. Nach einem einführenden Vortrag waren folgende Aufgaben zu bearbeiten:

- Wo sehen Sie als Unternehmen A, B, C Ihre Stärken und Schwächen, Ihre strategischen Wettbewerbsvorteile (Ist-Analyse)?
- Entwickeln Sie eine 5-Jahres-Strategie für Ihr Unternehmen (A, B, C)
  - Zielsegmente,
  - Wettbewerbsstrategie,
  - Positionierung.
- Was wollen Sie (A, B, C) insbesondere gegen das Unternehmen X tun? Wie kann man dieses Unternehmen am besten angreifen?
- Welche konkreten Maßnahmen wollen Sie (A, B, C) zur Umsetzung Ihrer Strategie ergreifen?

Das mentale Sich-Hineinversetzen in die Schuhe des Gegners ist der Entwicklung eines pro-aktiven statt re-aktiven Verhaltensmusters außerordentlich förderlich. Es deckt mögliche Schwächen und Gefahrenpotentiale des eigenen Unternehmens sehr klar auf. Außerdem werden in dem Konkurrenz-Workshop die gesamten Informationen über die Konkurrenten sehr effizient integriert und verarbeitet.

Nach Abschluß der Gruppenarbeit werden die Ergebnisse im Plenum diskutiert. Die Diskussion im Plenum muß dann die Unterschiede zwischen den Einzelergebnissen beseitigen und zu einem Konsensus führen. Ziel ist es, möglichst schon im Workshop konkrete Umsetzungsmaßnahmen zu beschließen und einen detaillierten Aktionsplan aufzustellen.

Häufig wird im Anschluß an den Workshop ein schriftlicher Abschlußbericht erstellt, in dem Arbeitsergebnisse und Aktionspläne zusammengefaßt und kritische Aspekte nochmals gesondert bewertet sowie Handlungsempfehlungen gegeben werden. Auf diese Weise bleibt der LERNSTRAT-Workshop nicht nur ein intellektuell interessantes Erlebnis, sondern es entsteht eine Verpflichtung, ja ein regelrechter Druck, die beschlossenen Maßnahmen umzusetzen bzw. Informationslücken zu schließen.

Der schriftliche Abschlußbericht verändert den Charakter des Workshops bezüglich der Umsetzungsverbindlichkeit entscheidend.

In spezifischen Fällen werden mehrere Workshops hintereinander geschaltet. Dies empfiehlt sich dann, wenn das Problem zu komplex ist, um in einem Schritt bewältigt zu werden, oder wenn die betroffene Gruppe zu groß ist. Solche periodischen Workshops bieten sich zum Beispiel an, wenn es um die Beurteilung von Konkurrenzstrategien geht.

Dieselbe Gruppe sollte sich in jeder Periode mit den gleichen Konkurrenten befassen, so daß über die Zeit ein sehr guter Informationsstand entsteht. Am Ende jeden Workshops steht ein Aktionsplan, der dann in den folgenden Monaten umgesetzt werden muß. Im Folge-Workshop erstatten die Teilnehmer hierzu Bericht. Besonders aufschlußreich sind Fehlschläge, bei denen es entgegen dem Aktionsplan nicht zu einer Umsetzung gekommen ist. Hier werden die unternehmensinternen Widerstände erkannt und identifiziert. Die Identifikation dieser Widerstände ist ein erster wichtiger Schritt zu einem wirkungsvollen Veränderungsmanagement.

Wir haben bisher zahlreiche LERNSTRAT-Workshops in verschiedenen Branchen und zu verschiedenen Themen durchgeführt. Unsere Erfahrungen sind durchweg positiv. Es ist eine ideale Form, um die verschiedenen im Unternehmen verfügbaren Informationen zu bündeln und in die Strategie einzubinden.

Der wichtigste Vorteil besteht darin, daß die Lernergebnisse nicht unverbindlich bleiben, sondern in konkrete Maßnahmen für die Umsetzung münden. Die „Umsetzungslücke" wird weitgehend überwunden. Durch die Einbeziehung möglichst verschiedener Funktionen, die zum Teil über unterschiedliche Informationen und Sichtweisen verfügen, wird das individuelle Lernen in institutionelles Lernen überführt.

5. Schluß

Wir fassen abschließend die wichtigsten Aspekte zusammen:

- Marktpositionen und Wettbewerbsvorteile sind vergänglich. Um langfristig in einem sich immer mehr verschärfenden Wettbewerb zu überleben, muß das Unternehmen systematisch und permanent lernen. Nur wer schneller lernt als die Konkurrenz, überlebt langfristig. Die wichtigsten „Lernquellen" sind die „Mitspieler" im strategischen Dreieck, das heißt die Kunden und die Konkurrenten.
- Was das Lernen von den Kunden anbetrifft, so sind in erster Linie die Kundenanforderungen, -bedürfnisse, die Wahrnehmungen der Kunden und Innovationsanregungen von Bedeutung. Um einen hohen Lernerfolg zu realisieren, sollten insbesondere die kundenferneren Funktionen regelmäßige Kundenkontakte haben. Weitere wichtige Maßnahmen sind Dezentralisierung und Regionalisierung sowie eine effiziente Handhabung von Beschwerden.
- Zukünftige Ziele und gegenwärtige Strategie, Markterfolge und -mißerfolge sowie Fähigkeiten, Stärken und Schwächen der Konkurrenten sind die wichtigsten Konkurrenzinformationen, die nachhaltigen Einfluß auf die eigene Strategie haben sollten. 95 Prozent dieser Konkurrenzinformationen sind laut Expertenschätzungen verfügbar. Das Hauptproblem ist jedoch die Sammlung, Verdichtung und Umsetzung dieser Informationen.
- Entscheidend ist nicht, daß einzelne Personen im Unternehmen lernen, sondern daß das gesamte Unternehmen aus der Kenntnis der Kunden und der Konkurrenten lernt. Die auf den verschiedenen Ebenen im Unternehmen vorhandenen Informationsbruchstücke müssen gebündelt, in die Strategie des Unternehmens integriert werden, und sie müssen gleichzeitig das Verhalten des Unternehmens nachhaltig beeinflussen. UNIC setzt deshalb sogenannte LERNSTRAT-Workshops ein, die Lernen und Strategie integrieren. Zentrales Element der LERNSTRAT-Workshops ist das Arbeiten an konkreten und aktuellen Unternehmensproblemen in Form von Gruppenarbeiten. Die „Umsetzungslücke" wird unserer Erfahrung zufolge durch den Einsatz solcher Workshops weitgehend überwunden.

Literatur

DE GEUS, A. P., Planing as Learning, in: Harvard Business Review, 66 March/April 1988, S. 70–74.

FLIK, H., The Ameba Concept, Internes Arbeitspapier, W. L. Gore GmbH, München/Putzbrunn 1986.

GREEN, D., Learning from Losing a Customer, in: Harvard Business Review 67/1989, (May-June), S. 54–58.

HIPPEL, E. VON, The Sources of Innovation, New York/Oxford 1988.

MCKENNA, R., The Regis Touch, Meno Park, 1886.

OHMAE, K., The Mind of the Strategist, New York 1982.

PETERS, T. J., Austin, N. K., A Passion for Excellence, New York 1985.

PETERS, T. J., WATERMAN, R. H., In Search of Excellence, New York 1982.

RODGERS, F. G., The IBM Way, New York 1986

SAMMON, W. A., KURLAND, M. A., SPITALNIC, R., Business Competitor Intelligence, New York 1984

SIMON, H., Hidden Champions – Speerspitze der deutschen Wirtschaft, in: ZfB 60. Jg. 1990, Heft 9, S. 875–890.

SIMON, H., Lernen, Unternehmenskultur und Strategie, in: ZfB Sonderheft 24, 1989, S. 23–38.

WATERMAN, R. Jr., The Renewal Factor, Toronto 1987.

Zehntes Kapitel

Führungskräfteentwicklung und organisatorisches Lernen

Günter Müller-Stewens und Gunnar Pautzke

Lernen ist wie Rudern gegen den Strom.
Sobald man aufhört, treibt man zurück.

Benjamin Britten

Der Erfolg einer betrieblichen Leistungserstellung hängt in ganz entscheidendem Maß von der Allokation der dafür erforderlichen Ressourcen ab: Das *Niveau* (Qualität, Preis usw.) der benötigten Ressourcen sollte nicht unter – aber auch nicht überschritten werden; die Bereitstellung und der Abzug dieser Ressourcen sollten „just-in-time" erfolgen. Angesichts der mit dem Entscheidungsumfeld verbundenen Ungewißheiten ist es jedoch äußerst schwierig, beiden Anforderungen gerecht zu werden. Dies gilt insbesondere bezogen auf die Ressource „Führungskräfte": Während sie immer erfolgsdeterminierender für Unternehmen wird und damit sich natürlich auch die Anforderungen an sie grundlegend verändern werden, verändert sie sich auch selbst (zum Beispiel hinsichtlich ihrer Wertpräferenzen, ihres Ausbildungsstandes, ihrer demographischen Struktur). Die Frage ist nun, ob sich dabei die Schere zwischen den Anforderungen (der Organisation) und den individuellen Erwartungen (der Führungskräfte) eher schließt oder öffnet. Dabei haben wir im planerischen Umgang mit der Ressource „Mensch" ihrer Besonderheit gegenüber den anderen Ressourcen gerecht zu werden: Als Ressource ist sie zwar auch Mittel zur Leistungserstellung, jedoch sollte sie im Sinne einer humanistischen Unternehmensführung immer auch letzter Zweck sein. Alle Ressourcen (und damit natürlich auch wiederum die Ressource „Mensch") sind letztendlich für den Menschen da.

1. Die organisatorische Wissensbasis als kritische Größe der Entscheidungskompetenz

Organisationen, die überleben wollen, müssen – im langfristigen Mittel betrachtet – in der Lage sein, zumindest so schnell zu lernen, wie sich ihr Umfeld verändert. Das heißt, daß das in den Entscheidungsarenen zur Verfügung stehende organisatorische Wissen ausreichen muß, um im Sinne auch zukünftiger Anforderungen an die Organisation ausreichend kompetente Entscheidungen zu treffen. Träger dieses Wissens sind die für die Entscheidungen Verantwortlichen, die Führungskräfte. Aus diesem Blickwinkel betrachtet heißt *Führungskräfteentwicklung die qualitativ, zeitlich und räumlich der Situation und Problemstellung möglichst adäquate Bereitstellung von Führungswissen und Handlungskompetenz.*

1.1 Führungskräfteentwicklung: Potentialaufbau eines Strategischen Personalmanagements

Unter dem Gesichtspunkt einer strategisch orientierten Führungskonzeption bietet es sich an, bei der „Führungskräfteentwicklung" von einem zu analysierenden, zu planenden, hinsichtlich der Umsetzung der Pläne zu steuernden und zu kontrollierenden strategischen Erfolgspotential auszugehen. Mißt man ihm einen zentralen Stellenwert für die Wettbewerbsposition des Unternehmens bei, so sollte die Zuständigkeit für dieses Erfolgspotential – konzeptionell analog zu den Strategischen Geschäftsfeldern – über seine Institutionalisierung als eigenständiges „*Strategisches Leistungsfeld*" eines Personalbereichs erfolgen. Entscheidungen zu diesem Leistungsfeld sollten ihre möglichst weitgehend rationale Durchdringung über die Unterstützung durch ein *Strategisches Personalmanagement* erfahren (vgl. Ciupka 1990).

Derartige Überlegungen setzen allerdings ein gewisses Selbstverständnis des Personalbereichs voraus. Wir wollen ihn nicht – wie im allgemeinen üblich – als „Cost-Center" betrachten, sondern als eine Art „Unternehmen im Unternehmen". Damit sollen die unternehmerische Verantwortung („*intrapreneurship*") und ein auf eine „Kundschaft" (Einheiten des Unternehmens oder auch Externe) ausgerichtetes Engagement gestärkt werden.

Ein solches „Unternehmen im Unternehmen" hat dann natürlich auch seine „Geschäfte", die wir hier als „Strategische Leistungsfelder" bezeichnet haben. Darunter sind unter strategischen Gesichtspunkten relativ homogene Leistungs-/Kundengruppen-Kombinationen zu verstehen (zum Beispiel die Durchführung von Sprachkursen für die Exportabteilung). Jeder Personalbereich muß al-

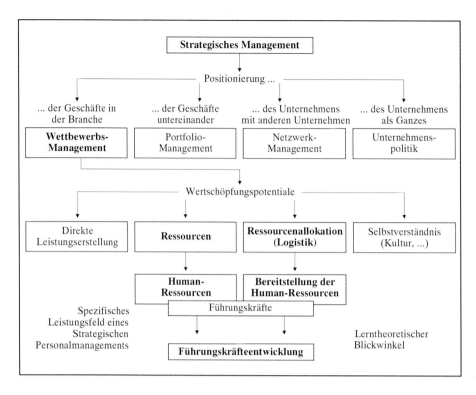

Abbildung 1

lerdings diese Leistungsfelder unternehmensspezifisch abgrenzen, und natürlich ist es dabei nicht zwingend, daß daraus auch ein Leistungsfeld „Führungskräfteentwicklung" resultiert. Es ist allerdings – angesichts der zunehmenden Knappheit qualifizierter Führungskräfte – naheliegend.

Kommt es zur Abgrenzung eines solchen Leistungsfeldes, so sind mit ihm alle Aufgaben verbunden, die man aus dem Strategischen Management kennt:

Das Leistungsfeld muß einen Beitrag zur Ausgewogenheit aller Leistungsfelder des Personalbereiches leisten, die verfolgten Strategien müssen mit der Unternehmens- und Personalpolitik konsolidiert werden, das Leistungsfeld muß unter Wertschöpfungsgesichtspunkten in der Branche positioniert werden, und es müssen potentielle Verbundeffekte aus der Kooperation mit anderen Unternehmen aus diesem Sektor abgeklopft werden (siehe Abbildung 1).

Das Leistungsfeld „Führungskräfteentwicklung" ist also ebenso wie andere Erfolgspotentiale bei seiner strategischen Planung unter den Aspekten „Attraktivität" (Welcher Einfluß geht von dem Potential auf den Erfolg der Unternehmen dieser Branche aus?) und „relative Wettbewerbsposition" (Welche Qualität hat die eigene Führungskräfteentwicklung relativ zu der der Hauptkonkurrenten?) zu betrachten.

Die Wettbewerbsrelevanz der Führungskräfteentwicklung wird insbesondere vor dem Hintergrund der ständigen Notwendigkeit zu lernen offensichtlich: Sei es, weil man sich an neue technologische, rechtliche oder gesellschaftliche Entwicklungen anzupassen hat, oder sei es, weil man sich selbst zur Produktion von Veränderungen aufgefordert sieht.

Führungskraft sein heißt demnach auch, die Herausforderung zu einem permanenten Neu-, Dazu- oder Umlernen positiv aufzugreifen. Je umfangreicher die bislang gewonnenen Erfahrungen sind, desto mehr sind diese Prozesse aber auch mit einem „Entlernen" verbunden, was uns oft viel schwerer fällt, als Neues aufzugreifen.

Natürlich ist es nun auch von ganz entscheidender Bedeutung, daß – wie bereits oben erwähnt – die *Ver- und Entsorgung mit Führungswissen und Handlungskompetenz „just-in-time"* erfolgt. Es kommt nicht nur darauf an, besser, sondern auch schneller zu lernen als die Wettbewerber. Arie De Geus (1988, S. 71), Leiter der Unternehmensplanung bei Shell, geht sogar noch weiter, wenn er sagt: „The ability to learn faster than your competitors may be the only sustainable competitive advantage." Simon (1989, S. 26) sieht dies sehr ähnlich: „Das ökologische Gesetz des Lernens besagt, daß eine Spezies nur überleben kann, wenn ihre Lerngeschwindigkeit gleich oder größer ist als die Änderungsgeschwindigkeit ihrer Umwelt. Dieses Gesetz läßt sich auf Unternehmen übertragen."

1.2 Perspektiven und Ansätze einer Führungskräfteentwicklung

Natürlich kann nun die Hauptaufgabe einer Führungskraft – ob mit Personalverantwortung in der Linie oder als Spezialist im Stab – nicht allein im Lernen gesehen werden. Führungskräften kommen normalerweise verschiedene Rollen zu, die je nach Funktion und Situation mit unterschiedlichen Schwerpunktbildungen wahrgenommen werden (vgl. zum Beispiel die Typologie bei Mintzberg 1973, S. 92 f.) So wird in Zeiten von Restrukturierungen der Ruf nach dem „visionären Charismatiker" laut, in Zeiten gravierender Wettbewerbsturbulenzen verlangt man nach dem „subtilen Analytiker". Jede Rolle vereint eine Reihe von Eigenschaften in sich, die in einer Führungskräfteentwicklung besonders gefördert werden können oder auch nicht, und damit auch die inhaltlichen Anforderungen an dieses Instrument prägen.

Korrespondierend mit derartigen Veränderungen ergeben sich nach Wunderer (1988) alternative Ansätze der Personalentwicklung:

- *Mentor-Konzept*: Der Vorgesetzte übernimmt als eine vom Mitarbeiter selbst gewählte Identifikationsfigur die Rolle des Beraters und Förderers in dessen beruflicher Entwicklung.
- *Coaching-Konzept*: Hier unterbreitet der Mitarbeiter selbst ein Entwicklungsprogramm und bespricht es dann mit seinem Vorgesetzten. Dabei wird es an den Anforderungen der Unternehmen gemessen und auf seine Umsetzbarkeit überprüft werden.
- *Konzept der kooperativen Selbstqualifizierung*: Hier handelt es sich um eine Qualifizierung im Gruppenprozeß. Sie erfolgt innerhalb von Qualitäts- bzw. Werkstattzirkeln, in denen Mitarbeiter an ihren Arbeitsplätzen auftretende Probleme diskutieren und zu lösen versuchen.
- *Selbstentwicklungsprinzip*: Hier ist der Mitarbeiter für seine Entwicklung selbst verantwortlich. Vorgesetzte und Personalabteilung übernehmen lediglich eine unterstützende Rolle.

Ein weiterer Ansatz widmet sich der Frage des *organisatorischen Lernens*, mit dem wir uns im folgenden näher befassen wollen. Zur Einstimmung in diese Thematik versetzen wir uns einmal in die Situation einer Gruppe von Führungskräften, die bezüglich eines komplexen Sachverhaltes eine Entscheidung zu fällen hat. In solchen Fällen kann davon ausgegangen werden, daß keiner der Beteiligten über eine vollständige Rekonstruktion der Realität des Entscheidungsfeldes verfügt. Jeder hat auf der Basis seiner – natürlich kontextspezifischen – Sichtweise des Problems und seines individuellen Wissensvorrats ein Modell dieser Realität entwickelt. Die explizite Formulierung eines solchen Modells könnte zum Beispiel über ein Netzwerk-Diagramm erfolgen.

Lerngeschwindigkeit und Entscheidungskompetenz der Gruppe ergeben sich nun keineswegs aus der Summe der individuell vorhandenen Wissensvorräte:

„Institutional learning is much more difficult than individual learning. The high level of thinking among individual managers in most companies is admirable. And yet, the level of thinking that goes on the management teams of most companies is considerably below the individual managers' capacities. In institutional learning situations, the learning level of the team is often the lowest common denominator, (…)" (De Geus 1988, S. 70).

Auch ist in den schlecht strukturierten Entscheidungssituationen der Manager mit dem höheren problemspezifischen Wissensvorrat nicht unbedingt der mit der kompetenteren Meinung, da er vielleicht eine ganz zentrale Einflußgröße vernachlässigt. Hier entsteht oft eine Art „Hilflosigkeit" in den Entscheidungsarenen, und es werden Ausweich-Argumentationen aufgegriffen: Man streitet sich über die Standpunkte, man trivialisiert das Problem, es wird Macht ausgeübt, oder aber man geht sehr schnell zum nächsten Tagesordnungspunkt über.

Diese Problematik komplexer Entscheidungssituationen wird man wohl nie ganz vermeiden können. Über Prozesse des organisatorischen Lernens scheint aber zumindest eine Abschwächung der Probleme möglich zu sein.

Man hat sich dies so vorzustellen, daß insbesondere über Prozesse der Führungskräfteentwicklung die permanente und gemeinsame Entwicklung von Modellen des Entscheidungsfeldes gefördert wird. Teilnehmer dieser Prozesse sollten natürlich die Mitarbeiter sein, die sich in den entsprechenden Entscheidungsarenen zusammenfinden. Haben sie ihre Modelle der Realität wechselseitig zur Kenntnis gebracht und einander angenähert, so ist es zu einer Erweiterung der organisatorischen Wissensbasis gekommen. Von ihr ist die Beschleunigung und Verbesserung von Entscheidungen zu erwarten, da dann von einer größeren Menge geteilter Annahmen ausgegangen werden kann. Die Verbesserung der Entscheidungen kann wahrscheinlich auf nun durchführbare Simulationen der *gemeinsamen* Modelle zurückgeführt werden. *Zusammenfassend* wird also von einer Führungskräfteentwicklung – unter der hier gewählten Perspektive – erwartet, daß sie

- (1) organisatorische Lernprozeduren in Gang bringt und beschleunigt, die den Entscheidungsarenen möglichst weitreichendes Führungswissen zur Erlangung einer gewissen Wettbewerbsüberlegenheit zuführen, und daß sie
- (2) den Führungskräften selbst gerecht wird.

Allein mehr zu wissen wird also nicht ausreichend sein. Dieses Wissen muß auch nutzbar gemacht werden, um sich auf neue Herausforderungen besser und schneller einzustellen oder sie besser und schneller selbst produzieren zu können. Mehr Führungswissen muß also auch in eine höhere organisatorische Flexibilität umgesetzt werden, damit es zu einer echten Ko-Evolution von Umfeld und Unternehmen kommen kann.

Natürlich werden in den seltensten Fällen die Anforderungen an (Unternehmensziele) und die Erwartungen der Führungskräfte (individuelle Ziele) bei der Führungskräfteentwicklung deckungsgleich sein. Hier muß auch das entsprechende Know-how zur Findung eines Interessenausgleichs mit aufgebaut werden (Anreizsysteme usw.).

Bevor nun diese Überlegungen in die Skizzierung eines Konzepts zur Führungskräfteentwicklung eingebracht werden (Abschnitt 3), soll ein theoretischer Bezugsrahmen zum organisatorischen Lernen entwickelt werden.

2. Organisatorisches Lernen: Ein theoretischer Bezugsrahmen

Unseres Erachtens fehlt es in der Diskussion zur Führungskräfteentwicklung bislang an einem theoretischen Bezugsrahmen zum Lernen *in* und *von* Organisationen. Ohne eine Theorie des organisatorischen Lernens im Hintergrund besteht aber die Gefahr, daß Ansätze zur Führungskräfteentwicklung weder dem individuellen Lernen der einzelnen Führungskraft (das in einem organisatorischen Kontext anders verläuft als außerhalb) noch dem Ziel der organisatorischen Evolution (das zumindest implizit jede Investition in Führungskräfteentwicklung verfolgt) gerecht wird.

Wir wollen deshalb im folgenden Ansätze zu einer Theorie des organisatorischen Lernens entwickeln. Organisatorisches Lernen findet in formalen sozialen Systemen statt. Deren *Struktur und Kultur bilden einen Rahmen, der Lernprozesse in verschiedener Weise beeinflußt* (2.1). Deshalb ist es notwendig, neben Theorien des individuellen Lernens auch Ansätze zum organisatorischen Lernen zu erarbeiten. Eine Reihe von Autoren hat dazu unterschiedliche Vorschläge vorgelegt (2.2). Nach diesem Überblick wollen wir ein *Modell des organisatorischen Lernprozesses* ausführlicher darstellen, das dann unseren Überlegungen zur Führungskräfteentwicklung (unter Punkt 3) zugrunde gelegt wird (2.3). Schließlich wird gezeigt, daß die organisatorischen Rahmenbedingungen nicht unabhängig von den in ihnen ablaufenden Lernprozessen sind. *Lernen kann auch zu einer Veränderung des organisatorischen Kontextes und damit zur Evolution der Organisation führen (2.4).*

2.1 Rahmenbedingungen des organisatorischen Lernens

Organisatorisches Lernen ist dadurch gekennzeichnet, daß es sich entweder um ein stellvertretendes individuelles Lernen *für* eine Organisation oder aber um die Veränderung eines von allen Mitgliedern geteilten Wissens *der* Organisation handelt. Prozesse des organisatorischen Lernens unterscheiden sich von individuellen Lernprozessen vor allem dadurch, daß sie in arbeitsteiligen, formalen Systemen stattfinden; Struktur und Kultur dieser sozialen Systeme bilden Rahmenbedingungen, die den Verlauf organisatorischer Lernprozesse maßgeblich mitbeeinflussen. Abbildung 2 gibt einen Überblick über die wichtigsten Faktoren, die auf das *organisatorische* Lernen einwirken. Während die „*äußere Umwelt*" einen Rahmen bildet, den auch individuelle Aktoren vorfinden, sind die meisten unter „*innere Umwelt*" und „*Organisation*" genannten Einflußgrößen auf den arbeitsteiligen, formalen Charakter des sozialen Systems „Organisation" zurückzuführen (und damit spezifisch für *organisatorisches* Lernen).

Dem *kulturellen und strukturellen Rahmen von Lernprozessen* werden in der Regel zwei Wirkungen zugeschrieben (vgl. Habermas 1981, S. 204 f.; Schein 1984, S. 14):

(1) Organisatorische Einflußgrößen können zum einen dazu führen, daß Lernprozesse behindert

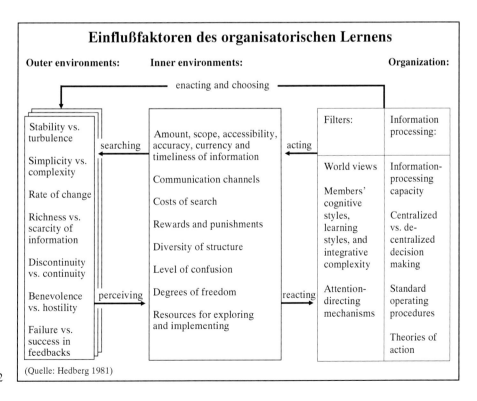

Abbildung 2 (Quelle: Hedberg 1981)

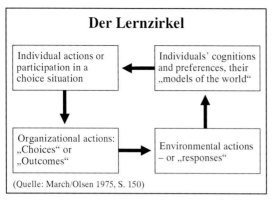

Abbildung 3

werden. So verhindern etwa im Fall des „*role-constrained learning*" (March/Olsen 1976, S. 57) Rollenerwartungen und Standardprozeduren, daß individuelle Lernerfahrungen der Organisation zur Verfügung gestellt werden. Daneben gibt es beispielsweise einen bestimmten Typ organisatorischer Handlungstheorien (das heißt kognitive Muster aus Normen, Strategien und Annahmen über die Welt) die systematisch höherwertige Lernprozesse unmöglich machen (Argyris/Schön 1978, S. 45 ff., sprechen von „*model-O-I*" bzw. „*limited-learning-system*"). Und „Informationspathologien" können schließlich – wie in Abbildung 3 dargestellt – zu „Brüchen" des Lernprozesses führen (Sorg 1982, S. 221 ff., in Anlehnung an Wilensky 1967 und March/Olsen 1975, 1976).

Die wenigen Beispiele machen deutlich, daß sich Lernprozesse in arbeitsteiligen, formalen Systemen wie Organisationen unter einer Reihe von Bedingungen vollziehen, die mehr oder weniger stark Einfluß auf ihren Ablauf und ihr Ergebnis nehmen. Im ungünstigsten Fall kann dieser Rahmen das organisatorische Lernen ganz zum Erliegen bringen; häufig führt er zu mehr oder weniger starken Beeinflussungen und Reibungsverlusten.

(2) Andererseits können die organisatorischen Rahmenbedingungen aber auch Ressourcen für organisatorische Lernprozesse darstellen, die weit über die Möglichkeiten individueller Lernprozesse hinausreichen (vgl. auch Giddens 1984, S. 25 ff.; 1985, S. 143 ff.). Beispielsweise speichert die Organisationskultur *konsentes Wissen*, das den Organisationsmitgliedern damit verfügbar wird. Organisatorisches Lernen muß also nicht immer wieder am Nullpunkt anfangen, sondern es kann zurückgreifen auf ein sedimentiertes Hintergrundwissen (vgl. Bühl 1984, S. 57). Auch erleichtert es diese Basis, vor dem Hintergrund des bereits kulturell (bzw. „*lebensweltlich*") Gesicherten, *neues* Wissen zu erwerben (vgl. Habermas 1981, S. 205).

Die Aktoren können sich in Lernprozessen gerade deshalb auf problematisch gewordene Situationen einlassen, weil sie davon ausgehen können, daß der gesamte Rest der organisatorischen Rahmenbedingungen einen „Horizont" bilden, der die fragliche Situation einschließt und begrenzt (vgl. Habermas 1981, S. 188 bzw. S. 201 f.): Die problematische, unbekannte Situation ist eingebettet in Bekanntes und verliert dadurch an Bedrohlichkeit. Schließlich kann der organisatorische Rahmen auch dadurch organisatorisches Lernen fördern, daß er neben der „Basis" und dem „Horizont" auch noch eine „Vision" für organisatorische Lernprozesse vermittelt. Die von Shrivastava (1983, S. 22) angesprochene „*information seeking culture*" kann etwa eine solche Vision für bestimmte soziale Systeme sein, die eine starke Bereitschaft für „*Fundamentalkritik*" (vgl. Etzioni 1975, S. 206 ff.) signalisiert. Ähnlich betont die von Jelinek (1979, S. 157) angesprochene „common vision of the organization as subject to the change activities of its members – capable of fundamental shape-changing in response to purposeful effort" das Vertrauen der Mitglieder darauf, die Evolution der eigenen Organisation wenigstens ein Stück weit mitgestalten zu können.

Organisatorisches Lernen ist damit eingebettet in einen Rahmen, der (zumindest kurzfristig) ein Datum darstellt, das den Verlauf und das Ergebnis organisatorischer Lernprozesse beeinflußt. Es ist wichtig, den *doppelten Charakter* dieser Bedingungen im Blick zu behalten: Der organisatorische Rahmen kann sowohl Lernen verhindern als auch fördern. Auf Grund dieser doppelten Bedingtheit des Lernens in und von Organisationen genügen Theorien des individuellen Lernens nicht, um Lernprozesse in Organisationen zu untersuchen. Dazu sind vielmehr Theorien des organisatorischen Lernens notwendig, die die Wechselbeziehung von Individuum und Organisation sowie die Lernfähigkeit sozialer Systeme ganz bewußt in die Theoriebildung miteinbeziehen.

2.2 Ansätze zu einer Theorie des organisatorischen Lernens

Theorien des organisatorischen Lernens greifen die Beobachtung auf, daß nicht nur Individuen, sondern auch Kollektive wie Organisationen oder ganze Gesellschaften die Fähigkeit zu lernen besitzen. Allerdings ist bislang noch keine ausgearbeitete und umfassende Theorie des organisatorischen Lernens verfügbar; fast alle damit befaßten Autoren betonen den fragmentarischen Charakter der bisherigen Beschäftigung mit diesem Phänomen (vgl. Duncan/Weiss 1979, S. 78; Shrivastava 1983, S. 9; Fiol/Lyles 1985, S. 803). Aufgrund von zwei zentralen Fragestellungen soll im folgenden ein kurzer Überblick über das Spektrum der vorliegenden Ansätze gegeben werden (vgl. auch Pautzke 1989, S. 103 ff.).

Sofern eine Theorie den Begriff des organisatorischen Lernens nicht einfach in einem metaphorischen Sinn benutzt, der Organisationen unreflektiert personifiziert, muß sie klären, wie die Prozesse im einzelnen ablaufen, durch die ein soziales System lernen kann. Dabei gilt es zum einen zu untersuchen, *wer die Träger des organisatorischen Lernens sind* (1). Zum anderen ist zu fragen, *worin das organisatorische Lernen besteht* (2).

(1) Häufig wird davon ausgegangen, daß sich organisatorisches Lernen in der *Veränderung eines von allen Organisationsmitgliedern geteilten Wissens* niederschlägt (vgl. Jelinek 1979, S. 16; Argyris/Schön 1978, S. 17; Duncan/Weiss 1979, S. 86). Nach dieser Sicht, die sich nahtlos in die neuere Diskussion um die Unternehmenskultur einfügt, erscheint die Organisation als „community of assumptions" (vgl. Etzioni 1968, S. 177 ff. bzw. 1975, S. 201 ff.), die einen Großteil ihres notwendigen Handlungswissens teilt. Träger des organisatorischen Lernens – als Veränderung dieser geteilten kulturellen Annahmen – sind damit alle Teilnehmer einer bestimmten Organisation.

Eine zweite Möglichkeit besteht darin, organisatorisches Lernen als das *(stellvertretende) Lernen einer organisatorischen Elite* (zum Beispiel der Unternehmensführung) zu verstehen. Diese Sichtweise geht davon aus, daß Organisationen im Regelfall oligarchisch geführte Systeme sind, in denen sich eine dominierende Koalition (vgl. Thompson 1967, S. 126 ff.) ausgebildet hat. Da ein enger Zusammenhang zwischen Lernen und Macht besteht (vgl. Deutsch 1973, S. 327 ff.; Pautzke 1989, S. 55 ff.), *haben Lernprozesse der herrschenden Elite die größte Chance, die organisatorischen Entscheidungsprozesse zu beeinflussen* (vgl. auch De Geus 1988, S. 71).

Andere Autoren versuchen, nicht bereits definitorisch festzulegen, welche Personen in der Organisation Träger organisatorischer Lernprozesse sein können. Organisatorisches Lernen besteht dann in der *Veränderung des für eine Organisation verfügbaren Wissens* (vgl. Kirsch 1990, S. 500). Es umfaßt damit sowohl Veränderungen des Wissens einer *Elite* als auch des von *allen Organisationsmitgliedern* geteilten Wissens, jedoch nur in dem Umfang, in dem es für die Organisation bereitgestellt wird. Darüber hinaus sind aber auch *Modifikationen jenes Wissens eingeschlossen, das ausschließlich in einzelnen Subkulturen oder Individuen vorhanden ist, aber in die organisatorischen Entscheidungsprozesse eingebracht wird.*

Schließlich verzichtet eine vierte Begriffsstrategie ganz auf die Bestimmung sozialer Aktoren als Träger des organisatorischen Lernens und geht stattdessen von Veränderungen der *Organisation selbst* aus. Organisatorisches Lernen kann danach auch dann stattfinden, wenn Lernerfahrungen in organisatorische

Standardprozeduren (vgl. Cyert/March 1963, S. 100 f.), Artefakte (vgl. Schein 1984, S. 3), Systeme (vgl. Jelinek 1979; Shrivastava 1983) und anderes mehr einfließen und konserviert werden. March und Olsen (1975, S. 157) schreiben dazu: „Normally it is argued that organizations try to perpetuate the fruits of their learning by formalizing them."

(2) Während bislang die Träger organisatorischer Lernprozesse angesprochen waren, soll nun auf die Frage eingegangen werden, worin organisatorisches Lernen überhaupt besteht. Auch hier sind in der Literatur eine Reihe von Antworten vorgeschlagen worden.

Eine Gruppe von Autoren setzt organisatorisches *Lernen* mit einer Erhöhung der *Effizienz* organisatorischen Handelns (vgl. Duncan/ Weiss 1979, bes. S. 81 ff.; Fiol/Lyles 1985, S. 803) bzw. des *Problemlösungspotentials* (vgl. Rieckmann/Sievers 1978, S. 263) gleich. Dabei bezieht sich die „*Effizienz*" auf die Lösung bekannter, das „*Problemlösungspotential*" auf die Lösung zukünftiger, bislang noch unbekannter Probleme.

Organisatorisches *Lernen* kann zweitens auch als „*Lernen aus Erfahrung*" (vgl. Steele 1972; March/Olsen 1975, 1976; Kolb 1976, 1984; Revans 1982; Foy 1977; McGill 1973; Torbert 1973) bzw. als „*Adaption*" an die Umwelt (vgl. Simon 1953; Cyert/March 1963; sowie die bei Fiol/Lyles 1985, bes. S. 809 ff., genannten Autoren) verstanden werden. Diese zweite Gruppe von Ansätzen betont vor allem, daß Organisationen in Auseinandersetzung mit ihrer Umwelt lernen (vgl. auch Hedberg 1981, S. 3 bzw. 5). Der wohl größte Teil der Autoren verbindet organisatorisches *Lernen* drittens mit der *Veränderung von Wissen und Wissensstrukturen* in Organisationen. Argyris und Schön (1978) beziehen sich auf „*Handlungstheorien*" (theories of action); Hedberg (1981) auf organisatorische *Mythen* (vgl. Jönsson/Lundin 1977) bzw. „*Sagen*" (vgl. Clark 1972); viele Autoren haben auch den „*Paradigma*"-Begriff von Kuhn (1976) übernommen (so etwa Jelinek 1979, bes. S. 142 bzw. S. 146; Duncan/Weiss 1979; Hedberg 1981).

Schließlich verwenden einige Autoren den Begriff der „*Wissensbasis*" (vgl. Kirsch 1990 sowie Duncan/Weiss 1979), die das handlungsrelevante Wissen in seiner ganzen Breite (vgl. Machlup 1962, S. 21 f.) beinhaltet.

Organisatorisches *Lernen* kann viertens schließlich noch als Prozeß der *Entstehung oder der Veränderung (formaler) organisatorischer Systeme* aufgefaßt werden. (vgl. Jelinek 1979; Shrivastava 1983). Solche Systeme bilden sich entweder evolutionär heraus (vgl. Shrivastava 1983, S. 19; ferner auch Hayek 1969), oder aber sie werden bewußt geplant (vgl. Jelinek 1979). In beiden Fällen besteht aus dieser Sicht organisatorisches *Lernen* in der *Sedimentation von Wissen* (vgl. Bühl 1984, S. 57), das fortan nicht mehr diskursiv verfügbar sein muß, um trotzdem weiterhin das organisatorische Handeln zu prägen.

Wir wollen im folgenden die Vor- und Nachteile der einzelnen Begriffsfassungen nicht weiter diskutieren (vgl. dazu ausführlich Pautzke 1989, S. 103 ff.). Für uns besteht eine sehr enge Verbindung zwischen organisatorischem Lernen und der organisatorischen Wissensbasis. Diese „(...) umfaßt all jenes Wissen, das für die Aktoren einer Organisation prinzipiell erreichbar ist (...)" (Kirsch 1990, S. 500). Damit ist ein breites Spektrum höchst unterschiedlicher Wissensarten angesprochen, die zudem auf verschiedene Arten in Organisationen gespeichert werden können. Es handelt sich hier zum einen um ein *geteiltes Hintergrundwissen;* dieses manifestiert sich in der Organisations*kultur* (Mythen, Sagen, Handlungstheorien bzw. Weltbilder, Paradigmen u. a. m.), in *legitimen institutionellen Ordnungen* (Normen, Regeln u. ä.) und in der *Persönlichkeit* der Organisationsmitglieder (vgl. Habermas 1981, S. 209). Die organisatorische Wissensbasis umfaßt daneben aber auch noch jenes *explizite Wissen*, das als *(wissenschaftliche)* „*Erkenntnis*" (vgl. zum Beispiel den Überblick bei Kern 1979) oder als „ *(Lern-) System*" (vgl. Shrivastava 1983, S. 7 ff.; Jelinek 1979, S. 135 ff.) auch für den Beobachter als Teil der Oberflächenstruktur einer Organisation identifizierbar ist.

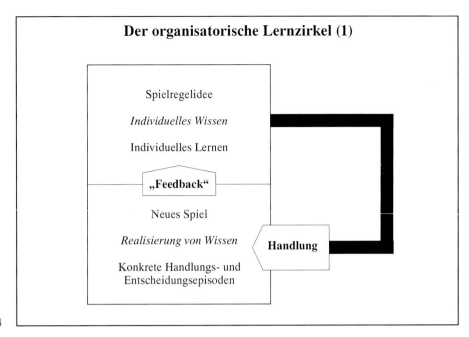

Abbildung 4

Organisatorisches Lernen manifestiert sich für uns (vgl. auch Kirsch 1990, S. 500) in der „Art und Weise, wie die Wissensbasis einer Organisation nutzbar gemacht, verändert und fortentwickelt wird. Der Aspekt *„Nutzung"* verweist darauf, daß die organisatorische Wissensbasis einen großen *latenten* Teil umfaßt; organisatorisches Lernen kann also einmal darin bestehen, vorhandenes Wissen tatsächlich in organisatorische Entscheidungsprozesse einfließen zu lassen bzw. durch den Abbau von Informationspathologien latentes Wissen (vgl. Wilensky 1967) verfügbar zu machen. Organisatorisches Lernen kann sich zweitens aber auch darin äußern, daß neues Wissen erworben oder vorhandenes Wissen in der Organisation *„verändert"*, das heißt in einem bestehenden Rahmen (Kultur, Kontext etc.) verbessert wird. Organisatorisches Lernen kann sich drittens noch in der *„Fortentwicklung"* organisatorischen Wissens niederschlagen, dabei kommt es zu einer Evolution der organisatorischen Wissensbasis durch einen Wechsel des organisatorischen Paradigmas (vgl. Kuhn 1976).

2.3 Ein Prozeß-Modell des organisatorischen Lernens

Im folgenden soll in drei Schritten ein Modell organisatorischer Lernprozesse hergeleitet und diskutiert werden. Eine erste Möglichkeit organisatorischer Lernprozesse zeigt die Abbildung 4. Sie knüpft an dem oben skizzierten Verständnis an, daß Individuen oder Gruppen („Eliten", Subkulturen) stellvertretend für eine Organisation lernen können. Bestimmte soziale Aktoren verfügen über ein (individuelles) Wissen, das sie der Organisation zur Verfügung stellen und in gewissen, der Organisation zugerechneten Handlungen realisieren. Sofern sie die Ergebnisse dieser Handlungen kritisch verfolgen, können sie möglicherweise aus den dabei gewonnenen Erfahrungen lernen. Falls das so gewonnene Wissen der Organisation wieder zur Verfügung gestellt wird, liegt hier zugleich ein Akt des organisatorischen Lernens vor (vgl. zum Beispiel das Modell von March/Olsen 1976, S. 126).

Diese erste Vorstellung des organisatorischen Lernprozesses betont vor allem die prominente Rolle des Individuums: Zentrale Instanz organisa-

Abbildung 5

torischer Lernprozesse ist danach der einzelne (vgl. Argyris/Schön 1978, S. 19; Shrivastava 1983, S. 7; Habermas 1982). Nur das Individuum ist in der Lage, neues Wissen hervorzubringen, in Handlungen umzusetzen und aus Erfahrungen zu lernen. Zur Verbesserung des organisatorischen Lernens ist es danach naheliegend, beim einzelnen Organisationsmitglied anzusetzen und ihm größere Freiräume zum Denken und Handeln zu eröffnen.

Allerdings ergibt sich aus verbesserten Bedingungen für *individuelle* Lernprozesse in Organisationen nicht zwangsläufig auch eine Verbesserung des *organisatorischen* Lernens. Das stellvertretende Lernen einzelner Mitglieder kann zwar zu einer „Arbeitsteilung" im Bereich des Wissens führen, die die organisatorische Wissensbasis beträchtlich erweitert. Durch die Konzentration von Wissen auf einzelne Mitglieder und den Verzicht auf Redundanzen (vgl. dazu Landau 1969) besteht aber zugleich die Gefahr, daß organisatorisches Wissen wieder verloren geht, sobald das betreffende Individuum aus der Organisation ausscheidet. Darüber hinaus gibt es auch keine Garantie, daß die individuellen Aktoren ihr Wissen automatisch der Organisation in vollem Umfang zur Verfügung stellen und in die organisatorischen Handlungsabläufe einfließen lassen. Deshalb erscheint es sinnvoll, das Prozeßmodell der Abbildung 4 um zwei zusätzliche Module zu erweitern. Abbildung 5 zeigt den ersten Schritt hierzu.

Durch einen Prozeß des *kollektiven Lernens* wird das individuelle Wissen zum Teil des gemeinsam geteilten kulturellen Wissensvorrats der Organisation oder einer ihrer Subeinheiten. Prominentes Beispiel für solche Prozesse des kollektiven Lernens sind Argumentationen über die Gültigkeit bestimmter Aussagen und Regeln, wie wir sie etwa in der Wissenschaft finden (vgl. auch Miller 1986, S. 82). Gelingt es dem neuen Wissen, diesen argumentativen Streit für sich zu entscheiden, so tritt es an die Stelle der alten Kenntnisse. Ein anderes Beispiel wären die Diskussionen im Zuge der gemeinsamen Entwicklung eines Netzwerk-Diagramms zur modellhaften Erfassung des Entscheidungsumfeldes (vgl. auch Probst/Gomez 1989). Da an einem solchen kollektiven Streit stets mehrere Individuen beteiligt sind, ist das neue Wissen fortan in mehreren Köpfen verfügbar. Im Fall der Verweigerung oder des Ausscheidens ei-

Abbildung 6

nes Mitglieds sinkt dadurch auch die Gefahr, daß ein bestimmtes Wissen der Organisation irgendwann einmal nicht mehr zur Verfügung steht.

Gleichzeitig hat dieser argumentative Streit des kollektiven Lernens auch Rückwirkungen auf den Prozeß des individuellen Lernens und Handelns. Eine besteht beispielsweise in der Entlastung des Individuums: Sobald ein individuelles Wissen Allgemeingut geworden ist, können einzelne besonders innovative Aktoren aufbauend auf dieser Basis wieder zu neuen Ufern aufbrechen. Zugleich dient der argumentative Streit auch der „Abklärung" von Ideen (vgl. Eder 1985, S. 150). Dabei können Schwächen des individuellen Denkens aufgedeckt und unfertige Ideen an das Individuum zurückgewiesen werden, bevor sie auf die Handlungsebene durchschlagen und dort möglicherweise Schaden anrichten.

In beiden skizzierten Lernzirkeln bleibt es letztlich dem einzelnen Individuum überlassen, das für eine bestimmte Handlung notwendige Wissen aus einem kollektiven bzw. individuellen Wissensvorrat auszuwählen und in Form von Handlungsregeln oder Maximen zu übersetzen. Häufig versucht jedoch die Organisation, diesen Prozeß der Anwendung und Umsetzung von kulturellem Wissen in organisatorische Handlungen weiter zu unterstützen und zu reglementieren.

Damit kann noch ein vierter Baustein in den organisatorischen Lernzirkel eingefügt werden (siehe Abbildung 6).

Durch Prozesse der Autorisierung wird verbindlich gültiges Wissen von nicht toleriertem getrennt. Durch die Institutionalisierung bzw. Formalisierung wird Wissen zudem in die Form von Handlungswissen gefaßt (Ryle 1958, S. 27 ff., spricht von einem „*knowing how*" im Gegensatz zu einem „knowing that") und dem einzelnen Aktor die Umsetzung von Wissen in organisatorische Entscheidungen erleichtert.

Mit diesem vierten Baustein hat das Modell des organisatorischen Lernzirkels seine endgültige Gestalt erreicht. In einem etwas anderen Sprachspiel, das davon ausgeht, daß organisatorisches Lernen sehr viel mit der Veränderung von „Spielregeln" des organisatorischen Handelns zu tun hat (vgl. De Geus 1988), kann es wie folgt zusammengefaßt werden: Organisatorisches Lernen verläuft danach so, daß ein Individuum eine *Idee* für eine neue oder eine modifizierte „Spielregel" hat (individuelles Lernen). Diese wird als *Vorschlag* in organisatorische Arenen eingebracht und nach kritischer Diskussion in den kollektiven Wissensvorrat übernommen (kollektives Lernen). Daran anschließend wird sie im organisatorischen Rahmen *verankert* (Institutionalisierung, Autorisierung). Schließlich kommt es immer dann, wenn organisatorische Aktoren dieser Regel in ihren Handlungen folgen, zu einem „Neuen Spiel", bei dem der Lernprozeß auf die Handlungsebene durchschlägt. Die Herleitung hat bereits gezeigt, daß dieser Zirkel sowohl vollständig als auch unter Auslassung einzelner Felder durchlaufen werden kann. *Organisatorisches Lernen ist damit stets durch das Nebeneinander einer Vielzahl höchst unterschiedlicher Lernprozesse geprägt.*

Neben dieser Funktion, als Phasenschema die Bausteine gelungener organisatorischer Lernprozesse zu ordnen, kann der in Abbildung 6 skizzierte Lernzirkel auch dazu verwendet werden, die Schlüsselprobleme des organisatorischen Lernens aufzuzeigen.

Solche Probleme entstehen vor allem durch den spezifischen Ebenenwechsel, der mit jedem Übergang von einer Phase zur nächsten verbunden ist. In der Horizontalen findet dabei ein Übergang von der Ebene des Individuums auf die der Organisation statt; in der Vertikalen erfolgt ein Wechsel zwischen der Ebene der Ideen und der Ebene der Interessen.

Ein erstes Schlüsselproblem, an dem organisatorische Lernprozesse scheitern können, ist die *Kollektivierung* individuellen Wissens. Individuen müssen bereit sein, Wissen und Ideen in die Organisation einzubringen; zugleich muß die Organisation Strukturen und Arenen schaffen, die es erlauben, neue Ideen zu diskutieren und für die Organisation fruchtbar zu machen.

Das zweite Kernproblem liegt in der *Institutionalisierung* der von der Organisation übernommenen Ideen. Dabei muß Wissen generell erst einmal in die Form von Handlungsregeln und handlungsleitenden Systemen gebracht werden. Darüber hinaus sind diese Regeln und Systeme so zu gestalten, daß sie einerseits hinreichend konkret sind, um für reale Probleme eine Hilfe zu geben, andererseits aber dem Individuum genügend Spielraum lassen, sie der speziellen Situation anzupassen.

Drittens ergibt sich das Problem der *Verankerung* neuer Regeln und Systeme *in der Persönlichkeitsstruktur der Organisationsmitglieder.* Solche neuen Institutionen sind zuerst einmal Artefakte, die sich häufig erst langsam in eine gewachsene Kultur einfügen. Damit wird es zu einem zentralen Problem, die Mitglieder zu motivieren, die neuen Regeln und Systeme zu akzeptieren und tatsächlich für ihr tägliches Handeln einzusetzen.

Schließlich stellt sich viertens das Schlüsselproblem, aus konkreten Handlungs- und Entscheidungsepisoden, in denen neues Wissen realisiert wurde, erneut zu lernen, und damit einen „Feedback" zur Ebene der Ideen sicherzustellen. Handlungssituationen sind heute in aller Regel so komplex, daß es nicht mehr möglich ist, alle möglichen Auswirkungen einer „Spielregeländerung" zu antizipieren und durchzuspielen. Um so wichtiger wird es, offen zu sein für die Konsequenzen einer tatsächlichen Änderung und flexibel auf sich daraus ergebende Gefahren und Gelegenheiten zu reagieren.

Mit diesem Modell eines organisatorischen Lernzirkels ist ein Bezugsrahmen gewonnen, der es erlaubt, sowohl die notwendigen Schritte und Instanzen für gelungene organisatorische Lernprozesse zu planen und aufzubauen, als auch mögliche Bruchstellen und Hindernisse zu antizipieren. Im abschließenden Punkt 3 soll versucht werden, vor diesem theoretischen Hintergrund ein Konzept für die Führungskräfteentwicklung zu erarbeiten.

Zuvor wollen wir jedoch noch zeigen, wie Lernprozesse (und damit auch alle Aktionen im Rahmen der Führungskräfteentwicklung) zur Evolution von Organisationen beitragen können. Sie sind deshalb kein Selbstzweck, sondern notwendiger Bestandteil einer geplanten (Ko-)Evolution von Organisation und Umwelt.

2.4 Zur Dialektik von Lernprozeß und Kontext

Sowohl strukturelle Komponenten (*Oberflächenstrukturen* wie Hierarchie, Zentralisierung) als auch kulturelle Komponenten (*Tiefenstrukturen* wie Regeln, Werte, Weltbildannahmen) bilden zusammen den Rahmen für organisatorische Lernprozesse (vgl. auch Schein 1984). Wir werden uns jedoch im weiteren auf Aspekte der Tiefenstruktur beschränken, da diese letztendlich die Entwicklungsmöglichkeiten einer Organisation determinieren. „Ein Wandel in der Oberflächenstruktur kann sich unabhängig von einer Veränderung der Tiefenstruktur bzw. des Weltbildes vollziehen und wirkt auch nicht zwangsweise auf diese zurück. Im Gegensatz dazu zieht ein Wandel des Weltbildes in der Regel auch eine Veränderung der Tiefenstruktur und der Oberflächenstruktur nach sich, wobei dies aber auch zeitlich verzögert geschehen kann. (…) Eine grundsätzliche Veränderung in der Oberflächenstruktur läßt sich längerfristig nur aufrechterhalten, wenn sie durch korrespondierende Veränderungen in der Tiefenstruktur und in den Weltbildern abgesichert wird." (Hinder 1986, S. 309)

Die Tiefenstrukturen haben dabei einen relativ dauerhaften Charakter. So geht etwa Schein (1984, S. 3) davon aus, daß die Weltbildannahmen, die ursprünglich einmal erfolgreiche neue Lösungen für die Probleme der Adaption bzw. Integration waren, als Hintergrundwissen sedimentiert wurden und seitdem nicht mehr diskursiv verfügbar sind. „Such assumptions are themselves learned responses that originated as espoused values. But, as a value leads to a behavior, and as that behavior begins to solve the problem which prompted it in the first place, the value gradually is transformed into an underlying assumption about how things really are. As the assumption is increasingly taken for granted, it drops out of awareness. Taken-for-granted assumptions are so powerful because they are less debatable and confrontable than espoused values." (Schein 1984, S. 3 f.)

Dies führt zu einer Vorstellung von *Kultur als einem gewachsenen und erlernten Rahmen*, der selbst jedoch *kaum* und wenn, dann extrem langsam zu *verändern* ist (vgl. Schein 1984, S. 10). Gagliardi (1986, S. 119) faßt dieses Kulturverständnis so zusammen: „(…) culture, understood as a coherent system of assumptions and basic values which distinguish one group from another and orient its choices is, of its very nature, a tenacious and unalterable phenomenon. The more deeply-rooted and diffuse these values are, the more tenacious and unalterable is the culture. A culture can, then, be forced to take a new direction at an extremely high organizational cost to the firm. As soon as the pressure is relaxed, however, it will tend to return to its orginial state and attitude."

In vielen Fällen wird der einzelne die Kultur einer Organisation in dieser Form als eine „objektive Wirklichkeit" (vgl. Berger/Luckmann 1986, S. 49 ff.) bzw. als „stahlhartes Gehäuse" (Weber 1979, S. 188) empfinden. In diesem Sinne haben wir auch oben (Punkt 2.1) die Kultur neben den Strukturen als Rahmenbedingung angesprochen, die den Verlauf organisatorischer Lernprozesse maßgeblich beeinflußt.

Andererseits ist es schwer verständlich, warum neue Lernprozesse nicht auch zu einem Wandel in den Regeln und Weltbildannahmen der Tiefenstruktur führen können. Eine solche *generelle Dialektik von Lernprozessen und Kontext* wird etwa von Kroeber und Kluckhohn (1952) angesprochen, die davon ausgehen, daß „Culture systems may on the one hand, be considered as products of action, on the other as conditioning elements of further action". Für das Verständnis des organisatorischen Lernens können wir deshalb festhalten: Organisatorisches Handeln und Lernen findet immer im Rahmen eines organisatorischen Kontextes und einer organisatorischen Kultur statt. Zugleich ist dieser Rahmen das Ergebnis von Handlungen und Lernprozessen, durch die er – zumindest ein Stück weit – auch wieder verändert werden kann.

Solche Lernprozesse höherer Ordnung, die zu einer Transformation von Kontexten führen, sind von einer Reihe von Autoren angesprochen worden. Argyris und Schön (1978, S. 18–29) haben eine Dreiteilung von Lernprozessen vorgeschlagen: Prozesse des „*single-loop learning*" laufen in einem gegebenen Kontext von Zielen und Normen ab und sind primär auf Erhöhung der Effizienz der Zielerreichung gerichtet. Prozesse des *„double-loop learning"* führen hingegen zu einer Veränderung der Kontexte. Schließlich reflektieren Prozesse des *„deutero learning"* die Fähigkeit zu Lernprozessen niederer Ordnung (single-loop-, double-loop learning) und stellen „Kreativität", „Innovation" und „Wandlungsfähigkeit" sicher.

Bateson (1985) selbst, auf den sich Argyris und Schön bei ihrer Einteilung von Lernprozessen beziehen (1985, S. 18 bzw. S. 26 f.), nennt in einer Hierarchie mit fünf Ebenen sogar noch zwei weitere Klassen von Lernprozessen, die oberhalb des „Deutero-Lernens" anzusiedeln sind (1985, S. 378 ff.). Während „Deutero-Lernen" (oder auch „Lernen II") zu einer Veränderung der Lernfähigkeit selbst führt, gibt es sehr unwahrscheinliche Lernprozesse des *„Lernens III"*, die zu einer tiefgreifenden Umstrukturierung des Charakters des Lernenden führen. Bateson (1985, S. 390) nennt psychotherapeutische Behandlung und religiöse Bekehrung als mögliche Situationen, in denen solche Lernprozesse auftreten können. Schließlich spekuliert er noch (1985, S. 379), daß die Verbindung von Ontogenese und Phylogenese im Evolutionsprozeß ein *„Lernen IV"* ermöglicht, das die Möglichkeiten und den Spielraum für Prozesse des Lernens *III* verändert (vgl. auch Jantsch 1977).

Für eine Theorie des organisatorischen Lernens, die sich nicht darauf beschränkt, allein die soziale Bedingtheit organisatorischer Lernprozesse herauszuarbeiten, sondern die vielmehr von einer grundlegenden Dialektik von Lernprozessen und Kontext ausgeht, erhalten gerade die skizzierten höheren Ebenen des Lernens einen wichtigen Hinweis: Organisationen sind selbst in einen Kontext des Lernens höherer Ordnung und der gesellschaftlichen Evolution eingebettet, der als Ressource für ihre eigene Evolution fruchtbar gemacht werden kann. Und um zu unserem Thema zurückzukommen: Mit jeder Investition in die Führungskräfteentwicklung ist die Hoffnung verbunden, daß diese Führungskräfte ein Stück weit zu „Unternehmern" und „Innovatoren" werden, die die Organisation auf diesem Pfad der Evolution voranbringen.

3. Führungskräfteentwicklung vor dem Hintergrund des organisatorischen Lernens

Im folgenden wird nun der – in der Unternehmenspraxis schon teilweise realisierte – Versuch unternommen, eine Seminarveranstaltung zur Führungskräfteentwicklung so zu gestalten, daß in ihr auch Aspekte des *organisatorischen* Lernens zum Zuge kommen. Dabei wollen wir uns nicht nur auf das Design der Veranstaltung beschränken, sondern uns auch Gedanken über einsetzbare Lernmedien machen. Wir werden dabei für einen verstärkten Einsatz von Spielen plädieren, da wir vermuten, daß

– (1) Spiele, die Simulation einer in Modellen abgebildeten Realität erlauben,
– (2) Spiele Prozesse des kollektiven Lernens erleichtern und
– (3) spielerisch erlebte Situationen besser im Gedächtnis haften bleiben als über andere Medien des Lernens erworbene Kenntnisse und Fähigkeiten. Dies gilt es im folgenden zu begründen.

Zur Erläuterung dieser konzeptionellen Ideen haben wir als Seminargegenstand das Themengebiet „Strategische Unternehmensführung" gewählt. Aufgrund des geringen Strukturierungsgrades seiner Problemstellungen scheint es uns ein besonders geeignetes Anwendungsfeld zu sein.

Natürlich ist dieses Schulungsmodul noch weit von einem Gesamtkonzept des organisatorischen Lernens entfernt. Es könnte aber einen ersten Baustein dazu darstellen, der sich auch als Einstieg in derartige Überlegungen eignet. Demnach dürfen auch nicht alle Schulungen so konzipiert sein wie diese, sondern müssen durch andersartige Veranstaltungen ergänzt werden.

3.1 Skizzierung eines Mixed-Learning-Ansatzes zur Führungskräfteentwicklung

Vier Kern-Merkmale kennzeichnen das Konzept. Diese sollen im folgenden erläutert werden:

(1) Es ist bezüglich des jeweiligen Teilnehmers möglichst weitgehend *maßgeschneidert*;
(2) es ist *anwendungsorientiert* an den betrieblichen Problemen des Teilnehmers konzipiert.
(3) Es verfügt über eine Art *Investitionskontrolle* des durch die Fortbildungsmaßnahme erfolgten finanziellen Engagements;
(4) es ist *partnerschaftlich* organisiert.

Ausgangspunkt der Überlegungen ist eine *systematische Erfassung typischer strategischer Problemstellungen* von Unternehmen: Notwendigkeit zur Restrukturierung der Geschäfte, da man sich in reifen Branchen befindet; Schaffung einer gemeinsamen Identität nach der Fusion mit einem Wettbewerber; Internationalisierung der Organisation usw. Diese Problemstellungen bilden den Aufhänger für einzelne Seminarmodule, die zu möglichst homogenen und aneinander anschlußfähigen Seminarpaketen zusammengeschnürt werden. Das Seminarprogramm ist also nicht wie ein Lehrplan anhand einer Logik des zu vermittelnden Stoffes strukturiert, sondern anhand der organisatorischen Problemstellungen. Es ist damit mit dem Geschehen im Betrieb verknüpft. Das heißt, daß die Teilnehmer in Workshops bei Rollenspielen usw. mit konkreten Modellen ihrer Realitäten, wie sie sie wahrnehmen, zu arbeiten haben.

Die angebotenen Problembausteine teilen sich in Überblicks- und Vertiefungsmodule auf: Veranstaltungen zu den *Überblicks-Modulen* sind dabei so konzipiert, daß davon ausgegangen wird, daß ihre Teilnehmer nur die zu dem Führungsansatz gehörende Denkhaltung vermittelt bekommen sowie einen Eindruck von seiner Lösungsmächtigkeit, Reichhaltigkeit und Reichweite erhalten sollen. Es geht also weniger darum, bestimmte Methoden in der Tiefe beherrschen zu lernen, sondern mehr um das Wissen, welche Methoden es überhaupt gibt, wo sie einsetzbar sind und was ihre Vor- und Nachteile sind. Auch soll die sprachliche Kompetenz für die Diskussion innerhalb eines Führungsansatzes vermittelt werden. Über die *Vertiefungsmodule* sollen Spezialisten ausgebildet werden, die nach einiger Zeit selbst in der Lage sind, als Fachpromotoren strategische Prozesse zu begleiten.

Die Handhabung strategischer Probleme erfordert demnach nicht nur ein fundiertes Methodenwissen. Diese Methoden müssen auch an der richtigen Stelle und in der richtigen Form (Moderation usw.) im Prozeß zur Anwendung kommen. Dazu ist wiederum Wissen über die typischen Probleme und Widerstände, die während des Prozesses der Strategieentwicklung auftauchen, erforderlich: So führen bereits bei der *Problemdefinition* unterschiedliche Weltbilder/Kontexte der Beteiligten zu unterschiedlichen Problemwahrnehmungen; verschiedene Ansätze bei der *Problemanalyse* führen zu sich oft auch widersprechenden Analyseergebnissen; aufgrund der geringen Objektivierbarkeit des Vorgehens ist bei der *Strategieentwicklung* mit Interessenkollisionen zu rechnen; Motivationsengpässe können der *Strategieumsetzung* im Wege stehen. Vermittelt werden im vorliegenden Ansatz also Methoden- und Prozeß-Know-how mit einer vielleicht untypischen Betonung der *politischen* Dimension der Prozesse. Nur ein Teil des Erfolgs eines Strategieprojektes wird über den Inhalt bestimmt; der andere Teil betrifft die Fähigkeiten, die Interessen der Beteiligten auf bestimmte Inhalte zu binden. Dies ist deshalb besonders schwierig, weil dieser Vorgang eine Bereitschaft zum „Entlernen", das heißt zum Infragestellen bisheriger Erfolgsmuster bei den „Erfolgreichen", voraussetzt.

Doch wie ist nun dieser Lern- bzw. Entlernprozeß organisiert? Zuerst zur Teilnehmerstruktur: Auch wenn das entwickelte Konzept auf betrieblicher Ebene relativ problemlos anwendbar ist, so scheint – speziell bei den Vertiefungs-Modulen – sein besonderer Nutzen in einer Kombination von betrieblichen und überbetrieblichen Programmteilen zu liegen. Wird auf überbetrieblicher Ebene ausgebildet, so ist Voraussetzung, daß jedes teilnehmende Unternehmen ein kleines Team von Führungskräften (zwei bis vier Personen), die möglichst auch in bestimmten unternehmensinternen Entscheidungsarenen aufeinandertreffen, zum Seminar entsendet. Es handelt sich bei den Seminarteilnehmern dann also um fünf bis zehn Teams aus verschiedenen Unternehmen. Meist sind sie auch aus verschiedenen Branchen, womit die eigenen Probleme einen erweiterten Bezugsrahmen erhalten, der der Kreativität bei der Problemhandhabung förderlich sein dürfte.

Damit ist bereits ein Aspekt der als drittes Kern-Merkmal angeführten „*Investitionskontrolle*" angesprochen: Haben sich die Investitionen (Kosten, Zeit, Engagement usw.) für die Beteiligten gelohnt? Durch die Konkurrenz der Teams kann ein Know-how-Vergleich vorher und nachher durchgeführt werden. Es kann das Potential „Führungskräfte" im direkten Konkurrenzvergleich relativiert werden. Es gibt aber auch noch eine weniger indirekte Form der Investitionskontrolle, die im folgenden anhand des in Abbildung 7 dargestellten Ablaufs eines Vertiefungstrainings erläutert werden soll.

Ein Modul zu einem Vertiefungstraining im Strategischen Management (zum Beispiel „Wie positionieren wir unser Unternehmen im Wettbewerb?") zieht sich über einen Zeitraum von etwa einem halben Jahr hin. Dabei alterniert der Prozeß zwischen einem Im- und einem Außer-Haus-Training.

An erster Stelle steht für jedes Team die Abgrenzung einer betrieblichen Aufgabenstellung, die mit Hilfe der im Seminar erarbeitenden Ansätze bearbeitet werden soll. Bereits zu diesem Zeitpunkt sind der Termin für die Ergebnispräsentation sowie die Gruppe der möglichst hochrangigen Präsentationsnehmer zu bestimmen. Diese Präsentation stellt die angesprochene zweite Form der „Investitionskontrolle" dar.

Die Teams reisen dann zu einem etwa einwöchigen Seminar an. Auf einer allgemeinen Basis werden die Konzepte vorgestellt und vertiefend trainiert, wobei die Gruppenarbeiten im Team erfolgen. Über das Plenum der Zwischenpräsentationen kommt es dann zum kritischen Diskurs mit den konkurrierenden Teams. Natürlich kann man dabei die Aufgabenstellungen so abfassen, daß keine betrieblichen Interna berührt werden.

Nach dem Seminar arbeiten die Teams dann an ihrer betrieblichen Aufgabenstellung, wobei sie durchaus auch auf andere Mitglieder ihrer Entscheidungsarena und auf Experten zurückgreifen können. Der Seminarleiter übernimmt dabei eine Art Supervisor-Funktion. Er steht für Rückfragen zur Verfügung und kann je nach Bedarf auch beratend das eine oder andere Team unterstützen. Nach etwa vier Monaten sollte sich dann die gesamte Seminargruppe zu einem ein- bis zweitägi-

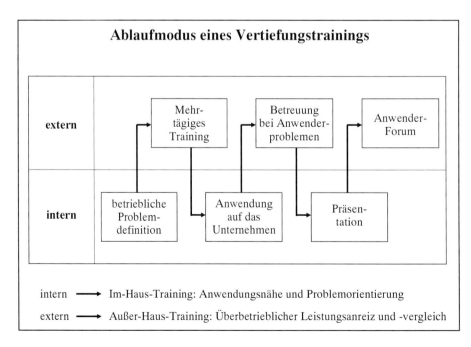

Abbildung 7

gen Erfahrungsaustausch zusammenfinden, um dann danach ihre Präsentationen vorzubereiten. Wünschenswert wäre es noch, wenn man eine Art Strategieforum anbieten könnte, in dem sich frühere Teilnehmer aus solchen Veranstaltungen zu einem regelmäßigen Gedankenaustausch treffen und ihre neuen Problemstellungen zur Diskussion stellen.

Viertes und letztes Kern-Merkmal ist die *partnerschaftliche* Organisation dieser Form der kombiniert betrieblich-überbetrieblichen Führungskräfteentwicklung. Treten Personalbereiche hier als Veranstalter auf, so sollten sich die Verantwortlichen regelmäßig über den Ansatz (Inhalte, Prozeß usw.) und ihre Erfahrungen in der Teilnehmerbetreuung austauschen („Anwender-Forum"). Funktion dieser Gruppe wäre eine Art Fundamentalkritik an der bisherigen Arbeit.

Bislang konzentrierten sich unsere Ausführungen auf die Gestaltung des Prozesses. Natürlich gibt es aber auch eine Vielzahl weiterer Möglichkeiten, organisatorisches Lernen im obigen Sinne in einer solchen Veranstaltung zur Führungskräfteentwicklung zu begünstigen. Eine große Hebelwirkung dürfte hier zum Beispiel von Variationen des Lernmediums ausgehen. Exemplarisch soll dies einmal am Einsatz von Spielen dargelegt werden. (Ein anderes Lernmedium wäre zum Beispiel die Aktionsforschung an Echtzeitproblemen.)

3.2 Das Spiel als Medium des Lernens

Erfahrungen bei Prozessen der Führungskräfteentwicklung haben gezeigt, daß eine gewisse Vielgestaltigkeit beim Einsatz von Lernformen und -medien der Lerneffizienz förderlich ist. Weiter oben wurde schon ausgeführt, daß die Lernform der Simulation (vgl. zu einer Übersicht Kluge 1981) im Hinblick auf die geforderte Erweiterung der organisatorischen Wissensbasis besonders geeignet erscheint. Wir wollen nun versuchen, sie mit dem Lernmedium „Spiel" in Verbindung zu bringen.

Wir vermuten, daß es sich beim spielerischen Lernen (Lernen mittels Spielen) um ein besonders effizientes Lernen handelt. Allerdings läßt sich – isoliert betrachtet – eine eventuelle Überlegenheit des Spieles gegenüber konventionellem Lernen empirisch nicht belegen (vgl. zum Beispiel Chartier 1976). Wir plädieren deshalb hier lediglich für eine Ergänzung des Mix der zur Anwendung kommenden Lernmedien.

Wenn wir hier vom „Spiel" sprechen, dann meinen wir dies nicht im originären Sinn des Wortes, wo das Spiel unter dem Postulat der Zweckfreiheit steht. Folgt man Fink (1957, S. 23 f.), so hat die Spielhandlung ursprünglich keinen sie überschreitenden Zweck. Wir wollen hier jedoch das Spiel in den Dienst des organisatorischen Lernens stellen, verbunden mit dem Zweck der Erweiterung der organisatorischen Wissensbasis, über die wir uns wiederum eine Erhöhung der Entscheidungskompetenz und -geschwindigkeit erhoffen. Das Spiel soll hier Vehikel zum Austausch von Informationen, Weltbildern, Problemsichtweisen u. ä. sein. Stimuliert über Prozesse der Informationsverarbeitung, kann es durch entsprechend gestaltete Spiele zu einem Konvergieren der individuellen Modelle der gegenwärtigen und zukünftigen Realitäten kommen – was natürlich vom inhaltlichen Ergebnis her nicht planbar ist.

Worin liegt nun die anfangs geäußerte Annahme begründet, daß solche Prozesse insbesondere durch das Medium Spiel stimuliert werden? Ist Spielen nicht eher etwas für Kinder? Sicherlich werden Sinn und Zweck des Spiels kognitiv-rational nie ganz erfaßbar sein. Der Spaß am Spiel ist auch ein in unserer Psyche zu suchendes Urphänomen. So bietet das Spiel – aus der Perspektive der *Psychoanalyse – die Möglichkeit, erlebte (Quasi-Realität) oder auch eine antizipativ vorweggenommene Realität lustvoll und fiktiv umzugestalten oder sich von ihr zu befreien* (vgl. den Überblick zu Theorien des Spiels bei Kluge 1981, S. 15 ff.). Sind dies aber nicht gerade die Voraussetzungen, die wir zum Beispiel für einen kreativen Umgang mit unseren Wettbewerbsstrategien benötigen, die uns von dem „Schielen auf den Branchenführer" abbringen? Das Spiel übernimmt eine Art Vermittlungsinstanz zwischen Unbewußtem und Bewußtem, Lust- und Realitätsprinzip.

Durch den Einsatz von Spielen erwarten wir auch eine erhöhte Aufmerksamkeit bezüglich des

Lerngegenstandes, denn aus der Sicht der *Motivationspsychologie* kommt das Spiel durch Neugier und Erkundungsverhalten überhaupt erst zustande. Der Spaß am Spielen entsteht durch das *Oszillieren zwischen lustbetonter Spannungssuche und dem Bedürfnis nach Entspannung.*

Viele Effizienzprobleme bei Lernprozessen haben heute ihre Ursache im Atmosphärischen und Pädagogischen. Mit den herkömmlichen Lehrmethoden trifft man häufig nicht mehr den heutigen Werthaltungen entsprechenden „Sozio-Sound". Aus den USA kommt der sicherlich noch als modistisch zu bewertende Trend, zur Steigerung der Produktivität positive Emotionen zu nutzen. Dazu Gerd Gerken (im „Radar für Trends", 17/1989):

„Bisher war das Management ziemlich konsequent darauf ausgerichtet, Effizienz eher mit *Anstrengung und Kontrolle* zu assoziieren. Echte Leistungen waren demnach immer mühsam. Und alles, was Spaß machte, galt als oberflächlich. Der heitere Sound war den meisten Managern verdächtig. Teams, die viel lachen, arbeiten nicht richtig (...), so die landläufige Meinung.

Aber nun mehren sich doch die Trend-Signale, die beweisen, daß ein Umdenken stattfindet. Blicken wir zuerst auf die Wissenschaft. Hier gibt es auffällig viele Forschungen in letzter Zeit – und zwar weltweit –, die den Wert der positiven Gefühle für die menschliche Produktivität erkennen. Der *Spaß-Sound* wird wissenschaftlich salonfähig.

Eine neue Untersuchung kommt von der Erlanger Psychologie-Professorin Andrea Abele. Sie hat sich ganz konkret mit den ‚problemlösungsfördernden Wirkungen' der guten Laune auseinandergesetzt. *Das Ergebnis ist frappierend: Wenn komplexe und ganzheitliche Probleme* vorliegen, dann muß die Kreativität ebenfalls komplex und ganzheitlich ausgerichtet sein. Und diese Art der Kreativität, die heute und morgen immer wichtiger wird, benötigt einen heiteren Sozio-Sound (...), ein echtes Stimmungs-Hoch.

Ein ernster Sozio-Sound, vielleicht sogar ein Streitklima, verhindert die Fließ-Qualität des Denkens und blockiert damit den immer wichtiger werdenden Faktor der kollektiven Kreativität in den Unternehmen.

Ganz anders ist es, wenn es dem Management gelingt, das Unternehmen auf einen Spiel-Habitus umzuschalten, was einen heiteren Sound bedeutet. Dann können sich Menschen sehr schnell von ihren gestrigen Prinzipien und von ihren überholten Denk-Strategien trennen. Je heiterer das Spiel, um so besser funktioniert das ‚Neulernen' und das wichtige ‚Entlernen'.

In anderen Unternehmen (zum Beispiel Esprit, PSI-Software und Schläpfer) ist man noch einen Schritt weitergegangen. Dort kultiviert man ganz bewußt den Spaß-Sound, weil man erkannt hat, wie abhängig das innovative Denken von der Leichtigkeit der Heiterkeit ist."

Eine Möglichkeit der Dramatisierung des Spieleffektes besteht über die Definition von Regeln, die einen Teilnehmer des Spiels zum Gewinner machen. Damit kann auch eine Kontrolle des Lernziels (zum Beispiel Erreichen eines bestimmten Wissensstandes) verbunden werden.

Bezogen auf das für diesen Beitrag exemplarisch ausgewählte Anwendungsgebiet der Strategischen Unternehmensführung kann man sich eine ganze Reihe von Möglichkeiten zur Konkretisierung dieser Überlegungen vorstellen. Einen ersten Schritt in diese Richtung stellt das nach dem biokybernetischen Ansatz von Frederic Vester entwickelte Lernspiel „Ökolopoly" dar, welches als Umsetzung der Forderung und dem wachsenden Interesse nach einem *vernetzten Denken und Handeln* Rechnung trägt (vgl. zum Beispiel Probst/Gomez 1989). Einsatzgebiet könnte in diesem Fall zum Beispiel eine Strategische Frühaufklärung sein.

Die Teilnehmer an diesem Simulationsspiel (zum Beispiel ein Gremium von Entscheidungsträgern) müssen sich hier in bestimmte Prozesse und Rollen hineinversetzen und anhand des Netzwerkes die fiktiven Folgen ihres Entscheidens reflektieren. Auf der Basis des – möglichst gemeinsam entwickelten – Netzwerkes wird die reale Situation soweit abstrahiert, daß sie die Handelnden

– (1) zu überblicken vermögen und
– (2) in ihren Annahmen möglichst weitgehend teilen.

Ein anderes Lernspiel könnte zum Beispiel branchenspezifisch konzipiert werden. Lernziel wäre hier die Sicherung und Festigung von Kenntnissen zu den wettbewerbstheoretischen Konzepten von Porter sowie deren Anwendung. Die Spielteilnehmer sollen u. a. Elemente des Porterschen Systems der Strategieentwicklung wiedergeben sowie neu gelernte Inhalte aus der Erarbeitungsphase anwenden, indem sie die im Spiel gestellten Aufgaben (zum Beispiel in Form eines Brettspiels mit Ereigniskarten usw.) richtig lösen.

Allgemein hat sich eine Spielkonstruktion primär mit dem Spielverlauf (bzw. den Spielregeln), den Spielelementen, der Kontrolle und der Auswertung auseinanderzusetzen.

Wir haben bisher dafür plädiert, eine Führungskräfteentwicklung auch als Ort und Mittel des organisatorischen Lernens zu begreifen. In diesem Sinne wurde ein Konzept der Führungskräfteentwicklung skizziert. Wo liegen nun die Verknüpfungspunkte zwischen dem ausschnittsweise skizzierten Konzept und der Forderung nach organisatorischem Lernen? Inwieweit können die Kern-Merkmale des Konzeptes einen Beitrag zur Abschwächung der oben aufgezeigten Schlüsselprobleme leisten?

3.3 Die Begünstigung organisatorischer Lernprozesse durch das Konzept

Zu Beginn eines Seminars startet jeder Teilnehmer mit einer bestimmten Menge individuellen Wissens. Durch das Seminar soll diese individuelle Wissensbasis angereichert werden. Erst durch die Arbeiten (Projekt, Workshops usw.) der betrieblichen Teams kann es zu kollektiven Lernvorgängen kommen, das heißt, daß gemeinsam Vorschläge und Ideen für die Handhabung von Problemen des entsendenden Unternehmens entwickelt werden. Dies funktioniert um so besser, je mehr der einzelne bereit ist, sein individuelles Wissen zur Diskussion zu stellen. Wir haben vorgeschlagen, dies zum Beispiel durch das Lernmedium „Spiel" zu stimulieren.

Die Chance zu einer Institutionalisierung dieser Ideen und Vorschläge soll über die am Ende stehende, aber bereits gleich zu Anfang vereinbarte Präsentation gegeben werden. Gelingt es, mit den Vorschlägen zu überzeugen, so können die als Präsentationsnehmer fungierenden – möglichst hochrangigen – Entscheidungsträger bereits konkrete Handlungen verabschieden. Zur Erleichterung des Prozesses der Umsetzung von Wissen in Handlungsregeln sollte die Präsentation so gehalten sein, daß sie den Präsentationsnehmern auch die Chance zur Einbringung und Evaluierung ihrer Problemkontexte läßt. „Hemdsärmlige" Simulationen alternativer Problemhandhabungen wären wünschenswert.

Natürlich stellen diese neuen Regelstrukturen zuerst einmal Fremdkörper im Handlungsgefüge der Organisation dar. Es nützt auch wenig, ihre Befolgung per Weisungsbefugnis anzuordnen. Vielmehr sollte es gelingen, die Interessen der Ausführenden auf dieses neue Handeln zu binden. Organisatorische Veränderungen sollten als Chance zur besseren Erledigung bisheriger Aufgaben (Stärkung der organisatorischen Kompetenz) und nicht als zusätzliche Aufgabe begriffen werden. Dies ist meist ein langwieriger Prozeß, innerhalb dessen die ursprünglichen Seminarteilnehmer eine wichtige Multiplikator-Funktion übernehmen können. Hier muß mit Widerständen gerechnet werden, da der Prozeß ein Entlernen der Erfolgreichen bezüglich einiger ihrer Erfolgsmuster voraussetzt.

Aufgrund der Komplexität solcher strukturellen und kulturellen Transformationsvorgänge sind ihre Ergebnisse in weiten Zügen nicht vorhersehbar. Es ist mit einer Vielzahl von unvorhergesehenen Nebenwirkungen zu rechnen. Auch sie sollten zu Lernprozessen genutzt werden. Fundamentalkritik am Prozeß und an den erarbeiteten Handlungsergebnissen sollten in der im Ablaufprozeß vorgesehenen Erfahrungsaustauschgruppe stimuliert werden, in der Hoffnung, daß es hier zu Impulsen auf der individuellen Ebene kommt, die den Lernprozeß erneut in Gang bringen.

Inzwischen ist auch klargeworden, weshalb wir hier von einem Mixed-Learning-Ansatz sprechen: Individuelles wird mit organisatorischem Lernen und betriebliches wird mit überbetrieblichem Lernen bewußt verknüpft.

Literatur

ARGYRIS, C., SCHÖN, D. A., Organizational Learning. A Theory of Action Perspective, Reading (Mass.) 1978.

BATESON, G. (1985), Ökologie des Geistes. Anthropologische, psychologische, biologische und epistemologische Perspektiven, Frankfurt 1985.

BERGER, P. L., LUCKMANN, T., Die gesellschaftliche Konstruktion der Wirklichkeit. Eine Theorie der Wissenssoziologie, Frankfurt 1986.

BÜHL, W. L., Die Ordnung des Wissens, Berlin 1984.

CHARTIER, M. R., Zur Wirksamkeit von Diskussionen über Simulationsspiel-Erfahrung, in: Lehmann, J./Porterle, G. (Hrsg.), Simulationsspiele in der Erziehung, Weinheim und Basel 1976, S. 246–257.

CIUPKA, D., Strategisches Personalmanagement und Führungskräfteentwicklung, unveröffentlichte Dissertationsschrift, Duisburg 1989.

CLARK, B. R., The Organizational Saga in Higher Education, in: Administrative Science Quarterly, Vol. 17, 1972, S. 178–184.

CYERT, R. M., MARCH, J. G., A Behavioral Theory of the Firm, Englewood Cliffs (N. J.) 1963

DE GEUS, A. P., Planning as Learning, in: Harvard Business Review, Vol. 66, 1988, S. 70–74

DEUTSCH, K. W., Politische Kybernetik. Modelle und Perspektiven, Freiburg 1973.

DUNCAN, R. B., WEISS, A., Organizational Learning: Implications for Organizational Design, in: Staw, B. (Hrsg.), Research in Organizational Behavior, Vol. 1, Greenwich (Conn.) 1979, S. 75–123.

EDER, K., Geschichte als Lernprozeß? Zur Pathogenese politischer Modernität in Deutschland, Frankfurt 1985.

ETZIONI, A., The Active Society. A Theory of Societal and Political Processes, London u. a. 1968, (deutsch: Die aktive Gesellschaft, Opladen 1975).

FINK, E., Oase des Glücks. Gedanken zu einer Ontologie des Spiels, Freiburg und München 1957.

FIOL, C. M., LYLES, M. A., Organizational Learning, in: Academy of Management Review, Vol. 10, 1985, S. 803–813.

FOY, N., Action Learning comes to Industry, in: Harvard Business Review, Vol. 55, 1977, S. 158–168.

GAGLIARDI, P., The Creation and Change of Organizational Cultures: A Conceptual Framework, in: Organizational Studies, Vol. 7, 1986, S. 117–134.

GIDDENS, A., The Constitution of Society. Outline of the Theory of Structuration, Berkeley u. a. 1984.

GIDDENS, A., Interpretative Soziologie. Eine kritische Einführung, Frankfurt u. a. 1985.

HABERMAS, J., Theorie des kommunikativen Handelns, Bd. 2: Zur Kritik der funktionalistischen Vernunft, Frankfurt 1981.

HABERMAS, J., Zur Rekonstruktion des historischen Materialismus, Frankfurt 1982.

HAYEK, F. A. VON, Die Ergebnisse menschlichen Handelns, aber nicht menschlichen Entwurfs, in: Hayek, F. A. von, Freiburger Studien. Gesammelte Aufsätze, Tübingen 1969, S. 97–107.

HEDBERG, B., How Organizations Learn und Unlearn, in: Nystrom, P. C., W. H. Starbuck, (Hrsg.), Handbook of Organizational Design, Vol. 1, New York 1981, S. 3–27.

HINDER, W., Strategische Unternehmensführung in der Stagnation, München 1986.

JANTSCH, E., An Ontogenetic Model of Consciousness, in: Journal of the Altered States of Consiousness, Vol 3, 1977, S. 37–45.

JELINEK, M., Institutionalizing Innovations. A Study of Organizational Learning Systems, New York u. a. 1979.

JÖNSSON, S. A., LUNDIN, R. A., Myths and Wishful Thing as Management Tools, in: Nystrom, P. C., W. H. Starbuck (Hrsg.), Prescriptive Models of Organizations, Amsterdam 1977, S. 157–170.

KERN, M., Klassische Erkenntnistheorien und moderne Wissenschaftslehre, in: Raffée, H., B. Abel (Hrsg.) Wissenschaftstheoretische Grundfragen der Wirtschaftswissenschaften, München 1979, S. 11–27.

KIRSCH, W., Unternehmenspolitik und strategische Unternehmensführung, München 1990.

KLUGE, N., Spielen und Erfahren. Der Zusammenhang von Spielergebnis und Lernprozeß, Bad Heilbrunn/Obb. 1981.

KOLB, S. A., Experimental Learning. Experience as the Source of Learning and Development, Englewood Cliffs (N. J.) 1984.

KROEGER, A. L., KLUCKHOHN, C., Culture: A Critical Review of Concepts and Definitions, Cambridge (Mass.) 1952.

KUHN, T. S., Die Struktur wissenschaftlicher Revolution, Frankfurt 1976.

LANDAU, M., Redundancy, Rationality, and the Problem of Duplication and Overlap, in: Public Administrative Review, Vol. 29, 1969, S. 346–358.

MACHLUP, F., The Production and Distribution of Knowledge in the United States, Priceton (N. J.) 1962.

MARCH, J. G., OLSEN, J. P., The Uncertainty of the Past: Organizational Learning under Ambiguity, in: European Journal of Political Research, Vol. 3, 1975, S. 147–171.

MARCH, J. G., OLSEN, J. P., Organizational Learning and the Ambiguity of the Past, in: March, J. G., Olsen, J. P., (Hrsg.), Ambiguity and Choice in Organizations, Bergen u. a. 1976, S. 54–68.

McGILL, M. E., Learning from Administrative Experience, in: Public Administration Review, Vol. 33, 1973, S. 498–503.

MILLER, M., Kollektive Lernprozesse. Studien zur Grundlegung einer soziologischen Lerntheorie, Frankfurt 1986.

MINTZBERG, H., The Nature of Managerial Work, New York u. a. 1973.

PAUTZKE, G., Die Evolution der organisatorischen Wissensbasis. Bausteine zu einer Theorie des organisatorischen Lernens, München 1989.

PROBST, G. J. B., GOMEZ, P. (Hrsg.), Vernetztes Denken. Unternehmen ganzheitlich führen, Wiesbaden 1989.

REVANS, R., The Origin an Growth of Action Learning, Bromley 1982.

RIECKMANN, H., SIEVERS, B., Lernende Organisation – Organisiertes Lernen. Systemveränderung und Lernen in sozialen Organisationen, in: Bartölke, K. et al. (Hrsg.), Arbeitsqualität in Organisationen, Wiesbaden 1978, S. 259–276.

RYLE, G., The Concept of Mind, London 1958.

SCHEIN, E. H., Coming to a New Awareness of Organizational Culture, in: Sloan Management Review, Vol. 25, 1984, S. 3–16.

SHRIVASTAVA, P. A., Typology of Organizational Learning Systems, in: Journal of Management Studies, Vol. 20, 1983, S. 7–28.

SIMON, H. A., Birth of an Organization: The Economic Cooperation Administration, in: Public Administration Review, Vol. 13, 1953, S. 227–236.

SIMON, H., Lernen, Unternehmenskultur und Strategie, in: Coenenberg, A. G. (Hrsg.), Betriebliche Aus- und Weiterbildung von Führungskräften, in: Zeitschrift für betriebswirtschaftliche Forschung, Sonderheft 24, Frankfurt 1989, S. 23–29.

SORG, S., Informationspathologien und Erkenntnisfortschritt in Organisationen, München 1982.

STEELE, F. I., Organizational Overlearning, in: The Journal of Management Studies, Vol. 9, 1972, S. 301–313.

THOMPSON, J., Organizations in Action, New York 1967.

TORBERT, W., Learning from Experience, New York 1973.

WEBER, M., Die Protestantische Ethik, Bd. I, Gütersloh 1979.

WILENSKY, H. L., Organizational Intelligence. Knowledge and Policy in Government and Industry, New York u. a. 1967.

WUNDERER, R., Neuere Konzepte der Personalentwicklung, in: Die Betriebswirtschaft, Vol. 48, 4/1988, S. 435–443.

Elftes Kapitel

Personalentwicklung neuer Qualität durch Renaissance helfender Beziehungen

Thomas Sattelberger

Mit dem folgenden Beitrag werden zwei Zielsetzungen verfolgt. Zum einen wird in einem umfassenden Sinne die Bedeutung von „Lernpartnern" für das Lernen von Individuen, Gruppen und Organisationseinheiten diskutiert. Denn Lernprozesse in Organisationen sind in der Regel Resultate von Auseinandersetzungen bzw. Interaktionen zwischen Menschen. In diesem Kontext geht es mir um die Aktivierung ganzheitlicher bzw. die Reaktivierung verschütteter lernpartnerschaftlicher Beziehungen, die im Zuge organisatorischer Arbeitsteilung und Spezialisierung zunehmend eine Spezialaufgabe weniger Menschen geworden sind, in die Normalität der Arbeits- und Berufssituation. Denn eine lernende Organisation lebt von einem breiten Spektrum und einer hohen Varietät an Lernbeziehungen zwischen Menschen.

Zum anderen versuche ich, aus Sicht des internen Personalentwicklers einen bewußten Kontrapunkt zu den zum Teil seriösen, zum Teil aber auch unseriösen „Coaching"-Angeboten des externen Beratermarktes zu setzen. Die schillernde Verwendung des Begriffes und Konzeptes „Coaching" und dessen aggressive Vermarktung am Beratungs- und Trainingsmarkt zwingt zu geistiger Rigorosität. Denn durch die undifferenzierte und unsaubere Rezeption dieses Begriffes im deutschsprachigen Raume werden nicht nur unterschiedliche theoretische Konzepte und Denkansätze vermischt. Auch die praktische Aussagekraft dieser Konzepte sowohl für die Integration helfender Beziehungen in Konzepte, Programme und Projekte strukturierter Personalentwicklung als auch für die „natürliche", unstrukturierte Personalentwicklung geht verloren. Ganz zu schweigen, welche Trittbrettfahrer aus unseriösen Teilen der Beratungs- und New-Age-Szene sich auf den offensichtlich lukrativen Markt schwingen (vgl. dazu Stiefel 1989, S. 23). Coaching als *eine* Form helfender Beziehungen läuft in einem falsch verstandenen Sinne Gefahr, zur Modewelle zu degenerieren, wenn es nicht als Kernaufgabe intern handelnder Akteure begriffen wird. Eine solche Entwicklung wäre auch kontraproduktiv zur Vision und Notwendigkeit einer lernenden Organisation, die implizite Fähigkeiten zur Selbstregenerierung, Selbsthilfe und Selbstentwicklung besitzt.

1. Formen und Modelle helfender Beziehung in Organisationen

Megginson (1988, S. 33 ff.) unterscheidet in sehr grundsätzlicher Weise drei Formen helfender Beziehung:

- *Instruktion*: Hier geht es um kurzfristig angelegte Hilfe beim Aufbau von Spezialisten- bzw. Fachkompetenz („Was") für konkret anstehende, aktuell zu lösende Aufgabenstellungen.
- *Coaching*: Hier handelt es sich um die Unterstützung sowohl bei der Bewältigung längerfristig angelegter Aufgaben als auch bei der Sicherung von zeit- und kontextunabhängigem Leistungs- und Problemlösungsverhalten („Wie").
- *Mentoring*: Diese Form der unterstützenden Beziehung (auch „Counselling" genannt) orientiert sich nicht an der Aufgabe, sondern an der Persönlichkeit des Individuums und seiner Entwicklung – häufig über eine gesamte Karriere bzw. Lebensspanne hinweg – und hilft, Arbeits- und Lebenspositionen zu hinterfragen und Zukunftslinien zu klären („Warum").

Innerhalb dieses begrifflichen Kontextes differenzieren sich helfende Beziehungen in dreierlei Hinsicht:

- durch (zunehmende) Komplexität, Anspruchscharakter und Differenzierung von Rolle und Qualifikation des Rolleninhabers: von der Spezialisten- hin zur Generalistenkompetenz bzw. von der Fachkompetenz hin zur Kompetenz auf den Feldern Führung, Beratung, Kultur, Strategie und Problemlösung;
- unter zeitlichen Aspekten: Je längere Zeitspannen des Helfens betrachtet werden, um so mehr wird Instruktion durch Coaching – also kurzfristige, operative durch mittelfristige Zeithorizonte des Helfens – bzw. Coaching durch Mentorentum – das heißt mittelfristige durch strategische Zeithorizonte des Helfens – überlagert;
- unter hierarchischen Gesichtspunkten: Je höher die Position in der Hierarchie ist, um so weniger wird derzeit unterstützende Beziehung praktiziert und gelebt (mangelndes symbolisches Ma-

	Instruktion	Coaching	Mentorenverhalten
Instruktion, Coaching und Mentorenverhalten im Vergleich			
Vorgesetztenverhalten / Dimension	Instruktion	Coaching	Mentorenverhalten
Fokus	Konkret anstehende Aufgabe	Längerfristige Arbeitsergebnisse	Individuum, das sich entwickelt
Zeitspanne/-dauer	Ein oder zwei Tage	Von einem Monat bis zu einem Jahr	Über eine gesamte Karriere oder das gesamte Leben hinweg
Ansatz des Helfens	Erklären, zeigen, anweisen, kontrollieren, Feedback	Gemeinsames Durcharbeiten von Problemen bzw. Situationen mit dem Ziel, neue Fähigkeiten auszuprobieren und zu erwerben	Als Freund und Partner handeln: Zuhören, Fragen stellen und Gegenpositionen einnehmen, um den Bewußtseinsstand des anderen zu erweitern
Beabsichtigte Ergebnisse für den Lerner	Prognostizierbare und standardisierbare Leistungsfähigkeit für eine bestimmte Aufgabe zu einem bestimmten Zeitpunkt	Erweiterung der Kompetenz des einzelnen, unabhängig zu arbeiten und neue Probleme kreativ zu lösen	Infragestellung von bisherigen Annahmen von „Arbeits- und Lebenspositionen" und Klärung von Zukunftslinien
Mögliche Ergebnisse für den Helfer	Befriedigung und Kontrolle von Standards	Genugtuung über Lerner, der sich mit Motivation und Eigeninitiative entwickelt	Fragen für den Mentor selbst; Erfüllung

Abbildung 1

nagement) oder selbst erlebt. Dies führt häufig zu der vielbeschworenen Einsamkeit des oberen und obersten Managements und zu heroischem Einzelkämpfertum.

Abbildung 1 differenziert die drei Beziehungsformen unter den Aspekten Fokus, Zeitdimension, methodischer Ansatz und Ergebnisse des Helfens (vgl. Megginson 1988, S. 33 ff.).

In einer anderen Betrachtung (vgl. Dalton/Thomson/Price 1979, S. 136 ff.), die die Ausprägung der helfenden Beziehung von der Zugehörigkeit zu einer von vier Stufen eines Laufbahn- bzw. Karrieremodells her definiert, wird der „Sponsor" als neue bzw. zusätzliche Rollenkategorie eingeführt, der durch machtbewußte Förderung von Schlüsselpersonen, Systemen und Policies Entwicklungsrichtungen der Organisation beeinflußt.

Prozesse des Änderns, Lernens und Entwickelns von und durch Menschen umfassen die Erweiterung der eigenen Wahrnehmung und des Bewußtseins, die Assimilierung neuer Informationen und die Gestaltung neuer persönlicher Bezugsrahmen und Handlungspläne. Schein unterscheidet zwei Mechanismen des Änderungsprozesses (1975, S. 128 ff.).

Identifikation

Ein Mensch, der sich durch diesen Mechanismus verändert, orientiert sich an „bedeutungsvollen" anderen Menschen, die ihm Orientierung geben, welche Informationsquellen gut und welche Informationen und Wahrnehmungen nützlich und sinnvoll für ihn sind. Er wählt andere Menschen als Modelle, Identifikationsobjekte bzw. Vorbilder,

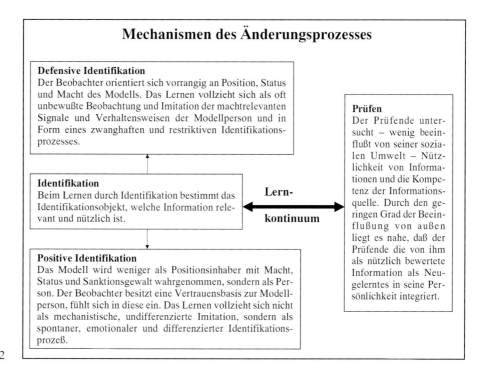

Abbildung 2

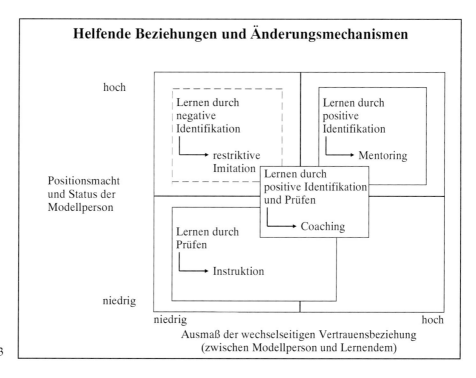

Abbildung 3

Kulturtypologie		
Kulturausprägung	Charakteristika	Kulturadäquate Form der helfenden Beziehung
Machtkultur	– willkürliche Autokratie – Kontrolle – durch ausgeübte Positionsmacht „den Laden im Griff behalten" – Kampf um persönliche Vorteile – Gesetz des Dschungels	Keine („ins Wasser werfen")
Rollenkultur	– Genauigkeit und Rationalität – Vorausschaubarkeit – Legitimation und Verantwortlichkeit – Definition und Beachtung von Rechten, Privilegien und Regeln	Instruktion
Aufgabenkultur	– übergeordnete Ziele – Änderung dysfunktionaler Rollen und Regeln, die einer Problemlösung im Wege stehen – Übergehen etablierter Autoritäten, geänderter Bedürfnisse und sozialer Bedenken, um die Ziele zu erreichen	Coaching
Personenkultur	– Befriedigung der Bedürfnisse der Mitglieder – Entscheidungen nach dem Konsensprinzip – Rollenzuteilung auf der Grundlage persönlicher Präferenzen – Arbeit in Übereinstimmung mit individuellen Werten und Zielen bringen	Mentorentum

Abbildung 4

die quasi stellvertretend für ihn entscheiden. Identifikation kann sich hierbei in zwei Formen ausprägen: in positiver Identifikation und defensiver Identifikation (vgl. Schwitzgebel/Kolb, 1978, S. 264).

Prüfen

Der Mensch, der sich durch den Mechanismus des Prüfens verändert, untersucht – relativ autonom und unbeeinflußt von der Umwelt – die Kompetenz von Informationsquellen und die Nützlichkeit von Informationen.

Beide Prozesse stellen die zwei Endpunkte eines Kontinuums dar, wobei die Seite des Prüfens Aufmerksamkeit für den Inhalt einer Botschaft ohne Rücksicht auf die Person und die Seite der Identifikation Aufmerksamkeit und emotionales Reagieren gegenüber einer Person auf Kosten des Inhaltes beinhaltet.

Abbildung 2, Seite 211, verknüpft die Mechanismen des Änderungsprozesses (vgl. Hirth/Sattelberger/Stiefel 1981, S. 88).

Die Integration dieser Modellbetrachtung mit Formen helfender Beziehung zeigt Abbildung 3, Seite 211.

In einer letzten Modellbetrachtung (Abbildung 4) hat Harrison (1982, S. 60 ff.) den Versuch unternommen, ausgehend von seiner Kulturtypologie (Macht-, Rollen-, Aufgaben- und Personenkultur), die der jeweiligen Kultur entsprechenden Formen unterstützender Beziehungen zuzuordnen. Dadurch werden kulturbedingte Chancen und Grenzen helfender Beziehungen deutlich.

2. Bildung in Organisationen im Kontext historischer Phasenmodelle des Lernens

In diesem Jahrhundert hat sich die Landschaft des Lernens in Organisationen gravierend verändert. In einer ersten modellhaften Betrachtung der Entwicklung betrieblicher Bildungsarbeit lassen sich vier Phasen unterscheiden.

Handwerkliche Arbeit und Werkstattfertigung wurden um die Jahrhundertwende herum zunehmend substituiert durch industrielle Fertigung in Serien- und Massenproduktion. Traditionelle Lernformen – von der Entwicklung von Lehrlingen über den Gesellen hin zum Jungmeister, vermittelt durch Handwerksmeister in Kombination von Lehr- und Wanderjahren – wurden durch kurzfristige Anlernprozesse in Fabrik und Büro ersetzt. In der Lehrlingsausbildung des Handwerkes selbst häuften sich vor dem Hintergrund des Überlebenskampfes am Markt die Mißstände durch gravierende Verletzungen der Arbeitsschutzbestimmungen, durch willkürliche Züchtigungsrechte der Meister und durch vollproduktiven Einsatz der billigen Lehrlinge nach kürzester „Lehrzeit" und ohne ausreichende fachtechnische Ausbildung. Arbeiter- und Arbeiterjugendvereine, Parteien, Genossenschaften und Gewerkschaften waren aus der Not heraus außerbetriebliche Träger der Bildung und Vertreter der Rechte junger Menschen. So wurde beispielsweise 1904 als erste eigenständige Jugendorganisation der „Verein der Lehrlinge und jugendlichen Arbeiter Berlins" als Gegenmittel gegen die herrschenden Mißstände im Lehrlingswesen der Reichshauptstadt gegründet, der sich in seiner Satzung folgende Ziele gab:

„§ 1. Der Zweck des Vereins ist die Wahrung der wirtschaftlichen, rechtlichen und geistigen Interessen der Lehrlinge, jugendlichen Arbeiter und Arbeiterinnen.
Dieser Zweck soll erreicht werden durch:
1. Gewährung von Rechtsschutz und sonstige Unterstützungen
2. Einrichtung von Stellennachweisen
3. Einrichtungen von Bibliotheken und Leseräumen
4. Veranstaltungen von Unterrichtskursen und Vorträgen

Der Verein trägt weder politischen noch religiösen Charakter."

Im Verein organisierten sich insbesondere Jugendliche mit einer Berufsbildung. Gegenüber den Altersgenossen in der Gesamtbevölkerung, von denen laut Betriebszählung von 1907 nur 18,7 Prozent der 14- bis 18jährigen eine Lehre absolvierten, besaßen bzw. erwarben zu diesem Zeitpunkt über 70 Prozent der Mitglieder des „Vereins der Lehrlinge und jugendlichen Arbeiter Berlins" eine Berufsausbildung (vgl. Klein/Körzel 1990, S. 583).

Die zunehmende Arbeitsteilung und Differenzierung von Arbeit, die es immer schwerer machte, im einzelnen Betrieb die für das Gewerbe notwendige breite Qualifikation zu erwerben, führte in einer *zweiten Phase* zur Heranbildung von Ausbildungsgängen zum Facharbeiter bzw. Fachangestellten, in Deutschland zur Entstehung eines differenzierten dualen Systems der Berufsausbildung. Berufliche Erstausbildung wurde zumindest teilweise aus dem produktiven Prozeß der Erstellung von Gütern und Dienstleistungen ausgegliedert und in außerbetrieblichen Berufsschulen (die erste gewerbliche Pflichtfortbildungsschule wurde in Berlin 1905 eingeführt) bzw. betriebsfernen Einrichtungen (Ausbildungsabteilung, Lehrwerkstatt, Übungsfirma) realisiert. Die Durchführung von Meisterausbildungen wurde verstärkt ebenfalls an externe Institutionen (zum Beispiel Industrie- und Handwerkskammern) übertragen.

Die zunehmende Veralterung der in der beruflichen Erst- bzw. Grundqualifizierung erworbenen Wissensbausteine, Verhaltensweisen und Problemlösungsmuster bei gleichzeitiger Entwicklung immer neuer Wissensfelder führte in einer *dritten Phase* zur Entstehung betriebsinterner Abteilungen und betriebsexterner Einrichtungen der fachlichen Weiterbildung. Die stärker werdende Bedeutung der Unternehmensführung als dispositiver Faktor neben den klassischen Produktionsfaktoren Arbeit, Boden und Kapital führte mit zeitlichem Verzug zur Entstehung einer Führungskräftefortbildung, häufig – zumindest in größeren

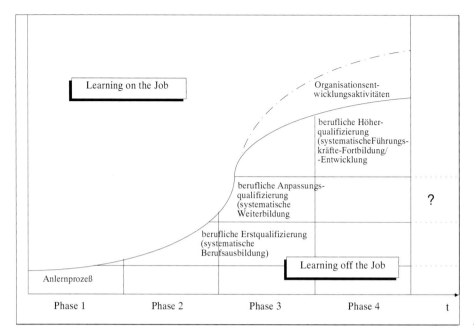

Abbildung 5

Unternehmen – als eigene Abteilung bzw. als neue Spezialfunktion innerhalb eines betrieblichen Bildungswesens.

In dieser *vierten Phase* rückte – angesichts zunehmender Dynamik und Komplexität des organisationsexternen Umfeldes und der Innenwelt der Organisation – auch das Lernen von Organisationseinheiten und der Organisation selbst in das Blickfeld. In den 60er und 70er Jahren bis Mitte der 80er Jahre erlebte das Konzept der Organisationsentwicklung seine Blüte, aber auch zunehmend seine Begrenztheit. Denn wie auf den Lernfeldern der Berufsausbildung, Weiterbildung und Führungskräftefortbildung wurde auch das Lernfeld der Organisationsentwicklung ein Thema eigens dafür eingerichteter betrieblicher Spezialfunktionen bzw. ein Thema externer Berater. Die existierende Organisationsrealität, vorhandene Linienfunktionen und Linienmanager schienen unmündig für diese neue Aufgabe oder wurden schlicht und einfach entmündigt. Das Konzept der extern induzierten Intervention prägte das Konzept der Organisationsentwicklung.

Abbildung 5 illustriert diese vier Phasen in einer Übersicht.

Jede dieser Phasen ist charakterisiert durch

- zunehmende Intensivierung, Ausdifferenzierung, aber auch Spezialisierung von Lernprozessen,
- abnehmende Bedeutung der jeweils wirkenden natürlichen Lernbeziehungen „on the job" bzw. in der Arbeitsrealität,
- zunehmende Formalisierung und organisatorische Strukturierung sowie teilweise auch räumliche Auslagerung von Lernen aus dem Arbeitsfeld.

Unter der Perspektive der Verankerung von Lernprozessen in und mit der Organisation läßt sich die Entwicklung in einem kürzeren Zeithorizont (beginnend mit der Nachkriegszeit) folgendermaßen (Abbildung 6, Seite 215) darstellen (vgl. Pedler/Boydell/Burgoyne 1989, S. 9).

Entwicklungen, wie die beiden grob skizzierten, können auch als Ausdruck organisationsimmanenter Gesetzmäßigkeit bzw. Logik interpretiert werden, die nicht nur auf die betriebliche Spezialfunktion der Personalentwicklung bzw. Bildung, sondern auch auf die Entwicklung des

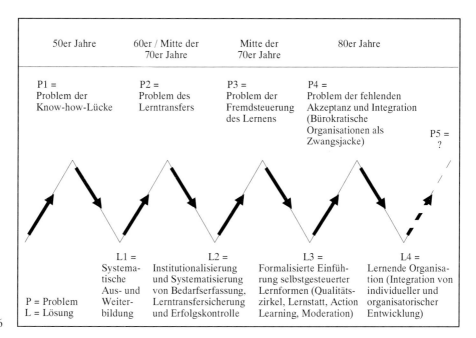

Abbildung 6

Personalwesens bzw. auf die Entwicklung von Organisationen insgesamt zutrifft. Das fast schon klassisch zu bezeichnende Modell des NPI unterscheidet drei Phasen der Entwicklung von Organisationen bzw. Organisationseinheiten: die Pionierphase, die Differenzierungsphase und die Integrationsphase mit jeweils unterschiedlicher Ausprägung von Lernprozessen und Personalentwicklung (vgl. Abbildung 7, Seite 216). Ausgehend davon stehen wir heute in der Blüte der Differenzierungsphase bzw. im Übergang zur Integrationsphase. Hinter der Vision einer ganzheitlich lernenden Organisation in der Integrationsphase steht der Anspruch,

– Lehren und Lernen in das Alltagsgeschäft zu reintegrieren (Lernen als Teil des Arbeitsprozesses, Lehren als Teil des Führens), also der Anspruch einer Entspezialisierung des Lehrens und einer Vernatürlichung des Lernens,
– der Erosion klassischer Führungsrollen bedingt durch Arbeitsteilung und Spezialisierung Einhalt zu bieten durch eine Renaissance klassischer Personalentwicklungsaufgaben wie Coaching, Mentoring und Instruktion in der Linie,

– die künstliche Trennung von Prozessen der Selbstentwicklung und Prozessen der Unternehmensentwicklung zu überwinden und beides integrativ zu vernetzen,
– nicht nur die teilweise tayloristische Arbeitsteilung innerhalb der Lernorganisation, sondern auch ihre organisatorische Separierung von der Arbeitsorganisation aufzuheben.

Unabhängig von dieser eher organisationsphilosophischen bzw. -historischen Betrachtung gewinnen helfende Beziehungen heute aus folgenden Aspekten heraus neue Aktualität und Intensität (vgl. Sattelberger 1990a, S. 34 f.):

– Schrumpfende Produkt- und Technologieunterschiede machen das „besser und schneller Lernen als die Konkurrenz" zu einem strategischen Erfolgs- und Wettbewerbsfaktor. Funktionsfähige Lernbeziehungen sind dabei relativ imitationsgeschützte Erfolgspotentiale bzw. „Kulturgüter" einer Organisation.
– Die Rasanz der Lernzyklenverkürzung (sinkende Halbwertzeit des Wissens) beschränkt die Wirksamkeit bisheriger Lernformen und fordert

Entwicklungsphasen der Organisation	
Pionierphase	Improvisation der PE – handverlesen – subjektiv – informell – innovativ – externes Know-how – risikofreudig – opportunistisch
Differenzierungsphase	Institutionalisierung der PE – Systematisierung in Sachgebiete – Formalisierung von Bedarfsanalyse und Entwicklungsplanung – Strukturierung – Spezifizierung in Bedarfsanalyse und Bedarfsdeckung
Integrationsphase	– Entreglementierung/Deregulierung der PE – Integration von natürlichem und systematischem Lernen – Wertorientierung – Dezentralisierung – Renaissance helfender Beziehungen

Abbildung 7

bzw. fördert die Erschließung und Aktivierung neuer (alter?) Lernwege und -Modelle (Renaissance der Vorbilder, symbolisches Management, kollegiales Lernen etc.) allemal.
- Die Überforderung der kognitiven Komplexität des Individuums durch die hohe Vernetztheit und Komplexität der Umwelt kann durch geistiges und praktisches „networking", durch Austausch und Reflexion unterschiedlicher Blickwinkel und Erfahrungswelten zumindest gemildert werden.
- Sinkende Verhaltenssicherheit bei instabiler Umwelt und hoher Veränderungsgeschwindigkeit erfordert Stabilisierung in kritischen Phasen und Situationen der beruflichen und persönlichen Entwicklung.
- Werte-Wandel, Werte-Erosion und Orientierungsdefizite auch und gerade in Organisationen erfordern Sinnklärung mit und Sinnstiftung durch Vertrauenspersonen. Notwendigkeit von und Bedürfnis nach unterstützender Beziehung sind unabhängig von Hierarchie. Sinnfragen und Orientierungshilfen sind nicht nur ein Thema der Geführten, sondern zunehmend auch der Führenden.

3. Helfende Beziehungen in der Übergangsphase zu einer integrativen Lern- und Arbeitsorganisation

Personalentwicklung in der Differenzierungsphase trennt Lernen und Arbeiten bzw. Lern- und Arbeitsorganisation (vgl. Sattelberger 1990b, S. 372 ff.).

Integrative Personalentwicklung sucht nach Formen der Verzahnung von Lernen und Arbeiten zum Beispiel durch Task-Forces oder Projekte. Eine konsequente Fortführung dieser Verzahnung führt

- zu strategischen Korridorthemen, die inhaltliches Fundament beispielsweise des Projektlernens sind,
- zur Auswahl, Qualifizierung und Förderung von Coaches aus der Linie, die diese Projektarbeit begleiten,
- zu neuer Rollendefinition des Managers als Coach der Mitarbeiter und der Nachwuchskräfte sowie des Personalentwicklers als Consultant des Managers.

Coaching durch die Linie ist nichts Revolutionäres, sondern gehört zu den (nicht selten vergessenen) natürlichen Kernaufgaben eines Vorgesetzten. Im Kontext des „Human-Resource-Zyklus" ist Coaching implizit in den Zielvereinbarungs- bzw. Leistungsbeurteilungsgesprächen mit dem Mitarbeiter enthalten, explizit taucht es als „Performance-Coaching" und als Entwicklungs- bzw. Karriereberatung („Career-Counselling") auf.

In dem oben skizzierten Sinne positioniert sich Coaching durch die Linie als wichtiges Element fortschrittlicher Konzepte der Personalentwicklung, deren Fundament nicht Klassenzimmer-Lernen, sondern unternehmerisches Projekt-Lernen für Spitzennachwuchs ist, das durch Sponsoren und Coaches unterstützt wird. Hier findet eine erste Verzahnung von Lern- und Arbeitsorganisation statt, verbunden mit einer Reintegration von Lernen, Fördern und Entwickeln in das Linienmanagement und das Tagesgeschäft (vgl. dazu Sattelberger 1989a, S. 15 ff.). Ein Beispiel dafür – von Linienführungskräften gecoachte Lernpartnerschaften für Nachwuchs – ist in Abschnitt 4 dieses Beitrages dargestellt.

Diese Betrachtung gilt natürlich auch für die fachliche Qualifizierung, in deren Rahmen zunehmend die Tendenz zu betrachten ist, daß Spezialisten durch Multiplikatorenkonzepte zu Instruktoren von Kollegen und Mitarbeitern ausgebildet werden, zum Teil unterstützt durch standardisierte Informations- und Wissensprogramme. Gerade die rasante Verkürzung der Halbwertzeit des Fachwissens erfordert praxis- und projekterfahrene Lehrer für das Lernen „im Feld", schnelle, flexible und pragmatische Betreuung „vor Ort", Instruktoren mit „globalem" Denken und lokaler Handlungsorientierung. Nur durch eine Verbreiterung der Basis an dezentralen Wissensvermittlern wird es gelingen, große Mengen neuen Wissens bei knappen Ressourcen und in kurzer Zeit in der Organisation umzuwälzen. Multiplikatorenkonzepte sind beispielhaft in dem Beitrag von Klaus Beutel in diesem Buch beschrieben. Ich selbst werde mich in meinen Ausführungen auf erste Gedanken und Erfahrungen zu Coaching und Mentoring konzentrieren. Abbildung 8, Seite 218, gibt einen Gesamtüberblick über helfende Beziehungen innerhalb einer Personalentwicklungskonzeption, und in Abbildung 9, Seite 218, werden diese in drei strategische Kernorientierungen der Personalentwicklung integriert.

4. Coaching und Mentoring im Rahmen der Personalentwicklung

Helfende Beziehungen sind keine Allzweckwaffen und auch keine Wundermittel. Nicht unter Anwendung des Gießkannenprinzips, sondern mit dem Fokus auf kritische Situationen bzw. kritische Phasen entfalten sie ihre Lern- und Entwicklungsdynamik.

Kritische Situationen, die tendenziell *Coaching* erfordern, sind beispielsweise

– Vorbereitung auf eine erste Führungsaufgabe,
– Vorbereitung auf eine neue (Führungs-)Aufgabe,
– Auslandseinsatz,
– Bewältigung herausfordernder, innovativer Projekte,
– Self-Assessment in Zusammenhang mit kritischen Situationen.

Diese kritischen Situationen sind quasi wichtige Etappen *innerhalb* bestimmter Berufs- bzw. Lebensphasen („Development within Stages"). Im Unterschied dazu gibt es *kritische Phasen*, die tendenziell Mentoring erfordern („Transition between Stages"), insbesondere Phasen des beruflichen Übergangs, wie zum Beispiel

– Berufsbeginn,
– Expansion bzw. Stagnation als Manager,
– Outplacement,
– Vorbereitung auf den Ruhestand,

sowie Übergangskrisen, die häufig mit neuen Lebensphasen verknüpft sind, wie zum Beispiel

– Balance von Beruf und Privatleben,
– Bewältigung gesundheitlicher Probleme,
– Sinnkrise in der Lebensmitte,
– Kulturschock als neuer Mitarbeiter.

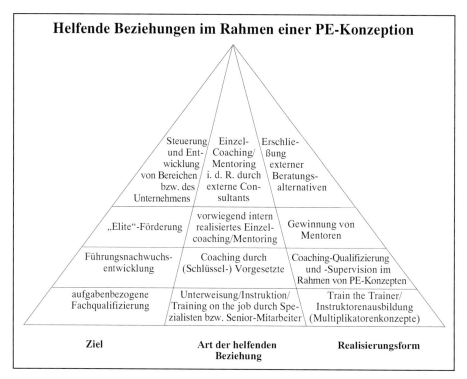

Abbildung 8

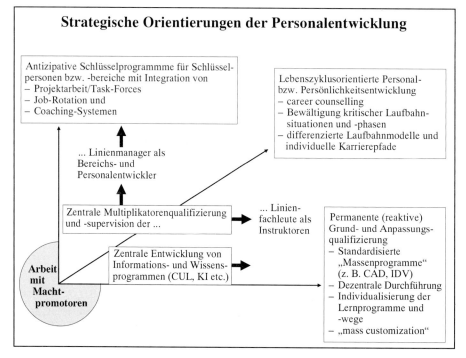

Abbildung 9

Beispielsweise beinhaltet die Betreuung eines neu eingetretenen Mitarbeiters

- *Coaching*, bezogen auf seine fachliche Einarbeitung, seine Orientierung im Arbeitsumfeld und in der Organisation, seine Integration in den Kollegenkreis und den „Fit" zwischen Stelle bzw. Aufgabe und Mitarbeiter.
- Längerfristig gesehen ist aber das *Mentoring* für den neuen Mitarbeiter, bezogen auf seine Identifikation mit Firma und Produkt, die Erhaltung des Innovationspotentials des „Neuen" und die Vermittlung von Werten und Kultur durch reflektiertes Lernen am Modell, die tragendere Aufgabe.

Coaching und Mentoring im Rahmen der Personalentwicklung werden im folgenden detaillierter dargestellt.

4.1 Coaching am Beispiel eines Nachwuchsentwicklungsprogrammes

Der Coaching-Gedanke wird anhand des Beispiels eines Nachwuchsentwicklungsprogrammes (NEP) in einem Luft- und Raumfahrtunternehmen konkretisiert (vgl. dazu Bauer/Kemm/Voigt 1989, S. 115 ff.).

Die Vorgehensweise zur Schaffung der organisatorischen *Voraussetzungen* war folgende: Ein „förderungsfreudiger" Hauptabteilungsleiter mit Nachwuchsbedarf wählt aus seiner Hauptabteilung drei bis fünf Nachwuchskräfte mit Potential für eine erste Führungsaufgabe aus. Hinzu kommt einer seiner *Abteilungsleiter als „Coach"*, der für die Betreuung dieser Teilnehmer während der Programmlaufzeit zur Verfügung steht. Coach und Teilnehmer bilden die „Lernpartnerschaft", die sich zum überwiegenden Teil mit praktischer Projektarbeit auseinandersetzt. Fünf bis sechs solcher „Organisationszellen" beziehungsweise „Lernpartnerschaften" werden zu einem NEP zusammengefaßt.

Das gesamte Förderungsprogramm mit seinem Herzstück, der Lernpartnerschaft, hat Höhen und Tiefen erlebt. Die Problemfelder seien hier stichwortartig skizziert.

Coachauswahl:
Werden Führungskräfte auf dem „Abstellgleis" oder erfahrene Seniormanager als Coach ausgewählt?
Innere Einstellung:
Ist Coaching lästige Zusatzaufgabe oder Commitment für die Führungskraft?
Wertschätzung durch das obere und oberste Management:
Gibt es Lippenbekenntnisse oder reale Unterstützung für den Coachinggedanken?
Coach-Potential:
Gibt es ein Anforderungsprofil, oder erfolgt die Einschätzung von Potential nach „Nase"?
Coach-Qualifizierung:
Wird die Qualifizierung vergessen bzw. als vorhanden vorausgesetzt, oder erfolgt systematische Qualifizierung bzw. Supervision?
Zeitaufwand:
Wird Coaching mit links gemacht oder als echte Zeit- und Zukunftsinvestition gesehen?
Vernetztheit:
Ist Coaching isolierte Insellösung oder durchgängiger Bestandteil von Personalentwicklungskonzeptionen?

Mit diesen Problemen hatten und haben die Verantwortlichen bzw. Träger des Programmes zu kämpfen. Denn aus jeder innovativen Problemlösung erwachsen neue Herausforderungen. Doch auch hier sind verhaltensunterstützende und das Programmdesign stabilisierende Ansätze denkbar (vgl. dazu Sattelberger 1989b, S. 155 ff.). Zum Beispiel kann die Coachingtätigkeit oder die Förderung von Coaching im eigenen Verantwortungsbereich als Teil längerfristiger Personalentwicklung betrachtet bzw. mit Auswahl-, Belohnungs- und Förderungssystemen verknüpft werden. Dies kann zum Beispiel bedeuten,

- die Vorgesetzten zu fördern, die gute Coaches sind bzw. solche entwickelt haben. In entwicklungsorientierten Organisationen wie IBM und AT & T werden beispielsweise Manager erst

dann bei Beförderungen berücksichtigt, wenn sie einen oder mehrere Mitarbeiter auch auf Beförderungen vorbereitet haben. Bei Sears, Roebuck bekommen die als exzellente Mitarbeiterentwickler bekannten Manager die vielversprechenden Nachwuchstalente zu beidseitigem Nutzen;
– das Kriterium „Entwicklung von Mitarbeitern" in ein Beurteilungssystem für Führungskräfte zu integrieren und solche bzw. ähnliche Führungsarbeit (wie fachliche Multiplikatorenarbeit, Instruktorentätigkeit, Trainieren) in der Führungskräfteplanung besonders zu berücksichtigen und zu „belohnen".

Auch im eher operativen Programmdesign sind unterstützende Elemente denkbar, beispielsweise dadurch, daß Coaching quasi als „Korridorthema" in der gesamten Führungskräftefortbildung und -entwicklung über alle Hierarchieebenen hinweg nicht nur als Schlüsselqualifikation trainiert wird, sondern auch praktiziert wird, indem beispielsweise die Teilnehmer des Förderprogramms für potentielle leitende Führungskräfte im Rahmen ihres persönlichen Führungsprojektes Coachfunktion in einer Lernpartnerschaft des NEP haben.

Denkbar ist beispielsweise auch, daß die einzelnen Hauptabteilungen ihre Coaches untereinander austauschen und ein „kulturfremder" Coach die jeweilige Lernpartnerschaft betreut.

4.2 Mentoring

Mentoring als Hilfestellung bei der Frage „Warum" ist viel stärker als „Performance Coaching" auf eine persönliche Vertrauensbasis und ein emotional freundschaftliches Verhältnis gegründet. In den sieben Rollen eines Mentors, die Schein (1978) beschreibt, kommt die Vertrautheit und Intimität einer Mentorenbeziehung zum Ausdruck:

– Der Mentor als Lehrer, Ratgeber oder Trainer: *„Er lehrte mich vieles."*
– Der Mentor als positives Rollenmodell: *„Ich lernte vieles durch Beobachtung, Akzeptanz und Bestätigung."*
– Der Mentor als Talentförderer: *„Er forderte mich an meine Grenzen."*
– Der Mentor als Türöffner: *„Er hat mir Chancen und Zutritt verschafft."*
– Der Mentor als Beschützer: *„Er hat seine Hand über mich gehalten."*
– Der Mentor als Sponsor: *„Er hat mir eine gute Presse und Öffentlichkeit verschafft."*
– Der Mentor als erfolgreicher Führer: *„Sein Erfolg war auch mein Erfolg."*

Während Coaching zu den natürlichen Führungsaufgaben bzw. Pflichten eines Vorgesetzten gehört, beruht das Mentorentum in hohem Maße auf Freiwilligkeit und wird nicht selten mit Begriffen wie Vater-Sohn-Beziehung, liebevolle Fürsorglichkeit, Altruismus bzw. beiderseitige Erfüllung assoziiert. Konsequenterweise sind Prozesse der Auflösung bzw. Trennung einer solchen Beziehung nicht notwendigerweise, aber häufig mit persönlicher Betroffenheit, Bitterkeit, Schmerz, Empfinden von Undankbarkeit und mit Gefühlen des persönlichen Abschiednehmens verbunden.

Idealtypischerweise verläuft eine Mentorenbeziehung in vier Phasen (vgl. Kerr/Jackofsky 1989, S. 158)

Phase 1: Initiationsphase
– Kennenlernen
– Verfestigen der Beziehung
– Rollenklärung und -definition

Phase 2: Entwicklungsphase
– Verbreiterung der Entwicklungsaktivitäten (coaching, counselling, sponsoring)
– Ermöglichen von Sichtbarkeit
– Korrektur von Fehlern vor Bekanntwerden
– Protegé gewinnt Selbstvertrauen und gleichzeitig Vertrauen in die Sicherheit der Mentorenbeziehung

Phase 3: Loslösungsphase
– physischer Bruch (zum Beispiel Versetzung des Mentors oder des Protegés)
– und/oder psychologischer Bruch (Unterstützung wird von Mentor oder Protegé nicht mehr für nötig empfunden)

Mitarbeiter am Beginn beruflicher Entwicklung		Mitarbeiter in der Mitte beruflicher Entwicklung	
Ressourcen	Bedürfnisse	Ressourcen	Bedürfnisse
State-of-the-art-Fachwissen			Anschluß an neuestes Fachwissen halten
Energie, Enthusiasmus, Motivation			Erhaltung von Energie, Enthusiasmus und Motivation
Frischer Ausblick, Offenheit für neue Ideen, Bedürfnisse nach Innovation			Vermeidung der Tendenz, Widerstand gegenüber Veränderung zu leisten
Optimismus	Naivität überwinden	Realismus	Vermeidung von Zynismus
	Unterstützung erhalten, sich zu plazieren und zu etablieren	Jüngeren Menschen bei ihrer Entwicklung helfen	
	Status und Macht erwerben	Status und Macht zur Innovation	
	Politische Fähigkeiten erlernen und entwickeln	Erfahrung und Fähigkeiten in Organisationspolitik	
	Lernen, neue Ideen zu „verkaufen"	Fähigkeit, Ideen zu „verkaufen"	
	Geduld beim Verändern erlernen	Reife und Geduld	

Abbildung 10

Phase 4: Redefinitionsphase
– Suche eines neuen Mentors
– Suche eines neuen Protegés
– Protegé wird selbst Mentor

Mentorentum für die Förderung individueller Entwicklung kann nicht verordnet werden, aber es können Foren der Begegnung zwischen Mächtigen in der Organisation und Aufstrebenden in der Organisation geschaffen werden, in denen erste Kontakte bzw. Bande geknüpft werden, die zu einer echten Mentorenbeziehung auswachsen können. Generell gesehen sind Mentorenbeziehungen häufig „Senior-Junior"-Beziehungen, die auf der wechselseitigen Komplementarität von individuellen Ressourcen und Bedürfnissen beruhen.

Abbildung 10 stellt die Ressourcen bzw. Bedürfnisse von Mitarbeitern am Beginn ihrer beruflichen Entwicklung denen von Mitarbeitern in der Mitte der beruflichen Entwicklung gegenüber (vgl. Hall 1986a, S. 371 f.). In dieser Gegenüberstellung wird die Komplementarität dieser Beziehung sichtbar, gleichzeitig aber auch die Chancen und Potentiale, die aus der Beziehung von Senioren mit Junioren erwachsen können. Mentoring zu fördern, heißt: das Zusammenkommen von Menschen in den frühen Entwicklungsjahren mit Menschen in der Karrieremitte bzw. Karrierereifung zu fördern.

5. Auf dem Weg zu einer neuen Qualität der Persönlichkeitsentwicklung

Lernen hat seinen Fokus in der Regel entweder an der Aufgabe oder aber an der Persönlichkeit des Lernenden und vollzieht sich in Zeithorizonten unterschiedlicher Fristigkeit (vgl. Hall 1986b, S. 235 ff.):

– Aufgabenbezogenes Lernen unter kurzfristigen Zeitspannen hat meistens die Verbesserung arbeits- und leistungsbezogener Kenntnisse, Fähigkeiten und Fertigkeiten zum Ziel („performance").
– Aufgabenbezogenes Lernen unter einem langfristigen Zeithorizont zielt auf die Verbesserung der Anpassungs- und Veränderungsfähigkeit des Individiums ab („adaptability").
– Persönlichkeitslernen unter Kurzfristaspekten sucht die Lösung von „Issues" der Einstellung zu Karriere und Privatleben („attitudes").
– Langfristig angelegtes Persönlichkeitslernen trägt zur Entwicklung (Vertiefung und Erweiterung) der Selbstidentität bei („identity").

Abbildung 11, Seite 222–223, verknüpft diese Lernfelder für Führungskräfte auf den Gebieten perfomance, adaptability, attitudes und identity mit den dazugehörigen Lernwegen und den entsprechenden Formen helfender Beziehung (in Anlehnung an Hall 1986b, S. 235 ff.).

Im Kontext dieser Verknüpfung sind fünf Aspekte von besonderer Bedeutung:

Kreative Vielfalt an Lernwegen

Ausgehend von den unterschiedlichen Zielsetzungen der Personalentwicklung und den damit unterschiedlichen Lernfeldern für Manager eröffnet sich eine kreative Vielfalt an Lernwegen. Für etliche dieser Lernwege benötigen Führungskräfte helfende Unterstützung eher in Form von Initialzündungen.

*Entwicklung von „Personal"
versus „Persönlichkeit"*

Andererseits wird deutlich, daß viele Personalentwicklungsfunktionen ihrem Namen alle Ehre machen, indem sie nur zur Entwicklung von „Perso-

Lernfelder für Führungskräfte

	Aufgaben-Lernen	Persönlichkeits-Lernen
kurzfristig	**Performance** Erwerb von Karriere-Routine (Reduzierung von Überraschungen)	**Attitudes** Exploration und Reflexion der Lebens- und Berufseinstellung (Prüfung des Person/Karriere-Fits)
langfristig	**Adaptability** Zerstörung alter Routinen durch Diversifizierung der Karriereaktivitäten (Erschließung fremder, neuartiger Erfahrungsfelder)	**Identity** Entwicklung vom „organization man" zum selbstgesteuerten und -bewußten „organization leader" (Kongruenz der Selbstwahrnehmung seiner Selbst über die Zeit hinweg)

Abbildung 11a

Lernwege

• Training „on the job" • reaktive Anpassungsqualifizierung – Fachwissen – Anwendungsmethodik • General Management-Programme	• Self-Assessment-Center • Karriereberatungs- bzw. Life-Styling Workshop • Individuelles career counselling • persönliche Entwicklungsprojekte (developmental experiences)
• Job-Rotation • Sonderaufgaben • Task-Force-Aufträge • Job-Redesign • Outplacement	• Selbstbeobachtung/-Reflexion • „Natürliche" Therapie (in kritischen Phasen der Organisationsentwicklung) • Neutrale und unternehmensexterne Netzwerke • Therapie

Abbildung 11b

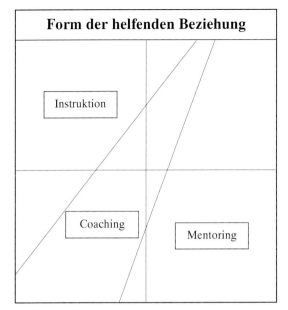

Abbildung 11c

nal", nicht aber zur Entwicklung von „Persönlichkeiten" beitragen. Sie konzentrieren sich einseitig auf aufgabenbezogenes Lernen mit dem Ziel der Verbesserung von „performance" und „adaptability", lassen die restlichen Felder verwaisen bzw. überlassen sie dem externen „Coaching-Markt".

Externes Coaching ist etwas anderes als Coaching

Es wird sichtbar, daß sich hinter dem, was landläufig als „Coaching" vermarktet wird, nicht aufgabenbezogene Hilfe, sondern persönlichkeitsorientierte Beratung verbirgt. Externes „Coaching" (im Sinne der populären Begriffsverwendung) wird durch das Vier-Felder-Modell des Lernens begrifflich eingegrenzt, erhält ein sauber definiertes Anwendungsfeld und verliert seinen mystisch-diffusen Bedeutungsgehalt. Eigentlich ist Coaching in obigem Sinne nicht mehr und nicht weniger, als daß eine wichtige Einzelperson im Unternehmen, die für sich (aus ihrer hierarchischen Position heraus) keine organisationsinterne Chance des Lernens und der Persönlichkeitsentwicklung sieht, in eigener und freiwilliger Entscheidung mit einem „Counselor" an der eigenen, persönlichen und beruflichen Entwicklung arbeitet.

Für eine neue Qualität des strategischen Aktionsfeldes „Executive Learning"

Persönlichkeitsentwicklung für obere und oberste Manager aber nur auf diese Form der Hilfe zu beschränken, würde die Personalentwicklung eines strategischen Aktionsfeldes berauben. Es ist an der Zeit, dem „Executive Learning" eine neue Qualität zu geben und dabei „Coaching" als einen Lernweg unter etlichen zu integrieren. Wenn helfende Unterstützung sinnvoll und nötig ist, dann muß nicht gleich der externe „Coach" eingekauft werden.

Die Vielfalt der möglichen Lernwege sollte eine Organisation dazu anregen, möglichst viele davon in eigener Regie kompetent und verantwortlich wahrzunehmen. Beispiele dafür sind:

– Personalleiter als Karriereberater
– internes Coaching bei Job-Rotationen und in Förderprogrammen
– Workshops zur Laufbahnanalyse
– Erarbeitung methodischen Handwerkszeuges für Führungskräfte zum selbstgesteuerten Assessment
– Integration von Outdoor-Erfahrungen in Förderprogramme

Lebenszyklusorientierte Persönlichkeitsentwicklung als ganzheitliches Konzept

Eine lebenszyklusorientierte Persönlichkeitsentwicklung umfaßt einen gesamten Zeitraum ausgehend vom Eintritt in die Organisation bis zum Austritt aus der Organisation. Abbildung 12, Seite 224, nennt das gesamte Spektrum gravierender personaler Veränderungen und verknüpft diese mit Themen möglicher Entwicklungs- und Beratungsmaß- nahmen Ein amerikanisches Forschungsteam (McCall/Lombardo/Morrison 1988, S. 61, S. 117) hat in diesem Kontext zwei Untersuchungsrichtungen verfolgt. Einerseits wurden Schlüsselerlebnisse von Führungskräften in der konkreten Arbeitssituation und mit Vorgesetzten

Gravierende personale Veränderung	Thema der Personalentwicklungs- bzw. Beratungsmaßnahmen
Auswahl eines neuen Mitarbeiters bzw. eines neuen Unternehmens	– Abgleich der Bedürfnisse und Werte der Organisation mit denen des möglichen neuen Mitarbeiters – Eignung bzw. individuelle Bedürfnisse versus Anforderungen
Eintritt als neuer Mitarbeiter	– soziale Integration in das Unternehmen – Sozialisationshilfe, „Kulturschock"-Bewältigung, Klärung eines sinnvollen Leistungsbeitrages
Versetzung (neue Abteilung, Funktion, Werk, Auslandseinsatz)	– Hilfe beim Wechsel in ein neues soziales Gefüge – Neuorientierung des Lebensraumes
Hierarchische Weiterentwicklung Beförderung	– Bedeutung von Karriere und Aufstieg – spezifische Führungsfähigkeiten – Potentialeinschätzung bzw. -beurteilung – Wachstum und Entwicklung in höherer Verantwortung
In der Mitte des (Berufs-)Lebens	– Standortbestimmung, Identifizierung der Karrriereanker – Bewältigung von Entwicklungsplateaus – Umgang mit dem Älterwerden und berufliche Neuorientierung (Life-Styling) – Career-planning
Ausscheiden eines Mitarbeiters (während seiner beruflichen Entwicklung)	– „Dehiring"-Hilfe – Outplacement-Programme
Vorbereitung auf und Ausscheiden in den Ruhestand	– Loslassen können, Stigma des Alters bewältigen – neuer Lebensabschnitt, Zukunftssicherung – Übernahme einer sinnvollen Beratungs- bzw. Mentorenrolle

Abbildung 12

auf ihr Lernpotential für den jeweiligen Manager hin analysiert und mit einzelnen Dimensionen von Arbeitssituationen in Verbindung gebracht. Andererseits wurden Bedrängnisse und persönliche Mühsale in ihren Auswirkungen auf die individuelle Entwicklung untersucht (Abbildung 13).

Die Ergebnisse der Studie untermauern die Bedeutung kritischer (Übergangs-)Phasen und -situationen (Lernen in der Krise) für die individuelle Entwicklung, wobei die Lernkonsequenzen von „Developmental Assignments" eher in Richtung aufgabenbezogenes Lernen und die des „Hardship" explizit in Richtung des Persönlichkeitslernens weisen.

6. Zusammenfassung

Führung beinhaltet immer das Management menschlicher Ressourcen, und dies heißt Potentiale erkennen, entwickeln und diese Entwicklung begleiten, überprüfen und gestalten. Mitarbeiterentwicklung ist eine nicht delegierbare Kernaufgabe des Managers, die in und mit der Arbeitsorganisation bewältigt werden muß, wenn sie gezielt, systematisch und praxisbezogen sowie mittel- bis langfristig bedarfsgerecht und damit strategisch effektiv sein soll. Die (Weiter-)Entwicklung der eigenen Persönlichkeit – unabhängig ob als Führender oder Geführter – liegt in der Verantwortung des Individuums selbst. Hier ist eine Organisation gefordert, Persönlichkeitslernen durch das Anbieten, Erschließen oder Zulassen neuer kreativer Lernwege in der Eigenverant-

Developmental Assignments	Learning Thrusts
Early Work Experience	– Transition to work – People at work – Insight into self
First Supervisory Experience	– Management ist different from technical work
Project/Task-Force	– Giving up technical mastery – Understanding other people's points of view
Line-to-Staff Switches	– Coping with an ambiguous situation – Understanding corporate strategies and culture
Starting Something from Scratch	– Identifying what's important – Building a team – Surviving tough situations – How leadership matters
Fix-It/Turnaround Jobs	– Being tough and persuasive – Being tough and instrumental
Leaps in Scope	– Relying on other people – Thinking like an executive
Hardship	Learning Thrusts
Personal Traumas	– Sensitivity to others – Coping with events beyond one's control – Recognition of personal limits/the balance between life and work
Demotions/Missed Promotions/Lousy Jobs	– Personal limits – Organizational politics and coping strategies – What job managers like and dislike
Breaking a Career Rut	– Taking charge of your career
Business Failures and Mistakes	– Handling relationships – Coping with situations beyond your control – Personal limits
Subordinate Performance Problems	– Confront and act on people problems – Pathos of the human condition

Abbildung 13

wortung und Selbstregie des Individuums zu fördern.

Diese Betrachtung schließt die Mitarbeit interner oder externer Fachleute bei Teilen des Entwicklungsprozesses keinesfalls aus. Sie schließt aber aus, daß Mitarbeiter, Nachwuchskräfte oder Führungskräfte einer internen Personalentwicklungsfunktion oder einer externen Beratungsgesellschaft überstellt werden, daß also Prozesse des „Lernens über Führung" bzw. des „Lernens über die eigene Person" an interne oder externe Berater und Trainer delegiert werden und anschließend die entwickelten und trainierten Menschen wieder in Empfang genommen werden können nach dem Motto: Die verlorene Arbeitszeit war ja Investition genug.

Die Reintegration des Lernens in die Linie, das Verstehen von Lernen als Teil des Arbeitsprozesses und von Lehren als Teil des Führens ist nicht nur ein Beitrag für den lernenden „Endabnehmer", sondern auch Beitrag zur Personalentwicklung des Multiplikators und in einem weitgefaßten Sinne der Beitrag zu einer „Learning-Organization", in der Lernen institutionalisierter und natürlicher Bestandteil ist.

Eine so verstandene Auffassung von helfender Beziehung ist etwas grundsätzlich anderes als „Psycho-Voodoo am lebenden Objekt" (Stiefel 1989, S. 23) bzw. etwas anderes als das vermarktete Nachbeben der New-Age-Ära in der Personalentwicklungsszene.

Es ist eine Renaissance klassischer, vorbildorientierter Führungsrollen

– des Meisters gegenüber dem Lehrling (Instruction),
– des Meisters gegenüber dem Gesellen (Coaching),
– des Altmeisters gegenüber dem Jungmeister (Mentoring).

Literatur

BAUER, B., KEMM, R., VOIGT, B., Experimente mit einer alternativen Lernorganisation, in: Sattelberger, Th. (Hrsg.), Innovative Personalentwicklung. Grundlagen, Konzepte, Erfahrungen, Wiesbaden 1989.

DALTON, G. W., THOMPSON, P. H., PRICE, R. L., The Four Stages of Professional Career: A New Look at Performance by Professionals, in: Jelinek, M. (Hrsg.), Career Management for the Individual and the Organization, Chicago (St. Clair), 1979.

HALL, D. T. (1986a), Human Resource Management, Scott, Foresman Series in Organizational Behavior and Human Resources, 1986

HALL, D. T., Dilemmas in Linking Succession Planning to Individual Executive Learning, in: Human Resource Management, Sommer 1986, Vol. 25, Nr. 2.

HARRISON, R., Führungsphilosophie und Unternehmenscharakter, in: Harvard Manager IV, 1982.

HIRTH, R., SATTELBERGER, TH., STIEFEL, R.TH., Lifestyling. Das Leben neu gewinnen, Landsberg am Lech, 1981.

KERR, J. L., JACKOFSKY, E. F., Aligning Managers with Strategies: Management Development versus Selection, in: Strategic Management Journal, Vol. 10, 1989.

KLEIN, R., KÖRZEL, R., Sozialpolitische Antworten selbstorganisierter Jugendlicher auf die Lehrlingsfragen zu Beginn des 20. Jahrhunderts, in: Zeitschrift für Berufs- und Wirtschaftspädagogik, 86. Band, Heft 7, 1990.

McCALL, M. W., LOMBARDO, M. M., MORRISON, A. M., The Lessons of Experience. How Successful Executives Develop on the Job, Lexington 1988, zitiert nach: Stiefel, R. Th. in: Management Andragogik und Organisationsentwicklung (MAO) 4, 1989, S. 19 f.

MEGGINSON, D., Instructor, Coach, Mentor. Three Ways of Helping for Managers, in: Management Education and Development, Vol. 19, Part 1, 1988.

PEDLER, M., BOYDELL, T., BURGOYNE, J., Towards the Learning Company, in: Management Education and Development, Vol. 20, Part 1, 1989.

SATTELBERGER, TH., Personalentwicklung als strategischer Erfolgsfaktor, in: Sattelberger, Th. (Hrsg.), Innovative Personalentwicklung. Grundlagen, Konzepte, Erfahrungen, Wiesbaden 1989a.

SATTELBERGER, TH.. Gedankenskizze zur Nachwuchsermittlung, Projektarbeit und Coaching, in: dito, 1989b.

SATTELBERGER, TH., Lebenszyklusorientierte Personalentwicklung, in: dito, 1989c.

SATTELBERGER, TH., Coaching: die verflixte Abhängigkeit von Fremden oder ... Ein Weg zur lernenden Organisation, in: Gablers Magazin 5, 1990a.

SATTELBERGER, TH., Coaching: Alter Wein in neuen Schläuchen. Oder: Renaissance helfender Beziehungen in einer lernenden Organisation, in: Personalführung 6, 1990b.

SCHEIN, E. H., Wie vollziehen sich Veränderungen? in: Bennis, W. G., Benne, K. D., Chin, R., Änderung des Sozialverhaltens, Stuttgart 1975.

SCHEIN, E., Career Dynamics, Matching Individual and Organizational Needs, Reading/Massachusetts 1978.

SCHWITZGEBEL, R. K., KOLB, D. A., Systematische Verhaltensänderung. Theorie, Prinzipien und Methoden, Stuttgart 1978.

STIEFEL, R. TH. UND PARTNER, Strategieumsetzendes Lernen im Management, St. Gallen 1989.

Zwölftes Kapitel

Von der Herausforderung, das Verlernen und Umlernen zu organisieren

Hans Peter Fischer

1. Knoten knüpfen, Knoten lösen

„Organisationen halten Leute beschäftigt, unterhalten sie bisweilen, vermitteln ihnen eine Vielfalt von Erfahrungen, halten sie von den Straßen fern, liefern Vorwände fürs Geschichtenerzählen und ermöglichen Sozialisation. Sonst haben sie nichts zu bieten."

Aussagen wie diese von Karl E. Weick wirken auf mich wie Stolpersteine. Sie behindern den Gedankenfluß, der lieber, die alltägliche Geschäftigkeit fortschreibend, sich eigentlich der monatlichen Projektstandsbetrachtung zuwenden wollte.

Was läßt meine Gedanken hängenbleiben? Was lösen diese Sätze in mir aus? Vergesse ich zu häufig beim alltäglichen Agieren, was ich denke zu wissen? Selten haben Aussagen eines Organisationstheoretikers mich so mit den Begrenztheiten des Alltags in einer Großorganisation konfrontiert und eine andere Bewußtheit angestoßen.

Von Zeit zu Zeit kehre ich immer wieder zu seinem „Der Prozeß des Organisierens" zurück. Er hilft mir bei dem Versuch, Muster des Erlebten zu entschlüsseln. Es ist, als wenn Alltagshandeln erst Rohmaterialien produzieren muß, um einen Prozeß des Nach-Denkens zu ermöglichen. Erst im Nach-Denken des Geschehens kann dieses häufig mit Sinn belegt werden. Vor-Denken schafft eher lähmende Mehrdeutigkeiten. Alltagshandeln erfährt dadurch auch für mich als Prozeßbegleiter in Veränderungsprojekten Sinngebung erst und in der Regel retrospektiv. Diese retrospektive Sinngebung erlebe ich als Festhalten einer gemachten Erfahrung und damit als Anreicherung von Wissen. Knoten knüpfen wird dadurch zum Lernweg.

Knoten lösen andererseits wird zunehmender zur größeren Herausforderung; einer Herausforderung, die institutionelles oder individuelles Verlernen als Akt des bewußten Vergessens begreift. Dafür sind verschiedene Gestaltungsformen noch zu suchen und zu erproben.

Erste Erfahrungen damit liegen aus unseren internen Projektarbeiten schon vor. Sie werden sich noch verstärken durch sich wandelnde Arbeitsschwerpunkte. Überraschend war für uns doch, daß sich einige Schwierigkeiten bei Projektverläufen als „Streben nach Bewahrung früherer Weisheiten" erklären ließen. Dies galt sowohl für Einzelpersonen als auch für ganze Abteilungen. Uns wurde dabei wieder bewußt, eine Abteilung definiert sich auch über ihre Mitglieder. Diese haben im Laufe ihrer Verweilzeit auch die Geschichte dieses Bereiches mitgeprägt. Sie haben sich durch das, was sie getan und nicht getan haben, wiederholt für diese Geschichte entschieden.

Zwei Muster sind dabei häufig beobachtbar. Die einen fühlen sich schicksalhaft durch ihre Umwelt kontrolliert, die anderen sind getragen von der Aussicht, daß Handeln möglich ist und es für den Handelnden einen Unterschied macht, welche Handlungslinie er einschlägt. Wir waren damit bei einer von uns bis dahin zu wenig beachteten Größe bei Veränderungsprozessen angelangt, dem „Organisationsgedächtnis".

Verlernen wurde dadurch für mich zunehmend zu einer Trauerarbeit über und für eine verschenkte, weil vergangene Lebensphase der Organisationsmitglieder. Bestandteil ist dabei immer auch ein Akt der Desillusionierung.

Kurt Weick beschreibt dies so: „Wenn wir behaupten, daß Organisationen ihr früheres Wissen teilweise in Frage stellen müssen, meinen wir auch, daß eine Organisationen die Dinge, die sie bezweifelt, als gesichert behandeln sollte. Zu zweifeln heißt, eindeutige Informationen in Frage zu stellen; entschieden zu handeln heißt, mehrdeutige Informationen in Frage zu stellen. Wenn die Dinge klar sind, sollten Sie zweifeln, wenn Zweifel vorliegt, sollten Sie die Dinge behandeln, als ob sie klar wären."

2. Das Erfahrungsfeld und seine Rahmenbedingungen

Seit zehn Jahren leite ich das Betriebliche Bildungswesen in einem Werk der Automobilindustrie mit ca. 9 200 Beschäftigten. Nach mehreren relativ stabilen Jahren bewegten sich plötzlich zur gleichen Zeit viele Dinge, die unsere Situation als Werksbildungswesen stark beeinflußten:

- Wegen des neuen Pkw-Werkes in Rastatt, für das wir ausbilden, kam es zu einer Personalerweiterung, die fast zur Hälfte neue Ausbilder in den Bereich Technische Berufsausbildung brachte.
- Mehrere Ausbilder mit einer über 30jährigen Tätigkeit gingen in den letzten zwei bis drei Jahren in den Ruhestand.
- Ein Generationswechsel in der Meisterebene und der Abteilungsleiterebene des Werkes brachte eine Fülle von Personen in Führungsverantwortung, die während der letzten Jahre ein besonderes Personalentwicklungsprogramm, das „Projekt Förderkreise", zu durchlaufen hatten.
- Nach über einem Jahrzehnt mit den gleichen Werksleitern gab es innerhalb einer kurzen Zeitspanne eine Umstellung auf drei neue Personen.
- Die Aktion „Optimierung der Gemeinkosten" veränderte viele Bereiche in ihrer Einstellung zu den eigenen Aufgaben und zur Firma.
- Die Geschäftsbereichsgliederung und ein neuer von außen kommender Vorstand mit Zuständigkeit für unser Werk führten zu veränderten Wichtigkeiten bei der Wahrnehmung der Alltagsaufgaben.
- Daneben sah ich erstmals mit dieser Deutlichkeit das Werk – ein überwiegendes Aggregatewerk – neuen unternehmerischen Vorstellungen ausgesetzt. Zur Überprüfung der Fertigungstiefe wurden einzelne Aggregate direkt mit Wettbewerbern verglichen und wegen ihrer Kostenstruktur in Frage gestellt.

Dies alles hatte sich in den letzten zwei, drei Jahren zu einer neuen Situation des Werkes und damit auch meines Bereiches verbunden. Nicht alle diese Trends in ihrer gegenseitigen Bedingtheit hatten wir in ihrer Tragweite erkannt und bei unserer Leistungserbringung berücksichtigt.

Wir haben jetzt im Bereich der Erwachsenenbildung ein Jahr hinter uns mit einer konsequenten Neuordnung aller Aktivitäten nach Projekten zur Unterstützung der Werksentwicklung. Das Verständnis, unsere Arbeit nach den zu erzielenden Wirkungen zu ordnen, bündelte einerseits die Aktivitäten und brachte andererseits erhebliche Veränderungen in der Abwicklung des Alltags. Wir befinden uns erst am Anfang dieser Arbeitsweise. Als Ergebnis der Diskussion im Kreis der Führungskräfte des Bildungswesens kristallisierten sich drei Handlungsfelder von Führung für die nächste, nun anstehende strategische Periode von fünf Jahren heraus. Unsere Leitlinie ist dabei:

„Erreichen einer unverwechselbaren Bereichskultur mit einer die strategische Entwicklung des Werkes unterstützenden Dienstleistungspalette."

Diese Leitlinie wird umgesetzt durch drei Handlungsfelder von Führung im Bildungswesen:

- Gestalten von Gegenwart und Zukunft des Bereichs durch kontinuierliche Dienstleistungsentwicklung und fließende Aufgabenzuordnungen;
- Steuern und Regeln des Alltags durch weitgehende Selbstorganisation in Leistungszentren mit minimalem Koordinationsaufwand und flexiblerem Ressourcen-Steuerungsmanagement;
- Entwickeln der eigenen Mitarbeiter für diese strategische Ausrichtung.

Eine neu geordnete Dienstleistungspalette von zwölf unterschiedlichen Produktlinien definiert unser Dienstleistungsspektrum.

Diese kurze Skizze unseres Erfahrungsfeldes zeigt derzeit ein hohes Ausmaß von Situationen im Fluß. Die folgenden Instrumente und Lerndesigns sind vor diesem Hintergrund zu sehen.

3. Der Stand der Erfahrungen

Vor fünf Jahren hatten wir uns im Führungskreis zu einer Supervision unserer Führungsarbeit entschlossen. Es war damals kein klassisches Bereichsentwicklungsprogramm, das alle Mitarbeiter einbezieht. Wir hatten als Führungsmannschaft damals zwei große Themen:

- Wie ist die Reserviertheit vieler Ausbilder gegenüber den sich abzeichnenden neuzuordnenden Metall- und Elektroberufen und den damit verbundenen Veränderungen in aktives Angehen der Neuerungen zu wandeln?

– Welche Qualifikationen sind für die sich neu bildende Mannschaft der Fort- und Weiterbildner anzustreben?

Es ging uns in einer ersten naiven Problemdefinition eigentlich nur um das WIE. In einem Entwicklungsverbund zur Weiterentwicklung der Technischen Berufsausbildung mit insgesamt zehn Partnern hatten sich die daran Beteiligten auf eine gemeinsame Schwerpunktbildung, die allen etwas brachte, geeinigt. Dafür wurden auch Ausführungsformen erprobt und empfohlen. Die Empfehlungen lösten aber keine Neugier und schon gar keinen Jubel aus. Was war geschehen? Die Empfehlungen waren erprobt. Eine breitere Beteiligung bei Neuentwicklungen hatte es vorher nie in der Abteilung gegeben. Bisher hatten nur die Vorgesetzten eine Neuerung entwickelt und diese dann durchgesetzt. Gab es auf einmal ein Durchsetzungsproblem der Führungskräfte?

Wir haben uns ernsthaft damit auseinandergesetzt und exemplarisch die Art und Weise untersucht, wie wir Führungskräfte des Bildungsbereiches unter uns und mit anderen Meinungsbildung praktizierten und welche Gestaltungsformen wir dabei verwendeten. In dieser zweijährigen Supervision wurde uns einiges bewußt; wir verwendeten Sprachbilder, die Mehrdeutigkeiten erzeugten, wir hatten eine stark unterschiedliche Neigung und Kompetenz für Metakommunikation, und unsere Erklärungsmodelle von stattgefundenen Ereignissen unterschieden sich stark.

Nach wie vor erlebten wir Konfusität. Andererseits waren wir mit einem erweiterten oder auch vertieften Bewußtsein um das, was geschah, ausgestattet. Bei aller Erklärungskraft der verwendeten Bilder gab es endlos wieder Ja-aber-Argumentationen. Aus dieser Situation entstand der Gedanke: „Wir sind zu stark und zu schnell auf die Vermittlung des Neuen orientiert oder auch darauf fixiert." Das Neue wird zwar verstanden und auch als eine denkbare Form betrachtet. „Aber die Qualitäten des bisher Praktizierten wären doch erheblich größer anzusetzen." Warum sollte also vom Bewährten abgewichen werden? Es war dann schon so etwas wie eine Schlüsselerkenntnis, die sich daraus ergab.

Ein „Verlernen des Bewährten" schien erforderlich. Sonst gab es zuwenig Platz für Neues.

Und warum überhaupt das Neue? Ein Optimieren des Bewährten im Sinne einer qualitativen Verfeinerung oder einer störungsfreien Leistungserstellung wäre akzeptiert oder wurde als zweckmäßig erachtet. Aber ein Neupositionieren des Qualifizierungsschwerpunktes von der Projektausbildung in einer Ausbildungswerkstatt zu einer Ausbildung, die sich an den Realitäten eines berufsspezifischen Spektrums von Arbeitsplätzen orientiert und das Erleben dieser Plätze in den Mittelpunkt stellt, wurde als ein nicht mehr mitgetragener Schritt ins Nichtvertraute betrachtet.

Erst die Widerstandsargumentationen machten mir, dem Veränderer, eines deutlich: Ich stellte, ohne daß es mir bewußt war, die vergangenen 15 Jahre für viele meiner Mitarbeiter in Frage. Die für mich praxisnähere, im Modellversuch gefundene neue Form kehrte zu einer Orientierung der Berufsausbildung zurück, von der die meisten der Ausbilder und ihre Führungskräfte sich vor 15 Jahren gelöst und wegentwickelt hatten. Sie hatten die Zentralisierung des Lernorts in einer von ihnen verwalteten Lehrwerkstatt angestrebt und laufend Gründe dafür geschaffen, die auch zu einem eigenen Neubau geführt hatten. Nun wurde eine „Dezentralisierung des Lernens" für die Berufsausbildung als der realitätsnähere Weg propagiert und dies vordergründig „nur" als ein notwendiges Optimieren der Lernergiebigkeit von Ausbildungseinsätzen im Betrieb bezeichnet. Waren denn die letzten 15 Jahre umsonst? Und warum wurde dies nicht offen ausgesprochen?

Diese Fragen existierten einige Zeit als verdeckte Stimmung und waren nicht klar formulierbar. Wir hatten einen Themenkreis bei uns selbst entdeckt, den wir dann auch bei Bereichsentwicklungsprogrammen innerhalb unseres Werkes entdeckten, den Weick als die Wirkung der Retention („Wie kann ich wissen, was ich denke, wenn ich vergaß, was ich gesagt habe?") bezeichnet.

Mir als dem „Neuen", der aber schon fünf Jahre da war, hatte keiner erklärt, was eigentlich die grundlegende Umpositionierung Anfang der 70er Jahre gewesen war, die fast alle mitgemacht hatten. Es war auch sofort erkennbar, wer eigentlich aktiv bei dem Modellversuch die Experimente für den neuen Weg mitgetragen hatte. Es waren die Nichtbeteiligten an den großen Aktivitäten der 70er Jahre, die der Abteilung den Ruhm des projektorientierten Ausbildungskonzepts gebracht hatten.

Wir hatten es also mit dem „Phänomen des Vergessens früherer Weisheit" zu tun. Die Grundannahmen über die gewählte Gestaltung ihrer Alternativen wurden nicht bewußt und nicht vollständig auf die Nachfolger übertragen. Es war niemand mehr bewußt für welche Umweltkonstellation diese Form der Gestaltung, die Zentralisierung, als die richtige Form sich angeboten hatte. Durch die „neue Fabrik" mit ihren CNC-gesteuerten Maschinen, ihrer modularen Arbeitsorganisation in flexiblen Fertigungszentren existiert heute eine andere Arbeitswelt als vor 15 Jahren. Gleiches gilt für Bürotätigkeiten.

Dies erklärt über unser eigenes Beispiel hinaus viele Umorganisationen bei einem Wechsel von oberen Führungskräften. Einerseits bleiben Organisationen nur lebendig, wenn sie ein Gleichgewicht zwischen Stabilität und Flexibilität aufweisen. Andererseits überwiegen die verharrenden, den Status quo aufrechterhaltenden Kräfte in unserem Erfahrungsfeld. Bewegung entstand bisher weitgehend nur durch schnellen Wechsel (das heißt durch eine Verweilzeit von zwei bis drei Jahren) bei oberen Führungskräften mit starkem Gestaltungsanspruch.

Für das Individuum ist der Wechsel nach dieser Zeit ein die persönliche Entwicklung förderndes Prinzip. Für die Geführten wirkt es sich als zufällig erlebter Richtungswechsel aus. Für die nur kurz verweilenden Führungskräfte war, die laufenden Prozesse zu erfassen, eine genügende Qualität. Sich mit den Annahmen, die diesen Prozessen als Gestaltung einer Umweltanforderung zugrunde liegen, auseinanderzusetzen, reichten Zeit und Durchdringungsanspruch nicht.

Neu hinzu kommt, daß wir uns zunehmend nicht mehr als Werk wie ein geschlossenes System betrachten können, sondern, ohne daß es zentral vorgeordnet ist, mit einer turbulenten Umwelt selbst auseinandersetzen müssen. Einer Umwelt, die sich als mehrdeutig erweist und sich einer Einpersoneninterpretation von oben herab entzieht. Fehlender Dialog über ökologischen Wandel und die daraus sich ergebenden Möglichkeiten verschiedener Varianten der Gestaltung führt zur Meinungsbildung jenseits der Führung.

Drei-Phasen-Modell des Verlern- bzw. Umlernprozesses

Phase des Auftauens (Weichmacher)	⇒ Phase des Wandels (Handlungsfelder der Steuerung) ⇒	Phase der Stabilisierung (Verankerungen)
Monitoring	Prozeduren mit Beteiligung und Öffentlichkeit initiieren	jährliche strategische Positionierung
Ereignisse nachbereiten	Prozeßpromotoren aktivieren	monatliche Bildgestaltung
Szenen spielen		
Diskurse im Netzwerk plazieren	Projektfortschritte bilanzieren	gelegentliches Nutzen von Alltagssituationen
Benchmarking		

Abbildung 1

Viele funktional sich definierende Bereiche bringt dies in Identitätsschwierigkeiten. Die Grundannahmen über die vorliegende betriebliche Umwelt, die zur Definition der Bereichsaufgaben geführt hatte, sind häufig nur noch halb bewußt und werden durch neue überlagert. Überraschend wenige in unserem Werk können Zeitpunkte des Entstehens, Anlässe für Veränderungen und Annahmen über den Existenzgrund der eigenen Abteilung nennen. Andererseits wird im oberen Führungskreis über ein Schwinden der Motivation und Identifikation geredet.

Offensichtlich wird nur ein Gemisch wahrgenommen. Desorientierung und schwindende Wirksamkeit verbreiten sich. Dies ist die Situation für bewußt gestaltete Verlernprozesse. Wir stehen erst am Anfang der Auseinandersetzung mit Situationen dieser Art. Doch haben uns verschiedene Bereichsentwicklungsprojekte in den letzten zwei Jahren Erfahrungen gebracht, die uns ein „Ritualisieren von Reflexionsprozeduren" als Wege des Verlernens und Umlernens nahelegten. Entsprechend den Lewinschen Phasen des Wandels: auftauen, wechseln, stabilisieren, sind die folgenden Kapitel geordnet (Abbildung 1, Seite 234).

4. Weichmacher für die Phase des Auftauens

Lernen erfordert neben Einsichten in die Nützlichkeit der Veränderung immer auch die Klärung eines persönlichen Sinns. Verlernen sollte deshalb mit einer Auseinandersetzung über die erlebte Sinnhaftigkeit des eigenen Tuns beginnen. Es gilt dabei, die Neugier zu wecken und zu steuern. Dies kann geschehen durch Ausweitung der Perspektive oder durch eine vertiefende Durchdringung bekannter Regelungen. Wirkungsvoll erweist sich dieser Ansatz insbesondere dann, wenn in der jeweiligen Abteilung alltägliche Anpassung und Ausrichtung auf eine sich wandelnde Umwelt nicht zum Selbstverständnis der Funktionswahrnehmung gehört. Hier gilt es anzusetzen. Exemplarisch stehen dafür die nachfolgenden Beispiele (Abbildung 2) von:

– Monitoring
– Ereignisse nacharbeiten
– Szenen spielen
– Diskurse im Netzwerk
– Benchmarking.

Weichmacher in der Phase des Auftauens		
Was?	**Wozu?**	**Wie?**
Monitoring	Frühwarnsystem für Veränderungen und Trends im Umfeld	monatlicher Jour fixe mit allen Führungskräften
Ereignisse nachbereiten	Störimpulse aufdecken	monatliche Koordinationsgespräche
Szenen spielen	Aufbruchstimmung erzeugen	typische Situationen eines Jahres in 5- bis 10minütigen Szenen darstellen
Diskurse im Netzwerk plazieren	Auseinandersetzung mit zukünftigen Korridorthemen	gemeinsame Tagungen von Wissenschaftlern und Praktikern
Benchmarking	Problemlösungen von Wettbewerbern mit eigenen Problemlösungsmustern vergleichen	Analyse von bzw. in anderen Unternehmen

Abbildung 2

4.1 Monitoring, die Mikropolitik der anderen verfolgen

Zweck:
Durch Monitoring werden die Beteiligten angeregt, sich als Frühwarnsystem für sich abzeichnende Veränderungen und Trends im betrieblichen Umfeld, aber auch darüber hinaus zu verstehen.

Form:
In einem monatlichen Jour fixe maximal zwei Stunden alle Führungskräfte einbeziehen. Jeder soll Relevantes über seine Kontaktbereiche berichten. Die Beitragsdauer kann verschieden lang sein, nur die Gesamtzeit sollte konsequent eingehalten werden. Zusammenfassend sollte der Gesprächsleiter zwei bis drei Besonderheiten herausheben und eventuelle weiterzuverfolgende Recherchethemen vorschlagen.

Erfahrungen:
Zu Beginn wird Monitoring weitgehend Organisationsklatsch bringen. Die konsequente Einhaltung des Termins und die Form des Gesprächsabschlusses werden das Monitoring zu einem Instrument der qualitativen Vorausschau und Überschau machen. In der Regel wächst im Verlauf die Qualität der einzelnen Berichterstattung, weil sich ein Gespür für wesentliche Nachrichten entwickelt.

4.2 Ereignisse nachbereiten, Gelegenheiten für Störimpulse suchen

Zweck:
Alltagshandeln läuft normalerweise routiniert und unreflektiert ab. Man macht die Dinge halt so, wie sie schon immer gemacht wurden. Auch Belastungsschwankungen werden so behandelt. Auslöser und Einflußfaktoren bei Belastungsschwankungen können, wenn sie thematisiert werden, veränderungsfördernd wirken.

Form:
In ein- oder zweimonatigen „Koordinationsgesprächen" das WIE in den Mittelpunkt einer Gesprächsrunde mit allen Beteiligten stellen. Dabei sich nicht beim WAS ist, von WEM, bis WANN zu Tun aufhalten.

Erfahrungen:
Zu Beginn fällt es allen Beteiligten schwer, nur beim WIE zu bleiben. Hier ist eine wirkungsvolle Gesprächsführung nötig. Häufig laufen die ersten Gespräche als Sündenbock-Suchen ab. Wird dieses Gespräch kontinuierlich praktiziert, ist ein Verlauf von vergangenem zu gerade laufendem Geschehen beobachtbar. In einem reiferen Stadium ergibt sich eine Konzentration des Interesses auf Bevorstehendes.

4.3 Szenen spielen, emotionale Signale setzen

Zweck:
Aufbruchstimmung erzeugen durch Nutzen der zeremonialen, jährlich wiederkehrenden Veranstaltungen. Szenen spielen übernimmt dabei die Funktion einer Problemsammlung oder Zustandsdiagnose des Bereiches.

Form:
An Stelle der gewohnten Rede eine anders verpackte Botschaft bringen. Durch Freiwillige drei bis vier typische Situationen des letzten Jahres in fünf- bis zehnminütigen Szenen darstellen lassen. Die Auswertung kann informell bei den sich anschließenden gemeinsamen Abendessen oder formell in Diskussionsgruppen mit abschließend präsentierter Empfehlung erfolgen.

Erfahrungen:
Szenen spielen löst eine erhebliche Begeisterung bei den Akteuren aus. Verbunden ist damit aber auch die Erwartung an anschließende Weiterbehandlung durch die Führung. Verstärkend wirkte es sich bei uns in einem Bereichsentwicklungsprozeß, den wir mit Szenen spielen starteten, aus, als ein Jahr später die Führungsmannschaft ihrerseits „Szenen" einbrachte. Die Suche und Auswahl typischer Szenen bringt im Vorbereitungskreis einen Diagnoseprozeß in Gang. Dabei wird Halbbewußtes oder auch als Tabu Betrachtetes besprechbar und veröffentlichbar.

4.4 Diskurse im Netzwerk plazieren, das Geschenk des Prometheus

Zweck:
„Erziehen heißt Feuer entfachen und nicht leere Eimer füllen", sagte Heraklit. Übertragen bedeutet dies, periodisch eine Auseinandersetzung mit zukünftigen Korridorthemen sicherzustellen.

Form:
Statt durch einzelne Mitglieder eines Bereichs Zukunftsthemen von Kongressen usw. hereinzuholen, kann die Auseinandersetzung mit Trends und Szenarien auch ins Haus geholt werden. Wir haben dafür eine Form des Diskurses zwischen einem Wissenschaftler und einem Praktiker gewählt. Einmal im Jahr wird ein zukünftiges Schlüsselthema in dieser Form vorbereitet und einem gleichbleibenden Kreis von Führungskräften präsentiert.

Erfahrungen:
Als Großunternehmen haben wir die Möglichkeit genutzt, Kollegen – aus gleichen Funktionen, aber aus anderen Werken – als Teilnehmer zu gewinnen. Diese Durchmischung der Beteiligten wirkt sich als Aufbau eines Netzwerkes Gleichgesinnter aus.

4.5 Benchmarking, Reisen bildet, oder die japanische Form des Lernens

Zweck:
Alternative Lösungen in ihren Gestaltungsmerkmalen mit der eigenen Form vergleichen.

Form:
Die Auswahl der besuchten Firmen und die zu erkundenden Gestaltungsmerkmale verkörpern Lernchancen. Beides sollte durch die Besuchergruppe vorbereitet werden. Neben den individuellen Eindrücken sollte eine Gruppenbilanz erarbeitet werden.

Erfahrungen:
Seit Bezug unseres Neubaus als Betriebliches Bildungswesen des Werkes 1984, haben wir jährlich zwischen 1200 und 1500 Besuchern gehabt. Erst seit zwei Jahren sind wir dazu übergegangen, einige Besuchergruppen auch als Rückmelder für uns zu nutzen. Eine Besonderheit unseres Bereiches sind die vom Bundesinstitut für berufliche Bildung geförderten Modellversuche. Seit über 15 Jahren laufen bei uns immer Modellversuche mit drei- bis fünfjähriger Laufzeit. Auf unseren neuesten Modellversuch über „Dezentrales Lernen" haben wir uns als „Steuerkreis des Projektes" durch den Besuch von 10 Unternehmen außerhalb der Automobilindustrie vorbereitet. Unser Suchfeld waren Arbeitsplätze in einer „Fabrik der Zukunft". Insbesondere interessierte uns der Zusammenhang von Arbeitsorganisation, Schlüsselqualifikationen und Unternehmenskultur. Neben den Stärken der besuchten Betriebe wurde uns deutlicher, als es vor dieser Rundreise war, wo wir einen originären Beitrag plazieren können. Wichtig war für uns das Erlebnis zu beobachten, daß wir die Besuchten neugierig auf das gemacht hatten, was wir bei ihnen sehen wollten.

Abschließend zu diesen knapp skizzierten Arbeitsformen des Auftauens zur Reflexion einige Positionen von Karl E. Weick zu dieser Phase:

„Jedes Verstehen entspringt aus Reflexion und Rückwärtsschauen."

„Zu manchen Zeiten erhöhen Kritiken die Qualität, zu manchen Zeiten senken sie sie."

„Ist jemals eine Organisation am Überleben gescheitert, weil sie etwas Wichtiges vergessen hat? Es ist wahrscheinlicher, daß Organisationen deshalb scheitern, weil sie zu vieles zu lange im Gedächtnis behalten, und fortfahren, zu oft zu viele Dinge zu tun, die sie schon immer getan haben. Organisationen scheitern deshalb, weil ihre Erinnerung sie trügt."

„Wenn eine Fraktion in der Organisation auf der Grundlage einstiger Weisheit handeln will und eine andere in einer Art und Weise, die der Vergangenheit widerspricht, dann haben beide Fraktionen teilweise recht. Noch wichtiger: beide sollten auf der Grundlage ihrer Überzeugungen handeln."

5. Handlungsfelder zur Steuerung des Wandels

Auftauphasen dauern unterschiedlich lange. Es bedarf irgendwie einer kritischen Masse förderlicher Kräfte, damit Wandel einsetzt. Wandel ist dann geglückt, wenn kein Rückfall in alte Arbeitsmuster einsetzt. Die Angst der Bewahrer ist dabei die Chance der Neuerer. Gestaltungsenergie für Veränderungen wird dann freigesetzt, wenn genügend Alltagshandlungen neuen konzeptionellen Vorstellungen entsprechen. Ein pragmatischer Indikator für den Verlauf des Wandels ist die Positionierung wesentlicher Ereignisse der letzten Zeit bei einer Quartals- oder Monatsreflexion. Wo lassen sich die einzelnen Ereignisse positionieren in einem Achsenkreuz (Abbildung 3) mit den Koordinaten „vergangenheits- oder zukunftsorientiert" sowie „realitäts-, alltagsbezogen oder normativ", konzeptbezogen? Auftauphasen zeigen Wirkung, wenn die Verteilung von dem linken unteren Quadranten in den rechten oberen wandert. An drei exemplarischen Handlungsfeldern sollen Steuerungsformen der Phase des Wandels bei Veränderungsprozessen aufgezeigt werden. Die Ritualisierung dieser Steuerung sichert das Lernen der neuen Form. Als Beispiele werden aufgezeigt (Abbildung 4, Seite 239):

– das Initiieren von Prozeduren mit Beteiligung und Öffentlichkeit,
– das Aktivieren von Prozesspromotoren,
– das Bilanzieren von Projektfortschritten.

5.1 Prozeduren mit Beteiligung und Öffentlichkeit initiieren

Zweck:
Veränderung bedarf eines Schutzes, eines zugewiesenen Zeitanteils, sonst werden auch in Aktionspläne gefaßte Vorhaben schlichtweg vom Alltagsgeschehen bald überdeckt.

Form:
In der Abteilung Technische Berufsausbildung haben wir einen neuen Handlungsspielraum für Aus-

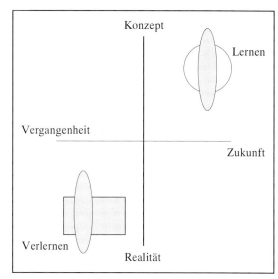

Abbildung 3

bilder eingeführt. Um diesen bewußt zu handhaben, plant und bilanziert jeder Ausbilder ein Jahreszeitbudget für seine insgesamt neun Kernaufgaben. Zwei bis drei dieser Kernaufgaben beziehen sich auf Veränderung. Ihr Anteil und die erzielten Ergebnisse des Zwei-Jahres-Veränderungsplanes wirken sich auf die Entwicklung des Einkommens aus.

Die Führungskräfte der Abteilung haben für ihren Zuständigkeitsbereich eine Jahresveränderungsplanung, die sich aus den Aktionslisten der Ausbilder zusammensetzt. Die Jahresveränderungsplanung ist so etwas wie ein Handlungsrahmen, der Ausmaß und wünschenswerte Wirkung erfaßt. Konkret wird eine einzelne Aktion mit Ihren Beteiligten nur für einen Zeitraum von vier Monaten festgelegt. In einem Rhythmus von vier Monaten findet im Führungskreis eine ein- bis zweitägige Projektsteuerung statt. Dabei erfolgt eine Rückschau aller Veränderungsaktivitäten der letzten vier Monate sowie eine Vorschau auf die nächsten vier.

Jeden Sommer, am Ende eines Ausbildungsjahres, geht jede Hauptgruppe für zwei Tage mit ihrem Vorgesetzten in eine Planungsklausur. In ihr werden Ergebnisse und neue Vorhaben diskutiert, um ein gemeinsames Bild der organisatorischen

Situation und der anstehenden Herausforderungen der Hauptgruppe zu bekommen.

Ein zunehmend größer werdender Teil unserer Besucher interessiert sich für diese Selbstorganisation unserer Arbeit. Nicht die Führungskräfte erläutern das Konzept, sondern diejenigen Ausbilder, die abwechselnd unsere Besucher betreuen. Allgemein interessierende Veränderungen in unserer Bildungsarbeit dokumentieren wir in „Themen-Reports", die von erfolgreichen Veränderern selbst erstellt werden. Neben der individuellen Lernfunktion als qualitative Projektbilanz dienen diese Reports auch als Informationsmaterial für Besucher.

Erfahrungen:
Es dauert bei der Mehrheit zwei bis drei Jahre, bis sich ein agierendes Wahrnehmen des Handlungsspielraums zeigt. Dabei zeigt es sich, daß neu in den Bereich „Kommende" die Selbstorganisation der eigenen Tätigkeit wesentlicher schneller annehmen und nutzen. Hier wirken sich hemmend die langjährigen Verweilzeiten aus. Für die Führungskräfte war es eine Schwierigkeit, Veränderungsarbeit ohne ihre Anwesenheit erst zuzulassen, dann fördernde Bedingungen dafür zu schaffen, dann die ganze Aktion nicht durch eine Wiederholung in ihrer Anwesenheit zu dämpfen. Heute im dritten Jahr ist eher eine Situation gegeben, daß zu vieles zur gleichen Zeit verändert wird. Eines der Ziele des Gesamtprozesses ist damit erreicht.

Etwas Organisatorisches zu verändern ist keine Besonderheit mehr. Es gilt nun nach zwei Jahren des schleichenden Wandels und Umstellens einer über eineinhalb Jahrzehnte praktizierten Ausbildungsform, die Phase des Stabilisierens einzuleiten. (Näheres zu diesem Projekt in: „Modellversuch Entwicklungsverbund", TIBB-Verlag Bonn 1988.)

5.2 Das Aktivieren von Prozeßpromotoren

Zweck:
Wenn größere Veränderungsvorhaben wie Bereichsentwicklungsprogramme, mehr netzwerkartig und weniger als sequentielle Folge bearbeitet werden, dann ergeben sich selbstverstärkende Effekte.

Handlungsfelder der Steuerung in der Phase des Wandels		
Was?	**Wozu?**	**Wie?**
Prozeduren mit Beteiligung und Öffentlichkeit initiieren	Rückschau auf realisierte Veränderungen und Vorschau auf geplante Veränderungen	Prozeßsteuerung in viermonatigem Abstand
Prozeßpromotoren aktivieren	Selbstverstärkung von Veränderungsprojekten durch Netzwerke	Entwicklungsverbunde mit Steuerungsgremien schaffen
Öffentliches Bilanzieren von Projektfortschritten	Steuerung der Reaktion auf geplanten Wandel	Jährlicher Informationsmarkt

Abbildung 4

Form:
Mit über 20 verschiedenen Partnern (vier verschiedene Schulen sowie Ausbildungsbetrieben, deren Auszubildende diese Schulen besuchten, und der Industrie- und Handelskammer) haben wir in einem Entwicklungsverbund an einer neuen Gestaltungsform für zwei kaufmännische Berufe gearbeitet. Auslöser für die Aktivität war die neue Kommunikationstechnologie im Büro. Es galt, die Auswirkungen auf die Ausbildungsinhalte zu klären und eine sinnvolle Arbeitsteilung für Schule und Betrieb zu erproben.

Eine Steuergruppe von sechs Personen bildete den Kern. Sie erarbeitete eine Projektorganisation, steuerte den Prozeß und definierte Projektfelder. Durch diese Strukturierung des Gesamtvorhabens war es möglich, parallel zu arbeiten. Jedes Projektfeld wurde von einem Steuergruppenmitglied verantwortet. Die Aktivitäten der einzelnen Projektfelder liefen unabhängig voneinander, wurden in monatlichen eintägigen Sitzungen der Steuergruppen aber reflektiert. Die Projektfeldverantwortlichen verstanden sich als Promotoren für den Prozeß.

Erfahrungen:
Die parallele Arbeitsweise und die verteilte Verantwortung setzten erhebliche Initiative frei. Schwierigkeiten bereitete fast die Hälfte der Projektlaufzeit „das Gerede über das Gerede" in der Steuergruppe. Es war ein erforderlicher Lernprozeß über Form, Inhalt und Wirkungsweise von prozeßbegleitender Reflexion. Einerseits mußte ich mich zuerst daran gewöhnen, daß die Leitung einer prozeßbegleitenden Steuergruppe kein normaler Führungsrücksprachetermin ist (also Verlernen für mich bedeutete und unseren externen Begleitern Mühe bereitete).

Andererseits hatten die Prozeßpromotoren ja nur die Aktivitäten in ihrer Netzwerkgruppe und nicht die daraus resultierenden Ergebnisse zu verantworten. Dies war für die Steuergruppe gewöhnungsbedürftig.

Die Netzwerkarbeitsweise brachte es mit sich, daß insgesamt die in der Endphase beteiligte Personenzahl sich auf das Dreifache erhöht hatte. Wir haben damit einen wesentlich höheren Multiplikatoreffekt als sonst bei Modellversuchen üblich erreicht. (Näheres zu diesem Projekt: Modellversuchsbericht „Bürokommunikationszentrum" Heft 1, Lernen im Netzwerk, TIBB-Verlag Bonn 1990.)

5.3 Das Bilanzieren von Projektfortschritten

Zweck:
Länger laufende Veränderungsvorhaben bedürfen insbesondere in der Phase des Wandels einer Öffentlichkeitsarbeit im mehr oder weniger betroffenen Organisationsumfeld. Dabei genügt eine Projektankündigung oder die Meldung des Abschlusses nicht. Eine kontinuierliche Politik des Einbindens in den Fortschritt vermindert die möglichen Gegenreaktionen auf Veränderungsauswirkungen und ermöglicht den Auftritt von Machtpromotoren.

Form:
Einmal im Jahr werden alle vom Veränderungsvorhaben Betroffenen zu einem „Info-Markt" eingeladen. Die Projektfeldverantwortlichen präsentieren zwischen fünf und acht Themen auf Metaplan-Postern parallel in einem Großraum. Es können nicht alle Themen besucht werden. Die 50 bis 100 Eingeladenen können je drei Themen wählen und suchen für jeweils eine Stunde die Diskussionsstände auf. Jeder Disskussionsstand wird durch zwei Projektgruppenmitglieder als Moderatoren betreut. Sie visualisieren auch die Rückmeldungen, so daß die Projektgruppe daran weiterarbeiten kann. Das Einführungs- und Eröffnungsstatement des „Info-Marktes" gibt der jeweilige Machtpromotor für das Projekt.

Erfahrungen:
In den letzten zwei Jahren haben wir in unserem Werk mit jährlich fünf bis sechs „Infomärkten" die großen Projekte unterstützt. Dabei gelang es, bis zu 300 Personen einzubinden. Die Projekte bekommen dadurch über den Kreis der an der Projektarbeit Beteiligten eine Öffentlichkeit. Dies hat wesentlich zur „internen Kommunikation" über die Werksentwicklung beigetragen.

Weick gliedert die „Phase des Wandels" in die Prozeßschritte „Gestaltung" und „Selektion". Stolpersteine für mich bilden dabei die Aussagen:

„Schließlich heißt kompliziert zu sein, sich mehr am Prozeß als am Ereignis zu freuen. Dies trifft auf den Prozeß des Theoretisierens ebenso zu wie auf den Prozeß des Managens."

„Es ist wahrscheinlich, daß Ziele in stärkerem Maße an aktuelle Handlungen gebunden sind, als gewöhnlich angenommen wird, und daß sie produktiver verstanden werden können, wenn man sie als die Zusammenfassung früherer Handlungen versteht."

„Wenn es zutrifft, daß Sinngebung bedeutet, zu sehen, was man gesagt hat, dann trifft es auch zu, daß wir, wenn wir die Sätze, die die Leute über sich selbst formulieren, in andere Worte fassen können, auch ihre Schlußfolgerungen bezüglich dessen, was sie sind und womit sie zu tun haben, verändern können."

6. Verankerungen für die Phase der Stabilisierung

Stabilität hat etwas mit dem Gedächtnis einer Organisation zu tun. Jede Organisationseinheit ist teilweise durch ihre Geschichte bestimmt. Es prägt sich ein Muster ein durch die Art, wann gehandelt wird und wie entschieden wird. Stabilität ist auch geprägt durch ein fortwährendes Streben nach Bewahrung früherer Weisheit. Diese starke Anleitung durch vergangene Erfahrungen ermöglicht es Organisationen, Effektivität zu entwickeln. Dem steht entgegen, daß wir Flexibilität und Vielfalt benötigen, um mit den Umweltveränderungen fertig zu werden. Mit diesen gegensätzlichen Anforderungen gilt es heute fertig zu werden.

Exemplarisch für unsere Erfahrungen mit Lernprozessen in der Stabilisierungsphase einer Veränderung sind (Abbildung 5):

Verankerungen in der Phase der Stabilisierung		
Was?	Wozu?	Wie?
Jährliche strategische Positionierung	Übereinstimmung von Werten, Handlungsmustern, Grundannahmen und Nutzenstiftung herstellen	Jährliche Strategietagung
Monatliche Bildgestaltung	Atmosphäre des Bereichs besprechbar machen	Monatliche Prozeßsteuergruppe
Gelegentliches Nutzen von Alltagssituationen	Wiederkehrende Routinen symbolisch zur Verstärkung wirken lassen	Typische Alltagshandlungen neu gestalten

Abbildung 5

- die jährliche strategische Positionierung,
- die monatliche Bildgestaltung sowie
- das gelegentliche Nutzen von Alltagssituationen.

6.1 Die jährliche strategische Positionierung

Zweck:
Wenn Taten und Worte in einem Bereich nicht auseinanderlaufen sollen, bedürfen sie periodisch einer Betrachtung wiederkehrender Handlungsmuster und deren Übereinstimmung mit den Grundannahmen über die Funktion und den zu stiftenden Nutzen als Organisationseinheit in einem vernetzten Umfeld.

Form:
Nach einer zweijährigen Teamsupervision im Führungskreis hatten wir uns zu einer Begleitung der Phase des Wandels durch ein steuerndes Projektmanagement entschlossen. Der Projektfortschritt wird durch die alle vier Monate stattfindenden Projektsteuerungstagungen geklärt. Diese Arbeitsform wird durch die im August jeden Jahres stattfindende zweitägige Strategietagung ergänzt. Die Strategietagung ist von ihrer inhaltlichen Gestalt her ein Doppeldecker. Einerseits werden erfolgreiche Handlungsmuster des vergangenen Jahres herausgearbeitet und deren Bedeutung für das Bereichsimage und die Bereichsidentität diskutiert.

Andererseits werden Trends und Signale des Umfeldes diskutiert und Reaktionsweisen darauf vereinbart. Beteiligt sind alle Führungskräfte des Bereiches. Das Ergebnis dieser Tagung wird auch bei übergeordneten Instanzen verankert.

Erfahrungen:
Diese Tagung mit dem Charakter des Verknüpfungen-Herstellens, dem vertiefenden Hinterfragen von Handlungsmustern, die allen geläufig sind, dem nach Überschau-Suchen hat die Funktion der Stille, des Durchatmens. Einer Stille, die Gelassenheit vermitteln soll in der Turbulenz des Wandels.

Es ist ein höheres Gemeinschaftsgefühl, eine gemeinsame Ahnung entstanden, in welche Richtung und in welchem Tempo der Bereich sich insgesamt wandelt. Besonders positiv zeigten sich diese Wirkungen, als wir auch die Stellvertreter hinzuzogen. Im Verlauf des folgenden Jahres erwiesen sie sich häufig als Meinungsmacher im Kreis der Mitarbeiter.

6.2 Die monatliche Bildgestaltung

Zweck:
Die gerade vorliegende Atmosphäre soll besprechbar und öffentlich werden; vorherrschende Stimmungen in den Hauptgruppen des Bereiches zusammengetragen werden.

Form:
Jeden letzten Donnerstag im Monat tagt nachmittags für zwei Stunden die „PSG" (PSG = Prozeßsteuerungsgruppe). Eröffnet wird sie mit der diffusen Prozeßfrage: „Wie fühlt sich gerade das Geschehen im Bereich an?" Reihum nimmt sich jeder der Anwesenden die Zeit, die er beansprucht. Zuhören ist für die anderen angesagt, höchstens Ergänzen. Zusammenfassend kommt am Schluß nur der Hinweis auf meist zwei oder drei Aspekte, die besonders im Blickpunkt bleiben sollen.

Erfahrungen:
Bei der PSG gilt die Regel, daß jede der sieben Hauptgruppen vertreten sein *muß*. Wenn der entsprechende Vorgesetzte nicht da ist, kommt sein Stellvertreter. Für sie hat das Ereignis PSG einen höheren Stellenwert als für einige der Führungskräfte, die sich auch im zweiten Jahr dieser Institution nicht so ganz wohl dabei fühlen. Die PSG verdeutlicht auch, wer sich bei der Leitung seines Aufgabengebietes überwiegend an „harte" Fakten klammert oder wer „weiche" Daten wahrnimmt und einbezieht.

6.3 Das gelegentliche Nutzen von Alltagssituationen

Zweck:
Wesentliche Haltungen oder Werte, die sich im Vollzug des Alltags spiegeln, ins Blickfeld rücken. Aus Routine „kleine Heldentaten" machen, die im Strom einer Stoßrichtung liegen.

Form:
Aus der Fülle des Alltagsgeschehens wechselnd mal diese, mal jene Gelegenheit zur Wiederholung von Grundpositionen nutzen. Gelegenheiten sind:
- die jährliche Gehaltsüberprüfung dazu benutzen, nicht nur dem einzelnen dies mitzuteilen, sondern es einer Gruppe mit Erläuterung eröffnen;
- Arbeitsjubiläen oder Verabschiedungen in den Ruhestand nicht nur für den einzelnen, sondern sein Kollegenumfeld ausrichten;
- bei Zielvereinbarungen auch den individuellen Beitrag zur Bereichsveränderung ansprechen;
- den Jahresanfang zu einer Prozeßstandortbestimmung nutzen;
- bei einem Rundgang im Bereich festgestellte Besonderheiten betonen und weitertragen;
- bei Abschluß von Projekten mit besonderen Ergebnissen einen schriftlichen Bericht veranlassen und diesen gezielt einer Interessengruppe zuleiten.

Erfahrungen:
Menschen unterscheiden sich in ihrem Energieeinsatz. Häufig ist zu beobachten, daß zu unterschiedlichen Zeitpunkten, nicht immer nur in angesetzten Gruppensituationen, Themen auf individuelle Bereitschaft zu einem Beitrag stoßen. Hier gilt es, Rhythmen für einen Kontakt zu finden, der sich bewußt an die weniger Aktiven in Gruppensituationen wendet.

Weick meint zu dieser Phase der Stabilisierung, die er Retention nennt:

„Wenn nicht einem der Prozesse erlaubt wird, der Geschichte entgegenzuarbeiten, dem anderen, sie zu erhalten, ist Zerstörung wahrscheinlich."

„In einer mehrdeutigen Welt sind die Dinge angemessen oder unangemessen. Wenn Sie einen Erlebensstrom aufgreifen und ihm eine Konstruktion auferlegen, dann ist es Unsinn zu sagen, die Konstruktion sei falsch oder richtig. Das Beste, was Sie sagen können, ist einfach, daß es andere Arten der Interpretation dieses Stromes gibt und daß sie interessante Möglichkeiten eröffnen."

„... daß das Spiel nicht deshalb wichtig ist, weil es neue Fertigkeiten lehrt, sondern weil es Tätigkeiten, die in unserem Repertoire schon vorhanden sind, herausgreift und uns Übung gibt im Umkombinieren dieser Tätigkeiten zu neuartigen Sequenzen."

7. Unbewußtes schlucken, Bewußtes kauen

Dinge, die reibungslos laufen, werden gar nicht bewußt. Nur bei Wandel wird Aufmerksamkeit aktiviert. Wandel findet aber laufend statt. Es ist mehr eine Frage der Selbstdefinition der Grenze für die eigene Betroffenheit. Diskontinuitäten im organisatorisch-ökologischen Umfeld sind laufend gegeben. Sie bieten Variationen der Gestaltung, die unterschiedliche Aufmerksamkeit auf sich ziehen. Vergangene Erfahrungen sind dabei Erlebnisse mit früher gestalteten Umwelten, die uns völliges Vertrauen oder völliges Mißtrauen vermittelt haben. Diese vergangenen Erfahrungen wirken sich bei der Selektion von Gestaltungsvarianten aus. Verlernen oder Umlernen bedeutet dann Löschen von Ursachenkarten, die in uns gespeichert sind. Bei der Anlage organisatorischer Veränderungen sollte dieser Sachverhalt berücksichtigt werden. Es gilt, einen Modus für eine wechselweise Entscheidung für Flexibilität und Stabilität zu finden. Zuviel der Flexibilität führt zu Desorientierung und Identitätsverlust. Zuviel Stabilität führt zu Erstarren durch Rigidität.

Wir haben uns dieser Herausforderung in unserem Arbeitsfeld durch konsequentes Arbeiten mit dem Prozeßzyklus der Aktionsspirale gestellt. Wir verwendeten dabei vier Schritte:

Schritt 1: Bildgestaltung durch Datensammeln
Schritt 2: Bewerten der Situation
Schritt 3: Aktion planen und handeln
Schritt 4: Angestrebte Wirkungen als Gütekriterien klären und Frühwarnindikatoren absprechen.

Diese Vierschrittfolge der Aktionsspirale orientiert sich am Handlungsbeitrag des einzelnen. Gleichzeitig ist es ein schnell erfaßbares Gestaltungsmuster für Lernprozesse und fördert Selbstorganisation.

In einer Kontraktklärung zu Beginn eines Prozesses wird durch Auswahl der Beteiligten und den vorgegebenen Zeithorizont die vorläufige Grenze des Arbeitsfeldes gesetzt. Häufig kommt es dabei zur Wahl einer der Ausgangsfragen:
– Benötigen wir eine Verbesserung der Sehschärfe für Alltagssituationen?
– Haben wir angemessene Regelungen für Alltagsstörungen?

Fragen wie diese liefern bei der Auswertung von Ereignissen im Alltag typische Handlungsmuster. Die diesen zugrunde liegenden Annahmen sind Ansätze für eine Verlernaktion, die durch eine vereinbarte Selbstüberprüfung sich rückkoppelt.

Abschließend wieder ein Weickscher Stolperstein:

„Wenn eine Organisation planlos und konfus ist, erhöht die Ausführung von Handlungen, welche retrospektiv betrachtet werden können, die Chancen, daß die Gruppe herausfindet, was sie tut. Daher wird, wenn Konfusion herrscht und ein Gruppenmitglied fragt: „Was soll ich tun?", die Antwort: „Ich weiß nicht, tue einfach irgend etwas", wahrscheinlich ein sehr viel besserer Ratschlag sein, als Sie vielleicht annehmen. Es ist einfach deshalb besser, weil er die Wahrscheinlichkeit erhöht, daß irgend etwas hervorgebracht wird, was dann sinnvoll gemacht werden kann. Nicht zu wissen, wohin man geht, ist in Ordnung, solange man nur weiß, daß man irgendwohin geht. Früher oder später wird man herausfinden, wo dieses Irgendwo liegt."

Literatur

NEUBERGER, O., Spiele in Organisationen, Organisationen als Spiele in: Küpper, W., Ortmann, G. (Hrsg.), Mikropolitik, Opladen 1988.

NEVIS, E. C., Organisationsberatung, ein gestalttherapeutischer Ansatz, Köln 1988.

STIEFEL, R. Th.: Benchmarking –Ein attraktives Instrument für die Konzipierung von Veränderungsprojekten, in: MAO 3/87.

WEICK, K. E., Der Prozeß des Organisierens, Frankfurt 1985.

Dreizehntes Kapitel

Multiplikatorenkonzepte –
ein Einstieg in die lernende Organisation?

Klaus Beutel-Wedewardt

1. Thema und Aktionsfeld

Die im folgenden beschriebenen Arbeitsansätze, Konzepte und Erfahrungen beziehen sich auf ein Produktionswerk der Automobilindustrie mit ca. 9500 Mitarbeitern. Rund 600 der ca. 1900 Angestellten sind Führungskräfte. Der Facharbeiteranteil beträgt über 60 Prozent.

Gefertigt wird eine breite Palette von leichten bis schweren Nutzfahrzeuggetrieben, Nutzfahrzeugachsen, Pkw-Drehmoment-Wandler – daneben als auch wichtiges Identifikationsprodukt der Belegschaft ein hochgeländegängiges Fahrzeug mit hoher Variantenvielfalt.

Entsprechend dem Produktionsprogramm weist das Werk ein breites Spektrum von Fertigungsverfahren und Technologien sowie unterschiedlichste Formen der Fertigungsorganisation – von der Werkstattfertigung bis hin zur Großserienproduktion – auf. Die letzten fünf Jahre waren gekennzeichnet durch hohe Investitionen in neue Technologien.

Die erste Welle waren NC-/CNC-Maschinen, nahezu parallel ab 1984 Arbeitsplatzcomputer mit einer Fülle von Anwendungen in der individuellen Datenverarbeitung, in allen Planungs- und Verwaltungsbereichen. CAD wurde in der Fahrzeugentwicklung und Betriebsmittelplanung als durchgängige Prozeßkette eingeführt. Gleichzeitig erfolgte ein rascher Ausbau und die Integration der Systeme auf dem Großrechner (über 30 verschiedene) mit parallelem Ausbau der individuellen Datenverarbeitung auf dem Großrechner.

Wie die durch diese Investitionen und Technologiesprünge erforderliche Anpassungsqualifizierung – sowohl bei der Einführung als auch permanent – bewältigt wird, soll im folgenden Beitrag aufgezeigt werden. Eine zentrale Rolle spielen dabei Multiplikatorenkonzepte des Lernens. In Verbindung mit der Entstehung und Weiterentwicklung der Konzepte sollen dabei der Lernprozeß aller Beteiligten, der Stellenwert und die Einbettung des Konzeptes in den Gesamtprozeß im Rahmen der Implementierung neuer Technologien sowie die sich wandelnden Rollen der am Einführungsprozeß Beteiligten im Mittelpunkt stehen.

2. Ausgangssituation und erste Entwicklungsschritte

2.1 Auslöser

Die Auslöser für erste Ansätze zum Multiplikatorenkonzept liegen jetzt nahezu zehn Jahre zurück. 1981/82 waren ca. 40 NC-/CNC-Maschinen im Werk im Einsatz. Herstellerbezogene Schulungen von Mitarbeitern der Produktion führten offensichtlich nicht zum gewünschten Erfolg. Die Mitarbeiter der NC-Planung, insbesondere aber die Einrichter der Planungswerkstatt, die für die Neueinrichtung von Teilen zuständig waren, klagten über zunehmende Störungen im Fertigungsablauf, Qualitätsprobleme und ein nicht mehr zu leistendes Maß an zusätzlichen Unterweisungen, Beratungen, aber auch Unterstützung bei Störungen für das Fertigungspersonal. Teure Kollisionen aufgrund von Fehlbedienungen oder allzu mutiger Programmierversuche durch das Fertigungspersonal häuften sich, was auch zu erheblichen Kosten führte. Wir als Bildungsbereich erhielten den Auftrag, die „Schulungsmaßnahmen zu intensivieren" und eine Konzeption zu entwickeln, die eine höhere Wirkung erzielt.

2.2 Die Problemsicht der Betroffenen

In einem Workshop mit erfahrenen NC-Einrichtern und neuen NC-Bedienern der Produktion, die alle selbst an Herstellerschulungen teilgenommen hatten, wurde die Situation analysiert. Als besonders kritisch wurde dabei hervorgehoben, daß die durch als Fachspezialisten geltende Ingenieure durchgeführten Herstellerschulungen häufig nicht inhaltlich und didaktisch an der Zielgruppe orientiert waren, so daß die Maßnahme bei vielen Teilnehmern eher Verunsicherung als Qualifikationszuwachs bewirkte. Die Qualifizierungsmaßnahmen waren auch häufig nicht ausreichend mit dem geplanten Einsatzzeitpunkt der Qualifikation synchronisiert. Die ergänzende, bei der Aufstellung der neuen Maschine geplante Unterweisung durch Monteure des Herstellers fand häufig nicht statt – der hohe Zeitbedarf aufgrund der Störanfälligkeit

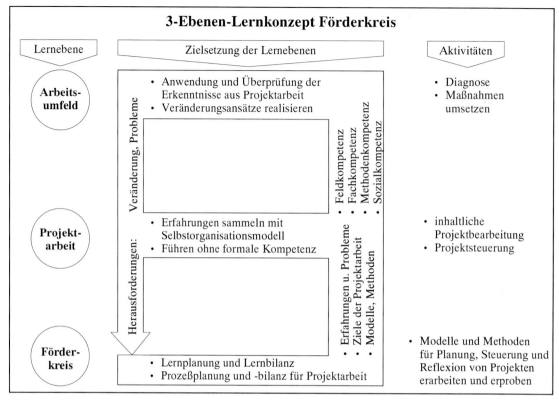

Abbildung 1

der Maschinen bei der Inbetriebnahme wurde von den Meistern nicht akzeptiert, so daß sie die betroffenen Mitarbeiter nicht für diese Maßnahme aus dem Fertigungsprozeß freistellten.

2.3 Ein nicht so neuer Lernweg

Wir hatten zu diesem Zeitpunkt bereits über mehrere Jahre positive Erfahrungen mit arbeitsbegleitenden Selbstlerngruppen von Führungsnachwuchskräften gesammelt (Abbildung 1). Insbesondere die projektorientierten, arbeitsplatznahen Förderkreise mit Facharbeitern als Vorbereitung auf eine Meisterfunktion legten es nahe, auch für das Problemfeld der fachlichen Anpassungsqualifizierung in eine ähnliche Richtung zu denken.

Warum sollten nicht die Einrichter der Planungswerkstatt, aber auch der Produktion, die täglich in so starkem Maße als Berater und Unterstützer, aber auch Problemlöser für die Mitarbeiter der Produktion gefordert waren, in der Lage sein, ihr Wissen gezielt und konzentriert an ihre Kollegen weitergeben zu können. Bei einer ganzen Reihe von Planern und Führungskräften stieß diese Idee zunächst auf starke Skepsis bis hin zu aktivem Widerstand. Weit verbreitete Ursache war, daß sie diese schwierige Aufgabe, von der letztendlich die Sicherstellung der Produktion abhing, lieber in den Händen von „qualifizierten Experten" wissen wollten als von Arbeitern, für die eine solche Aufgabe ja neuartig wäre. Anders hingegen der hauptverantwortliche NC-Planer, der aus seinem guten täglichen Kontakt zu den Einrichtern heraus eine ganze Reihe geeigneter Kandidaten benennen konnte, die sich auch an dieser noch nicht näher definierten neuen Aufgabe stark interessiert zeigten.

Im nächsten Schritt erfolgte eine Programmierqualifizierung für die ausgewählten Einrichter, um sie auf ihre Aufgabe als „Multiplikator" für die Qualifizierung von NC-Bedienern fachlich vorzubereiten. Die methodisch-didaktische Vorbereitung für diese Aufgabe erfolgte in einer einwöchigen Multiplikatorenqualifizierung (Abbildung 2). Ziel der Woche sollte es sein, gemeinsam ein Konzept für die Unterweisung von Bedienern zu erstellen und die Fähigkeiten im Unterweisen von Mitarbeitern auszubauen. Für den Ablauf der „Bedienerschulung" waren bereits einige Eckpfeiler formuliert. So sollte die Unterweisung an einer Produktionsmaschine vorort in Kleingruppen durch je einen Einrichter für fünf bis sechs Bediener erfolgen.

Die Erfahrungen der neuen Multiplikatoren sollten anschließend periodisch mit einer aus einem Fertigungsingenieur, dem NC-Planer und dem Bildungswesen bestehenden Steuergruppe bilanziert und reflektiert werden.

Das Lerndesign für die Multiplikatorenqualifizierung, aber auch die späteren Bedienerschulungen wurden, von den Multiplikatoren ausgehend, von einer Analyse bisheriger Lernerfahrungen mitgestaltet. Der Selbststeuerungsansatz des Lernen wurde von den „Multis" engagiert aufgegriffen. Die späteren Bedienerunterweisungen vorort sollten nicht mehr primär durch die bisher übliche und auch wohl heute noch weitverbreitete Vier-Stufen-Methode „… vormachen, nachmachen, …" geprägt sein.

Ziel war es, die Lernsituation auch als ein Modell für zukünftige Arbeitssituationen zu nutzen. Einige Alternativen für Lernwege und Lernformen sind unter dem Motto „Wie man lernt, so arbeitet man" in Abbildung 3, Seite 250, aufgeführt. Lernweg und Lernform beeinflussen auch Arbeitsmethoden und Arbeitsformen, führen zu veränderten Einstellungen, aber auch Strategien, wie der einzelne oder die Gruppe mit Veränderungen umgehen kann.

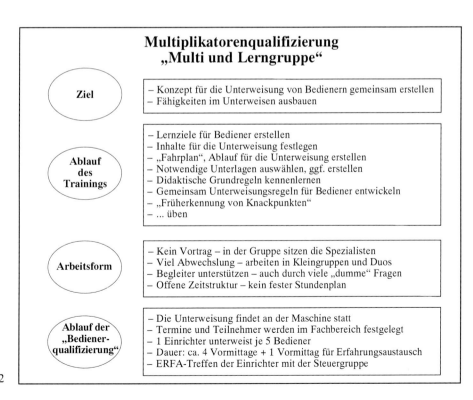

Abbildung 2

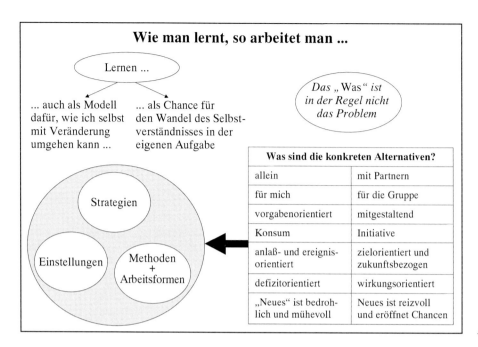

Abbildung 3

2.4 Wie man lernt, so arbeitet man

Die ersten NC-Multiplikatoren hatten die Chance für den Wandel des Selbstverständnisses in der eigenen Aufgabe begriffen. Dies wurde in den Erfahrungstreffen mit der Steuergruppe deutlich, wo sie engagiert Fragestellungen wie die der Bedarfsorientierung von Maßnahmen, Fragen der Personalauswahl, bisher übliche Aufgaben- und Funktionsverteilungen in der Produktion zwischen Maschinenarbeiter, Einrichter und Meister einbrachten. Sie hatten gezeigt, daß sie nicht – wie häufig üblich – als Multiplikator nur als kostengünstiger Trainer in Veranstaltungen eingesetzt werden können, sondern ein breiteres Potential haben und Anspruch für die Mitgestaltung bei der Einführung neuer Technologien erheben.

Nach einer Reihe von aus unserer Sicht erfolgreich verlaufenen durch Multiplikatoren durchgeführten Bedienerschulungen wurde ein Stop durch die Produktionsleitung „angedroht". Es hatte Kritik gegeben, weil die Multiplikatoren zuviel Zeit in „Sonderaufgaben" investierten und zuwenig für ihre „eigentliche Aufgabe" zur Verfügung standen. Die Qualität der Multiplikatorenkonzepte wurde angezweifelt. Eine von Steuergruppe und Produktionsleitung vereinbarte Befragung einer repräsentativen Auswahl von Teilnehmern an internen Multiplikatorenschulungen und externen Herstellerschulungen durch neutrale Betriebsingenieure führte zu einem Ergebnis, das so eindeutig positiv war, daß seither das Multiplikatorenkonzept nicht mehr in Frage gestellt wurde. Die Beteiligung der Betroffenen an arbeitsplatzübergreifenden Aufgaben und Fragestellungen stieß auf zunehmende Akzeptanz, ja Einsicht in die Notwendigkeit.

2.5 Die Folgen

Aufgaben des Multiplikators sind, wenn man – wie wir – sein Potential nutzen will:

– Trainer in Veranstaltungen,
– Anwendungsberater vor Ort für Kollegen,
– Berater seines Vorgesetzten – nicht nur in fachlichen Fragen, sondern auch bei der Anwendungsplanung oder Potentialerkennung,
– Innovationspromotor im Fachbereich.

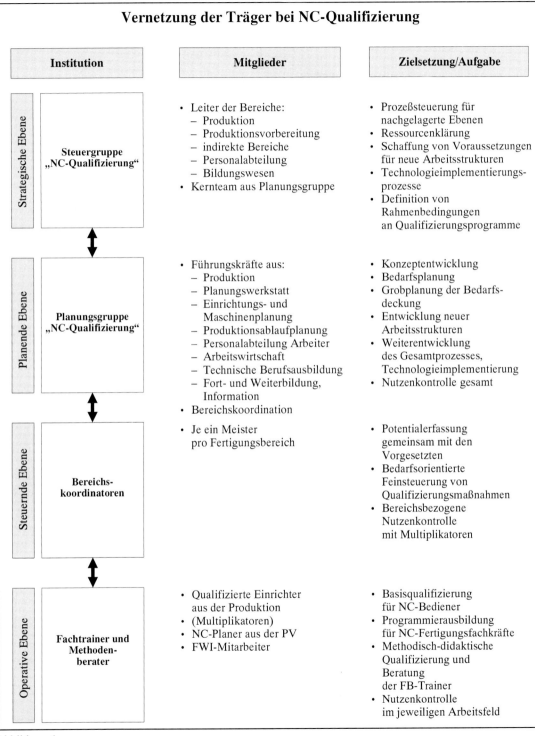

Abbildung 4

Die Rolle des Multis ist so also die eines wichtigen Teilverantwortlichen für die Implementierung und Nutzung neuer Technologien.

Klar wurde aber auch durch die Intervention der Produktionsleitung, daß das Konzept zuwenig in der Führungsmannschaft verankert war. Dies und die Notwendigkeit der Bearbeitung der in den ERFA-Treffs der Multis aufgeworfenen Fragen führte zur Bildung einer Reihe von Institutionen wie „Bereichskoordinatoren", Planungsgruppe NC und Steuergruppe NC. Ziel dieser fest institutionalisierten Gruppen ist es, den Gesamtprozeß der Implementierung neuer Technologien sicherzustellen. Die Qualifizierung als ein wesentlicher Bestandteil der Implementierung sollte in der Verantwortung des Fachbereichs und der systemeinführenden Bereiche liegen, und deshalb auch von ihnen als ein integrierter Bestandteil mitgestaltet werden (siehe Abbildung 4, Seite 251). Dies sollte auch zu neuen Rollen für die Vorgesetzten und das innerbetriebliche Bildungswesen führen.

3. Das Konzept am Beispiel der NC-/CNC-Qualifizierung

3.1 Merkmale und Ziele des Gesamtkonzepts

Das im folgenden dargestellte Gesamtkonzept existiert in analoger Form für alle Felder der fachlichen Qualifizierung in unserem Werk. Es wird anwendungsspezifisch permanent weiterentwickelt und kommt in dieser Grundform seit 1986 zum Einsatz. Die wesentlichen Merkmale des Gesamtkonzepts (siehe Abbildung 4) sind:

- Vernetzung aller Träger:
  - alle beteiligten und betroffenen Bereiche entlang der Prozeßkette der Technologieimplementierung
  - alle Hierarchieebenen vom Anwender/Facharbeiter bis zu den Entscheidern und Machtpromotoren im oberen Management
  - Linking Pins zur Verzahnung der einzelnen Institutionen
- Schaffung von Institutionen von der strategischen Ebene über planende, steuernde bis hin zur operativen Ebene mit klaren Aufgaben- und Rollenverteilungen
- Ritualisierung: Fest vereinbarte Arbeitszyklen der einzelnen Institutionen im Sinne einer periodischen, statt anlaß- oder problemorientierter Planung sowie im Sinne einer Etablierung von Reflektionsritualen als festem Bestandteil der Arbeit
- Instrumentalisierung: Gemeinsame Entwicklung von Instrumenten und Abläufen, die als Regelwerk die Voraussetzung für die Realisierung eines hohen Selbststeuerungsanteils der Technologieimplementierung und Qualifizierung bilden
- Vernetzung zu anderen Aufgabenfeldern, wie zum Beispiel Investitionsplanung oder Nachwuchsförderung/Personalentwicklung zur Effizienzsteigerung, Schaffung von Synergieeffekten oder Mehrfachnutzen

Wesentliche Ziele des Konzeptes sind:

- Integrierte Betrachtung und Weiterentwicklung von Einsatzmöglichkeiten neuer Technologien, Entwicklung von Qualifikations- und Arbeitsstrukturen bei der Nutzung neuer Technologien
- Stärkere Betonung der Verantwortung der betroffenen Fachbereiche sowie der systemeinführenden Bereiche für die Prozeßgestaltung der Qualifizierung, aber vor allem auch der Implementierung neuer Technologien
- Höhere Bedarfsorientierung bei der Planung, Steuerung und Durchführung der Maßnahmen:
  - Orientierung an den Anforderungen des Arbeitsfeldes und nicht der Technologie
  - Denken in Qualifikationsstrukturen statt Einzelqualifikationen (siehe Abbildung 5)
- Entwicklung und „Einüben" von Prozessen für eine selbstregulierende und -gesteuerte permanente Anpassungsqualifizierung
- Verankerung von mehr Selbstverantwortung für die eigene Qualifizierung bei den Mitarbeitern. Entwicklung der dazu erforderlichen Methodenkompetenz als integrierter Bestandteil der erforderlichen fachlichen Qualifizierung.

NC-Qualifizierungspyramide

Tätigkeitsbezeichnung		Soll-Qualifikation	an ...
Fertigungs-teamleiter	I	– Termine, Auftragsreihenfolge und NC-Ablauf überwachen/korrigieren – Stör- und Fehleranalysen durchführen bzw. Strategien zu deren Behebung und Vermeidung entwickeln – Mitarbeitern Aufgaben zuweisen bzw. fachlich betreuen können	... einem flexiblen Fertigungssystem o. ä.
Entwicklungs-einrichter	II	– Werkzeuge und Spannmittel anfertigen lassen bzw. optimieren – Maschine erproben, Teile ändern und anpassen – Koordination der Abläufe bei Neu-/Versuchsteilefertigung durchführen – Produktionsfreigabe erteilen bzw. geben können	... verschiedenen CNC-Maschinen/Anlagen mit unterschiedlichen Steuerungen und Fertigungstechnologien
Fertigungs-einrichter	III	– Vorrichtungen, Werkzeuge und Spannmittel anfertigen lassen bzw. optimieren – reibungslosen Fertigungsfluß sicherstellen können	... mehreren CNC-Maschinen/Anlagen ähnlicher Fertigungs-technologien und verschiedenen Steuerungen
Maschinen-führer	IV	– Mitarbeiter fachlich unterweisen bzw. anleiten – den Fertigungsablauf koordinieren und optimieren – CNC-Programme für andere Maschinen bzw. Anwendungen anpassen können	
Bediener mit Selbstumrüstung und Programmierung	V	– Bearbeitungsfolge festlegen und Spannung bestimmen – geometrische und technologische Daten ermitteln und optimieren – Maschinen/Anlage rüsten und CNC-Programme erstellen – Arbeitsablauffolge anpassen können	... einer CNC-Maschine/Anlage
Bediener mit Selbstumrüstung	VI	– geometrische und technologische Daten eingeben, Grundlagen der CNC-Programmierung kennen – Werkzeugvoreinstellung, kleine Reparaturen an Maschinen, Vorrichtungen und Werkzeugen vornehmen und Fertigungsfreigabe sicherstellen – Arbeitsunterlagen zum Rüsten beschaffen und sichten bzw. mit verschiedenen Informationssystemen (FPL, HTS, PDS, ...) umgehen können	... gleich-artigen CNC-Maschinen/Anlagen
Bediener	VII	– Werkzeugkorrekturdaten in die Steuerung eingeben bzw. Werkzeugwechsel durchführen – Maschinen/Anlagen (auch mit Sondersteuerungen/-verfahren) bedienen zur Störungsbeseitigung Diagnosehilfe geben können	... einer CNC-Maschine/Anlage
Konventioneller Bediener	VII	– Einzweck- und Sondermaschinen/Anlagen mit Hydraulik-/Pneumatik-/Mechaniksteuerungen bedienen – kleine Wartungsaufgaben durchführen – Qualität und Maßhaltigkeit der Werkstücke überwachen bzw. korrigieren – Arbeitsablauf steuern und Fertigungsfortschritt überwachen können	... einer CNC-Maschine/Anlage

Abbildung 5

3.2 Instrumente

Durch die Planungsgruppe, Bereichskoordinatoren und Multiplikatoren wurde eine Reihe von Instrumenten geschaffen und mit der Steuergruppe verabschiedet, die als Regelwerk dazu dienen, wiederkehrende Aufgaben und Fragestellungen bei der Bedarfsplanung und Bedarfsdeckung im Sinne von Abläufen zu standardisieren und eine reibungslose Durchführung zu gewährleisten.

Zentrales Instrument für die Bedarfsplanung ist die Qualifikationspyramide (siehe Abbildung 5, Seite 253). In der Qualifikationspyramide wurden acht verschiedene Anforderungsniveaus mit Soll-Qualifikationen beschrieben. Diese resultieren aus unterschiedlichen Tätigkeiten in der Produktion. Die Tätigkeiten in der vorliegenden Form wurden in dieser Differenzierung aus bisher sehr unterschiedlich bereichsbezogen gehandhabten Aufgabenverteilungen durch die Planungsgruppe geschaffen und werden mittlerweile von Personalbereich und allen Produktionsbereichen in dieser Form angewandt. Die Qualifikationspyramide dient als Instrument zur Planung von Mengengerüsten im Zeitverlauf im Sinne einer Entwicklung von anforderungsbezogenen Qualifikationsstrukturen. Sie leistet aber vor allem auch einen wichtigen Beitrag zur Neuordnung von Aufgabenverteilungen in der Fertigung.

In Abbildung 6 ist die Verknüpfung von Investitionsplanung, Einrichtungs- und Maschinenplanung mit der Qualifikationsplanung dargestellt. Es handelt sich um eine rollierenden Drei-Jahres-Planung mit unterschiedlichem Differenzierungsgrad für die jeweiligen Planungshorizonte. Zur Unterstützung wurde von der Planungsgruppe auch ein DV-unterstütztes Planungs- und Kontrollsystem für die Koordination aller Maßnahmen entwickelt.

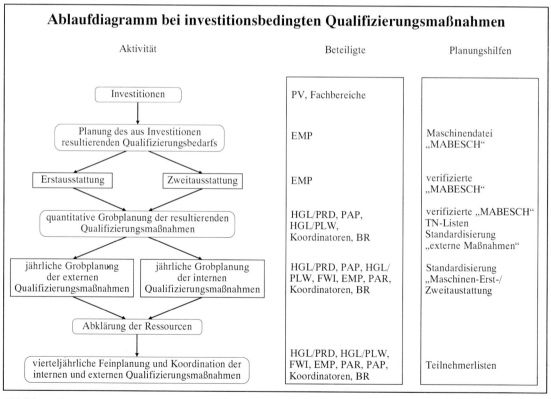

Abbildung 6

Abbildung 7 zeigt die Entwicklung und den Qualifizierungsweg vom konventionellen Bediener bis zum Multiplikator. Die Qualifizierung zum Multiplikator eröffnet dem Mitarbeiter eine weitere Entwicklung von Stufe 4 bis Stufe 1 in der Qualifikationspyramide. In diesen Anforderungsstufen kommt in zunehmendem Maße der Methodenkompetenz und der Sozialkompetenz eine größere Bedeutung zu.

Eine Weiterentwicklung dieser Fähigkeiten erwirbt der Multiplikator „On the job" in seinen Einsätzen als Multi und den periodischen Erfahrungsaustauschsitzungen mit den Koordinatoren, Mitarbeitern der Planungsbereiche unter Moderation des Bildungswesens.

3.3 Neue Rollen der Beteiligten

Das Multiplikatorenkonzept verlangt von allen beteiligten Bereichen und Trägern ein neues Rollenverständnis. In Abbildung 8, Seite 256, sind das neue Rollenverständnis und die Aufgabenverteilung zwischen den technologieanwendenden Fachbereichen und dem Bildungswesen dargestellt. Abbildung 8 ist ein Auszug aus unserem „Aktionsprogramm", das im Sinne einer „Bedienungsanleitung" die Zusammenarbeit zwischen Fachbereichen und Bildungsbereich für die Führungskräfte des Werkes in den drei Kategorien

– Herausforderung Veränderung
– Herausforderung neuer Technologien
– Herausforderung persönliche Entwicklung

beschreibt.

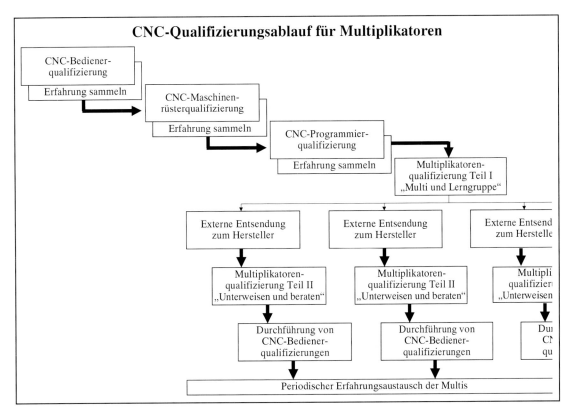

Abbildung 7

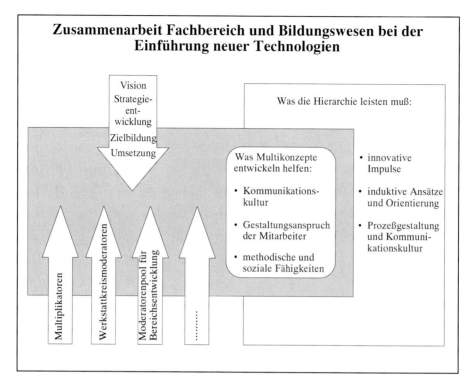

Abbildung 8

Kurz zusammengefaßt hier die wesentlichen Merkmale des veränderten Rollenverständnisses für die vier zentralen beteiligten Personengruppen:

1. *Systemeinführender Bereich:*
   Der systemeinführende Bereich ist nicht nur für Planung und Beschaffung der jeweiligen Technologie verantwortlich, sondern auch für die Gestaltung des Implementierungsprozesses und die Entwicklung von Rahmenbedingungen, die eine hohe Nutzung der Technologie sicherstellen.

2. *Führungskräfte des technologieanwendenden Fachbereichs:*
   Die Aufgabe der Qualifizierungsplanung und Durchführung wird nicht mehr an einen dritten Bereich delegiert. Die Vorgesetzten übernehmen die Verantwortung für die Entwicklung einer anforderungsgerechten und zukunftsorientierten Qualifikationsstruktur ihres Bereiches. Durch eine geplante Aufgabenzuweisung ermöglichen sie eine Personalentwicklung innerhalb ihres Bereiches, die einen „Know-how-Transfer aus eigener Kraft" durch Multiplikatoren sicherstellt. Sie sorgen für eine wechselseitige Weiterentwicklung von Qualifikationsstrukturen und Arbeitsstrukturen ihres Bereiches.

3. *Betriebliches Bildungswesen:*
   Das betriebliche Bildungswesen löst sich von der Rolle des „Schulenden Bereichs". Im Vordergrund steht die Rolle eines Bereiches, der geeignete Methoden und Prozesse gemeinsam mit den Kunden erarbeitet, die dazu dienen, die erforderlichen Qualifikationen zu entwickeln. Dazu gehört es auch, Begleiter, aber auch Mitgestalter des Prozesses zur Entwicklung von neuen Abläufen für die Technologieimplementierung zu sein. Die Rolle des Beraters gewinnt zunehmend an Bedeutung.

4. *Betroffene:*
Die Betroffenen nehmen Einfluß auf Arbeitsgestaltung und auf Arbeitsinhalte, definieren Qualifizierungsziel und -inhalte selbst mit, übernehmen planende und steuernde Funktionen im Rahmen der Qualifizierung und führen diese später für Kollegen auch selbst durch. Sie übernehmen Mitverantwortung für eine effiziente Einführung und Nutzung neuer Technologien.

3.4 Vernetzung zu anderen Feldern

Bereits aufgezeigt wurde die stärkere Integration von Investitionsplanung und Qualifizierungsplanung. Das Beispiel der Entwicklung der Qualifikationspyramide zeigt, wie durch einen längeren Diskussionsprozeß nicht nur ein Planungsinstrument entstand, sondern damit auch Aufgabeninhalte und Aufgabenverteilungen im Facharbeiterbereich neu geordnet wurden. Die höhere Qualifizierung und das Multiplikatorenkonzept haben zu einer Arbeitsbereicherung und höheren Potentialnutzung geführt.

Ein Feld mit deutlichen Synergieeffekten ist die Vernetzung mit der Personalentwicklung. Zur Zeit haben wir im Werk rund 250 aktive Multiplikatoren in den unterschiedlichsten Qualifizierungsfeldern sowie im Facharbeiter- als auch im Angestelltenbereich. Von den neu ernannten Führungskräften (Meister und Führungskräfte in Planungs- und Verwaltungsbereichen) waren rund 60 Prozent vorher als Multiplikatoren eingesetzt. Das Arbeiten mit Gruppen, die Übernahme planender und steuernder Funktionen, das Agieren als Promotor für eine Idee und die Möglichkeit, diese Aufgaben periodisch gemeinsam mit anderen zu reflektieren, eröffnet Lernchancen, die konventionelle Führungstrainings nicht bieten. Die Verknüpfung von Multiplikatorentätigkeit und persönlicher Weiterentwicklung findet auch Niederschlag in einer Zielvereinbarung, die der Vorgesetzte mit seinen Multiplikatoren schließt. Angesprochen in dieser Zielvereinbarung werden:

- Welches Qualifizierungsvolumen soll abgearbeitet werden?
- Wieviel Arbeitszeit darf/soll der Multiplikator/Koordinator investieren?
- Wie sieht die Regelkommunikation mit dem Vorgesetzten aus?
- Welche persönlichen Entwicklungsfelder/Lernziele soll/will der Multiplikator (Koordinator) bearbeiten?
- Welche Perspektiven hat der Multiplikator/Koordinator durch seine Tätigkeit?
- Wie wird die Erreichung dieser Lernziele vom Vorgesetzten abgeprüft?
- Wie wird die Qualität der Aufgabenerledigung vom Vorgesetzten überprüft (Gütekriterien)?

Der Einsatz von Mitarbeitern als Multiplikator bietet dem Vorgesetzten somit auch die Chance, bei seinen Mitarbeitern vermutetes Führungspotential im Vorfeld einer weiteren Förderung zu überprüfen.

4. Reaktive Problemlösungsmentalität versus antizipierenden, übergreifenden Gestaltungsanspruch?

4.1 Eine typische Produktionskultur?

Unsere Organisation ist als Produktionswerk stark gekennzeichnet durch ein erfahrungsorientiertes Lernen des einzelnen. Der induktive Weg überwiegt, wie auch unser eigenes Beispiel von den ersten Schritten bei der Entwicklung des Multikonzepts zeigt. Häufigste Auslöser für das Lernen sind Probleme oder Fehler. Häufig entstehen Lösungsansätze aus der subjektiven, individuellen Sicht eines Betroffenen. Gekämpft wird dann in der Regel um die richtige Lösung – die nicht selten zwangsläufig in einem faulen Kompromiß enden muß. Manchmal das Fazit: Allein geht's besser!

4.2 Vom Lernen des einzelnen zum Lernen von Gruppen

Eine Reflexion in Gruppen mit einer ausführlichen, intensiven Bildgestaltungsphase führt in der Regel auch zu einer intersubjektiven, gemeinsamen Sichtweise des Problems. Hieraus lassen sich Lösungsansätze leichter entwickeln und die Auswirkungen schneller bewerten. Für das Zustandekommen solcher Reflexionsprozesse in Gruppen bedarf es eines Initiators und einer konsequenten Moderation. Je nach Reifegrad der Organisation dürfen diese beiden Funktionen nur außerhalb oder auch bereits in der Gruppe zu finden sein. Die Vorgesetzten sind gefordert – das Bildungswesen je nach Rollenverständnis ...

Auffallend in unserem Werk ist übrigens, daß die unteren Ebenen ein deutlich unverkrampfteres Verhältnis zur gemeinsamen Reflexion, aber auch zur Änderung von bisherigen Verhaltensweisen zeigen. Dies mag vielleicht daran liegen, daß sie als frühere oder bisherige Opfer der Arbeitsteilung von Planung und Ausführung auch nicht verantwortlich für bestehende Abläufe und Zustände sind. Ein anderer Grund dürfte sein, daß die direkt Betroffenen in der Regel einen höheren Leidensdruck und daher mehr Interesse an der Veränderung haben.

Wie das Beispiel in Abschnitt 3 zeigt, ist für die Bewältigung komplexer Veränderungsvorhaben eine ebenenübergreifende Institutionalisierung von Reflexionsritualen notwendig. Diese Gruppen sollten alle relevanten Beteiligten und Betroffenen, orientiert an der Prozeßkette des Veränderungsvorhabens, berücksichtigen.

4.3 Brennglaseffekt und Sandwicherfahrungen

Die hohe Wirkung, die nicht nur die ersten Multiplikatoren im Sinne eines Anstoßes für weitere übergreifende Veränderungen gezeigt haben, stellen die Frage nach dem Warum. Die Erfahrungsaustauschtagungen der Multiplikatoren haben vor allem in der Startphase zu einer Fülle von arbeitsfeldübergreifenden Problemstellungen hingeführt. Diesen Brennglaseffekt möchte ich mit den „Sandwicherfahrungen" der Multis erklären: Die erweiterte Aufgabe durch die Rolle des Multiplikators führte für die Mitarbeiter zu einer Positionierung sowohl als Betroffener als auch als Verantwortlicher für ihre Arbeitssituation.

Diese Sandwicherfahrung als zugleich Betroffener wie auch Beteiligter ist sicher vom Ansatz her nichts Neues – die Frage ist, wie solche Sandwicherfahrungen in anderen Funktionen ähnlich wirkungsvoll genutzt werden können. Beispiele hierfür sind Werkstattkreismoderatoren, die Mitwirkung in Projektgruppen für organisatorische Veränderungsvorhaben oder auch Mitglied eines Moderatorenpools für Bereichsentwicklungsprozesse. Sie alle stehen auch als Multiplikator für die Idee, arbeitsfeldübergreifend Verantwortung zu übernehmen.

4.4 Der Sprung nach vorn

Die Frage nach der Veränderungsfähigkeit unserer Organisation ist mit der Entwicklung des Lernens des einzelnen zum Lernen von Gruppen allein nicht gelöst. Mitentscheidend ist es, wie gut es uns gelingt, uns von reaktivem Verhalten hin zu antizipatorischem Denken und Handeln zu entwickeln. Ansätze dazu können sowohl von innen als auch von außen kommen. Von außen könnte dies zum Beispiel sein durch:

- Lernen von der Konkurrenz über Literaturauswertungen, Marktanalysen, Erfahrungsaustausch oder Benchmarking,
- Kontakte zu Wissenschaft und Lehre, Literaturauswertungen, Vergabe von Forschungsarbeiten oder Diplomarbeiten, Modellversuche.

Genauso möglich müßte es aber sein, Ansätze stärker von innen heraus zu entwickeln. Nicht immer gibt es genügend Mitglieder der Organisation, die eine Vision selbst entwickeln können und die Macht haben, diese erfolgsversprechend zu plazieren oder die erforderlichen Machtpromotoren für sich gewinnen zu können.

Die Szenario-Technik oder ähnliche Methoden können als Aufsetzer oder Ausgangspunkt für die gemeinsame Entwicklung von Visionen und daraus resultierenden Strategien dienen – dennoch wird in solche Vorhaben wenig Zeit und häufig zu wenig Energie investiert. Es gilt, den basisorientierten, überwiegend deduktiven Weg durch induktive Ansätze aus einer Gesamtkonzeption heraus zu ergänzen, um so eine Orientierung und Ordnung für vielfältig miteinander vernetzte, einzelne Veränderungsstränge sicherzustellen. Auch hier wieder sind die oberen Führungskräfte und das Top-Management in ihrer Initiativfunktion gefordert – das Bildungswesen könnte eine Rolle des Impulsgebers sowie Prozeßgestalters und -begleiters übernehmen.

4.5 Fazit und Ausblick

Multiplikatorenkonzepte setzen dort an, wo viel Energie sitzt – bei der Gestaltung des eigenen Arbeitsumfeldes. Gelernt wird primär nicht im Training sondern vor Ort im Anwendungsfeld. Das dezentrale Lernen und die Auflösung der bisherigen künstlichen Trennung von Lernen und Arbeiten sind wesentliche Gestaltungselemente.

Multikonzepte helfen:

– methodische und soziale Fähigkeiten direkt im Arbeitsvollzug weiterzuentwickeln – besondere Bedeutung kommt dabei der Prozeßkompetenz zu;
– Einstellungen und das Selbstverständnis in der eigenen Aufgabe zu wandeln – der Anspruch, Veränderung aktiv mitzugestalten, erhält eine breite Basis bei Mitarbeitern und unteren Führungskräften;
– durch eine Verankerung von Reflexionsritualen als festem Bestandteil der Arbeit eine spezifische Kommunikationskultur zu entwickeln – damit wird eine wesentliche Voraussetzung für einen funktions- und ebenenübergreifenden Dialog in Strategiebildungs- und Umsetzungsprozessen geschaffen.

Soll unter der Veränderungsfähigkeit einer Organisation nicht nur eine reaktive Anpassungsfähigkeit, sondern eine antizipative, proaktive Fähigkeit zur Neuorientierung verstanden werden, erwachsen für die Hierarchie neue Herausforderungen:

– Innovative Impulse geben – Entwickeln von Visionen und Strategien unter Nutzung des Potentials der Führungsmannschaft und der Mitarbeiter;
– Orientierung schaffen – induktive Ansätze verstärken; Konzepte, Strategien und Visionen kommunizieren können;
– Veränderungsprozesse anlegen und die dazu erforderliche Kommunikationskultur gestalten und absichern können.

Für das Bildungswesen erwachsen daraus neue Chancen – es kann für das Unternehmen einen größeren, sichtbaren Nutzen bringen, wenn es den Anforderungen gewachsen ist:

– Prozeßberatung und -begleitung sowie Moderationsleistungen müssen so angelegt sein, daß die Veränderungsarbeit auch als Lernsituation langfristig wirksam wird.

Voraussetzung – auch für die Akzeptanz in seiner Rolle – ist die Neupositionierung des Bildungsbereichs selbst. Die eigenen Lernprozesse bilden die Basis für eine glaubwürdige, strategieunterstützende Veränderungsarbeit mit der Organisation.

Vierzehntes Kapitel

Strategische Planung als Lernprozeß –
„Von mir aus nennt es Körper, Geist und Seele"

Rainer J. Lessing

1. Führungskultur: Vernetztes Wissen, Wollen und Können

Ziel meines Beitrages soll es sein, dem Leser sofort Selbstbedienung in fremder Erfahrung zu ermöglichen. Umsetzungsmöglichkeit zu bieten für den eigenen Führungsalltag ohne große Transferprobleme. Es wird verzichtet auf theoretische Erläuterungen. Der praktische Lernprozeß für die strategische Planung soll bereits mit diesen Ausführungen beginnen. Daher wurde eine empirische Form gewählt. Meine Erfahrungen lassen sich am besten an einem konkreten Beispiel aufzeigen, welches aktuell in einem Tochterunternehmen eines High-Tech- und Technologiekonzerns erfolgreich abgelaufen ist. Das verantwortliche Vorstandsteam hat mit seinen oberen Führungskräften, Stabsleuten und Moderatoren für Managementtraining erarbeitet, wie strategisches Denken, Fühlen und Handeln in allen Unternehmensbereichen und auf allen Führungsebenen effizient gelernt und umgesetzt werden kann. Dabei wurde auch sichtbar, daß strategische Planung an sich ein Lernprozeß derjenigen ist, die sich in einem Team zusammensetzen, um über die Zukunft des Unternehmens nachzudenken.

Zu dem Text, der die gestrafften Ausführungen des Vorstandes und seiner Führungscrew enthält, werden im wesentlichen die Sachbeispiele gebracht, wie Vertriebs- und Kundenmanagement sowie strategische Planung als Lernprozeß verstanden, trainiert und geführt werden soll. Damit wird gleichzeitig deutlich, daß strategische Planung markt- und kundenorientiert sein muß. Das zeigt auch, daß Planung ein Teil des Managementprozesses ist und Lernen als Ganzheitsvorgang aus Wissen, Wollen und Können besteht. Die Abbildungen zeigen Charts, die zur Erläuterung des Themas im Workshop aufgelegt wurden. Damit wird das ganzheitliche Prinzip der strategischen

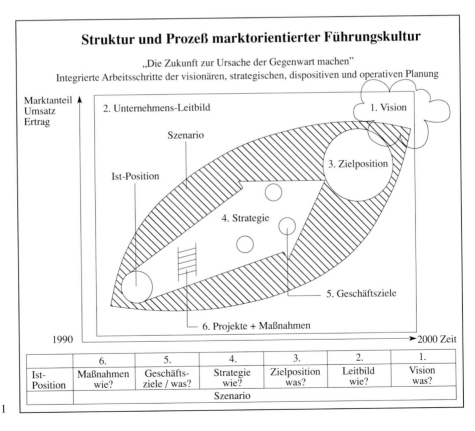

Abbildung 1

Orientierung und gleichzeitig deren Umsetzung im Tagesgeschäft aller Beteiligten verdeutlicht (Abbildung 1, Seite 263). Die Charts haben sich bewährt. Die Kommunikation im Workshop selbst lief erfolgreich ab, ebenso die Umsetzung und Weitergabe dieser Gedanken in den darauffolgenden Trainings- und Führungssitzungen. Auf die Frage zur Zusammenfassung dieses komplexen Themas „Strategische Planung als Lernprozeß" antwortete der Vorstandsvorsitzende: „Von mir aus nennt es Körper, Geist und Seele: Mit Körper meine ich die Technologie und Produkte unseres Unternehmens. Unter Geist verstehe ich unsere Marktorientierung und 100prozentige Kundennähe. Die Seele unseres Geschäftes ist der Mensch, das heißt, sind wir als Führungskräfte mit unseren Mitarbeitern und unserer Kommunikation in der Organisation."

Geist, Seele und Körper stehen analog für Wissen, Wollen und Können; für Analyse, Planung und Umsetzung oder auch für Information, Motivation und Qualifikation. Die Schnittmenge aus allen drei Persönlichkeitsressourcen ist das persönliche Wachstum. Wenn alle wachsen, wächst auch das Unternehmen. Das Persönlichkeitswachstum bringt unserer Firma Wachstum (Abbildung 2, Seite 265).

2. Ziel und Ablauf eines Strategie-Workshops

Das Beispiel zeigt den Ablauf eines kundenbezogenen Strategie-Workshops zur Erarbeitung der Inhalte, Ziele und Kundenstrategien. Ziel ist, den Teilnehmern persönliches Wachstum und strategische Planung als Lernprozeß zu ermöglichen.

1. Information,
2. Motivation,
3. Qualifikation, das heißt die Befähigung der Teilnehmer zum effizienteren Führen und Verkaufen auf Basis von kundenorientierten Marktinformationen.

Der Ablauf des Workshops:

a) Einleitung und Zielsetzung durch den Vorstand.
b) Erwartungshaltung und Wünsche der Teilnehmer erfassen mit konkreter Kartenauswertung nach Themengruppen (Methode Metaplan).
c) Konkrete Kurzinformation und Beantwortung von Fragen.
d) Ein Kundenbeispiel „strategische Planung" gemeinsam erarbeiten sowie die Planung mit Hinweisen zur Berichterstattung.
e) Jeder Teilnehmer erarbeitet individuell für seine zwei Kunden die strategische Planung auf der Basis vorgegebener Beispiele.
f) Kurzpräsentation je Teilnehmer mit Beantwortung der Fragen.
g) Feedback durch Beantwortung der Fragen nach den Gefühlen und Ergebnissen.

3. Strategische Planung als Lernprozeß

„Strategische Planung ist ein Lernvorgang. Ein Lernvorgang darüber, wo die Zukunftspotentiale und die Zukunftschancen einer Firma liegen. Das darf aber nicht auf irgendeiner Wolke sein, sondern muß konkret an kleinsten Einheiten festgemacht werden. Wir haben den Ansatz, das strategische Denken, strategisches Planen, strategisches Handeln einerseits aus der Bottom-up-Betrachtung, das heißt, aus der kundenorientierten Nutzenbetrachtung, möglich ist und andererseits aus der Top-down-Betrachtung, das heißt aus Sicht des Weltmarktes und der Technologieentwicklung (Abbildung 3, Seite 265). Eine Firma ist eine Lernorganisation. Lernen ist das wichtigste Kapital einer Gesellschaft, weil nur mit dem Lernen Verbesserungen, Wettbewerbsvorteile und Deltas, das heißt Unterschiede, entstehen. Informationen und Motivationen sind die Basis für Lernvorgänge.

Also brauchen wir kundenorientierte und technologiebezogene Marktinformationen, um die Lernorganisation besser zu machen, als sie heute ist und besser zu machen, als die Wettbewerbsorganisationen sind. Das Lernen der Führungskräfte und Mitarbeiter ist die Basis. Nur lernende Organisationen, die strategisch orientiert sind, die stra-

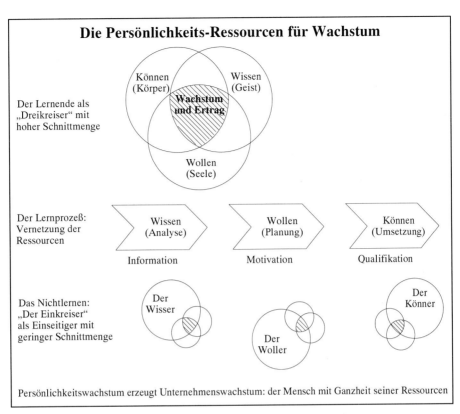

Abbildung 2

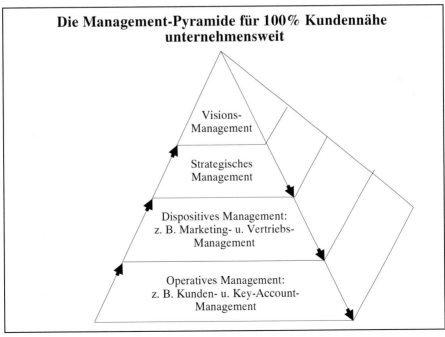

Abbildung 3

tegisch lernen und nicht in die Vergangenheit gucken und nur das Tagesgeschäft ansehen, werden gegenwärtig und auch zukünftig immer wieder Wettbewerbsvorteile haben. Es gilt das Prinzip: „Die Zukunft zur Ursache des gegenwärtigen Handelns machen." (Abbildung 4)

Was ist Lernen? Lernen hat etwas mit der Kombination von Wissen, Wollen und Können zu tun; mit der Vernetzung von Denken, Fühlen und Handeln; mit der Kombination dieser drei Ressourcen. Dann ist persönliches Wachstum möglich. Deswegen müssen wir auch eine kombinierte Informations-, Motivations- und Qualifikationsveranstaltung aus jedem Strategie-Workshop machen (Abbildung 5, Seite 267).

80 Prozent der Workshopzeit sollte für die Gestaltung der Motivation verwendet werden. Deshalb auch hier die stärkere Beschäftigung damit. Motivation hat etwas mit Selbsterfahrung zu tun, mit Selbermachen, das heißt, die Leute müssen in dieser Veranstaltung selber planen, selber analysieren. Jeder bringt selber seine Technologie-, seine Markt- und Kundenerfahrung ein.

Der Moderator ist nicht der Vormacher. Er hat bereits in der Vorbereitung des Workshops den kreativen Prozeß gestaltet. Im Workshop müssen die Leute selber arbeiten. Das ist die größte Motivation. Die beste Motivation ist eine klare Aufgabenstellung, an der die Leute das erledigen können, was in Realität zu erledigen ist. Das nimmt ihnen die Angst, gibt ihnen den Mut und die Fähigkeit, auch das nach diesem Workshop umzusetzen.

Was hat der einzelne Manager und Mitarbeiter davon? Zum Beispiel Zeiteinsparung oder Geldeinsparung, Imagegewinn, Energieeinsparung, höhere Innovationsgeschwindigkeit (vgl. Abbildung 6, Seite 267). Das sind verschiedene Komponenten, die er durch den Prozeß selber steuert.

Bei der Einweisung der Mitarbeiter gilt das Prinzip „Holt die Leute da ab, wo sie stehen", sonst verstehen sie das nicht. Also muß man denen sagen, wo sie heute ihre Einjahresplanung wiederfinden und wie die Einjahresplanung eingebettet ist, wie die strategische Planung abläuft und was 1991 umgesetzt wird.

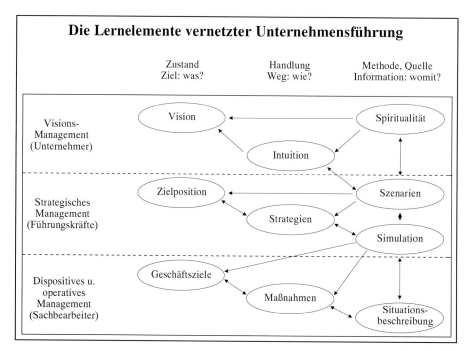

Abbildung 4

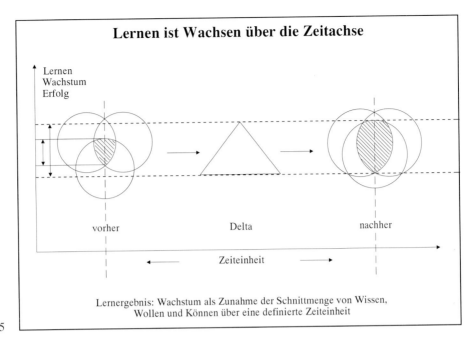

Abbildung 5

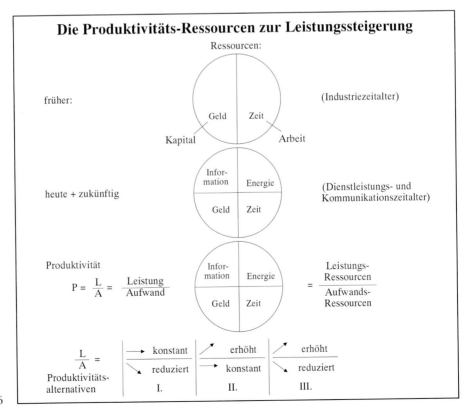

Abbildung 6

4. Anwendung für strategische Kundenplanung

„Strategische Kundenplanung soll eigentlich nichts anderes als das Kundenvolumen und den Lieferanteil pro Produkt- und Marktsegment (PMS) sichtbarer machen, weil wir keine Nabelschau wollen. Umsatz und Absatz ist Nabelschau, das ist ab sofort verboten!

Heute ist es ja so, daß mehrere Verkäufer einen Kunden bearbeiten. Sie wissen ja selber, mehrere PMS eines Kunden werden von verschiedenen Verkäufern bearbeitet, und sogar teilweise in verschiedenen Geschäftsbereichen.

Also geht es doch darum,

1. differenzierte Produktmarktsegmentmaßnahmen zur Bearbeitung, zur Preisgestaltung, zur Sortimentsabrundung, zur Lieferung, zur Produktion in einem PMS pro Kunde zu erarbeiten und umzusetzen;
2. eine gemeinsame Kundenbearbeitungs-Strategie zu erarbeiten, die sich natürlich aus der Summe von verschiedenen Produktmarktsegmenten ergibt, im Verhältnis zu anderen Kunden. So ein Kunde ist das Werk eines Großkonzerns. Darüber gibt es auch Europakunden, das heißt mehrere Werke.

Damit haben wir das Problem, daß wir nicht mehr nur das einzelne PMS steuern müssen, sondern auch die verschiedenen Werke eines Eurokunden bzw. eines Weltkunden.

Das ist der Kern. Da das nicht nur auf ein Jahr bezogen werden soll, sondern auch die Vergangenheits- und Zukunftsbetrachtung einbezieht, ist es natürlich sinnvoll, hier eine gemeinsame Vorgehensweise zu haben: Der Maßnahmenplan wird auf Basis dieser Planung eine effiziente Unterstützung für Ihre Verkaufsarbeit in den einzelnen Segmenten und für den Kunden gesamt geben.

Die qualitativen Elemente werden über die Kundenattraktivitäts- und die Wettbewerbsstärke-Kriterien ermittelt. Insgesamt bedeutet das natürlich eine Sichtbarmachung: Was wollen wir insgesamt bei diesem Kunden umsetzen?

1. Mehr Umsatz über Kundenpotential-Information.
2. Mehr Ertrag über Marktanteilssteuerung.
3. Mehr Motivation über Selbstmanagement und Zeiteinsparung.

Dieses bezieht sich sowohl auf vorhandene Geschäfte als auch auf Innovationssteuerung. Das heißt neue Kunden, neue Produkte, neue Anwendungen, weil wir nicht nur mit quantitativen Zahlen, Kundenvolumen und Lieferanteilen arbeiten, was bei bekannten Geschäften sichtbar wird, sondern auch die qualitativen Kriterien bündeln, die im wesentlichen für die Innovationssteuerung eingesetzt werden.

Der Kern liegt in der Vereinfachung, damit alles einfach, schnell und selbstbewußt (keep it speedy, simple and self confident) umgesetzt werden kann. Bitte Reduktion auf wesentliche Informationen, auf wesentliche Kunden, auf wesentliche Segmente und auf wesentliche Maßnahmen, weil sonst ein Verwirrspiel mit zu vielen Aktivitäten zur Verzettelung führt.

Dann führt man gar nichts durch bzw. erhebt kaum noch Informationen, weil man kein Land mehr sieht. Es gilt das sogenannte Pareto-Prinzip. Herr Pareto hat herausgefunden, daß man mit 20 Prozent der Kunden 80 Prozent des Umsatzes macht, weil 20 Prozent der Produktmarktsegmente das Gesamtgeschäft ausmachen und mit 20 Prozent der Zeit wesentliche Aufgaben erledigt werden. Ein sogenanntes Produktmarktsegment (PMS) ist der kleinste Marktplatz, von dem wir Informationen einholen, den wir analysieren, den wir planen und über den wir Bericht erstatten. Für ein PMS werden vier Informationen erhoben (Kundenvolumen, Lieferanteil, Kundenattraktivität und Wettbewerbsstärke). Kundenattraktivität und Wettbewerbsstärke können als qualitative Kriterien gebündelt, noch verfeinert und vertieft werden. Ein Produktmarktsegment ist die wirklich kleinste operative Einheit, die ein Kunde hat.

Seine heutigen Aufträge, die er uns gibt, beziehen sich immer auf eine bestimmte Produktgruppe für einen Anwendungsfall. Es ist also keine vom Marketing-Leitstand oder von der Theorie her definierte Größe, sondern es ist die praktizierte Größe, wie sie heute von unserem Lieferanten, von unserer Produktion und von unseren Kunden auf unseren Auftragsblättern und in den Unterlagen permanent sichtbar wird.

Ein PMS ist eine Mikroeinheit. Der sogenannte Mikrokosmos der Firma besteht aus vielen Produktmarktsegmenten von Lieferanten und aus der eigenen Produktion. Diese Produktmarktsegmente finden auf Kundenebene ihre konkrete Anwendung. Wenn man ein Produktmarktsegment aber auf Deutschland- oder auf Weltmarktebene betrachtet, summiert in Stückzahlen und in den Werten, kommt man plötzlich zu ganz neuen Erkenntnissen. Es gibt nämlich interessante und strategisch wichtige Produktmarktsegmente, die für den einen Verkäufer wichtig, für den anderen Verkäufer absolut unwichtig sind, aber aus der Gesamtsicht eine sehr wesentliche Bedeutung haben.

Das kann man nicht erkennen, wenn man nur auf operativer, verkäuferischer Ebene Produktmarktsegmente behandelt und jeder einzelne das für sich macht. Diese neuen Erkenntnisse, diese strategischen Erkenntnisse auf der Basis einer neuen Informationsqualität sind mit den „vier" Marktinformationen und der strategischen Planung möglich.

Da auch der Verkäufer immer eine gute Preis-/Leistungskonstellation haben will mit seinem Angebot, muß er diese Informationen an das Management weitergeben, damit er in seinem Tagesgeschäft wettbewerbsstärker ist als die anderen Lieferanten beim Kunden. Das kann man aber nur, wenn man durch gebündelte Information Schwerpunkte setzt bei der Beschaffung von Produkten für bestimmte Anwendungen, und daß man beim Vermarkten von Produkten für bestimmte Anwendungen ganz bestimmte Preisniveaus und Qualitäten einhält.

Das ist aber nur durch die Bündelung von Informationen vom Mikrokosmos bis zum Makrokosmos, das heißt Weltmarktbetrachtung oder Länderbetrachtung, möglich, weil damit auch die Einkaufsbündel und auch die Beschaffungsvorgänge in eine neue Richtung gelenkt werden. Es gibt bisher keinen Informationsstrom vom Produktmarktsegment eines Kunden bis hin zum Beschaffungs- und Einkaufsvorgang im Vorstand.

Das wird heute immer nur über Pauschalbetrachtungen von Kunden, Stückzahlen und Werten gehandelt. Aus der Froschperspektive ist ein PMS die konkrete Arbeitseinheit im Tagesgeschäft eines Verkäufers. Aus der Vogelperspektive ist ein PMS das strategische Geschäftsfeld der Firma. Es kann sein, daß wir überhaupt nur 20 oder 30 strategische Produktmarktsegmente haben, mit denen wir wesentliches Geld verdienen, obwohl wir einige Hunderte oder Tausende PMS insgesamt bearbeiten. Das wollen wir herausfinden, weil wir sonst unseren Ertrag nicht steigern können, weil wir nur mit bestimmten Marktanteilen, mit bestimmten Lieferantenabschlüssen und Preisgestaltungen in der Lage sind, strategisch den Ertrag und die Wertschöpfung zu steigern."

5. Provokation als positive Lernhilfe

„Negative Konfrontation in der Moderation und strategischen Lerndiskussion ist absolut schädlich. Positive Provokation ist gefragt. Konfrontation bringt negative Stimmung. Provokation veranlaßt zum Lachen, zum Locker- und Lustigsein, bei gleicher Ernsthaftigkeit der Aufgabenerledigung.

Beispiel für eine strategische Kundenplansitzung:

Wenn ein Kundenmanager keine qualitativen Beurteilungskriterien nennen will und eine feine Aufgliederung nach Segmenten ablehnt; wenn er das Kundenpotential nicht schätzen kann und nicht weiß, welchen Lieferanteil er planen kann, und er findet das überhaupt alles zu unsicher, dann sagen Sie ganz einfach:

„Dann machen Sie Ihr Geschäft doch so weiter wie bisher, mit Vergangenheitsdaten in der Planung. Probieren Sie das, vielleicht kommen Sie ja damit durch. Es kann ja sein, daß die Kunden Sie ganz besonders mögen und bei Ihnen eine Ausnahme machen oder auch Ihr direkter Vorgesetzter oder Ihre Kollegen das akzeptieren, wenn sie einen anderen Weg gehen. Das Team hat offiziell hier im Hause einen anderen Weg vorgeschlagen, aber Sie sind ja nun auch eine Persönlichkeit und können sich ja in bestimmten Punkten durchsetzen. Ich bin hier mit dieser Vorgehensweise, um denen zu helfen, die das wollen; die neue Wege lernen wollen, die kundenstrategisch denken und steuern wollen."

Machen Sie sich als Moderator einer strategischen Planungssitzung nicht verrückt und unsicher bei nörgelnden Teilnehmern. Sie haben immer einige, die darauf spezialisiert sind, permanent zu nörgeln, um Leute, die vorne stehen und ihre Vorgesetzten auf die Palme zu bringen. Die nehmen wir liebevoll an und coachen sie provokativ und nicht konfrontativ.

Was ist Provokation in der Kommunikation und im Lernprozeß nun eigentlich?

Provokation ist die Kunst, den anderen dadurch betroffen zu machen, daß man ihm seinen eingeschlagenen Weg plastisch ausmalt, wohin er in Zukunft führt. Daß man als Moderator nicht Widerstand leistet, sondern ihm hilft, kreativ und interessant die Zukunft seines gegenwärtigen Handelns deutlich zu machen. Daß man aufzeigt, mit wem er aneckt, was an Negativereignissen eintreten wird, was es auch an Positivem bringen wird, aber in der Summe doch in eine strategische und operative Sackgasse führen wird, die ihm früher oder später Schwierigkeiten bereiten wird.

Dem Teilnehmer leicht mit der Hand auf seinen Ellenbogen fassen, sich so auch optisch und rein physisch an seine Seite stellen. Provokation ist das freundschaftliche Bemühen in der Annahme des anderen, in der Annahme seiner Fähigkeiten und auch seines Irrtums, ihm zu helfen durch Selbsterkenntnis, durch Selbstüberzeugung, daß er dann selber sagt: „Nein, so will ich das auch nicht. Also das habe ich so nicht gewollt, wenn das wirklich darauf hinausläuft, dann will ich mich lieber so verhalten, wie Sie das hier gerade ausgemalt haben, Herr Moderator."

Das ist der sogenannte Voodoo-Effekt; in der Eingeborenenwelt ist das die Angst vor dem Teufel. Der Teilnehmer wehrt sich gegen dieses Negative, was auf ihn zukommen wird. Er schwenkt seine Energie ins Positive, er motiviert sich und hat damit die Basis für strategisches Lernen.

Das fordert einen Moderator, der provokativ seine Gruppe führt. Er muß liebevoll und intelligent das Themenspektrum annehmen, sich auf die Leute einstellen, gut zuhören, blitzschnell wahrnehmen, was der andere im Schilde führt, nicht abwarten, bis es dort eskaliert, sondern gleich auf ihn zugehen.

Reingehen in die Situation mit Mut, keine Angst haben vor Konfrontation, sondern diese immer mit der Kraft und der Fähigkeit der positiven Provokation und dem anderen zeigen, wie man das machen kann. Erfreulicherweise entstehen durch Provokation Lacher und Schmunzeln, sowohl bei den Teilnehmern wie auch bei dem Betroffenen. Das lockert die Situation auf, macht das Ganze spannend und erhöht damit die Kompetenz des Moderators, das Wohlfühlen der beteiligten Teilnehmer und damit die kreative Ausgangslage für das strategische Lernen.

Provokation ist die Kommunikationsvariante teamorientierten Managements und der Teamführung der 90er Jahre, weil Argumente von Kopf zu Kopf die Gefühlswelt weniger beeinflussen. Wir müssen versuchen diese Sachkonfrontation auf eine Gefühlsebene zu bringen, die über diesen Weg Sachargumente oder Sachlösungen und Konsens bringt. Provokation ist keine Ironie.

Kann jeder Führende Provokation einsetzen?

Ich warne davor, leichtfertig mit der provokativen Führung und der provokativen Kommunikation umzugehen. Man muß sich langsam als Moderator herantasten und langsam immer kecker und mutiger werden. Dieses Vortasten, das muß man probieren, das kann man nicht lesen und auch nicht vorgemacht bekommen, man muß es selbst probieren, weil jeder seinen eigenen provokativen Stil entwickelt.

Aber der Grundstil ist eindeutig vorgeprägt. Sich nicht gegeneinen Teilnehmer zu stellen, konfrontativ also gegen einander zu argumentieren, sondern sich an die Seite des Teilnehmers stellen, auch rein bildlich, man geht physisch an seine Seite, stellt sich an seine Seite, packt ihn am Unterarm und versucht, ihm deutlich zu machen, was einem spontan einfällt, was er da möglicherweise für einen „Denkschrott" erzählt, und malt diesen Schrott in den besten Farben aus. Es bleibt Schrott, aber farbiger Schrott ist natürlich interessanter, und man kann diesen sichtbar machen. Wenn zum

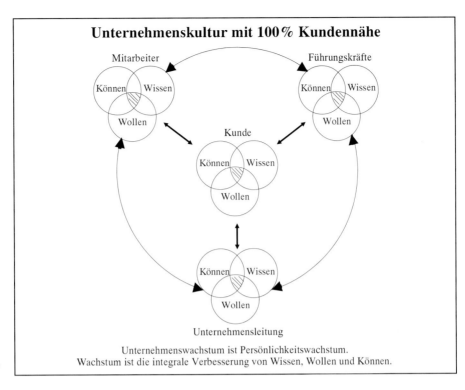

Abbildung 7

Beispiel Fehlinvestitionen eines Unternehmens in die Gullis fließen, das heißt in Portfolio-Positionen, erzeugt es einen unglaublichen Schrecken, wenn man ein Bankkonto als Abwasser-Gulli bezeichnet und dann schließlich das Geld dort wegschwimmen sieht, weil vielleicht in schlechte Produkte und schrumpfende Märkte investiert wurde.

Also ruhig auch ungewöhnliche Begriffe wählen, kreativ Unterhaltsames, weil es spannend ist. Über diese lockere Atmosphäre entstehen auch neue kreative Akte, das heißt neue Erkenntnisse und neue Gemeinsamkeiten. Es hat auch damit zu tun, ehrlich und offen zu sein mit sich selbst.

In kritischen Situationen müssen Sie aber auch nein sagen können. Das Nein gegenüber einem Teilnehmer ist ein Ja zu sich selbst. Wenn ein Moderator ja zu sich selbst sagt und die Führung in einem Team annimmt, muß er ab und zu mal nein sagen, aber das ist ein Nein in der liebevollen Annahme eines Andersdenkenden. Es ist auch wichtig, diese Gedanken und Gefühle auszusprechen, weil sich dann das Gegenüber darauf einstellen kann, man selber eher berechenbar und einschätzbar wird und nicht eine sehr schillernde Figur. Sonst ist es schwierig, hier Akzeptanz als Moderator aufzubauen.

6. Strategische Geschäfts-Einheiten (SGE) als Lernorganisation

Mit strategischen Geschäftseinheiten, einem neuartigen Führungs- und Organisationskonzept, haben mittelständische Unternehmen und Konzernsparten gute Erfahrungen gesammelt. Wichtigste Erfolgsmerkmale sind Umsatzsteigerungen, Kostensenkungen, hohe Motivation der Führungskräfte und die Vermittlung unternehmerischen Know-hows bis ins mittlere Management. Die Geschäftsteamorganisation ist als ständige Lernorganisation eingerichtet.

Sie erscheint auf den ersten Blick ebenso simpel wie riskant: Man berufe aus den traditionellen

Funktionsbereichen Produktion, Forschung und Entwicklung, Vertrieb und Verwaltung eines herkömmlich organisierten mittelständischen Unternehmens fünf bis sieben fachlich kompetente Leute, delegiere ihnen als Team die Gewinnverantwortung für die Produkte eines bestimmten Marktsegments und nenne die zusammengemischte Gruppe eine Strategische Geschäfts-Einheit: SGE.

Jedes Team legt für sein Aufgabenfeld die Produkt- und Marktstrategien fest, kümmert sich um Vertriebsplanung, Kapazitätsauslastung, Kostensenkungsmöglichkeiten und operative Probleme und Controlling – nicht etwa hauptamtlich, sondern wöchentlich oder 14tägig ein paar Stunden lang in einer gemeinsamen Sitzung.

Die Vorteile einer bestimmten Variante von SGE-Teams:

1. Die Teambildung erfolgt nach Produkt-Markt-Gesichtspunkten. Bei der Installation, Auflösung und Besetzung des Geschäftsteams kann die Geschäftsführung sehr flexibel vorgehen. Die Teilnahme am Team ist kein „Besitzstand".
2. Feste Termine für die Geschäftsteam-Sitzungen, in denen strategische und operative Entscheidungen gefällt werden.
3. Die hierarchische Ordnung der Linie bleibt erhalten, das Projektmanagement wird in diese Arbeit integriert. Es findet eine Institutionalisierung von bereichsübergreifender Entscheidungsfindung statt.
4. Hierarchiefreie, kreative Arbeit im Team; der SGE-Leiter ist Primus inter pares und muß für Konsensbildung des Teams sorgen.
5. Wenige, einfache Arbeitsregeln für die Organisation und den Ablauf der Teamarbeit.
6. Es gibt keine bürokratische Aufblähung; zum Beispiel werden die Protokolle handschriftlich erstellt und gleich nach der Sitzung an das Strategieteam weitergeleitet.

Es findet eine bessere Kommunikation statt. Mehr Mitarbeiter denken gesamtunternehmerisch. Die Management- und Personalentwicklung für Firmenchef, Mitarbeiter und Management findet differenziert und gleichzeitig statt. Es ist ein sinnvoller Einsatz von Managementtechniken und Methoden, wie zum Beispiel Szenario und Portfolio-Technik, durch bereichsübergreifende Zusammenarbeit in allen Managementbereichen möglich. Die Akzeptanz von unternehmerischen Entscheidungen ist von oben und unten gewährleistet, insbesondere auch bei unpopulären Entscheidungen.

Die Geschäftsteam-Organisation erfordert keinen zusätzlichen Personalaufwand. Geschäftserfolg über Wettbewerbsvorteile, Marktanteile und Erträge ist meßbar und damit steuerbar geworden. Persönliches Wachstum ist sichtbare Ursache geworden für Unternehmenswachstum. Lernen ist im Tagesgeschäft eingeschlossen.

Die Autoren

KLAUS BEUTEL, Diplom-Wirtschaftsingenieur, Leiter der Abteilung Fort- und Weiterbildung, Information im Betrieblichen Bildungswesen des Werkes Gaggenau der Mercedes-Benz AG.

TOM BOYDELL, Transform U. K. Ltd.

JOHN BURGOYNE, CSML, Lancaster University.

HARTMUT BRETZ, Dr., Management-Trainer bei der Siemens AG in München.

HANS-PETER FISCHER, Wirtschaftsingenieur grad., Leiter der Hauptabteilung Betriebliches Bildungswesen im Werk Gaggenau der Mercedes-Benz AG.

JOHN FRICKER, Director of Group Training, National Westminster Bank Group.

HARALD GEISSLER, Prof. Dr., Professor für Allgemeine Pädagogik/Pädagogische Propädeutik an der Universität der Bundeswehr Hamburg.

BARBARA HEITGER, Dr., Organisations- und Managementberaterin in Deutschland, Österreich und der Schweiz (Beratergruppe Neuwaldegg, Wien).

ANDREW KAKABADSE, BSc, MA, PhD, Professor of Management Development, Head of the Human Resources Team, Cranfield School of Management, Cranfield, Bedford.

RAINER J. LESSING, Diplom-Ingenieur, geschäftsführender Gesellschafter der Lessing Unternehmensberatung GmbH, Düsseldorf; 1990 Gründung des Systemhauses als Geschäftsbereich für internationale Marketing- und Management-Informations-Systeme (CAS.1).

CHRISTIAN LUTZ, Dr. oec. publ., Direktor des Gottlieb Duttweiler Instituts für wirtschaftliche und soziale Studien (GDI) in Rüschlikon (Schweiz) sowie Geschäftsleiter seiner Trägerorganisation, der Stiftung „Im Grüene".

GÜNTER MÜLLER-STEWENS, Prof. Dr., o. Universitätsprofessor für Planung, Organisation und Personalwirtschaft an der Universität – GH – Duisburg, Lehrbeauftragter an der Universität München.

GUNNAR PAUTZKE, Dr. oec. publ., Diplom-Kaufmann, Institut für Betriebswirtschaft an der Hochschule St. Gallen (Schweiz).

MIKE PEDLER, CSML, Lancaster University.

HEIJO RIECKMANN, Prof. Dr., o. Universitätsprofessor für Organisations-, Personal- und Managemententwicklung an der Universität Klagenfurt und wissenschaftlicher Leiter des OSTO-Vereins für offene Systementwicklung.

THOMAS SATTELBERGER, Betriebswirt (BA), Leiter des Zentralen Bildungswesens der Deutschen Aerospace AG, München.

HERMANN SIMON, Prof. Dr., Professor für Betriebswirtschaftslehre und Marketing, Universität Mainz.

GEORG TACKE, Dr., Partner der UNIC – University Connection GmbH, Bonn.

Aus unserem Programm:

Walter Böckmann
Vom Sinn zum Gewinn
Eine Denkschule für Manager
1990, 196 Seiten, 58,– DM

Werner Fauth
**Praktische Personalarbeit
als strategische Aufgabe**
Grundlagen, Konzepte, Checklisten
1991, 272 Seiten, 68,– DM

Eike Gebhardt
Abschied von der Autorität
Die Manager der Postmoderne
1991, 272 Seiten, 68,– DM

Peter Heintel / Ewald E. Krainz
Projektmanagement
Eine Antwort auf die Hierarchiekrise?
2. Aufl. 1990, X, 254 Seiten, 69,80 DM

Jens-Martin Jacobi
**13 Leitbilder
des Managers von morgen**
Stärken, Potential, persönliche Ausstrahlung
1989, 140 Seiten, 42,– DM

Manfred F. R. Kets de Vies
Chef-Typen
Zwischen Charisma und Chaos,
Erfolg und Versagen
1990, 204 Seiten, 58,– DM

Baldur Kirchner
Dialektik und Ethik
Besser führen mit Fairneß und Vertrauen
1991, 232 Seiten, 48,– DM

Arthur D. Little International (Hrsg.)
**Management der
Hochleistungsorganisation**
1990, XXIII, 167 Seiten, 72,– DM

Walter Maier / Werner Fröhlich (Hrsg.)
**Personalmanagement
in der Praxis**
Konzepte für die 90er Jahre
1991, 224 Seiten, 58,– DM

Rudolf Mann
Das visionäre Unternehmen
Der Weg zur Vision in zwölf Stufen
1990, 190 Seiten, 58,– DM

Harald Meier
Personalentwicklung
Konzept, Leitfaden und Checklisten
für Klein- und Mittelbetriebe
1991, 246 Seiten, 98,– DM

Adrian P. Menz
Menschen führen Menschen
Unterwegs zur einem humanen
Management
1989, 232 Seiten, 68,– DM

GABLER
BETRIEBSWIRTSCHAFTLICHER VERLAG DR. TH. GABLER TAUNUSSTRASSE 54, 6200 WIESBADEN

Aus unserem Programm:

Gilbert J. B. Probst / Peter Gomez
Vernetztes Denken
Unternehmen ganzheitlich führen
1989, X, 239 Seiten, 52,– DM

Hans-Christian Riekhof (Hrsg.)
Strategien der Personalentwicklung
2. Aufl. 1989, 416 Seiten, 89,– DM

Manfred R. A. Rüdenauer
Ökologisch führen
Evolutionäres Wachstum durch ganzheitliche Führung
1991, 320 Seiten, 68,– DM

Wolfgang Saaman
Effizient führen
Mitarbeiter erfolgreich machen
1990, 193 Seiten, 68,– DM

Thomas Sattelberger (Hrsg.)
Innovative Personalentwicklung
Grundlagen, Konzepte, Erfahrungen
2. Aufl. 1991, 344 Seiten, 72,– DM

Gerhard Sauerbrey
Logistisch denken
Perspektiven für die Organisation von morgen
1991, 144 Seiten, 58,– DM

Christian Scholz / Wolfgang Hofbauer
Organisationskultur
Die vier Erfolgsprinzipien
1990, 229 Seiten, 68,– DM

Dieter Schulz / Wolfgang Fritz /
Dana Schuppert / Lothar J. Seiwert
Outplacement
Personalfreisetzung und Karrierestrategie
1989, 180 Seiten, 64,– DM

Gerhard Schwarz
Konfliktmanagement
Sechs Grundmodelle der Konfliktlösung
1990, 191 Seiten, 68,– DM

Hans Strutz (Hrsg.)
Handbuch Personalmarketing
1989, 708 Seiten, 228,– DM

Jörn F. Voigt
Die vier Erfolgsfaktoren des Untenehmens
Adaption, Funktion, Kommunikation, Motivation
1988, 202 Seiten, 64,– DM

Zu beziehen über den Buchhandel oder den Verlag.
Stand der Angaben und Preise: 1.7.1991
Änderungen vorbehalten.

GABLER
BETRIEBSWIRTSCHAFTLICHER VERLAG DR. TH. GABLER TAUNUSSTRASSE 54, 6200 WIESBADEN